/新时代高等财经院校税收核心课程系列丛书/

中国税制

主　编　刘建民　胡　娟
副主编　胡小梅
编写者　刘建民　胡　娟　晏金平　吴金光
　　　　贺飞跃　宇　红　胡小梅　张晓鹏

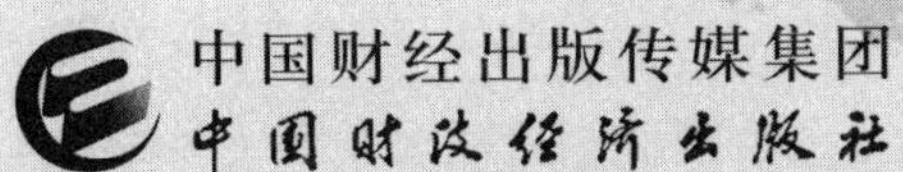

中国财经出版传媒集团
中国财政经济出版社

图书在版编目（CIP）数据

中国税制／刘建民，胡娟主编．--北京：中国财政经济出版社，2020.8
（新时代高等财经院校税收核心课程系列丛书）
ISBN 978-7-5095-5499-9

Ⅰ.①中… Ⅱ.①刘… ②胡… Ⅲ.①税收制度-中国-高等学校-教材 Ⅳ.①F812.422

中国版本图书馆 CIP 数据核字（2020）第 162523 号

责任编辑：卢关平　　责任印刷：张　健
封面设计：孙俪铭　　责任校对：理　由

中国财政经济出版社出版
URL：http：//www.cfeph.cn
E-mail：cfeph@cfeph.cn

社址：北京市海淀区阜成路甲 28 号　邮政编码：100142
营销中心电话：010-88191537
北京密兴印刷有限公司印刷　各地新华书店经销
787×1092 毫米　16 开　23.5 印张　568 000 字
2020 年 8 月第 1 版　2020 年 8 月北京第 1 次印刷
定价：48.00 元
ISBN 978-7-5095-5499-9
（图书出现印装问题，本社负责调换）
本社质量投诉电话：010-88190744
打击盗版举报热线：010-88191661　QQ：2242791300

内容提要

本书基于全面性、前沿性、简明性、实用性的基本原则，以我国最新的税收法规、政策为依据，在阐述税收制度基本概念以及我国税收制度建立与发展历程的基础上，以税种（系）为基本分类准则，介绍中国现行税制体系中各税种（系）的具体制度规定。全书分为税收制度导论、货物和劳务税、资源和环境税、财产和行为税、所得税和社会保险费等五部分，共十六章。

本书主要用于高等院校经济类、管理类专业本科与研究生税收学、中国税制课程教学，也可供其他专业读者阅读。

前　言

党的十九大报告指出中国特色社会主义进入了新时代。新时代赋予了中国特色社会主义税收新的历史定位与使命，为中国现代税收制度的建设指明了方向。围绕实现国家治理体系与治理能力现代化的需要，为进一步增强税收在国家治理中的基础性、支柱性、保障性作用，我国明确了深化税收制度改革的目标与任务。紧扣建立现代税收制度目标，我国税制建设工作得以顺利推进，税制建设成果达到了一个新的历史高度。1994 年工商税制改革奠定了我国现行税制体系的基本框架，党的十八大以来随着税制改革的不断深入与税收法定原则的逐步落实，我国税制体系得以进一步完善，税制结构日趋优化，税收调节功能逐步增强，税收法治水平不断提升。

进入新时代以来，为了完善税收体系，优化税收结构，充分发挥税收对社会经济的调节功能，我国推出了一系列重大税制改革举措。2016 年 12 月 25 日，第十二届全国人民代表大会常务委员会第二十五次会议表决通过《中华人民共和国环境保护税法》，自 2018 年 1 月 1 日起正式实施；2017 年 12 月 27 日，第十二届全国人民代表大会常务委员会第三十一次会议表决通过《中华人民共和国烟叶税法》《中华人民共和国船舶吨税法》，自 2018 年 7 月 1 日起施行；2018 年，《中华人民共和国个人所得税法》进行了第七次修订，明确 2019 年起实行综合与分类相结合的个人所得税制度，并从 2018 年 10 月 1 日起施行最新的基本减除费用标准和税率表；2018 年 12 月 29 日，第十三届全国人民代表大会常务委员会第七次会议表决通过《中华人民共和国车辆购置税法》，自 2019 年 7 月 1 日起施行；2019 年 8 月 26 日，第十三届全国人民代表大会常务委员会第十二次会议表决通过《中华人民共和国资源税法》，自 2020 年 9 月 1 日起施行；2019 年 8 月 29 日我国发布了《中华人民共和国耕地占用税法实施办法》，自 2019 年 9 月 1 日起施行；2020 年 8 月 11 日，第十三届全国人民代表大会常务委员会第二十一次会议表决通过《中华人民共和国城市维护建设税法》和《中华人民共和国契税法》，自 2021 年 9 月 1 日起施行；此外，还有一些税种的立法正处于征求意见阶段。《中国税制》是一门系统地反映我国现行税收法制和政策的课程，也是财政、税收、会计、财务管理专业的核心专业课程之一，上述税制改革的内容应当及时吸纳到教材中，使读者能够及时掌握我国税制改革的最新动态，了解国家的税收方针政策，准确把握各个税种（系）的基本制度规定。

本教材以我国最新的税收法规、政策为依据，在阐述税收制度基本概念以及我国税收制度建立与发展历程的基础上，以税种（系）为基本分类准则，介绍中国现行税制体系中各税种（系）的具体制度规定，使读者能够通过本书了解中国税制的演变逻辑和主要内容，进一步加深对中国现行税制的认知和思考，达到更新与深化知识的目标。

本教材共十六章，大致分五个部分来安排章节内容。第一部分为税收制度导论，包括第一章、第二章，旨在为教材其他章节内容的讲解奠定基础，该部分先对税收制度的概念、构成要素、税制体系与税种分类、税收管理体制进行介绍，再以时间为依据分三个阶段介绍中国税收制度的建立与发展。第二至第五部分是对我国现行税制的详细介绍，依据税制要素分别介绍各税种的纳税人、征税对象、税率、计税依据与应纳税额计算、税收优惠、税收征收管理等具体规定。其中第二部分为货物和劳务税，包括增值税、消费税、关税和船舶吨税、烟叶税、城市维护建设税和教育费附加。第三部分为资源和环境税，包括资源税、耕地占用税、城镇土地使用税、土地增值税和环境保护税。第四部分为财产和行为税，包括房产税、契税、车辆购置税、车船税、印花税。第五部分为所得税和社会保险费，包括企业所得税、个人所得税和社会保险费。

本教材系统地介绍了我国现行税收制度和政策，具有如下特色：(1) 全面性。本教材力争囊括我国现行税收制度的全部重点内容。(2) 前沿性。本教材本着与时俱进的原则，尽可能地吸收我国最新的税收法规和政策内容。(3) 简明性。本教材在编写过程中遵循简明扼要的原则，用语简洁、清晰、准确，使教材内容逻辑清晰、简明易懂。(4) 实用性。本教材注重税制讲解与实例解析相结合，理论联系实际，插入适量的例题帮助读者更好地理解和掌握我国税制在具体经济活动中的运用，具有较强的实用性。本教材在编写过程中，虽然尽量吸纳了我国税制调整的最新法规与政策，体现了内容的前沿性，但需要指出的是，我国税收制度仍处于不断改革调整之中，部分内容会因新规定的出台而发生变化，因此在教学过程中应关注税制改革的最新动向，以便做到与时俱进。

本书既可以作为高等院校财政、税收、会计、财务管理专业本科生与研究生的教学用书，也可以用作各级政府财税部门及其他经济管理部门、企事业单位、科研机构等人员进一步学习中国税收制度的自学教材和参考用书。

本书由湖南财政经济学院刘建民教授和胡娟教授担任主编，胡小梅博士、讲师担任副主编，本校税收课程团队全体成员参与了编写工作。刘建民教授、胡娟教授主导策划了本教材编写的目标、主要内容和具体编写方案，对全书各篇章的主要内容和基本思路进行统筹设计，并负责全书的最终修改定稿工作。各篇章具体编写分工如下：刘建民教授负责编写第一、二章；胡娟教授负责编写第三、六章；晏金平教授负责编写第十一、十二章；

吴金光教授负责编写第九、十三章；贺飞跃副教授负责编写第八章、十四章；宇红副教授负责编写第四、五章；胡小梅博士、讲师负责编写第十五、十六章；张晓鹏博士、讲师负责编写第七、十章。

本教材在编写过程中得到了中国财政经济出版社的大力支持与帮助，在此表示由衷的感谢。编者在编写过程中借鉴了许多国内外学者的教材、专著和论文，在此一并向各位作者表示诚挚的感谢！

我国正处于并将长期处于社会主义初级阶段。我国社会主义建设的根本任务，是进一步解放生产力，发展生产力，逐步实现社会主义现代化。在这一进程中我国的社会经济与税收制度处于不断深化改革和发展之中，研究永无止境，由于编者的水平有限，书中难免存在疏虞之处，敬请专家、读者批评指正！

编者

2020年6月

目　录

第一章 税收制度概述

问题导入

税收与我们每个人的生活息息相关，几乎无处不在。当你的工资薪金、劳务报酬等所得达到一定标准时，需要缴纳个人所得税；当你购物时，你负担的商品价格中包含增值税；如果你购买的商品是烟、酒、化妆品、成品油等应税消费品，你还将负担消费税；当你购买汽车时，需要缴纳车辆购置税；当你购买房屋时，需要缴纳契税、印花税。总而言之，税收贯穿于我们生活的方方面面。正如美国政治家、物理学家本杰明·富兰克林所言：“人的一生，只有死亡和纳税不可避免。”

那么，我们生活中还有哪些所得或行为是需要缴税的呢？政府为什么要征税？征税的依据是什么？你对税收制度又有哪些了解呢？

第一节　税收制度的概念

一、税收的概念、特点与职能

（一）税收的概念

税收是一种古老的政府财政收入形式，也是各国共有的社会经济现象。对于税收的概念，古今中外诸多学者有着不同的阐释。英国古典经济学家亚当·斯密指出，税收是“人民须拿出自己一部分私的收入，给君主或国家，作为一笔公共收入”①。英国资产阶级政治经济学家大卫·李嘉图认为：“赋税是一个国家的土地和劳动的产品中由政府支配的部分；它最后总是由该国的资本中或是由该国的收入中支付的。”② 马克思认为：“赋税是政府机器的经济基础，而不是其他任何东西。”③“国家存在的经济体现就是捐税。”④ 列宁认为：“所谓赋税，就是国家不付出任何报酬而向居民取得东西。”⑤ 美国财政学家塞里格曼认为：“税收是政府对人民的一种强制征收，以供支付谋取公共利益所需要的费用。”⑥

关于税收的概念，国内外学者们给出的定义不同，总结其共性，本书给出税收的概念如下：

税收是国家治理体系的重要组成部分，它是国家为满足社会公共需要而以公共权力为依据，按法定程序和标准向社会成员强制地无偿地筹集财政收入、调节分配的基本形式，体现了国家和纳税人之间的分配关系。税收的概念可以从以下几个方面作进一步理解。

1. 征税主体为国家或政府。一方面国家或政府是社会公共事务的执行者，需要税收以保障国家机器的正常运转；另一方面，征税必须要有政权作为依托，因此征税主体必须为国家或政府，税收是以国家为主体的分配，体现的是有国家介入的再分配关系，与以市场为主体的初次分配关系有着根本区别。

2. 纳税主体为负有纳税义务的社会成员。包括企业（法人企业、非法人企业）、单位和自然人等。税收取之于民，用之于民，社会成员在享受政府提供公共品利益的同时，也承担着向政府纳税以补偿公共品成本的义务。

3. 征税对象主要是社会剩余产品。税收参与社会剩余产品分配的规范形式，体现了国家和纳税人之间的分配关系，属于再分配范畴。社会产品的总价值包括 C + V + M，其中 C 为补偿生产中消耗的生产资料价值的部分，是简单再生产的必要条件，显然不可作为征税对象；V 为用于个人消费的部分，是劳动者生活的必要条件，通常不作为征税对象，但随着个人收入水平的提高与收入形式的多样化，也为课税提供了可能与源泉，如征收个人所得税和消费税等；可用于征税的主要部分为 M，即剩余产品价值部分。

4. 征税依据凭借的是公共权力或称政治权力。社会产品的分配要依靠一定的权利来进行，在市场经济中劳动者、企业等微观经济主体依靠资本、劳动、技术等生产要素的所有权来获取收入，而国家凭借政治权力征收税收。需要指出的是，国家同时具有财产权利和政治权力，其中，凭借财产权利获取财产收益，而凭借政治权力获得税收收入。

5. 征税的目的是满足社会公共需要。社会公共需要是社会需要的重要组成部分，反映了社会成员整体对某一客体的共同需要，主要包括和平环境、稳定秩序、交通及通讯等公共设施和科教文卫等公共事业。国家或政府部门的主要职能是满足社会公共需要，提升公共福利，而税收是国家职能实现的重要收入来源和财力保障。

---

① 〔英〕亚当·斯密著：《国民财富的性质和原因的研究》下卷，商务印书馆 1974 年版，第 383 页。

② 〔英〕大卫·李嘉图著：《政治经济学及赋税原理》，商务印书馆 1976 年版，第 127 页。

③ 《马克思恩格斯全集》第 19 卷，人民出版社 1963 年版，第 32 页。

④ 《马克思恩格斯全集》第 4 卷，人民出版社 1958 年版，第 342 页。

⑤ 《列宁全集》第 32 卷，人民出版社 1958 年版，第 275 页。

⑥ 转引自马海涛：《税收学概论》，北京经济学院出版社 1997 年版，第 2 页。

6. 税收是财政收入的重要形式。除了税收收入，国家财政收入还包括费、债、利等多种形式。费是指国家在向社会成员提供特定劳务和服务后按照受益原则收取的一种费用；债即国债或公债收入，指国家凭借其信誉向国内及国外经济主体有偿筹集的收入；利是指国家凭借国有资产所有权获得的利润。

（二）税收的形式特征

税收作为国民收入分配的重要形式，具有强制性、无偿性和固定性的特点，即通常所说的“税收三性”。这也是划分税收与非税收入、税收分配范畴与其他财政分配范畴的重要标准。

1. 税收的强制性。税收的强制性是指国家依据政治权力征税，并以法律形式确定国家与纳税人之间的权利与义务关系。社会成员在享受国家提供公共产品利益的同时，必须依法承担向国家纳税的义务，偷税、欠税、骗税、抗税等行为都要受到法律制裁。

理性人具有趋利性，政府提供的公共产品的外部性导致了社会成员的非自愿承担成本，经常会出现“搭便车”行为，此时寻求道德来规范社会成员的行为是无效的，必须依靠政治权力并采取强制手段使政府向社会成员提供的公共产品成本得到补偿。国家征税所依据的政治权力凌驾于所有权之上，不受财产所有权和生产资料所有制制约，对各类社会产品的所有者均具有强制性，这既是满足社会公共需要的必然要求，也是政治权力固有的本质特征。当然，政府强制性课税行为也不是不受任何约束，它必须获得代议机构的同意或授权。

2. 税收的无偿性。税收的无偿性是指政府向具体纳税人征税，不以对等地向其提供公共产品以及分享公共产品利益为依据，征收的税款直接为国家所有，而不需要直接向社会成员进行偿还或支付任何代价。同时，税收的无偿性还体现在社会成员消费公共产品和分享利益是无偿的。政府所征税收与其所提供的公共产品价值相对等，但由于社会公共需要的特点以及社会成员受益量难以度量等原因，政府无法依据具体纳税人所缴纳的税收而为其单独提供相应公共产品或公共服务，从而决定了税收无偿性的特点。

需要指出的是，税收的无偿性是相对的。对于具体纳税人来说，税收是不具有偿还性的，国家不需要直接向具体纳税人提供公共产品或公共服务；但对社会成员整体来说，税收具有间接偿还性，国家以税收为保障向社会成员整体提供公共产品和公共服务，即个人无偿、整体有偿。税收的整体有偿性是税收深层次的本质问题，而不是税收的形式特征。

3. 税收的固定性。税收的固定性又称税收的确定性或规范性，是指政府要以法律形式，按照事先确定的标准征税。税收的强制性和无偿性都要求其具有固定性。税收的固定性主要表现在以下几个方面：首先，必须事先明确课税主体、课税对象和税目、税率等，即由谁交税、对什么征税、征多少税必须提前确定，而不能随意变更。其次，课税标准及完税办法需统一且连续，避免政策的非连续性给纳税人的生产经营活动带来负面影响。另外，税收征纳关系要以法律法规形式确定下来，要具有相对稳定性。

需要明确的是，税收的固定性是相对的。税收的固定性并非要求课税标准、课税对象、课税主体、税目、税率等一旦确定下来就再不可更改。随着国家经济社会发展情况的变化，课税标准、税目、税率等也需要随之进行动态调整以更好地服务经济社会发展。

（三）税收的职能

税收的职能是指税收这种分配关系本身具有的以及经常发挥作用的职责和功能，是由税收的本质所决定的。税收主要具有三大职能，即组织财政收入职能、调节经济职能、收入分配职能。其中，组织财政收入为税收的基本职能，调节经济、收入分配为税收的派生职能。

1. 组织财政收入职能。从税收的历史来看，其产生的目的就是组织财政收入、满足社会公共需要。

自税收产生后，就一直强制、无偿、固定地为政府筹集财政收入，用来给社会成员提供公共产品和公共服务。除了税收外，财政收入还有货币发行、举借公债、规费收入、国企利润等多种形式。但是相较于财政收入的其他形式来说，税收具有及时、稳定、可靠的优越性，因此世界上绝大多数国家都将税收作为其主要的财政收入形式，而其他形式只能作为补充或辅助性收入。以我国为例，目前我国的税收收入占财政收入的比重一直保持在90%左右，是财政收入的最主要来源，国家运用税收筹集财政收入，用于提高社会保障和社会福利、发展科教文卫事业、维护社会治安、开展外交活动等。由此可见，税收是国家财政收入的重要支柱。

2. 调节经济职能。税收的调节经济职能有直接调节和间接调节两种形式。直接调节体现在国家通过对纳税人的课税，改变国民收入在不同单位、个人等经济主体之间的分配，进而对客观经济情况产生影响。间接调节体现在通过税种设置、税目税率调整、税收优惠等手段，对社会成员的生产经营、消费投资等行为造成影响，从而调节经济运行状况。

在市场经济条件下，存在着经济外部性、垄断、不完全竞争等因素，造成资源配置的低效率，影响经济的有效运行，因此，税收的调节经济职能就显得十分重要。税收的调节经济职能主要体现在以下几个方面：（1）调节社会总供求，缓和供求矛盾。税收对社会总供求的调节，主要通过相机抉择的税收政策和自动稳定的税收机制实现。相机抉择的税收政策即国家根据经济形势相机选择采取扩张性或紧缩性的税收政策，通过采取减税或增税等措施来调节供求，以稳定经济。自动稳定机制为税收本身的经济机制。当经济繁荣时，税收随着税基的扩大而增加，一定程度上抑制总需求和通货膨胀；当经济衰退时，税收随着税基的缩小而减少，从而起到刺激经济的功效。（2）调节经济结构，促进经济协调、健康发展。税收在调整生产结构、消费结构、交换结构和分配结构等方面都发挥着重要的作用，运用税收杠杆是促进经济结构调整和经济增长方式转变的一种直接、有效的手段。（3）调节微观经济主体活动，影响经济效益和社会发展。供给学派认为税率变动影响着劳动力的供应及其结构，影响储蓄、投资以及各种经济活动。如消费税的征收减少社会成员对高耗能、高污染消费品的消费，调节人们的经济行为。

另外需要指出的是，税收对经济可能产生积极影响，也可能造成不利影响，要恰当使用税收这一重要经济杠杆，充分合理地发挥税收的调节经济职能，使税收成为国家调控经济运行的重要工具。

3. 收入分配职能。在市场经济条件下，国民收入的分配依据经济主体所拥有的生产要素（资本、劳动、土地、技术等）进行。但是由于人们在生产要素占有和能力素质上具有差距，一定程度上导致了收入差距的存在。若收入差距过于悬殊而不加以调节，则可能使社会各阶层的矛盾激化，不利于社会的稳定和谐发展。因此，需要通过税收这一分配方式，使社会剩余产品从一部分社会成员手中转移到另一部分社会成员手上，调节收入差距，促进社会稳定。在发达市场经济国家，税收的收入分配职能主要是通过累进所得税和社会保险税来实现的。

二、税收制度的概念与作用

（一）税收制度的概念

税收制度简称税制，包括税收法律制度和税收行政制度。其中，税收法律制度是税收制度体系中层次最高的一种制度，我国税收法律制度包括税收实体法和税收征收管理法。税收行政制度包括国务院及财政部、国家税务总局等制定的行政性文件。关于制度，《现代汉语词典》中解释为"要求大家共同遵守的一种规则"。因此，税收制度也可以理解为以法律形式确定的要求人们共同遵守的一系列税收规则的总称。

（二）税收制度的作用

党的十九届四中全会强调制度建设，提出要坚持完善中国特色社会主义制度，推进国家治理体系和治理能力现代化。税收制度作为我国基本制度的组成部分，其作用以及重要性不言而喻，主要表现在以下几个方面。

1. 税收制度是税收分配的法律依据。税收分配是国家依靠政治权力使国民收入在社会成员间进行转移的一种活动，具有强制性和无偿性的特点，因此必须要以法律形式予以确立和规范。税收制度就是国家权力机关和行政机关制定并实施的法律规范。税收制度规定了向谁征税，征多少税以及如何征税等办法，从而为处理国家、企业和个人之间的经济利益关系提供了法律依据。同时，税收征收管理办法等的确立，也为税务机关或海关的税收征管活动提供了法律依据，保障了税收分配的有序开展。

2. 税收制度是税收职能实现的制度保障。税收制度建立的目的在于服务税收职能的实现。在经济社会政策的指导下，制定符合本国国情的税收制度，充分发挥税收在筹集财政收入、调节经济收入分配等方面的职能。若缺少税收制度，政府部门征税的职能目标就无法具体化为某种可行性的征税计划和法规，纳税和征税活动具有任意性，征管部门自由裁决权过大，将难以保障税收职能的实现。同时，若税收制度不健全或不符合社会经济发展现状，都将不利于税收职能的有效发挥。因此，为了确保税收职能的实现，必须要建立起符合本国国情的、健全完善的税收制度。

3. 税收制度是国家经济社会政策的重要体现。为了适应不同时期经济社会发展目标的变化，国家会对经济政策进行调整以引导国民经济健康、有序发展。税收政策是经济政策的一个重要组成部分，税收政策的顺利实施有赖于税收制度的确定。一个国家的税收制度包括税种设置、税目确立、税率设定、税收优惠政策等，是其经济社会政策的重要体现，如我国增值税税率的下调，是助力制造业和小微企业成长、促进经济高质量发展的重要体现；对高新技术企业的一系列税收优惠是推动产业升级和优化产业结构的重要体现。

另外，税收制度对国家经济社会政策的反映，可以更好地引导企业和个人的生产经营活动，进而推动国家经济发展战略目标的实现，助力于我国经济又好又快地发展。

三、税收制度与税法

（一）税收制度与税法的概念

税收制度的概念在上文已进行详细阐释。关于税法，本书给出的定义是：由国家立法机关按立法程序制定和颁布并由国家政权保证实施的各种有关税收法律规范的总称。广义税法的表现形式可以有“法”“条例”“实施细则”“办法”“试行办法”“规定”“试行规定”“通知”“解释”“批复”“复函”等多种名称；狭义税法的表现形式为“法”。

税制与税法实际上是一个问题的两个方面，两者是内容和形式（或内容和载体）的关系。税制和税法是国家财政经济制度的重要组成部分，是国家处理税收分配关系的规范。它们既是国家向纳税人征税的法律依据和税收工作流程，又是纳税人履行纳税义务的法定准则。

（二）税收制度与税法的分类

1. 税收基本法律制度和税收普通法律制度。按照效力以及所包含的内容范围不同，税收制度与税法可分为税收基本法律制度和税收普通法律制度。税收基本法律制度是制定各种税收普通法律制度的依据，处于整个税收法律制度的基础和核心地位。其基本内容一般包括：税收法律制度制定的体制和程序，税收法律制度的基本结构，国家及其税务机关与纳税人的权利义务关系，全社会协税护税的法律责任与义务，税务机关的组织结构等。目前世界上一些发达国家如美国、德国、日本等，都制定了税收基本法律制度。我国目前尚未建立起统一的税收基本法律制度，但随着社会主义市场经济和税收法律制度的不断发展与完善，建立起符合中国国情、具有中国特色的税收基本法律制度是十分必要的。

税收普通法律制度是税收制度和税法的重要组成部分，它是根据税收基本法律制度的指导原则，按税种或税收管理内容制定的具体法律制度。我国目前的各种税收法律制度，都可以归属为税收普通法律制度，如企业所得税法、个人所得税法、税收征收管理法等。

2. 税收实体法律制度和税收程序法律制度。按照职能作用以及所包含的内容性质不同，税收制度与税法可分为税收实体法律制度和税收程序法律制度。税收实体法律制度是指根据税种确定的法律制度，规定了各税种的征税对象、征税范围、税目、税率、计税依据等内容，如《中华人民共和国个人所得税法》（以下简称《个人所得税法》）、《中华人民共和国增值税暂行条例》等，都属于税收实体法律制度。

税收程序法律制度是指有关税务管理和程序的税收法律制度，它是实施税收实体法律制度的必要环节，如《中华人民共和国税收征收管理法》（以下简称《税收征管法》）、《税务行政复议规则》等，均属于税收程序法律制度。

3. 国内税收法律制度和国际税收法律制度。按照主权国家行使税收管辖权范围的不同，税收制度与税法可分为国内税收法律制度、国际税收法律制度和外国税收法律制度。国内税收法律制度是指一个国家在其税收管辖权范围内制定的用于调整本国内部税收分配关系的税收法律制度，通常所说的税收法律制度即国内税收法律制度。

国际税收法律制度是指用于调整国家与国家之间税收分配关系的税收法律制度，如双边或多边国家间的税收协定、条例和国际惯例等。国际税收法律制度一旦得到一国政府和立法机关的认可，其效力高于国内税收法律制度。

此外，按照税收收入归属和征管权限不同，税收制度与税法可分为中央税法律制度、地方税法律制度和中央与地方共享税法律制度；按照课税对象的性质不同，税收制度与税法可分为货物与劳务税法律制度、所得税法律制度、财产与行为税法律制度、资源税法律制度等。

【课堂思考】

如何理解税收的本质及其特征？基于税收的职能，谈谈税收制度在国家治理体系中的地位与作用。

第二节 税收制度的构成要素

一、纳税义务人

（一）概念

纳税义务人，简称纳税人，又称纳税主体，它是税法规定的直接负有纳税义务的单位和个人。纳税义务人是税收制度构成的基本要素之一，它的规定是对“由谁纳税或对谁征税”问题的回答。

（二）纳税人分类

从法律角度划分，纳税义务人可以分为自然人和法人两种类型。

所谓自然人，一般是指公民、居民个人和非居民个人，他们以个人身份来承担法律规定的纳税义务，具体包括一国公民、居民以及居住在一国境内的外国人和无国籍人。另外个体企业、私营独资企业、农村承包经营户、个人合伙企业和其他不具有法人性质的企业等也属于自然人范畴。

（三）负税人和扣缴义务人

与纳税义务人相关的两个概念是负税人和扣缴义务人。负税人，顾名思义指的是最终实际承担税负的单位和个人。税法虽然规定了纳税义务人，但是经济上负担税收的主体与法律上的纳税主体有时是不一致的，也就是说纳税人向国家缴纳税款后，这笔税款可能由纳税人直接负担，也有可能转嫁到其他人身上。如企业所得税，国家征税会带来企业的利润减少，企业是税款的直接或最终负担者，税负一般无法转嫁，纳税人即负税人。又如消费税，当前纳税义务人一般是消费品的生产或经营者，但国家征税会使企业通过压低原材料进价或抬高产品售价或二者并用的手段或方法将税负转嫁给原材料供应商或消费者，纳税人与负税人发生分离。

扣缴义务人是代国家征税机关向纳税义务人扣缴税款或代纳税义务人向国家征税机关缴纳税款的单位和个人。扣缴义务人本身并不负担税款，但是若扣缴义务人因未能正确履行扣缴税款的责任而造成税款流失，同样也要受到经济或法律的制裁。在绝大多数的情况下，都是由国家征税机关和纳税人之间直接发生税收征纳关系，但为了控制税源，防止在某些特殊情况下偷漏税行为的发生，需要由单位和个人代扣代缴、代收代缴。

二、课税对象

（一）概念

课税对象，又称征税对象、课税客体，指税收指向的标的物，它的规定回答了“对什么征税”这一问题。作为税收制度构成的基本要素之一，征税对象具有重要的地位，主要体现在以下两个方面。

1. 课税对象是区别不同税种的主要标志。课税对象决定了不同税种在性质上的差别，划分税种和确定税种名称都是以课税对象为依据的。如以所得额作为课税对象的税种称为所得税，以财产作为课税对象的税种称为财产税，以行为作为课税对象的税种称为行为税，以资源作为课税对象的税种称为资源税等。

2. 课税对象是征税与不征税的分界线。凡是列入课税对象的，即属于该税种的征税范围；凡未列入课税对象的，不属于该税种的征税范围，课税对象体现着税种课税的最基本界限。

另外，与课税对象相关的概念有很多，如税目、计税依据、税源等，它们与课税对象的概念相类似，但又不完全相同，需要明确区分开来。

（二）税目

税目是课税对象的具体化，是税法中规定的具体征税品种和项目，它体现了征税的广度。一般情况下，一个税种的课税对象具有多个税目，如消费税的征税对象为应税消费品，目前有烟、酒、化妆品、贵重首饰及珠宝玉石、鞭炮焰火、成品油等税目。

设置税目的目的，一方面在于划清征税界限，明确征税范围；另一方面在于分门别类地设计税率，通过高低不同税率的设计，方便国家利用税收杠杆调节经济，更好地贯彻国家的经济政策。税目的设置需要遵循两个方面的原则：第一，不同税目的划分界限要清晰，不能模棱两可；第二，性质相同或相近的课税客体要归入同一税目，避免性质相近而税负畸轻畸重的不合理现象。

税目的制定可以采用列举法和概括法。列举法，在税法中一一列举出对什么征税（正列举法）或对什么不征税（反列举法）。列举法的优点是界限清楚、便于掌握，缺点是税目过多、较为繁琐、不便查找且容易遗漏。概括法，按照货物或劳务的大类或行业确定税目，将性质相近的项目概括为一个税目。概括法的优点是税目较少、较为清晰、方便查找且不易遗漏，缺点是界限不清、税目过粗、不便于贯彻合理负担的政策。

（三）计税依据

计税依据也称课税依据，即计算应纳税额的具体依据，它是课税对象的计量单位和征收标准，是课税对象量的表现。征税对象和计税依据都反映了征税的客体，但区别在于征税对象解决的是“对什么征税”的问题，而计税依据解决的是“怎么计量”的问题。

计税依据有价值形态和实物形态两种形式。价值形态是以征税对象的价值或价格为计税依据，包括实际价格、平均价格、组成计税价格、财产原值和财产增加价值等。如消费税以应税消费品的销售收入为计税依据，个人所得税以个人所得为计税依据，房产税以房产余值或租金收入为计税依据。实物形态是以征税对象的数量、重量、容积、面积等为计税依据。如车船使用税以辆或吨位为计税依据，城镇土地使用税以平方米为计税依据。另外，需要指出的是，计税依据形态的不同会对税收负担造成影响。以价值形态为计税依据时，税收收入会随着价格波动而变化；计税依据为实物形态时，税收收入不受价格波动影响，但是同等数量的征税对象，质量高价格高的税负轻，质量次价格低的税负重；价格上涨时税负减轻，价格下跌时税负加重。

（四）税源

税源，指税收收入的来源或最终出处，主要指国民经济中各个部门当年创造或往年累计创造的国民收入。每一个税种有不同的经济来源，如企业所得税的税源是企业的经营利润，个人所得税的税源是个人取得的各种收入。

有些税种的税源与征税对象是一致的，如个人所得税和企业所得税的税源和征税对象均为纳税义务人的净收入；有些税种的税源与征税对象是不一致的，如房产税的征税对象为房屋价值，而税源则是房产带来的收益或房产所有人的收入。

三、税率

（一）概念

税率是应纳税额与课税对象数额（数量）之间的法定比例，是计算应纳税额和税收负担的尺度，它体现了国家征税的深度。

在课税对象确定后，税率形式的选择和税率档次的设计都直接关系到国家的财政收入水平、纳税人负担程度以及纳税人之间的税负公平。因此，税率是税收制度中最活跃、最有力的因素，是税收制度的中心环节。税率的高低是国家税收制度的具体体现。

我国现行税率形式一般可以分为比例税率、累进税率和定额税率三大类。

（二）比例税率

比例税率是指对同一课税对象，不论其数额多少，均统一按照某一个比例计征的税率。在比例税率下，应纳税额随着课税对象数额的增加而成比例增加。比例税率的优点主要有两方面：首先，对同一课税对象的不同纳税人，税收负担相同，有利于在平等税负的基础上开展竞争，具有鼓励先进者、鞭策后来者的作用；其次，比例税率计算简便，有助于税收征管。但是，比例税率也有一定的缺点，由于不论课税对象数额多少，均征收同一税率，使得税收负担与负担能力不匹配，无法体现能者多征、弱者少征的公平原则，税收负担具有累退性。我国现行税法使用的比例税率，具体可以分为单一比例税率、产品差别比例税率、行业差别比例税率、地区差别比例税率、幅度比例税率。

（三）累进税率

累进税率是指随课税对象数额的增大，税率不断提高，即按课税对象数额大小，划分若干不同的级距，每个级距规定一个相应的税率，课税对象数额越大，税率越高。累进税率的优点在于税额增长幅度大于征税对象数额的增长幅度，可以适应纳税人的负担能力、灵活调节收入水平，体现税负公平的原则。根据划分级距的标准和累进方式不同，累进税率主要有全额累进税率、超额累进税率、全率累进税率和超率累进税率等类型。

1. 全额累进税率。它是按课税对象的绝对数额划分征税级距，就纳税人的征税对象全部数额，按与之相适应的级距税率计征的一种累进税率，即全部征税对象的数额只适用一个等级的税率（见表1－1）。

表1－1　全额累进税率表

级数	所得额级距	税率
1	不超过3000元（含）	3%
2	超过3000元至12000元（含）的部分	10%
3	超过12000元至25000元（含）的部分	20%
4	超过25000元至35000元（含）的部分	25%
5	超过35000元至55000元（含）的部分	30%
6	超过55000元至80000元（含）的部分	35%
7	超过80000元的部分	45%

【例1－1计算题】 甲当月收入为17000元，乙当月收入为17001元，求甲、乙当月应纳税额（免征额为5000元）？

【解析】 按照全额累进税率定义计算，则：

（1）甲当月应纳税额＝（当月收入额－免征额）×税率＝（17000－5000）×10%＝1200（元）

（2）乙当月应纳税额＝（当月收入额－免征额）×税率＝（17001－5000）×20%＝2400.2（元）

上述计算表明，全额累进税率实际上是按征税对象数额的大小，分等级规定的一种差别比例税率。

2. 超额累进税率。它是指按课税对象的绝对数额划分征税级距，就纳税人课税对象全部数额中符合不同级距部分的数额，分别按与之相适应的各级距税率计算，最后进行加总得到应纳税额的一种累进税率，即课税对象的数额会同时适用几个等级的税率。其计算公式为：

应纳税额＝课税对象中第一级的数额×第一级的适用税率＋第二级的数额×第二级的适用税率＋…＋最后一级的数额×最后一级的适用税率

如我国个人所得税对综合所得按超额累进税率计税（见表1－2）。

表1－2　超额累进税率表

级数	所得额级距	税率	速算扣除数
1	不超过3000元（含）	3%	0
2	超过3000元至12000元（含）的部分	10%	210
3	超过12000元至25000元（含）的部分	20%	1410
4	超过25000元至35000元（含）的部分	25%	2660
5	超过35000元至55000元（含）的部分	30%	4410
6	超过55000元至80000元（含）的部分	35%	7160
7	超过80000元的部分	45%	15160

【例1－2 计算题】 甲当月收入为17000元，乙当月收入为17001元，求甲、乙当月应纳税额（免征额为5000元）？

【解析】 按照超额累进税率定义计算，则：

（1）甲当月应纳税额＝3000×3%＋（17000－5000－3000）×10%＝990（元）

（2）乙当月应纳税额＝3000×3%＋（17000－5000－3000）×10%＋1×20%＝990.2（元）

将【例1－1】、【例1－2】做一个比较可知，乙的收入比甲多1元，全额累进税率下应纳税额增加1200.2元，超额累进税率下应纳税额增加0.2元。可见，在临界点，全额累进税率会出现税收增加幅度超过课税对象增加幅度的情况。相较而言，超额累进税率下的税收负担更加合理公平，但是其计算过程复杂。因此，在实际工作中通常采取简易计税办法，即运用速算扣除数进行计算。公式为：

速算扣除数＝征税对象×全额累进适用税率－按超额累进税率计算的税额

应纳税额＝应纳税所得额×适用税率－速算扣除数

在上例中：

甲按全额累进税率计算税额＝（17000－5000）×10%＝1200（元）

甲按超额累进税率计算税额＝3000×3%＋（17000－5000－3000）×10%＝990（元）

速算扣除数＝1200－990＝210（元）

用速算扣除数计算甲应纳税额为＝（17000－5000）×10%－210＝990（元）

3. 全率累进税率。它是指按征税对象相对比例划分征税级距，就纳税人的征税对象全部数额，按与之相适应的级距税率计征的一种累进税率。

4. 超率累进税率。它是指按征税对象的相对比例划分级距，就纳税人的征税对象全部数额中符合不同级距部分的数额，分别按与之相适应的各级距税率计征的一种累进税率，它以征税对象的某种比率作为累进依据。如我国开征的土地增值税就是按照增值额是否超过扣除项目金额的一定百分比，设计了30%—60%的超率累进税率。

（四）定额税率

定额税率，又称固定税额，它是按征税对象的一定数量直接规定一个固定税额，而不是规定征收比例的一种税率形式，一般用于从量计征的税种，是税率的一种特殊形式。定额税率的优点，一方面计算简便，另一方面优质优价税负轻，劣质劣价税负重，有利于鼓励企业提高产品质量和改进包装；但缺点在于税收收入不会随着课税对象的价值变化而变化，税收收入缺乏弹性，不利于政府筹集财政收入以及调节经济。定额税率又可以分为地区差别定额税率、幅度定额税率、分类分级定额税率。

四、纳税环节

纳税环节是税法规定的课税对象从生产到消费整个流转过程中应当缴纳税款的环节。纳税环节有广义和狭义之分。广义的纳税环节指全部课税对象在社会再生产过程中的分布，如在生产环节开征资源税，在流通环节开征增值税，在消费环节开征消费税，在分配环节开征所得税。狭义的纳税环节指应税商品在货物流转过程中应当缴纳税款的环节。如消费税规定在消费品生产、加工或进口的某一环节征税，增值税实行道道征税等。

按照征税对象从生产到消费的整个流转过程中纳税环节的多少，可分为一次课征制（单环节制）和多次课征制（多环节制）。一次课征制是指同一税种在商品流转的整个过程中只选择某一环节课征的制度；多次课征制是指同一税种在商品流转的两个或两个以上环节进行征税的制度。纳税环节的确定，对税制结构和税收体系的布局、税款及时足额入库、地区间财政利益分配、纳税人缴税的便利程度等都具有重要的意义。因此，纳税环节的选择必须要慎重，一经确定不得随意变动。

五、纳税期限

纳税期限是指税法规定的纳税人向国家缴纳税款的期限，对于督促纳税人依法纳税和保证税收收入及时入库具有重要意义。纳税期限的规定体现了税收的强制性和固定性。纳税期限主要有按期纳税与按次纳税两种形式。按期纳税是指以纳税人发生纳税义务的一定时间期限作为纳税计算期，一般根据纳税人生产经营规模大小和应缴税额的多少而定，具体有按月、季或年缴纳几种规定。按次纳税是指以纳税人从事生产经营活动的次数作为纳税计算期，一般适用于对某些特定行为的课税或临时经营者的课税。

另外还有税款缴库期规定，是指纳税期满后，纳税人报缴税款的法定期限。纳税期满

后，纳税人应当立即缴纳税款。

六、纳税地点

纳税地点是纳税人（包括代征、代扣、代缴义务人）缴纳税款的具体地点。它是国家根据各个税种与课税对象及纳税环节的不同，以及本着对税源控制的原则而规定的。纳税地点主要有就地纳税、营业行为所在地纳税、外出经营纳税、汇总缴库和口岸纳税。我国大多数纳税人均采取就地纳税的方式。

七、减免税与税收加征

（一）减免税

减免税是减税和免税的合称，它是指依据税法规定，对某些特殊情况，减少或免除纳税人应纳税额的规定，是一种税负调整措施。

减免税包括税基式减免、税率式减免和税额式减免三种类型。税基式减免是指直接减少计税依据的减税免税方式，具体包括起征点、免征额、项目扣除和跨期结转等。其中，起征点是指税法规定征税对象达到一定数额才开始征税的数量界限，征税对象的数额未达到起征点的不征税，达到或超过起征点的就其全部数额征税。免征额是指税法规定的征税对象中免予征税的数额，无论征税对象的数额多大，免征额的部分都不征税，而只对超过免征额的部分征税。税率式减免是指通过直接降低法定税率的减免税方式，具体包括重新确定税率、选定其他税率和零税率等形式。税额式减免是指通过直接减少纳税人依法定税率计算的应纳税额的减免税方式，具体包括全部免征、减半征收及核定减免等形式。

（二）税收加征

税收加征是指除了按照税法规定的税率征税外，在应纳税额的基础上再加征一定比例税额，属于加重纳税人负担的措施。税收加征目的或在于限制纳税人某些不利于国家和社会的行为，或在于调节收入、平衡税负等。税收加征包括附加和加成两种形式。附加是地方附加的简称，是政府在按基本税率征税后，另外征收一定比例的税额。加成是加成征收的简称，是按应纳税额再加征一定比例税额的规定。

【课堂思考】

比较超额累进税率与全额累进税率的优缺点。

第三节 税种分类与税制体系

一、税种分类

(一)按课税对象性质分类:货物与劳务税、所得税、资源税、财产税和行为税

该分类方法是我国研究税收理论最基本的分类方法。对商品和劳务买卖的流转额课征的税收,称为货物与劳务税,也称商品税;对纳税人的所得额或利润额课征的税收,称为所得税;对纳税人占用某些自然资源的绝对或级差收益课征的税收,称为资源税;对纳税人的财产数量或价值额课征的税收,称为财产税;对纳税人的某些特定行为课征的税收,称为行为税。

(二)按税负能否转嫁分类:直接税与间接税

该分类方法是世界各国通用的一种分类方法。直接税是指纳税义务人同时是税收的实际负担人,纳税人不能或很难将税收负担转嫁给他人的税种;间接税是指纳税义务人不是税收的实际负担人,纳税义务人能够用提高销售价格或降低购进价格及收费标准等方法把税收负担转嫁给他人的税种。

(三)按计税标准分类:从价税、从量税和复合税

从价税是以课税对象的价值为计税依据,按一定比例计征,亦称"从价计征",它受价格变动影响,且与课税对象的价格有紧密关系。从量税是以课税对象的重量、件数、容积、面积等作为计税依据,按预先确定的单位税额计征,也称"从量计征",它不受价格变动影响,却与课税对象的数量直接相关。复合税将从价税和从量税混合使用,以课税对象的价值为计税依据,按一定比例税率计征,同时又以计税对象的重量、件数、容积、面积等作为计税依据,按预先确定的单位税额计征。

(四)按税收与价格关系分类:价内税和价外税

价内税是指税收构成商品或劳务价格组成部分的税种,凡是商品价格中包含应缴税额的税种统称为价内税,如消费税、关税等;价外税是指税收不构成商品或劳务组成部分的税种,凡是商品价格中不包含应缴税额的税种统称为价外税,如增值税等。

(五)按税收立法权、征管权和收入支配权分类:中央税、地方税和共享税

中央税属于中央财政的固定收入,由国家立法机关立法、归中央政府支配和使用的税

种；地方税属于地方财政的固定收入，由国家立法机关或授权地方立法机关立法、归地方政府支配和使用的税种；共享税又称“中央和地方共享税”，由国家立法机关立法、属于中央和地方政府共同享有，按一定方法划分收入的税种。

二、税制体系

（一）概念

税制体系，有时也被称为税制结构或税收体系，是指一国在进行税制设置时，根据本国的具体情况，将不同功能的税种进行组合配置，形成主体税种明确，辅助税种各具特色和作用、功能互补的税种体系。

税制体系是一个由法定税种组成的有机系统。首先，它解决了设置多少税种的问题。根据税种的数量多少，税制体系可分为单一税制体系和复合税制体系。单一税制体系属于纯理论设想，它无法保证政府财政收入的取得和税收杠杆作用的发挥，历史上从未有任何一国家实行过该种税制体系。其次，税制体系还解决了各个税种之间如何配合和协调的问题。在复合税制体系下，各个税种之间以及每一税种内部各税制要素之间都要相互协调与配合，以保证国家税收政策功能和作用的实现。

（二）税制体系设置的影响因素

1. 社会经济发展条件。社会经济发展条件是决定税制体系的最基本因素。这里的社会经济发展条件主要指社会经济发展水平、经济形态和国民经济结构等内容。经济发展水平直接制约着税制要素的选择和配置。在经济发展水平较高的国家，社会成员收入水平高，税收征管体系较完备，多采用以直接税为主的税制体系，经济发展水平较低的国家由于财政收入需要、税收管理水平较低等原因，多采用简便易行的以间接税为主的税制体系。

经济形态与税制体系的设置关系密切。在奴隶社会、封建社会，商品经济不发达，一般实行以田赋、人丁赋等古老直接税为主体的税制体系。进入资本主义社会后，商品经济日益发达，国家加大了对商品和流通行为课税，形成以间接税为主体的税制体系。在资本主义进入新阶段后，市场经济日趋发达，社会矛盾也日益加深，由于现代直接税具有便于实行累进制、贯彻公平原则等特点，逐渐成为各国尤其是发达国家的主体税种。

国民经济结构是税制体系设置的重要影响因素。国民经济结构包括产业结构、分配结构、交换结构和消费结构等多方面内容。在国民经济结构简单的奴隶社会和封建社会，农业是国民经济中最主要的部门，税制体系简单，多由田赋、人头税和财产税组成。在资本主义社会和社会主义社会，随着国民经济结构的日益复杂，农业方面提供的税收很少，税收主要来自于制造业和现代服务业等部门。

2. 国家政策导向。税收除了具有取得财政收入的职能外，还有调节经济和调节收入分配等功能。在经济社会发展的不同阶段，国家会通过有目的地调整税种、税率、税收优惠政策等手段贯彻国家发展战略目标。近年来，这一因素在我国税制体系的设置和调整方面体现得尤为明显。例如，为了奋力实现国家经济高质量发展这一战略目标，我国推行减税降费政策为企业减负，助力供给侧结构性改革。

3. 税收征管水平。一定的税制体系要求有与之相适应的税收征管水平，一国的税收征管水平会对其税制体系的设置产生影响。通常来说，间接税对商品与劳务流转额征税，征收管理相对简单，所得税涉及税前扣除以及具体的会计制度等问题，对税收管理水平要求较高。经济发达国家的税收征管水平较高，大多实行以直接税为主体的税制体系；发展中国家的税收征管水平较低，一般实行以间接税为主体的税制体系。

（三）税制体系类型

1. 以直接税为主体的税制体系。在以直接税为主体的税制体系中，企业所得税、个人所得税、社会保障税和财产税等居主体地位，在整个税制体系中发挥主导作用。增值税、消费税和关税等税种居次要地位，在整个税制体系中只能起辅助作用。

相较于间接税，直接税具有税负不易转嫁、税负公平和可与累进税率结合等特点，对收入分配和经济稳定的调节功能更强，对资源配置扭曲效应更小。将直接税作为税制体系中的主体税种是各国税制发展的必然趋势。党的十八届三中全会指出，我国深化财税体制改革的目标之一就是逐步提高直接税占税收收入的比重。当然，该类税制体系也存在收入不够稳定、计算复杂和征管难度大等缺陷。

2. 以间接税为主体的税制体系。在以间接税为主体的税制体系中，增值税、消费税、关税等以商品劳务的流转额为课税对象的税种居主体地位，在整个税制体系中发挥主导作用。个人所得税、企业所得税、财产税等税种居次要地位，在整个税制体系中起辅助作用。

间接税的征税范围广，税源充裕，具有保障财政收入和收入稳定的特点，对征管水平的要求较低。另外，间接税税负可转嫁，因此会激励商品经营者为了更好地转嫁税负而致力于提升产品质量，提高产品的市场接受度和认可度。当然，该类税制体系也存在调节功能较弱、税负易转移、某些税种具有累退性和部分税种存在重复征税等缺陷。

3. 双主体税制体系。在双主体税制体系中，直接税和间接税均居主体地位，两类税在税制体系中的作用基本相当。该类税制体系可以共同发挥两类税的特点，即既可以发挥直接税按负担能力大小征收、自动调节经济和公平分配等特点，又可以发挥间接税征收范围广、税源充裕、及时稳定组织财政收入等特点。这类税制体系不仅在经济发展较快的发展中国家采用，而且也引起了以所得税为主体税种的发达国家的重视。

（四）我国现行税制体系

1994 年的税制改革是新中国成立以来规模最大、范围最广、力度最强、影响最深刻的一次税制改革，我国当时根据社会经济发展状况，在清理原税制体系的基础上，建立了以间接税为主体的复合税制体系。该税制体系适应社会主义市场经济发展需要，践行了“统一税制、公平税负、简化税制、合理分权、理顺分配关系、保证财政收入”的指导思想，在保证财政收入、调节经济、调节收入分配、促进对外开放等方面发挥了重要作用。

我国税制体系经过 70 多年的逐步完善发展，已经从以间接税为主体逐步向以间接税、直接税双主体的复合税制体系过渡，并且为了满足健全国家治理体系、提升国家治理能力

的需要，依据建立现代财政制度目标，我国将通过一系列的税制改革，进一步提高直接税比重，降低间接税比重。我国税制体系中的税种主要包括：（1）货物和劳务税类。包括增值税、消费税、关税、烟叶税等。（2）所得税类。包括企业所得税、个人所得税。（3）资源税类。包括资源税、城镇土地使用税、耕地占用税和土地增值税。（4）财产税类。包括房产税、契税和车船税。（5）行为税类。包括城市维护建设税、印花税、车辆购置税、船舶吨税和环境保护税等。当然，有些税种可能会兼具不同税类的特征，因此，在具体归类上可能会存在差异。

【课堂思考】

基于当前社会经济背景，结合我国实现国家治理体系与治理能力现代化的目标，谈谈我国税制体系结构优化调整的方向。

第四节　税收管理体制

一、税收管理体制的概念

税收管理体制是指税收课征与管理过程中处理中央与地方之间权责关系的制度。它以中央为一方，以地方各级政府为另一方，体现着中央与地方各级政府之间的关系。这种关系发生在税收课征与管理过程中，实质是税收权责的划分关系。它不仅具有特定的内容，而且是具有特定的表现形式，是内容与形式的统一体。

我国建立税收管理体制总的原则是“统一领导，分级管理”。税收管理体制主要包括三个方面的内容：一是税收任务管理体制；二是税收制度管理体制；三是征税活动管理体制。税收任务包括两个基本方面：一是取得财政收入；二是调节社会经济，其中同中央与地方之间关系相关的主要是税收收入的划分问题和税收调节范围的划分问题。税收制度是由法律确定下来并以税种设置为核心的，其中同中央与地方之间关系相关的部分主要是由谁确定、由谁解释、由谁修正的问题以及税种由谁享有的问题，即税收权限的划分问题和税种的划分问题。最后，征税活动的组织包括各种税收由谁征收、如何征收等问题，其中同中央与地方之间关系有关的部分主要是由谁征收的问题，也就是税务机构的设置问题。

二、税权划分：税收立法权、税收归属权、税收执法权

税权是国家的主权之一，是国家为取得税收收入以更好地履行职能而依法拥有的、由国家特定机关行使的、所有与税收有关的权力的总称。税权是一个集合概念，只有将不同类型的具体税权进行合理、有效划分与配置，才能发挥税权的应有作用，提高税权行使效率。

税权划分，实质是一种制度安排，指税权在相关国家机关之间的配置。税权划分问题是政府间财政关系处理的重要组成部分。一般来说，政治体制不同，税权内容的划分也会有所不同。从我国政治体制出发，可以将税权划分为税收立法权、税收归属权和税收执法权。在国家治理理论下，三种权力既相互独立，又相互协作。

（一）税收立法权

税收立法权是税权的核心和依法征税的基础，我国税收立法权有狭义和广义之分。狭义的税收立法权指全国人民代表大会及其常委会制定法律的权力，广义的立法权通常是指国家权力机关和行政机关依照法定程序对涉税事项的规则制定权，表现为税收法律、法规和规章等形式，具体包括税法的制定、颁布和修改权、税种的开征权与停征权、税法实施细则制定权、税法的解释权、税目的增减和税率的调整权以及税收加征和减免的审批权等内容。

税收立法权的划分有横向配置和纵向配置两方面的内容。税收立法权的横向配置指的是税收立法权在立法机关、行政机关和司法机关之间的划分。税收立法权的纵向配置指的是税收立法权在中央与地方之间的配置。我国税收立法权主体、效力层级、内容的划分情况如表1－3所示。

表1－3　我国税收立法权划分

主体	效力层级	内容	举例
全国人大及其常委会	法律	税法的制定、颁布和执法权； 税种的开征与停征权、税率的确定等	《中华人民共和国企业所得税法》 《中华人民共和国个人所得税法》
国务院	行政法规	税法实施条例的制定权； 税法的解释权等	《中华人民共和国企业所得税实施条例》 《中华人民共和国个人所得税实施条例》
地方人大及其常委会	地方性法规	制定地方性税收法规	部分少数民族地区、经济特区制定了地方性税收法规
最高人民法院 最高人民检察院	法律解释	税收立法解释； 税收司法解释等	《关于办理偷税、抗税刑事案件具体应用法律的若干问题的解释》
国务院及授权财政税务主管部门	部门规章	税目的增减和调整权等	《税务部门规章制定实施办法》
地方政府	地方政府规章	制定地方政府税收规章	《中华人民共和国城镇土地使用税暂行条例》实施办法

（二）税收归属权

税收归属权，又称税收划分权或税收所有权，解决了税收收入的最终归属问题，是税权的关键所在。

税收归属权的划分通常指权利的纵向配置，主要表现在独享税种的结构以及共享税种的划分比例上。它不仅关系到税收收入的分配，还对税收征管的效率、税收调节作用的发挥以及政府财政事权的履行等具有重要的现实影响。在税收归属权划分时应遵循合理化、利益共享和财权与事权相匹配等原则。

当前我国税制体系一共有18个税种，按税收归属或税收征管权、支配权的不同，分为中央税、地方税和共享税。其中，归属于中央政府收入的税种包括消费税、关税、船舶吨税和车辆购置税；归属于地方政府收入的税种包括房产税、城镇土地使用税、土地增值税、耕地占用税、契税、车船税、烟叶税和环境保护税；由中央政府和地方政府按一定比例划分收入的税种包括增值税、企业所得税、个人所得税、资源税、城市维护建设税和印花税。

(三) 税收执法权

税收执法权是指国家赋予税收管理部门实施税款征收和管理的一种职责性权力，它是税权的重要组成部分，是联结税收立法权和税收收益权之间的桥梁。税收执法权的内容主要包括：税款征收权、税收管理权、税收检查权、税收保障权、涉税审批（核）权、行政复议决定权。

三、征纳主体的权利与义务

(一) 征税主体的权利与义务

我国征税主体包括各级税务机关、海关。征税主体的权利主要包括税款征收权、税务管理权、税务检查权以及税务行政处罚权等。征税主体的义务主要包括宣传税法、依法征税、依法减免退税、纳税服务、保守秘密、依法回避、依法进行税务检查和受理税务行政复议等。

(二) 纳税主体的权利与义务

我国纳税主体包括法人、自然人和其他组织。纳税主体的权利包括税务知情权、要求保密权、申请减免税权、申请退税权、陈述申辩权、税收救济权、控告检举权、请求回避权、取得完税凭证权、拒绝检查权、申请延期申报权、申请延期缴纳税款权等。纳税人的义务主要包括依法办理税务登记、依法设置账簿、正确核算并保管账簿和有关资料、按规定开具使用取得发票、按期进行纳税申报、按时缴纳或解缴税款、自觉接受税务检查等。

【课堂思考】

我国税权划分存在哪些特点?

复习思考题

1. 什么是税收？如何进行理解？
2. 如何理解税收形式特征的“三性”？
3. 税收有哪些职能？

4. 构成税制的基本要素有哪些？
5. 税制体系的类型有哪几种？税制体系设置的影响因素有哪些？
6. 为什么发达国家与发展中国家通常在税收体系上存在差异？
7. 税权通常包含哪些内容？

第二章
中国税收制度的建立与发展

问题导入

“有朋自远方来，不亦乐乎?”国人好客，亲朋好友来了，主人往往尽其所能，七个碟子八个碗，款待对方酒足饭饱。不过，受经济条件限制，过去请客也就是在家张罗。随着生活水平提高，客人来了也好，朋友小聚也罢，大都会到饭店订桌饭局，撮上一顿。至于商务往来，公款消费，更是充斥高档饭店，一餐下来，动辄成千上万，也已屡见不鲜。除了好客以外，中国人又崇尚节俭，“历览前贤国与家，成由勤俭破由奢”。或许是为了防止奢靡之风，抑制畸形消费，政府于1988年推出了筵席税。我们的筵席税，说起来，是严于律己、宽以待人的。何出此言?原来，港澳台同胞、海外侨胞、外国人，这些人请客吃饭，国家不仅不限制，反倒举双手赞成。道理很简单，他们消费，我们是求之不得，毕竟支持旅游事业发展，增加外汇收入，是不可多得的好事。而且我们征收此税的初衷，根本是为了引导国内合理消费，反对公费请客、铺张浪费。筵席税的开征科学合理吗?

新中国成立70年来，中国的税收制度经历了从建立到不断完善、从计划经济体制到改革开放、从社会主义市场经济体制到新时代以及推进国家治理体系和治理能力现代化的巨大变革。每一次税收制度变化、发展、创新的背后，都见证着每一个时代的变化，也承载着每个不同历史时期所赋予的时代使命。当前，世界处于百年未有之大变局，中国从未像今天这样在国际舞台上发挥着重要作用，从未像今天这样与世界紧密相连。不忘初心，牢记使命，回顾税收制度改革的每一段历史，有助于在新时代更好地推进税收制度改革，推进税收治理能力现代化进程。本章主要介绍新中国成立70周年间税收制度的建立和发展历程，对中国不同历史时期税收制度的建立、改革和发展的历史背景、指导思想、具体内容等作较为全面的阐述。

第一节　新中国改造和建设时期的税收制度

一、1950 年统一税政、建立新税制

（一）背景

新中国成立初期，我国存在不同的税收制度。具体表现为：老解放区大多沿用此前制定的革命根据地征税模式，即以比例税制为特征的农业税制；新解放区则按照“暂时沿用旧税法，部分废除，在征收中逐步整理”的原则落实税收工作。

在新中国成立初期，全国各地存在新旧税制并行、税种不一、税目不同、税率各异等现象，给全国的生产力恢复以及区域间经济往来带来了不利的影响。因此，统一税政、规范机构，建立健全新的税收政策与征管体系，成为新中国成立初期的一项迫切任务。

（二）统一税政，建立新税制的指导思想和基本原则

1. 指导思想。1949 年 3 月 20 日，中共中央发布《关于财政经济工作及后方勤务工作若干问题的规定》，提出了统一财政经济工作的要求。此后不久，中共中央成立了专门的财政经济工作领导机构，同年 9 月 29 日，中国人民政治协商会议第一届全体会议通过了《中国人民政治协商会议共同纲领》，其中，第四十条规定：“国家的税收政策，应以保障革命战争的供给、照顾生产的恢复和发展以及国家建设的需要为原则，简化税制，实行合理负担。”

2. 基本原则。1949 年 11 月底至 12 月初，经中共中央政治局会议批准，政务院财政经济委员会（简称中财委）和财政部在北京召开了首届全国税务会议，会议根据《共同纲领》第四十条的精神，全面研究了统一全国税收、统一制定新税法和统一建立税务机构等问题，会议拟定了《全国税政实施要则（草案）》和有关税法草案。1950 年 1 月 30 日，政务院发布《关于统一全国税政的决定》（以下简称《决定》），并附发《全国税政实施要则》。该《决定》同意以《全国税政实施要则》作为今后整理和统一全国税政、税务的具体方案，并要求各级人民政府和财政、税务机关一致执行，以期逐步实现。该《决定》按照“公私兼顾、劳资两利、城乡互助、内外交流”的原则，决定实行多税种、多次征的复合税制。

（三）新税制的主要内容

《全国税政实施要则》是新中国成立以后统一全国税政、建立新税制的纲领性文件，其中规定：“为执行 1950 年概算，必须增强税务工作，建立统一的税收制度。”“全国各地实行的税政、税种、税目和税率极不一致，应迅速加以整理，在短期内逐步实施，达到全

国税政的统一。”

1. 设立统一税种。《全国税政实施要则》中作出了关于税种设置的规定，暂定下列14种税收：货物税、工商业税（包括坐商、行商、摊贩的营业税和所得税）、盐税、关税、薪给报酬所得税、存款利息所得税、印花税、遗产税、交易税、屠宰税、房产税、地产税、特种消费行为税（筵席、娱乐、冷食、旅店）和使用牌照税。

2. 税收立法权限规定。《全国税政实施要则》中关于税收立法的规定是：凡有关全国性的税收条例法令，均由中央人民政府政务院统一制定颁布实施，各地区应切实遵照执行，如有意见可建议中央考虑，在中央未修改前，不得自行修改或变更；凡有关全国性的各种税收条例之施行细则，由中央税务机关统一制定，经财政部批准施行。各区税务管理局得根据中央颁布之税法章则精神制定稽征办法，经大行政区财政部批准施行；凡有关地方性税收之立法，属于县范围者，得由县人民政府拟议报请省人民政府或军政委员会批准，并报中央备案；其属于省（市）范围者，得由省（市）人民政府拟议报请大行政区人民政府或军政委员会核转中央批准。随政务院上述决定附发的还有《货物税暂行条例》和《工商业税暂行条例》，均自公布之日（1950年1月31日）起施行。

3. 税收收入分配。1950年3月3日，政务院发布《关于统一国家财政经济工作的决定》。该决定中规定，除了批准征收的地方税以外，所有关税、盐税、货物税、工商业税的一切收入，均归中央人民政府财政部统一调度使用。税则、税目、税率，统由中央人民政府财政部提交政务院决定施行；未经批准，各地人民政府不得变动。

4. 税收规定。财政部于1950年初拟定了印花税、利息所得税、特种消费行为税、使用牌照税和屠宰税等5个税种的暂行条例草案，报送政务院财政经济委员会，并由该委员会转报政务院审核，于1950年4月2日向税务总局、各大区税务管理局和各省、市税务局发布命令：“上述各项税收条例草案，在政务院核定公布以前，凡是原来已经制订单行税则的地区，可以继续按照原订单行税则办理；原来没有制订单行税则，尚未开征上述各税的地区，可以按照上述税收条例草案先行试行。”

（四）税制改革的特点

新中国的税制，是在革命根据地税收的基础上，吸收国民党政府税制中的合理部分，加以整理改造而建立的，它同旧中国税制比较，除了在税收本质上具有根本性区别之外，还有以下两个不同点：

一是简化税种，废除苛税。为了保证财政收入，对旧有的几个主要税种基本上保留了下来，但进行了合理简并。

二是调整税目税率，制定减免税规定，体现国家奖励限制和合理负担政策。例如，货物的税率，根据这个时期恢复国民经济总的政策要求，实行重工业轻于轻工业，生活必需品低于非生活必需品，对奢侈品课以重税的原则，以调节生产与消费。工商业税中的营业税分别按工业、商业和经营行业制定高低不同的税率，体现了工轻于商，有利于国计民生的行业低于少利于或不利于国计民生的行业的原则；所得税方面还对有利于国计民生的行业，规定减税10%至40%的奖励。实践证明，在旧税制基础上加以整理改革的做法是正确的。

新税制的基本特点是实行多种税、多次征的复合税制。它以按产品或流转额的征税为主体，再加上其他一些税种相配合，形成了新中国的税制体系，基本上适应了我国当时的经济结构状况和国民经济恢复时期国家的政治经济政策的要求。

二、1950 年税制改进

(一) 背景

由于党和政府采取了统一财经管理、整理财政收支，加强税收工作等一系列有效措施，新中国成立 6 个月后全国财政经济情况迅速开始好转，出现了财政收支平衡，通货膨胀停止和物价趋向稳定的好局面。但是，在经济上暴露出了一些新的问题，主要是长期通货膨胀形成的虚假购买力和虚假繁荣随着物价稳定开始消失；一部分私营工商业旧的经营方式适应不了新的情况，从而出现了一时的商品过剩、市场萧条和生产萎缩的局面。同时，在税收上也由于税目过细和重复，征收规定不明确，计税手段繁琐，在负担上也出现一些畸轻畸重的现象。为了争取国家财政经济情况的基本好转，党中央作出调整工商业和调整税收的决定。1950 年 5 月至 6 月，召开了第二届全国税务会议，研究了调整税收的原则和具体内容。这次调整税收的原则：一是巩固财政收支平衡；二是照顾生产的恢复和发展。

(二) 税制改进的内容

1950 年 6 月，政务院财政经济委员会发布了调整税收的决定，确定这次调整税收的主要内容如下：

1. 停征和减并税种。决定暂不开征薪给报酬所得税和遗产税，将地产税和房产税合并为城市房地产税，即将原定全国开征的 14 种税减为 11 种税。

2. 减并税目。将原订货物税 1136 个征税品目中，确定免征的 387 个品目，合并的 391 个品目，经减并后剩下 358 个品目。

3. 降低税率。盐税按原来确定的税额减半征收，货物税中的纸烟、火柴等税率均降低，工商税中的所得税，采取提高累进起点和最高累进起点，增加累进级数，拉开累进级距的办法，以降低实际税收负担。

4. 改进征收方法、简化纳税手段。1950 年 12 月，中央人民政府政务院根据上述调整的税收内容重新修订公布了《货物税暂行条例》和《工商业税暂行条例》。财政部同时制定公布了两个税收条例的施行细则，还公布施行《印花税暂行条例》《屠宰税暂行条例》《利息所得税暂行条例》；1951 年又公布了《特种消费行为税暂行条例》《城市房地产税暂行条例》和《车船使用牌照税暂行条例》以及《中华人民共和国海关进出口税则》等，进一步健全了税收法制。

至此，新中国的税收制度初步形成了以货物税、营业税和所得税作为主体税种，其他税种为辅，多环节课征的复合税制；在税制结构实现了从解放战争时期以农业税为主向新民主主义时期以工商业税为主的转变。

三、1953 年税制修正

(一) 背景

经过三年恢复时期，我国经济税源情况发生了许多新的变化。国家经济成分发生了很大变化，国营、合作社和公私合营经济在整个工业生产和商品流通中的比重已大为提高，公有制经济成为主体。反映在税收领域，表现为公私企业适用不同的税制，且国营企业税负较轻。从税收自身规律而言，这样的税制结构并不符合平等与便利原则，因而在实践中也带来一定的问题。另外，工商企业的经营方式也发生了变化。加工定货、统购包销、代购代销，以及深购远销、长距离调拨的经营日益扩大，经济方面的这些变化对税收产生很大的影响。由于减少了商品流转环节，使批发营业税也相应减少，因而出现“经济日渐繁荣，税收相对下降”的局面。

因而，如何保证税收也就被提了出来。财政部决定修正税制，并经全国财经会议和财政部长会议决议，在 1952 年 11 月召开的第四届全国税务会议上对税制改革方案予以讨论。

(二) 税制修正的内容

税制修正的主要内容是：修改现行税制中的某些规定，调整税率，裁并税种，重点试行商品流通税。包括对原工商税制作了若干重要修正，试行商品流通税、修订货物税、工商业税中的营业税、所得税和其他各税。具体修改内容如下：

1. 开征商品流通税。从征收货物税的品目中，选择国家能够控制生产或收购的 22 个品目，划出来改征商品流通税。这种税的基本特点是实行一次课征制，即对凡征收商品流通税的商品，原来从生产、批发到零售各个环节应纳的货物税、工商营业税、商业批发营业税、零售营业税及营业税附加、印花税都合并起来，集中到商品第一次批发或调拨环节征税，以后的流通环节均不再征税。

2. 修订货物税。将应税货物原来应缴的印花税、工业营业税、商业批发营业税及其附加，并入货物税征收；相应调整货物税的税率，进一步简并税目，由原来的 358 个简并为 174 个；改变货物税的计税价格，由原来按不含税款的价格，改为按包含税款在内的国营公司批发牌价计税。

3. 修订工商营业税。将工商业应纳的营业税、印花税及营业税附加，并入营业税征收，统一调整营业税税率；已纳商品流通税的商品，不再缴纳营业税；已纳货物税的货物，只在商业零售时缴纳一道营业税；商业批发的营业税的税负，分别转移到商品流通税、货物税和工业环节以后，商业批发环节不再征收营业税，对私营批发商也一度不征营业税了。但是，为了限制私营批发的盲目发展，增强国营商业对市场的控制力量，不久即恢复了对私营批发商征收营业税。

修正后的工商税收共有 12 种：商品流通税、货物税、工商业税、印花税、盐税、关税、牲畜交易税、屠宰税、城市房地产税、文化娱乐税、车船使用牌照税、利息所得税。

▶▶▶（三）1953年税制修正的影响

从修正税制本身的内容看，其代表了先进税制的发展方向，对于消除重复征税和实现平等纳税都有积极的作用，既能释放不同经济主体的生产经营活力，又能促进商品的流通，同时还能增加国家的财政收入，应该说是税制改革的正确方向。但由于受到政治因素的干扰，此次修正税制未能得到正常推进，是新中国税制发展史上的一次挫折。

四、1958年工商税制改革和统一全国农业税

▶▶▶（一）背景

随着“三大改造”的完成，中国进入社会主义社会，经济体制转变为计划经济。在税收领域，工商税收的课税对象发生了巨大变化。原在国民经济恢复时期，针对资本主义工商业大量存在、经营活动多种多样、偷漏税现象十分严重的情况所制定的“多种税、多次征”“原有的分别适用的两套税制”的税收制度，到1956年中国的社会主义改造基本完成后，已经不再适应经济形势的变化，税制改革再一次提上议事日程。

▶▶▶（二）税制改革的指导思想

国家财税部门自1955年第五届全国税务会议就开始研究税制改革，提出了“重点试办、逐步推广具有苏联周转税性质和内容的新税”的方针。1956年全国财政厅（局）长、税务局长会议又对税制规划作了讨论，发展为“有计划、有步骤地全面加速推行周转税”。但是由于主客观方面的问题，税制规划过于冒进，在税收征管中出现了一些工作失误，有关领导指示暂缓推行周转税，加强调查研究与试点工作。

1957年9月，财政部提出了《关于改革工商税收制度的报告》，确定了“在基本上保持原税负基础上简化税制”的改革方针。1958年9月13日，国务院制定公布了《工商统一税条例》（草案），9月17日财政部公布了《工商统一税条例施行细则（草案）》。根据相关会议精神，财政部向中共中央报送了《关于改革工商税收制度的报告》，确定了工商税制改革的方针是“在基本保持原有税负的基础上简化税制”，并且在简化税制的同时继续对社会主义经济和非社会主义经济实行区别对待的政策。

▶▶▶（三）税制改革的内容

1. 合并简化税种，实行工商统一税。把原来实行的商品流通税、货物税、营业税和印花税合并成工商统一税。实行工商统一税后，工厂只纳一次税，此外，商业零售环节再纳一次税。

2. 简化征税办法。一是简化计税价格，把原来货物税、商品流通税分别按国家规定调拨价和国营商业批发牌价计税，改为一律按实际销售收入额计税。二是对工业企业自己制造的用于本企业连续生产的“中间产品”，除棉纱、皮革、白酒保留征税外，对其他产品不再征税。三是对农产品批发，不再征税。

3. 改革工商所得税。1958年工商税制改革，原工商业税中的营业税部分并入工商统一税，所得税部分独立为工商所得税，仍沿用1950年12月公布的《工商业税暂行条例》。调整征收方式：自1958年起，工商所得税的征收对象主要是集体企业、个体工商业户、私营企业等。

4. 统一全国农业税制。第一届全国人民代表大会常委会第九十六次会议于1958年6月3日颁布了《中华人民共和国农业税条例》，标志着全国农业税得到统一。

5. 税收立法权改革。1958年通过的《关于改进税收管理体制的规定》对税收立法权进行了首次调整，根据集中统一与因地制宜的原则，改进了税收管理体制，下放了部分税收立法权，以利于发挥中央和地方两个积极性。

至1958年，中国的税制一共设立14种税收：工商统一税、盐税、关税、工商所得税、利息所得税（1959年停征）、城市房地产税、契税、车船使用牌照税、船舶吨税、屠宰税、牲畜交易税、文化娱乐税、农业税和牧业税。

（四）税制改革的影响及改革过程中存在的问题

1958年工商税制改革前后历时三年，经过周转税到工商统一税的转变，中间甚至出现过一些工作失误，反映出税收工作的复杂性以及对税收与经济相互关系主观认识的艰巨性。本次改革有积极的影响，但改革过程中也暴露了一定的问题。

这次税制改革过程中税收管理部门所坚持的方向和采取的步骤在一定程度上考虑到税收工作的客观规律，同时实现了全国农业税的统一。但对工商统一税的设置是在当时计划经济背景下根据经济主体变化做出的调整，是在简化税制的指导思想下通过合并税种的方式进行的，税制的过分简化削弱了税收对经济的调节功能。

五、1973年进一步税制简化

（一）背景

在"文化大革命"期间，受到党的九大报告对"繁琐哲学"批判的影响，各种"税收无用论"甚至取消税收的观点甚嚣尘上。在这种税收虚无主义思潮的影响下，中国的税制改革进一步朝着"合并税种、简化征收办法"的方向发展。

1971年8月，财政部召开全国工商税制改革座谈会，征求《工商税条例（讨论稿）》的实施意见。1972年3月，财政部将《关于扩大改革工商税制试点的报告》和《中华人民共和国工商税条例（草案）》上报国务院。1972年11月，国务院批转财政部报告并正式颁布了《中华人民共和国工商税条例》，决定从1973年1月起全面实行工商税。

（二）税制简化的指导思想及内容

当时确定这次改革的指导思想是"合并税种，简化征税办法，改革不合理的工商税收制度"。税制简化的主要内容如下：

1. 合并税种。将工商统一税及其附加、城市房地产税、车船使用牌照税、盐税、屠宰税合并为工商税（盐税暂按原办法征收）。

2. 简化税目。税目由过去的108个，减为44个。

3. 简化税率。税率由过去的141种，减为82种。在82种税率中，又有很多是相同的，实际上不同的税率只有16种。

4. 改变一些征税办法。取消“中间产品”的征税，原则上按企业销售收入计算征税，把一部分税收管理权下放给地方，对于新兴工业、“五小”企业、社队企业、综合利用、协作生产等，各省、市、自治区可以根据具体情况确定减税、免税，对企业的适用税率，也可由各省、市、自治区审核确定。

5. 调整少数行业的税率。这次税制改革，大多数行业保持原来的负担水平，只对少数行业的税率作了调整，降低了农机、农药、化肥、水泥的税率，印染、缝纫机和部分化工原料的税率适当提高。

自此，中国进入单一税制时代，国营企业只需缴纳工商税一个税种，对集体企业也只征收工商税和工商所得税。

（四）1973年税制简化评价

1973年简化税制是当时思想政治领域批判“繁琐哲学”在国家经济生活中的反映，打上了深刻的时代烙印。这一时期的税制建设在理论上受到了“非税论”“税收无用论”等影响，在实践中则表现为过分简化税制，税收在财政收入以及国民经济中的地位和作用均处于下降趋势，正常的税收征管秩序受到冲击。税收仅仅成为了单纯的组织收入手段，极大地缩小了税收活动在国民经济生活中正常的职能作用发挥，在很多地方合并甚至撤销了税收征管机构。简化税制，符合提高“征收效率”的主张，但却忽视了对“经济效率”其他方面的不利影响，税收积累占国民收入的比例大大降低，导致了极其不良的财政经济后果。

【课堂思考】

新中国改造和建设时期的税制建设主要有哪些经验？又有哪些教训？

第二节　改革开放和社会主义市场经济体制建立发展时期的税收制度

一、改革开放初期税收制度（1978—1983年）

（一）背景

1978年，党的十一届三中全会实现了新中国成立以来党的历史上的伟大转折，党和国家的工作重点转移到社会主义现代化建设上来，确立了“对内搞活经济、对外实行开放”的重大战略方针，中国开启了改革开放的历史进程。1979年，财政部在成都召开全国税务

工作会议，会议的重点是贯彻党的十一届三中全会精神，拨乱反正，解放思想，研究加强税收理论建设、制度建设和组织建设问题，初步提出税制改革的设想。会议对新中国成立30年来税收工作的经验教训进行了总结，并重点研究了改革开放新时期的税制改革问题。会议指出当时的税制存在五个方面的问题：税种少、调节功能弱、立法性差、征管方式落后、缺少涉外税制。基于此，税制改革势在必行，并提出：（1）税制改革的三个路径，即改革现有税种、恢复旧税种、开设新税种；（2）税制改革的三个步骤，即对外征税、修改完善工商税与工商所得税、开征新税与恢复旧税。

（二）税制改革的内容

1978年税制改革的主要表现在两个方面：一是为适应改革开放吸引外资和多种所有制并存的格局，开始建立涉外税收体系和改革国内税制。二是在对企业放权让利和推进国营企业改革、完善社会主义公有制实现形式的背景下，通过税制改革推进国家与国营企业分配制度的改革。改革的具体内容如下：

1. 建立和健全涉外税制。1980年9月，公布了《中华人民共和国中外合资经营企业所得税法》和《中华人民共和国个人所得税法》，1981年12月公布了《中华人民共和国外国企业所得税法》，同时明确规定涉外企业继续沿用修订后的工商统一税，并要缴纳车船使用牌照税和城市房地产税。至此，我国的涉外税制初步建立起来。此后，全国人大常务委员会陆续对上述税法作了适当修改，进一步放宽了优惠政策，以利于我国吸引外资，引进先进技术，扩大对外经济交往。

2. 第一步“利改税”。1983在建立涉外税制的同时，财税部门就改革税制和国营企业利润分配制度做了大量的调研工作，并在部分地区进行了试点。在此基础上，财政部于1981年8月向国务院报送了《关于改革工商税制的设想》，并很快获得批准。1983年为了通过用税收来规范围家与国营企业的利润分配关系，国家实行第一步“利改税”改革，即对国营企业征收所得税，简称“利改税”。主要内容是：凡有盈利的国营大中型企业，按55%的税率缴纳所得税，税后的利润，一部分采取多种形式上缴国家；凡有盈利的国营小型企业，按八级超额累进税率缴纳所得税，税后利润原则上归企业支配。第一步“利改税”对调动企业生产的积极性，激发企业活力起到了一定作用。

（三）税制改革的启示

这一时期的税制改革，特别是在成都召开的全国税务工作会议，标志着对原有税制的拨乱反正，尤其是在思想认识方面破除了“文革”期间盛行的“税收无用论”，正确认识到税收的经济杠杆作用，并较为清楚地指明了未来改革的原则和方向，制订出了具体的改革路径和步骤。特别是会上强调改革要“按照经济规律办事”“遵循经济规律”等，是思想解放在税制改革领域的体现，在我国税收制度改革历史上具有里程碑意义。同时实现了对外优先确立了涉外企业和个人的税制法规体系，为我国改革开放之初引进外资和中外经济、技术合作保驾护航；对内大体适应我国经济体制改革的需要，整体向好，推动了经济体制改革的深化。但本次税制规定仍存在内外、城乡有别，存在诸多“非中性”和待改进之处。

二、有计划的商品经济时期税收制度（1984—1993年）

（一）背景

1984年6月22日至7月7日在北京召开的全国利改税第二步改革工作会议，着重讨论了“利改税第二步”改革的重大意义，研究了第二步改革方案，修改了财政部草拟的各种税收条例草案，以及有关财务会计处理办法草案。1984年9月7日，国务院向全国人民代表大会常委会提交了《关于提请授权国务院改革工商税制和发布有关税收条例（草案）的议案》。1984年9月18日，国务院根据全国人大常委会的决定，发出《批转财政部关于在国营企业推行第二步利改税报告的通知》，并发布了《中华人民共和国国营企业所得税条例（草案）》和《国营企业调节税征收办法》，同意《国营企业第二步利改税试行办法》从1984年10月1日起试行。

（二）税制改革的内容

1. 实行第二步“利改税”。随着经济的发展，第一步“利改税”的问题也逐渐暴露出来。主要表现为：（1）国家同企业还要用种种形式对税后利润进行分配。就性质而言，同过去利润分成的办法没有什么根本的差别。干得好的企业，并不见得留得多。企业还不能真正实行“独立核算、自负盈亏”。（2）所得税与税后利润的分配，仍然按照企业隶属关系划分，难于削弱部门受经济利益驱使对企业进行不必要的行政干预。（3）地方财政收入与地方企业经营情况的联系太过紧密。

第二步“利改税”，即以不同税种征收的税收收入逐渐地完全取代企业上缴的利润。1984年，对国营大中型企业实现的利润继续按55%税率征收所得税后，对剩余利润较多的企业再征收国营企业调节税。国营企业实施新的工商税制，按十一个税种向国家上缴财政收入，即由“税利并存”逐步过渡到“以税代利”。

2. 工商税制改革。将原工商税按照征税对象划分为产品税、增值税、营业税、盐税；增加资源税、城市维护建设税、房产税、土地使用税、车船使用税；将第一步“利改税”设置的国营企业所得税和国营企业调节税加以改进。

3. 其他税制改革。1984年至1991年间，国务院发布集体企业所得税、私营企业所得税、城乡个体工商业户所得税、个人收入调节税、城市维护建设税、国营企业奖金税、集体企业奖金税、事业单位奖金税、国营企业工资调节税、建筑税（后更名为固定资产投资方向调节税）、特别消费税、房产税、车船使用税、城镇土地使用税、印花税、筵席税等行政法规。1991年第七届全国人民代表大会第四次会议决定，将《中外合资企业所得税法》与《外国企业所得税法》合并为《外商投资企业和外国企业所得税法》。

至1993年年底，我国税制中的税种达到了37个，初步建成了一套内外有别，以流转税、所得税为主体，财产税和其他税收相配合的新税制体系。

（四）税制改革的影响

这一时期税制改革充分适应了从“计划经济体制”向“有计划的商品经济体制”转

轨的需要。虽然“利改税”在理论上混淆了社会主义国家所具有的两种身份，但毕竟突破了原来对国营企业不能征所得税的禁区，扩大了企业自主权，使国家和企业的利益分配关系用法律形式确定下来。

这一时期税制改革的成效主要表现为：双主体税制结构模式初步形成，建成了一套内外有别、城乡不同，以流转税、所得税为主体，财产税和其他税收相配合的新税制体系；税制发展呈现内外并行发展轨迹，内外税制各成体系；税收作用上的认识发生转变，彻底摒弃了“非税论”和“税收无用论”的观点，确立了税收的经济杠杆作用，为1994工商年税制改革奠定了基础。不足的是，把税收作为规范国家与企业分配关系唯一形式的认识，导致了税收调节泛化。

三、1994年工商税制改革

（一）背景

在扭转1989年、1990年经济低速增长态势的同时出现了经济过热，治理通胀、促使宏观经济尽快“软着陆”成为迫切任务。1992年，邓小平南方调研，发表一系列讲话，统称“南方谈话”。“南方谈话”的中心是：坚定不移地贯彻执行党的“一个中心、两个基本点”的基本路线，坚持走有中国特色的社会主义道路，抓住当前有利时机，加快改革开放的步伐，集中精力把经济建设搞上去。加上当时我国财政经济状况已经出现了重大变化：财政收入占国民生产总值的比重偏低；中央财政收入占全国财政收入的比重偏低，即“两个比重”偏低。1992年7月，国家税务局召开全国税务工作会议，重点研究加快税制改革问题，对《关于近期税制改革的基本思路》进行讨论。1992年秋，中共十四大确定了建立社会主义市场经济的战略目标，为税制改革提出了新的目标任务。

1993年4月，江泽民两次主持召开中央财经领导小组会议，研究财税改革工作。1993年夏，根据经济形势发展变化的需要，中共中央、国务院发布《关于当前经济情况和加强宏观调控的意见》，要求加快财税体制改革，将原来分步实施的设想改为一步到位。根据这一部署，国家税务总局起草了《关于税制改革的实施方案》，提交国务院常务会议和政治局常委会议审议并通过。1993年10月，国家税务总局召开全国税制改革工作会议研究税制改革方案和税法草案。在十四大将“建立社会主义市场经济新体制”确定为我国经济体制改革目标之后，1993年11月，党的十四届三中全会发布《中共中央关于建立社会主义市场经济体制若干问题的决定》，进一步提出要“积极推进财税体制改革”。1993年12月，国务院发布《关于实行分税制财政管理体制的决定》并批转执行《工商税制改革实施方案》。1994年1月1日，分税制改革和工商税制改革全面实施。

（二）税制改革的指导思想和基本原则

1. 指导思想。党的十四届三中全会通过的《中共中央关于建立社会主义市场经济体制若干问题的决定》指出：近期改革的重点，“二是按照统一税法、公平税负、简化税制和合理分权的原则，改革和完善税收制度。推行以增值税为主体的流转税制度，对少数商品征收消费税，对大部分非商品经营继续征收营业税。在降低国有企业所得税税率，取消能源交通重点建设基金和预算调节基金的基础上，企业依法纳税，理顺国家和国有企业的利润分配关系。统一企业所得税和个人所得税，规范税率，扩大税基。开征和调整某些税种，清理税收减免，严格税收征管，堵塞税收流失。”这就是税制改革的指导思想。

2. 基本原则。税制改革要有利于加强国家宏观调控能力；要有利于发挥税收调节个人收入相差悬殊和地区间经济发展差距过大的作用，促进协调发展，实现共同富裕；要有利于体现公平税负，促进平等竞争；要逐步解决按不同所有制、不同地区设置税种、税率的问题；通过统一企业所得税和完善流转税，使各类企业之间税负大致公平，为企业在市场中实现平等竞争创造条件；税制改革要有利于体现国家产业政策，促进经济结构的有效调整，促进国民经济整体效益的提高和持续、快速、健康地发展；税收制度要简化、规范。取消与形势发展不相适应的税种，合并重复设置的税种，开征确有必要的税种，实现税制的简化和高效。概括为：“简税制、宽税基、低税率、严征管。”

（三）工商税制改革的内容

1994年工商税制改革，涉及全面改革流转税，对内资企业实行统一的企业所得税，统一个人所得税，取消原个人收入调节税和城乡个体工商户所得税，调整、撤并和开征资源税、城市维护建设税等一些税种。改革内容如下：

1. 流转税制改革。流转税制改革的目标按照公平、中性、普遍的原则，形成有利于资源优化配置的税收分配机制，贯彻公平税负、鼓励竞争、促进专业化协作的精神，使总的税收负担保持原有水平。改革的主要内容如下：

（1）改革增值税。扩大增值税征税范围；增值税实行“价外税”；简并税率；实行凭专用发票抵扣税款的计征方法；改革增值税的纳税制度；对小规模纳税人简化计征办法。

（2）设立消费税。消费税调节的范围主要是一些特殊消费品、奢侈品、高能耗消费品、不可再生的稀缺资源消费品，也包括税基宽广、消费普遍、有一定财政意义的普通消费品。

（3）改革营业税。营业税征税范围包括提供劳务、转让无形资产和销售不动产。共设置了9个征税项目和3档税率，即交通运输业、建筑业、邮电通信业、文化体育业等4个征税项目的税率为3%；金融保险业、服务业、转让无形资产和销售不动产等4个征税项目的税率为5%；娱乐业设置5%—20%的幅度比例税率。

流转税改革后形成了以增值税为主体，消费税、营业税为两翼的新流转税制格局。

2. 所得税制改革。

（1）企业所得税制改革。①统一税种。第一步是将内资企业所得税统一起来，使内资、外资企业所得税在负担政策和计税方式上逐步靠拢；待条件成熟后再将内资、外资企业的所得税统一为一个税种，以利于更好地贯彻“公平税负，促进竞争”的原则。②统一税率。将原国有大中型企业、国有小型企业和集体企业、私营企业原适用差别税率，都统一降低为33%的比例税率。③统一计税标准。改变过去计算应纳税所得额依附于各行业、各经济性质企业的财务、会计制度的做法，明确统一按国家税法规定执行。④统一征收方法和优惠减免。对国有企业不再实行承包上缴所得税的办法，统一由税务机关计算征收。

（2）个人所得税制改革。①增加应税项目。相应设置了“个体工商户的生产、经营所得”“财产转让所得”“偶然所得”项目。②调整费用扣除额。将本国公民的月生活费

用扣除标准从原400—460元提高为800元。③调整税率。规定工资、薪金所得适用5%—45%的9级超额累进税率；个体工商业户的生产经营所得和对企事业单位的承包经营、承租经营所得，适用5%—35%的5级超额累进税率；其他应税项目适用20%的比例税率。稿酬所得可按应纳税额减征30%；对劳务报酬所得一次收入畸高者，可实行加成（五至六成）征收，以增强对高收入者的调节力度。④改进计征办法。除个人经营所得按年计征，分期预缴外，其余各项所得分别按月、按次征收，采用“分项扣除、分项定率、分项征收”的模式，以利于实现源泉扣缴，堵塞税收征管上的漏洞。⑤积极推行个人收入申报制度，逐步增强公民的纳税意识。

3. 其他税种改革。

（1）资源税改革。坚持“统一税政，简化税制”的原则，将原来属于流转税类的盐税并入资源税类；同时简化税种，便于征收管理，但并不削弱原来盐税的调节作用；实行普遍征收、级差调节的原则，以扩大征税范围；统筹规划资源税负担与流转税负担的结构调整，将部分原材料产品少征的增值税转移到资源税来征收，强化资源税的调节力度。

（2）开征新税种。即开征土地增值税、证券交易税（未开征）之外，还准备开征国际上普遍实行的遗产税（未开征）。

（3）改农林特产税为农业特产税。将原征收产品税的10个农、林、牧、水产品税目，转移到原农林特产税中，并与其相同征税项目合并征收农业特产农业税，简称“农业特产税”。重新规定了应征税收入项目、税率、征收办法。

（4）调整其他税种。将特别消费税、烧油特别税并入消费税；将城镇土地使用税改为土地使用税，扩大征税范围，调高税额；将车船使用税改为车船税，明确其财产税性质，并调整税额；原集市交易税和牲畜交易税已不符合市场经济的要求，予以取消；取消企事业单位的奖金税和工资调节税；将对宏观经济没有多大影响的屠宰税和筵席税的开征、停征和立法权，下放给地方政府。

（四）税制改革的影响

1994年工商税制改革后，我国实际开征25种税，即增值税、营业税、消费税、关税、企业所得税、外商投资企业和外国企业所得税、个人所得税、土地增值税、房产税、城市房地产税、遗产税、城镇土地使用税、耕地占用税、契税、资源税、车船使用税、车船使用牌照税、印花税、证券交易税、城市维护建设税、固定资产投资方向调节税、屠宰税、筵席税、农业税和牧业税。

在流转税制方面，我国实行以“增值税与营业税分别主要向货物与劳务课征，消费税向特种消费品课征”为特征的流转税制；在所得税方面，分别统一了内资企业所得税、内外籍个人所得税，开始酝酿内外资企业所得税的统一，初步形成以流转税和所得税为支撑的“双主体”税制体系。

1994年税制改革明显促进了国民经济稳定增长，同时规范了税收分配关系，使税收收入增长进入了快车道，初步建立了符合社会主义市场经济发展要求的工商税制体系。但税制改革过程中也存在一些问题，如宏观税负下降未有根本性转变、税收收入结构不尽合理、税制规范不够、税收优惠政策未统一等。

四、1994 年分税制财政管理体制改革

（一）背景

分税制财政体制管理（简称分税制）改革前，我国实行财政包干体制，在过去的经济发展中起过积极的作用，但随着市场在资源配置中的作用不断扩大，其弊端日益明显，主要表现在：税收调节功能弱化，影响统一市场的形成和产业结构优化；国家财力偏于分散，制约财政收入合理增长，特别是中央财政收入比重不断下降，弱化了中央政府的宏观调控能力；财政分配体制类型过多，不够规范。从总体上看，财政管理体制已经不适应社会主义市场经济发展的要求，改革势在必行。

（二）改革的基本原则和指导思想

1. 基本原则。根据建立社会主义市场经济体制的基本要求，并借鉴国外的成功做法，要理顺中央与地方的分配关系，必须进行分税制改革。分税制改革的原则可以概括为“存量不动、增量调整，逐步提高中央的宏观调控能力，建立合理的财政分配机制”。

2. 指导思想。(1) 正确处理中央与地方的分配关系，调动两个积极性，促进国家财政收入合理增长。(2) 合理调节地区之间财力分配。(3) 坚持统一政策与分级管理相结合的原则。(4) 坚持整体设计与逐步推进相结合的原则。

（三）分税制改革的具体内容

1. 中央与地方事权和支出的划分。根据当时中央政府与地方政府事权的划分，中央财政主要承担国家安全、外交和中央国家机关运转所需经费，调整国家经济结构、协调地区发展、实施宏观调控所必需的支出以及由中央直接管理的事业发展支出，具体包括 14 个方面。地方财政主要承担本地区政权机关运转所需支出以及本地区经济、事业发展所需支出，具体包括 13 个方面。

2. 中央与地方收入的划分。根据事权与财权相结合的原则，按税种划分中央与地方的收入。将维护国家权益、实施宏观调控所必需的税种划分为中央税；将同经济发展直接相关的主要税种划分为中央与地方共享税；将适合地方征管的税种划分为地方税，并充实地方税税种，增加地方税收入。具体划分如下：

中央固定收入包括 8 个部分：关税，海关代征消费税和增值税，消费税，中央企业所得税，地方银行和外资银行及非银行金融企业所得税，铁道部门、各银行总行、各保险总公司等集中缴纳的收入（包括营业税、所得税、利润和城市维护建设税），中央企业上交利润等。外贸企业出口退税，除 1993 年地方已经负担的 20% 部分列入地方上交中央基数外，以后发生的出口退税全部由中央财政负担。

地方固定收入包括 18 个部分：营业税（不含铁道部门、各银行总行、各保险总公司集中缴纳的营业税），地方企业所得税（不含上述地方银行和外资银行及非银行金融企业所得税），地方企业上交利润，个人所得税，城镇土地使用税，固定资产投资方向调节税，城市维护建设税（不含铁道部门、各银行总行、各保险总公司集中交纳的部分），房产税，

车船使用税，印花税，屠宰税，农牧业税，对农业特产收入征收的农业税，（简称农业特产税），耕地占用税，契税，遗产和赠予税，土地增值税，国有土地有偿使用收入等。

中央与地方共享收入包括3个部分：增值税、资源税、证券交易税。增值税中央分享75%，地方分享25%。资源税按不同的资源品种划分，海洋石油资源税作为中央收入，其他资源税作为地方收入。证券交易印花税，中央与地方各分享50%。

3. 中央财政对地方税收返还数额的确定。为了保持现有地方既得利益格局，逐步达到改革的目标，中央财政对地方税收返还数额以1993年为基期年核定。按照1993年地方实际收入以及税制改革和中央与地方收入划分情况，核定1993年中央从地方净上划的收入数额（即消费税+75%的增值税－中央下划收入）。1993年中央净上划收入，全额返还地方，保证现有地方既得财力，并以此作为以后中央对地方税收返还基数。1994年以后，税收返还额在1993年基数上逐年递增，递增率按全国增值税和消费税的平均增长率的1:0.3系数确定，即上述两税全国平均每增长1%，中央财政对地方的税收返还增长0.3%，如若1994年以后中央净上划收入达不到1993年基数，则相应扣减税收返还数额。

4. 原体制中央补助、地方上解以及有关结算事项的处理。为顺利推行分税制改革，1994年实行分税制以后，原体制的分配格局暂时不变，过渡一段时间再逐步规范化。原体制中央对地方的补助继续按规定补助。原体制地方上解仍按不同体制类型执行：实行递增上解的地区，按原规定继续递增上解；实行定额上解的地方，按原确定的上解额，继续定额上解；实行总额分成的地区和原分税制试点地区，暂按递增上解办法，即按1993年实际上解数，并核定一个递增率，每年递增上解。原来中央拨给地方的各项专款，该下拨的继续下拨。地方1993年承担的20%部分出口退税以及其他年度结算的上解和补助项目相抵后，确定一个数额，作为一般上解或一般补助处理，以后年度按此定额结算。

（四）分税制改革的影响

1994年全面实行分税制财政管理体制，是影响深远的一次财政管理体制改革。

1. 确立了分税制财政管理体制的基本框架，并为进一步深化财政管理体制改革创造了有利条件。首先，从体制形式上看，分税制通过“三分一返”（分收入、分支出、分设税务机构，实行税收返还）的形式，确立了一个统一、清晰的体制框架，改变了包干体制下多种体制形式并存的状况。其次，从体制的内容来看，分税制改变了过去“收入大头在地方”的状况，初步形成了“收入大头在中央，水往下流”的分配格局，为建立和完善规范化的转移支付制度创造了条件。最后，从体制调节力度看，分税制采取增量调整的“渐进式”办法，为今后的改革提供了一条成功的经验。

2. 初步改变了财力和财权过于分散的局面，增强了中央的宏观调控能力。一是“中央收入占大头”，使中央财政在财政收入的分配中获得主动权，中央可以通过转移支付的方式合理配置资源；二是通过税收增量分配格局的调整，使中央与地方分设税务机构、分别收税，使中央的财权得到巩固和加强。这些都使得中央财政收入有了可靠的保证，进一步强化了中央的财权。

3. 调动了地方生财、聚财的积极性。由于实行分税制，中央从地方集中了一部分收入增量，使地方组织预算平衡的难度增大，调动了各级政府和各部门增收的积极性。例如，1994 年实行分税制，不仅上划给中央的增值税和消费税收入大幅增长，而且地方本级收入也大幅增长，两者增加的收入有 900 亿元左右，大大高于平常年份收入增长的水平。同时，分税制还规范了中央与地方之间的分配关系，促使各地区转变原有的理财观念，积极挖掘内部潜力，确立了“自力更生，发展经济，增收节支，自求平衡”的思路。

4. 促进了资源的优化配置和产业结构的合理调整。在财政包干体制下，由于地区利益的驱动，盲目发展了一些税高利大的小型企业，制约了国家产业结构的调整。实行分税制后，这类企业的税收大都要划归中央财政，从而淡化了地方与这类企业的隶属关系，有利于国家利用税收杠杆调整产业结构。

五、其他税费改革

(一) 农村税费改革

进入新世纪后，农村普遍反映税费负担严重，税费改革提上议事日程。前期农村税费改革中主要存在税负不公、乡镇债务扩大、清收农民税费尾欠引发矛盾甚至暴力冲突、少数地方缺乏积极性等问题。

2000 年，中共中央、国务院发出了《关于进行农村税费改革试点工作的通知》，此后农村税费改革逐步推进。2000 年在安徽省进行农村税费改革试点，2001 年扩大到粮食主产省和农业大省，2003 年在全国范围内试点。2003 年 9 月，国务院召开农村税费改革试点工作座谈会，研究部署进一步推进改革试点工作。2004 年在黑龙江、吉林两省开展免征农业税的试点，2005 年扩大到 592 个国家扶贫开发工作重点县，并在全国范围免征牧业税。2005 年 12 月，十届人大常委会第十九次会议通过了废止《农业税条例》的决定，我国实行了 2600 多年的农业税彻底退出历史舞台，农村税费改革取得重大突破。

自 2005 年至 2006 年，国务院先后取消了牧业税和屠宰税，对过去征收农业特产税的烟叶产品改征烟叶税，公布了《中华人民共和国烟叶税暂行条例》。

(二) 增值税转型改革

1994 年实行的工商税制改革方案基于收入牺牲最小化的出发点，当时设计为生产型增值税，不能抵扣固定资产。2004 年在东北老工业基地启动增值税转型试点。经过 4 年的试点，从 2009 年 1 月起彻底实行消费型增值税。这是增值税制度完善的一个关键性的步骤，对减轻纳税人税收负担发挥了重要作用。

(三) 所得税改革

2008 年统一内外资企业所得税制度。2005 年、2007 年、2011 年对个人所得税工资薪金税目的基本费用减除标准进行了 3 次调整。

(四) 调整消费税政策

2006 年对消费税的税目、税率及相关政策进行调整，2008 年 9 月 1 日起调整了乘用

车消费税政策，2009 年实施成品油税费改革，突出了促进环境保护和资源节约的功能。

至 2012 年，中国税制设有 18 个税种，即增值税、消费税、车辆购置税、营业税、关税、企业所得税、个人所得税、土地增值税、房产税、城镇土地使用税、耕地占用税、契税、资源税、车船税、船舶吨税、印花税、城市维护建设税和烟叶税。

1994 年税制改革是新中国成立以来规模最大、范围最广泛、内容最深刻的一次税制改革。税制改革方案是在中国改革开放以后税制改革的基础上，经过多年的理论研究和实践探索，积极借鉴外国税制建设的成功经验，结合中国国情制定的，推行以后从总体上看取得了很大的成功。经过这次税制改革和后来的逐步完善，中国初步建立起适应社会主义市场经济体制需要的税收制度，税制逐步简化、规范，税负更加公平，对于保证财政收入，加强宏观调控，深化改革，扩大开放，促进经济和社会的发展，起到了重要的作用，并为以后全面深化税制改革奠定了坚实的基础。

【课堂思考】

为建立与社会主义市场经济体制相适应的税收制度，1994 年推行了大规模的工商税制改革，此次改革的指导思想是什么？取得了哪些主要成效？

第三节 新时代税制改革（2012 年开始）

一、背景

（一）政治背景

党的十八届三中全会指出，财政是国家治理的基础和重要支柱，科学的财税体制是实现国家长治久安的制度保障。2015 年，中央全面深化改革领导小组审议通过的《深化国税、地税征管体制改革方案》指出，进一步增强税收在国家治理中的基础性、支柱性、保障性作用。进入新时代，以往作为经济领域要素之一的税收，已经延伸到经济、政治、文化、社会、生态文明建设等各个领域，上升至国家治理层面。习近平总书记在党的十九大报告中指出："经过长期努力，中国特色社会主义进入了新时代，这是我国发展新的历史方位。"①

同时，中央与地方的财政关系伴随着我国行政和经济体制改革的深入而不断调整。1994 年我国实施分税制以来，中央与地方的财政关系更多是基于行政权力与公共职责，随着 1993 年提出遵循"事权与财权相结合"、2007 年的"财力与事权相匹配"、2013 年的"事权与支出责任相适应"、2016 年的"财政事权与支出责任相适应"的演进路径而不断

① 习近平：《决胜全面建成小康社会 夺取新时代中国特色社会主义伟大胜利——在中国共产党第十九次全国代表大会上的报告》，见本书编写组编著：《党的十九大报告学习辅导百问》，学习出版社、党建读物出版社 2017 年版，第 8 页。

调整和变化。在习近平新时代中国特色社会主义思想指引下，合理匹配中央与地方的财政事权和支出责任，是推进我国财政改革、理顺中央与地方财政关系的关键突破口。

（二）经济背景

2013年年末，中央对经济形势做出了正处于经济增长速度换挡期、结构调整阵痛期、前期刺激政策消化期“三期叠加”的重要判断，中国经济已步入从高速向中高速换挡的发展时期。2014年年中，在中央政治局会议上，习近平总书记在对“三期叠加”进一步分析中，强调“经济工作要适应经济发展新常态”。新常态的主要特点：一是从高速增长转为中高速增长；二是经济结构不断优化升级，第三产业消费需求逐步成为主体，城乡区域差距逐步缩小，居民收入占比上升，发展成果惠及更广大民众；三是从要素驱动、投资驱动转向创新驱动。

习近平总书记在党的十九大报告中指出：“加快建立现代财政制度，建立权责清晰、财力协调、区域均衡的中央和地方财政关系。建立全面规范透明、标准科学、约束有力的预算制度，全面实施绩效管理。深化税收制度改革，健全地方税体系。”①

（三）社会背景

习近平总书记在党的十九大报告指出，中国特色社会主义进入新时代，我国社会主要矛盾已经转化为人民日益增长的美好生活需要和不平衡不充分的发展之间的矛盾。过去很长一段时间，我们党对我国社会主要矛盾的判断是人民日益增长的物质文化需要同落后的社会生产之间的矛盾。社会主要矛盾的转化要求税收制度在履行好筹集收入职能，为满足人民日益增长的美好生活需要提供充足的财力保障的同时，税收制度的制定和实施要符合人民对民主、法治、公平、正义的需要，要有利于解决发展不平衡不充分的问题。

二、税制改革的目标、基本要求及改革思路

（一）目标

深化税制改革的目标是建立税法统一、税负公平、调节有度的税收制度体系，促进科学发展、社会公平和市场统一。

（二）基本要求

新时代背景下，我国税制改革应符合以下基本要求：（1）要以稳定宏观税负为前提。《中共中央关于全面深化改革若干重大问题的决定》（以下简称《决定》）将“稳定税负”作为我国建立现代财政制度、发挥中央和地方两个积极性的改革重点。（2）要服务于现代财政制度的构建。现代财政制度是未来深化改革的重要环节，税收是财政的一部分，税制

① 习近平：《决胜全面建成小康社会　夺取新时代中国特色社会主义伟大胜利——在中国共产党第十九次全国代表大会上的报告》，见本书编写组编著：《党的十九大报告学习辅导百问》，学习出版社、党建读物出版社2017年版，第27页。

改革必须服务于现代财政制度的构建。《决定》明确提出“保持现有中央和地方财力格局总体稳定，结合税制改革，考虑税种属性，进一步理顺中央和地方收入划分”。(3) 要与转变经济发展方式、建设创新型国家相适应。以促进经济结构转型、鼓励大众创新创业、转变经济发展方式的需要为改革目标，同时积极培育新税源、加强税源管理。(4) 要有利于优化分配格局、调整分配关系。国家治理体系下新型分配关系建构主要包括：中央与地方的分配关系——如何构建地方税体系；政府与市场的分配关系——科学确定并稳定宏观税负水平；是政府与社会的分配关系——强化税制的社会公平功能。(5) 要遵循依法治国精神。税制改革必须遵循依法治国精神，确保税收制度的法律效力，使其具有严肃性、权威性和可持续性。

(三) 改革思路

新时代税制改革的基本思路应以科学规范为导向，实现税制体系健全；以强化约束为导向，实现税收法定全面落实；以公平效率为导向，实现税制结构优化；以稳步推进为导向，健全地方税体系；以对外开放为导向，实现国际税收协调合作。国内税制改革不断吻合国际税收合作的发展趋势，不断适应人类命运共同体的构建，不断增强在税收规则制定上的话语权。

三、税制改革的相关原则

(一) 法定原则

“坚持人民当家作主”和“坚持全面依法治国”是新时代坚持和发展中国特色社会主义十四条基本方略的重要组成部分，全面落实税收法定原则是税收领域坚持上述两项基本方略的根本要求，也是满足人民日益增长的民主、法治、公平、正义需要的必然要求。具体地讲，全面落实税收法定原则主要包括：加快税收立法进程；完善税收法律制度；完善税收司法及司法解释制度。

(二) 财政原则

财政原则，首先就是国家要通过税收取得一定的财政收入，在一定时期内能够充分满足财政支出的需求。其次是税收收入要有弹性，通过选择税源充裕而收入可靠的税种作为主体税种，保证国家财政收入与国民收入同步增长。

(三) 公平原则

现代税收制度是现代财政制度的重要组成部分，在国家治理体系和治理能力现代化建设中发挥着基础性作用。税负公平是社会公平正义的重要组成部分，也是现代税收制度的基本特征。实现税负公平的关键在于优化税制结构，发挥好税收调节收入分配的职能。当前，完善直接税体系，逐步提高直接税比重是实现税负公平的主要措施。

（四）效率原则

税收效率原则分为税收经济效率原则和税收行政效率原则。税收效率原则就是要围绕新时代下经济发展战略方向，运用税收的调控作用最大程度促进市场经济发展，最大限度降低税收对市场经济的妨碍，尽可能降低税收带来的超额负担，同时在税收征管上要有助于市场资源达到最佳配置，实现帕累托最优。税收行政效率原则是指以最少的物力和人力等费用投入取得最多的税收收入，提高税收征管能力，最大程度降低征税产生的费用。

（五）开放原则

税收开放原则的内涵，于国内而言，应更多体现税收信息的公开、透明，不仅涉及税收收入，同时也关系到税收的支出、监管等信息；于国际而言，要坚持开放，积极探索国际税收合作的合理模式。同时，还要借助大数据、人工智能、区块链等新技术改进旧的税收管理方法。

四、税制改革的具体内容

（一）增值税改革

2012 年，我国开始“营改增”试点，在分地区、分行业再到全面试点的基础上，增值税的税率结构和制度细节进一步调整优化。2017 年，国务院常务会议将增值税税率由四档减至 17%、11% 和 6% 三档；2018 年将原适用 17% 和 11% 税率调整为 16% 和 10%。

2019 年，为落实普惠性减税和结构性减税，国务院《政府工作报告》又提出“将制造业等行业现行 16% 的税率降至 13%；将交通运输业、建筑业等行业现行 10% 的税率降至 9%；保持 6% 一档的税率不变，但通过采取对生产、生活性服务业增加税收抵扣等配套措施，确保所有行业税负只减不增，继续向推进税率三档并两档、税制简化方向迈进”。

（二）个人所得税改革

2018 年，对《中华人民共和国个人所得税法》（以下简称《个人所得税法》）进行了第七次修订，明确 2019 年起实行综合与分类相结合的个人所得税制度。本次《个人所得税法》修改的主要内容：（1）完善有关纳税人的规定。规定将在中国境内居住的时间这一判定居民个人和非居民个人的标准调整为是否满 183 天。（2）对部分劳动性所得实行综合征税。规定将工资、薪金所得，劳务报酬所得，稿酬所得，特许权使用费所得等 4 项劳动性所得纳入综合征税范围，适用统一的超额累进税率。对经营所得，利息、股息、红利所得，财产租赁所得，财产转让所得，偶然所得以及其他所得，仍采用分类征税方式，按照规定分别计算个人所得税。（3）优化调整税率结构。一是综合所得税率。具体是：扩大 3%、10%、20% 三档低税率的级距，3% 税率的级距扩大一倍，改革前税率为 10% 的部分所得的税率降为 3%；大幅扩大 10% 税率的级距，改革前税率为 20% 的所得以及税率为 25% 的部分所得的税率降为 10%；改革前税率为 25% 的部分所得的税率降为 20%；相应缩小25%税率的级距，30%、35%、45%这三档较高税率的级距保持不变；二是经营所得税率。保持5%至35%的5级税率不变，适当调整各档税率的级距，其中最高档税率级距下限从10万元提高至50万元。（4）提高综合所得基本减除费用标准。将工资薪金所得、劳务报酬所得、稿酬所得、特许权使用费所得等综合所得的基本减除费用标准提高至5000元/月（6万元/年）。（5）设立专项附加扣除。明确个人基本养老保险、基本医疗保险、失业保险、住房公积金等专项扣除项目以及依法确定的其他扣除项目继续执行的同时，增加规定子女教育支出、继续教育支出、大病医疗支出、住房贷款利息和住房租金等与人民群众生活密切相关的专项附加扣除。（6）增加反避税条款。针对个人不按独立交易原则转让财产、在境外避税地避税、实施不合理商业安排获取不当税收利益等避税行为，赋予税务机关按合理方法进行纳税调整的权力。

（三）消费税改革

主要是调整消费税征收范围、环节、税率，将高能耗、高污染产品及部分高档消费品纳入征收范围，促进节能减排和环境保护。其中，主要变动的有小排量摩托车、汽车轮胎、酒精、成品油、卷烟、化妆品、超豪华小汽车几个税目。

具体内容是：先后取消了汽车轮胎、酒精、普通化妆品等产品的消费税。提高成品油消费税税率，将具有污染的电池、涂料产品纳入消费税征收范围，对无汞原电池、锂电池等免征消费税。提高卷烟批发环节从价税税率。对超豪华小汽车在零售环节加征10%的消费税。

随着2019年10月9日国务院印发《实施更大规模减税降费后调整中央与地方收入划分改革推进方案》以及2019年12月3日《消费税法（征求意见稿）》的发布，意味着消费税的改革将进一步展开，其改革思路将向着“扩围、调节税率结构、调整征收环节”三大方向推进，并还将涉及消费税收入重新划分的问题。

（四）房地产税改革

党的十八届三中全会决定完善税收制度，加快房地产税立法并适时推进改革。房地产税改革关系到广大人民群众的切身利益，要在充分论证的基础上清费立税，适当减轻建设、交易环节的税费负担，提高保有环节的税收。

（五）资源税改革

2014年、2015年、2016年已分别对煤炭资源，稀土、钨、钼资源，矿产资源和盐全面实施清费立税、从价计征。自2016年7月1日起，我国全面推进资源税改革，并在河北开展水资源税改革试点工作。自2017年12月起，水资源税改革在北京等9个省份实施扩大试点。2017年12月20日，财政部、国家税务总局公布《中华人民共和国资源税法（征求意见稿）》，向社会征集意见；2019年8月26日，第十三届全国人大常委会第十二次会议表决通过《中华人民共和国资源税法》，自2020年9月1日起施行。

（六）推出环境保护税

2016 年 12 月 25 日，《中华人民共和国环境保护税法》（以下简称《环境保护税法》）在十二届全国人大常委会第二十五次会议上表决通过。自 2018 年 1 月 1 日起，《环境保护税法》正式实施。这是党的十八届三中全会和修订后的《立法法》对"税收法定"提出明确要求之后，全国人大常委会审议通过的第一部单行税法。其中，应税污染物包括大气污染物、水污染物、固体废物和噪声。《环境保护税法》成为我国首部"绿色税法"，有利于推动经济迈向高质量发展。

（七）其他税制改革

2018 年，我国实行国税地税征管体制改革。将省级和省级以下国税地税机构合并，具体承担所辖区域内的各项税收、非税收入征管等职责。国税地税机构合并后，实行以国家税务总局为主与省（区、市）人民政府双重领导管理体制。

《中华人民共和国烟叶税法》《中华人民共和国船舶吨税法》《中华人民共和国车辆购置税法》《中华人民共和国耕地占用税法》《中华人民共和国城市维护建设税》《中华人民共和国契税法》相继颁布实施。

《中华人民共和国土地增值税法（征求意见稿）》《中华人民共和国增值税法（征求意见稿）》《中华人民共和国消费税法（征求意见稿）》向社会公开征求意见。

【课堂思考】

新时代下我国税制建设的目标、主要内容以及下一步改革取向。

复习思考题

1. 在我国税制建设进程中，对于税收作用的认识，经历了一个怎样的过程？

2. 1994 年工商税制改革与分税制改革，是在什么样的背景下展开的？在哪些方面体现了社会主义市场经济体制的基本要求？

3. 新时代下我国税制改革的指导思想是什么？

4. 新时代下我国税制改革的推进线路与主要目标任务是什么？

第三章
增　值　税

问题导入

某天，小王同学在学校的小杂货店购买了200元的食品，在一个大型商场购买了一台4000元的笔记本电脑。请问：当天小王同学交了多少税？是哪种税？是如何承担的？

第一节　增值税概述

一、增值税的概念

增值税是以单位和个人在生产经营过程中取得的增值额为课税对象征收的一种税。1954年，法国最早开征增值税。目前世界上已有近200个国家和地区实行了增值税，增值税成为了一个国际性税种。我国于1983年1月1日开始在全国试行增值税，1993年12月发布《中华人民共和国增值税暂行条例》（以下简称《增值税暂行条例》），1994年1月1日起在全国范围内全面推行增值税。2012年1月1日开始选择在部分地区和行业开展深化增值税制度改革试点，到2016年5月1日，全面推行“营改增”试点。

我国现行的增值税是对在中华人民共和国境内销售货物，提供加工、修理修配劳务（以下简称应税劳务），销售服务、无形资产或者不动产以及进口货物的单位和个人，就其实现的增值额征收的一种税。

增值额是指企业或者其他经营者从事生产、服务、销售无形资产、不动产和提供劳务，在购入的货物、劳务、服务、无形资产和不动产的价值基础上新增的价值。它可以分为理论增值额和法定增值额两种。

1. 理论增值额。从理论上讲，增值额是企业在生产经营过程中新创造的那部分价值，是商品价值 C + V + M 中的 V + M 部分，在我国相当于净产值或国民收入部分。现实经济生活中，对增值额这一概念可以从以下两个方面理解：第一，从一个生产经营单位来看，增值额是指该单位销售商品的收入额扣除为生产经营这种商品而外购的那部分货物价款后的余额；第二，从一项货物来看，增值额是该商品经历生产和流通的各个环节所创造的增值额之和，也就是该项商品的最终销售价值。假定某商品的最终销售价格为 200 元，这 200 元是由四个生产经营环节共同创造的。那么，该货物在四个环节中创造的增值额之和就是该货物的全部销售额。该货物每一环节的增值额和销售额的数量及关系见表 3－1（为便于计算，假定每一环节没有物质消耗，每个环节的增值额为本环节销售额减去上环节的销售额）所示。

表 3－1　某商品最终销售价格与各环节增值额的关系表　单位：元

项目＼环节	原材料生产环节	产成品生产环节	批发环节	零售环节	合计
本环节销售额	30	70	130	200	430
本环节增值额	30	40	60	70	200

该项商品在上述四个生产流通环节创造的增值额之和为 200 元，而该项货物的最终销售价格也是 200 元。这说明，在税率一致的情况下，对每一生产流通环节征收的增值税之和，实际上就是按货物最终销售额征收的增值税，避免了重复征税。

2. 法定增值额。法定增值额是各国政府根据各自的增值税制度规定计算确定的增值额。它可以等于理论上的增值额，也可以大于或小于理论上的增值额。一般来说，各国在确定征税的增值额时，对外购流动资产价款都允许从货物总价值中扣除。但是，对外购固定资产扣除的处理办法则有所不同。有些国家允许扣除，有些国家不允许扣除；在允许扣除的国家，扣除情况也不一样。由此形成了理论增值额与法定增值额之间的差异，也造成了不同国家之间法定增值额之间的差异。

二、增值税的特点

1. 避免重复征税。增值税只对货物或劳务销售额的增值额征税，对以前环节已征过税的那部分销售额则不再征税，从而有效地排除了重复征税因素。

2. 实行多环节征税和税款抵扣制度。增值税属于多环节税，纳税人在每一个纳税经营流通环节，只要有增值额就必须要计算缴纳增值税。与此同时，增值税实行税款抵扣制度。各环节经营者纳税时一般按流转额全值计算商品的整体应纳税款并从购买方收取，然后扣除自己支付给卖方的税款后再将余额缴给政府。

3. 增值税属于间接税，税收负担由最终消费者承担。虽然增值税是向纳税人征收，但纳税人在销售商品或者提供劳务、服务时，又将税收负担转嫁给了下一生产流通环节。

逐环节征税、逐环节转嫁，税负由最终消费者承担。

4. 实行价外税制度。增值税不包含在商品的价格组成部分内，它是按照商品的销售价格以及适用的税率在商品价格以外征收的一种税。

5. 实行比例税率。增值税普遍实行比例税率，原则上说对增值税应采用单一比例税率，以实现增值税的中性原则，但为了贯彻经济社会政策，也会对某些行业或产品实行不同的税率。

6. 征税范围具有普遍性。从横向和纵向两个角度看，增值税都有着广阔的税基。横向看，从事商品生产经营、提供劳务和服务、销售无形资产和不动产的单位和个人，只要有增值收入就要纳税；纵向看，每一商品无论经过多少生产经营环节，各道环节上实现的增值额都要逐次征税。

【课堂思考】

如何理解增值税与价格的关系？

三、增值税计税方法

增值税的计税方法可分为直接计算法和间接计算法两种类型。

（一）直接计算法

直接计算法是指首先计算出应税货物或劳务的增值额，然后用增值额乘以适用税率求出应纳税额。计算公式为：应纳增值税税额 = 增值额 × 适用税率

直接计算法按计算增值额的不同，又可分为加法和减法。

1. 加法。所谓加法就是将企业在计算期内实现的工资、奖金、利润、利息、租金等增值项目一一相加，求出全部增值额，然后再依税率计算增值税。从理论上看这种方法可行，但由于计算复杂、操作难度较大，实际应用的很少。

2. 减法。所谓减法，就是以企业在计算期内实现的应税货物或劳务的全部销售额减去税法规定可以扣除的外购项目金额以后的余额作为增值额，然后再依税率计算增值税，这种方法又叫扣额法。

即增值额 = 销售收入 − 税法规定可以扣除的外购金额

（二）间接计算法

间接计算法是指先计算出应税货物的整体税负，然后从整体税负中扣除法定的外购项目已纳税额。这种方法是以外购项目实际已纳税额为依据进行扣除，因此又称为“购进扣税法”或“发票扣税法”。这种方法简便易行，计算准确，既适用于单一税率，又适用于多档税率，因此，是实行增值税的国家广泛采用的计税方法。

四、增值税的类型

按对外购固定资产处理方式的不同，增值税可划分为生产型增值税、收入型增值税和

消费型增值税三种类型。

(一) 生产型增值税

生产型增值税是指计算增值税时，以纳税人的销售收入减去用于生产经营的外购原材料、燃料、动力等商品价值后的余额作为法定的增值额。生产型增值税不允许扣除任何外购固定资产的价款，其法定增值额相当于当期工资、利息、租金、利润等理论增值额和折旧额之和。从整个国民经济来看，这一课税基数大体相当于国民生产总值的统计口径，故称为生产型增值税。此种类型的增值税对固定资产存在重复征税，不利于鼓励投资，但可以保证财政收入。

(二) 收入型增值税

收入型增值税是指计算增值税时，除允许扣除外购原材料、燃料、动力等商品价值以外，对外购的固定资产价款允许扣除当期计入产品价值的折旧费部分，其法定增值额相当于当期工资、利息、租金和利润等各增值项目之和。从整个国民经济来看，这一课税基数相当于国民收入部分，故称为收入型增值税。此种类型的增值税从理论上讲是一种标准的增值税，但由于外购固定资产价款是以计提折旧的方式分期转入产品价值的，给凭发票扣税的计算方法带来困难，从而影响了这种方法的广泛采用。

(三) 消费型增值税

消费型增值税是指计算增值税时，允许将当期购入的固定资产价款一次性全部扣除，其法定增值额相当于纳税人当期全部销售额扣除外购的全部生产资料价款后的余额。从整个国民经济来看，这一课税基数仅限于消费资料价值的部分，故称为消费型增值税。此种类型的增值税在购进固定资产的当期因扣除额大大增加，会减少财政收入，但有助于刺激投资，促进经济的发展。我国从2009年1月1日起实行增值税转型，从生产型增值税转为消费型增值税。

假定某企业报告期货物销售额为100万元，从外单位购入的原材料等流动资产价款为50万元，购入机器设备等固定资产价款为60万元，当期计入成本的折旧费为10万元。根据上述条件计算不同类型增值税制度下的法定增值额，见表3－2。

表3－2　不同类型增值税的法定增值额比较　　单位：万元

类型	商品销售额	允许扣除的外购流动资产价款	允许扣除的外购固定资产价款	法定增值额
生产型	100	50	0	50
收入型	100	50	10	40
消费型	100	50	40	10

【课堂思考】

哪种类型的增值税能更好地刺激投资？

第二节 增值税的纳税人、征税范围和税率

一、增值税的纳税人

（一）纳税人的一般规定

1. 纳税人。根据《增值税暂行条例》及营业税改征增值税（以下简称“营改增”）税收政策的规定，凡在中华人民共和国境内销售货物或者提供加工、修理修配劳务（以下简称劳务），销售服务、无形资产或者不动产，以及进口货物的单位和个人，都是增值税的纳税人。

其中，境内的具体含义是指：

（1）销售货物的起运地或所在地在境内；

（2）提供的应税劳务发生地在境内；

（3）在境内销售服务、无形资产或者不动产，是指：

①服务（租赁不动产除外）或者无形资产（自然资源使用权除外）的销售方或者购买方在境内；

②所销售或者租赁的不动产在境内；

③所销售自然资源使用权的自然资源在境内；

④财政部和国家税务总局规定的其他情形。

下列情形不属于在境内提供销售服务或无形资产：

①境外单位或者个人向境内单位或者个人销售完全在境外发生的服务；

②境外单位或者个人向境内单位或者个人销售完全在境外使用的无形资产；

③境外单位或者个人向境内单位或者个人出租完全在境外使用的不动产；

④财政部和国家税务总局规定的其他情形。

单位是指企业、行政单位、事业单位、军事单位、社会团体及其他单位。个人是指个体工商户和其他个人。

在境内销售货物、劳务或进口货物的单位租赁或承包给其他单位或者个人经营的，以承租人或承包人为纳税人。“营改增”试点的单位，以承包、承租、挂靠方式经营的，承包人、承租人、挂靠人（以下简称承包人）以发包人、出租人、被挂靠人（以下简称发包人）名义对外经营并由发包人承担相关法律责任的，以该发包人为纳税人；否则以承包人为纳税人。

资管产品运营过程中发生的增值税应税行为，以资管产品管理人为增值税纳税人。

建筑企业与发包方签订建筑合同后，以内部授权或者三方协议等方式，授权集团内其他纳税人（以下称第三方）为发包方提供建筑服务，并由第三方直接与发包方结算工程款

的，由第三方缴纳增值税，与发包方签订建筑合同的建筑企业不缴纳增值税。

2. 扣缴义务人。中华人民共和国境外（以下简称境外）单位或个人在境内提供应税劳务，销售服务、无形资产或者不动产，在境内未设有经营机构的，其应纳税款以境内代理人为扣缴义务人；在境内没有代理人的，以购买者为扣缴义务人。财政部和国家税务总局另有规定的除外。

（二）增值税纳税人的分类及标准

根据《增值税暂行条例》及其实施细则规定，增值税纳税人按纳税人经营规模的大小以及会计核算是否健全，区分为一般纳税人和小规模纳税人。

经营规模大小以纳税人年应税销售额的大小为依据，年应税销售额是指纳税人在连续不超过 12 个月或四个季度的经营期内累计应征增值税销售额，包括纳税申报销售额、稽查查补销售额、纳税评估调整销售额。纳税申报销售额是指纳税人自行申报的全部应征增值税销售额，包括免税销售额和税务机关代开发票销售额。稽查查补销售额和纳税评估调整销售额应计入查补税款申报当月（或当季）的销售额，不计入税款所属期销售额。

会计核算是否健全是指纳税人能否按照国家统一的会计制度规定设置账簿，能否根据合法、有效凭证准确核算销项税额、进项税额和应纳税额。

一般纳税人主要实行凭发票扣税的一般计税法计算征收增值税，小规模纳税人则实行简易计税法征收增值税。

1. 小规模纳税人。小规模纳税人是指年销售额在规定标准以下，并且会计核算不健全，不能按规定报送有关税务资料的增值税纳税人。

根据《增值税暂行条例》及其实施细则和《财政部 税务总局关于统一增值税小规模纳税人标准的通知》（财税〔2018〕33 号）规定及相关文件规定，小规模纳税人的标准如下：

（1）年应征增值税应税销售额 500 万元及以下。自 2018 年 5 月 1 日起，统一增值税小规模纳税人标准，增值税小规模纳税人应征增值税销售额为 500 万元及以下。

（2）年应税销售额超过小规模纳税人标准的其他个人按小规模纳税人纳税。

（3）年超过规定标准但不经常发生应税行为的单位和个体工商户，以及非企业性单位、不经常发生应税行为的企业，可选择按照小规模纳税人纳税。

（4）兼有销售货物、提供加工修理修配劳务以及应税服务，且不经常发生应税行为的单位和个体工商户可选择按小规模纳税人纳税。

（5）纳税人偶然发生的转让不动产的销售额不计入销售服务、无形资产、不动产年销售额。

2. 一般纳税人。

（1）增值税纳税人年应税销售额超过财政部、国家税务总局规定的小规模纳税人标准（以下简称规定标准）的，除国家税务总局另有规定外，应当向其机构所在地主管税务机关办理一般纳税人登记手续。

纳税人登记为一般纳税人后，除国家税务总局另有规定外，不得转为小规模纳税人。自登记生效之日起，按照增值税一般计税方法计算应纳税额，并可以按照规定领用增值税

专用发票。生效之日是指办理登记的当月1日或者次月1日，由纳税人在办理登记手续时自行选择。

（2）年应税销售额未超过规定标准的纳税人，会计核算健全，能够提供准确税务资料的，可以向主管税务机关办理一般纳税人登记。

（3）下列纳税人不需办理一般纳税人登记：

①按照政策规定，选择按照小规模纳税人纳税的；

②年应税销售额超过规定标准的其他个人。“其他个人”是指自然人。

年应税销售额超过规定标准的纳税人符合上述规定的，应当向主管税务机关提交书面说明。

【例3－1 多选题】下列纳税人，其年应税销售额超过增值税一般纳税人认定标准，可以不申请一般纳税人登记的有（　　）。

A. 个体工商户　　B. 事业单位

C. 不经常发生应税行为的企业　　D. 销售增值税免税产品的企业

E. 行政单位

【答案】BCE

【解析】非企业性单位、不经常发生应税行为的企业，可以选择按小规模纳税人纳税。

二、征税范围

根据《增值税暂行条例》规定，增值税征税范围包括货物的生产、批发、零售和进口四个环节，2016年5月1日“营改增”后，增值税扩大到销售服务、无形资产或者不动产，征税范围覆盖了第一产业、第二产业和第三产业。

（一）一般范围

1. 销售货物。销售货物是指有偿转让货物的所有权。其中，货物是指有形动产，包括电力、热力和气体在内。“有偿”不仅指从购买方取得货币，还包括取得货物或其他经济利益。

2. 销售应税劳务。销售应税劳务是指有偿提供加工、修理修配劳务。其中，加工是指受托加工货物，是指由委托方提供原料及主要材料，受托方按照委托方的要求制造货物并收取加工费的业务。修理修配是指受托对损伤和丧失功能的货物进行修复，使其恢复原状和功能的业务。

单位或个体工商户聘用的员工为本单位或雇主提供加工、修理修配劳务不包括在内。

3. 进口货物。进口货物是指申报进入我国海关境内的货物。确定一项货物是否属于进口货物，必须看其是否办理了报关进口手续。通常，境外产品要输入境内，必须向我国海关申报进口，并办理有关报关手续。只要是报关进口的应税货物，均属于增值税征税范围，在进口环节缴纳增值税（享受免税政策的货物除外）。

4. 销售服务。销售服务是指提供交通运输服务、邮政服务、电信服务、建筑服务、金融服务、现代服务、生活服务。

（1）交通运输服务。交通运输服务是指使用运输工具将货物或者旅客送达目的地，使其空间位置得到转移的业务活动。包括陆路运输服务、水路运输服务、航空运输服务和管道运输服务。

第一，陆路运输服务。陆路运输服务是指通过陆路（地上或者地下）运送货物或者旅客的运输业务活动，包括铁路运输服务和其他陆路运输服务。其中，铁路运输服务，是指通过铁路运送货物或者旅客的运输业务活动。其他陆路运输服务，是指铁路运输以外的陆路运输业务活动。包括公路运输、缆车运输、索道运输、地铁运输、城市轻轨运输等。

出租车公司向使用本公司自有出租车的出租车司机收取的管理费用，按陆路运输服务征收增值税。

第二，水路运输服务。水路运输服务是指通过江、河、湖、川等天然、人工水道或者海洋航道运送货物或者旅客的运输业务活动。

水路运输的程租、期租业务，属于水路运输服务。

程租业务是指运输企业为租船人完成某一特定航次的运输任务并收取租赁费的业务。

期租业务是指运输企业将配备有操作人员的船舶承租给他人使用一定期限，承租期内听候承租方调遣，不论是否经营，均按天向承租方收取租赁费，发生的固定费用均由船东负担的业务。

第三，航空运输服务。航空运输服务是指通过空中航线运送货物或者旅客的运输业务活动。

航空运输的湿租业务属于航空运输服务。湿租业务，是指航空运输企业将配备有机组人员的飞机承租给他人使用一定期限，承租期内听候承租方调遣，不论是否经营，均按一定标准向承租方收取租赁费，发生的固定费用均由承租方承担的业务。

航天运输服务按照航空运输服务征收增值税。

第四，管道运输服务。管道运输服务，是指通过管道设施输送气体、液体、固体物质的运输业务活动。

无运输工具承运业务按照交通运输服务缴纳增值税。无运输工具承运业务，是指经营者以承运人身份与托运人签订运输服务合同，收取运费并承担承运人责任，然后委托实际承运人完成运输服务的经营活动。

自2018年1月1日起，纳税人已售票但客户逾期未消费取得的运输逾期票证收入，按照“交通运输服务”缴纳增值税。

（2）邮政服务。邮政服务是指中国邮政集团公司及所属邮政企业提供邮件寄递、邮政通信等邮政基本服务的业务活动。包括邮政普遍服务、邮政特殊服务和其他邮政服务。

第一，邮政普遍服务。邮政普遍服务是指函件、包裹等邮件寄递，以及邮票发行、报刊发行和邮政汇兑等业务活动。

第二，邮政特殊服务。邮政特殊服务是指义务兵平常信函、机要通信、盲人读物和革命烈士遗物的寄递等业务活动。

第三，其他邮政服务。其他邮政服务是指邮册等邮品销售、邮政代理等业务活动。

中国邮政速递物流股份有限公司及其子公司（含各级分支机构），不属于中国邮政集团公司所属邮政企业。

（3）电信服务。电信服务是指利用有线、无线的电磁系统或者光电系统等各种通信网络资源，提供语音通话服务，传送、发射、接收或者应用图像、短信等电子数据和信息的业务活动。包括基础电信服务和增值电信服务。

第一，基础电信服务。基础电信服务是指利用固网、移动网、卫星、互联网，提供语音通话服务的业务活动，以及出租或者出售带宽、波长等网络元素的业务活动。

第二，增值电信服务。增值电信服务是指利用固网、移动网、卫星、互联网、有线电视网络，提供短信和彩信服务、电子数据和信息的传输及应用服务、互联网接入服务等业务活动。

卫星电视信号落地转接服务，按照增值电信服务计算缴纳增值税。

（4）建筑服务。建筑服务是指各类建筑物、构筑物及其附属设施的建造、修缮、装饰，线路、管道、设备、设施等的安装以及其他工程作业的业务活动。包括工程服务、安装服务、修缮服务、装饰服务和其他建筑服务。

物业服务企业为业主提供的装修服务，按照“建筑服务”缴纳增值税。

纳税人将建筑施工设备出租给他人使用并配备操作人员的，按照“建筑服务”缴纳增值税。

（5）金融服务。金融服务是指经营金融保险的业务活动。包括贷款服务、直接收费金融服务、保险服务和金融商品转让。

第一，贷款服务。贷款是指将资金贷予他人使用而取得利息收入的业务活动。

各种占用、拆借资金取得的收入，包括金融商品持有期间（含到期）利息（保本收益、报酬、资金占用费、补偿金等）收入、信用卡透支利息收入、买入返售金融商品利息收入、融资融券收取的利息收入，以及融资性售后回租、押汇、罚息、票据贴现、转贷等业务取得的利息及利息性质的收入，按照贷款服务缴纳增值税。

以货币资金投资收取的固定利润或者保底利润，按照贷款服务缴纳增值税。

第二，直接收费金融服务。直接收费金融服务是指为货币资金融通及其他金融业务提供相关服务并且收取费用的业务活动。包括提供货币兑换、账户管理、电子银行、信用卡、信用证、财务担保、资产管理、信托管理、基金管理、金融交易场所（平台）管理、资金结算、资金清算、金融支付等服务。

第三，保险服务。保险服务是指投保人根据合同约定，向保险人支付保险费，保险人对于合同约定的可能发生的事故因其发生所造成的财产损失承担赔偿保险金责任，或者当被保人死亡、伤残、疾病或者达到合同约定的年龄、期限等条件时承担给付保险金责任的商业保险行为，包括人身保险服务和财产保险服务。

第四，金融商品转让。金融商品转让是指转让外汇、有价证券、非货物期货和其他金融商品所有权的业务活动。其他金融商品转让包括基金、信托、理财产品等各类资产管理产品和各种金融衍生品的转让。

纳税人购入基金、信托、理财产品等各类资产管理产品持有至到期，不属于金融商品转让。

（6）现代服务。现代服务是指围绕制造业、文化产业、现代物流产业等提供技术性、知识性服务的业务活动。包括研发和技术服务、信息技术服务、文化创意服务、物流辅助服务、租赁服务、鉴证咨询服务、广播影视服务、商务辅助服务和其他现代服务。

第一，研发和技术服务。研发和技术服务包括研发服务、合同能源管理服务、工程勘察勘探服务、专业技术服务。

第二，信息技术服务。信息技术服务是指利用计算机、通信网络等技术对信息进行生产、收集、处理、加工、存储、运输、检索和利用，并提供信息服务的业务活动。包括软件服务、电路设计及测试服务、信息系统服务和业务流程管理服务和信息系统增值服务。

第三，文化创意服务。文化创意服务包括设计服务、知识产权服务、广告服务和会议展览服务。

宾馆、旅馆、旅社、度假村和其他经营性住宿场所提供会议场地及配套服务的活动，按照“会议展览服务”缴纳增值税。

第四，物流辅助服务。物流辅助服务包括航空服务、港口码头服务、货运客运场站服务、打捞救助服务、装卸搬运服务、仓储服务和收派服务。

航空服务，包括航空地面服务和通用航空服务。

第五，租赁服务。租赁服务包括融资租赁服务和经营性租赁服务。

车辆停放服务、道路通行服务（包括过路费、过桥费、过闸费等）等按照不动产经营租赁服务缴纳增值税。

水路运输的光租业务、航空运输的干租业务，属于经营性租赁。

光租业务是指运输企业将船舶在约定的时间内出租给他人使用，不配备操作人员，不承担运输过程中发生的各项费用，只收取固定租赁费的业务活动。

干租业务是指航空运输企业将飞机在约定的时间内出租给他人使用，不配备机组人员，不承担运输过程中发生的各项费用，只收取固定租赁费的业务活动。

第六，鉴证咨询服务。鉴证咨询服务包括认证服务、鉴证服务和咨询服务。

翻译服务和市场调查服务按照咨询服务缴纳增值税。

第七，广播影视服务。广播影视服务包括广播影视节目（作品）的制作服务、发行服务和播映（含放映，下同）服务。

第八，商务辅助服务。商务辅助服务包括企业管理服务、经纪代理服务、人力资源服务、安全保护服务。

第九，其他现代服务。

其他现代服务，是指除研发和技术服务、信息技术服务、文化创意服务、物流辅助服务、租赁服务、鉴证咨询服务、广播影视服务和商务辅助服务以外的现代服务。

纳税人对安装运行后的电梯提供的维护保养服务，按照“其他现代服务”缴纳纳增值税。

自2018年1月1日起，纳税人为客户办理退票而向客户收取的退票费，按照“其他现代服务”缴纳增值税。

（7）生活服务。生活服务是指为满足城乡居民日常生活需求提供的各类服务活动。包

括文化体育服务、教育医疗服务、旅游娱乐服务、餐饮住宿服务、居民日常服务和其他生活服务。

第一，文化体育服务。文化体育服务包括文化服务和体育服务。

纳税人在游览场所经营索道、摆渡车、电瓶车、游船等取得的收入，按照“文化体育服务”缴纳增值税。

第二，教育医疗服务。教育医疗服务包括教育服务和医疗服务。

教育服务，是指提供学历教育服务、非学历教育服务、教育辅助服务的业务活动。

医疗服务，是指提供医学检查、诊断、治疗、康复、预防、保健、接生、计划生育、防疫服务等方面的服务，以及与这些服务有关的提供药品、医用材料器具、救护车、病房住宿和伙食的业务。

第三，旅游娱乐服务。旅游娱乐服务包括旅游服务和娱乐服务。

第四，餐饮住宿服务。餐饮住宿服务包括餐饮服务和住宿服务。

纳税人以长（短）租形式出租酒店式公寓并提供配套服务的，按照住宿服务缴纳增值税。

第五，居民日常服务。居民日常服务是指主要为满足居民个人及其家庭日常生活需求提供的服务，包括市容市政管理、家政、婚庆、养老、殡葬、照料和护理、救助救济、美容美发、按摩、桑拿、氧吧、足疗、沐浴、洗染、摄影扩印等服务。

第六，其他生活服务。其他生活服务是指除文化体育服务、教育医疗服务、旅游娱乐服务、餐饮住宿服务和居民日常服务之外的生活服务。

5. 销售无形资产。销售无形资产是指有偿转让无形资产，是转让无形资产所有权或者使用权的业务活动。

无形资产是指不具实物形态，但能带来经济利益的资产，包括技术、商标、著作权、商誉、自然资源使用权和其他权益性无形资产。

自然资源使用权包括土地使用权、海域使用权、探矿权、采矿权、取水权和其他自然资源使用权。

其他权益性无形资产包括基础设施资产经营权、公共事业特许权、配额、经营权（包括特许经营权、连锁经营权、其他经营权）、经销权、分销权、代理权、会员权、席位权、网络游戏虚拟道具、域名、名称权、肖像权、冠名权、转会费等。

6. 销售不动产。销售不动产是指有偿转让不动产，是转让不动产所有权的业务活动。

不动产是指不能移动或者移动后会引起性质、形状改变的财产，包括建筑物、构筑物等。建筑物，包括住宅、商业营业用房、办公楼等可供居住、工作或者进行其他活动的建造物。构筑物，包括道路、桥梁、隧道、水坝等建造物。

转让建筑物有限产权或者永久使用权的，转让在建的建筑物或者构筑物所有权的，以及在转让建筑物或者构筑物时一并转让其所占土地的使用权的，按照销售不动产缴纳增值税。

【例 3－2 多选题】 下列属于增值税征税范围的有（　　）。

A. 单位聘用的员工为本单位提供的运输业务

B. 航空运输企业提供湿租的业务

C. 房地产评估咨询公司提供的房地产评估业务

D. 广告公司提供的广告代理业务

E. 房地产企业销售自行开发的商品房

【答案】BCDE

【解析】单位聘用的员工为本单位或者雇主提供应税服务，不征收增值税。

（二）特殊规定

1. 特殊行为。

（1）视同销售货物行为。单位或个体工商户的下列行为，视同销售货物，征收增值税：

①将货物交付其他单位或者个人代销。

②销售代销货物。

③设有两个以上机构并实行统一核算的纳税人，将货物从一个机构移送其他机构用于销售，但相关机构设在同一县（市）的除外。

④将自产或委托加工的货物用于非增值税应税项目。

⑤将自产、委托加工的货物用于集体福利或个人消费。

⑥将自产、委托加工或购进的货物作为投资，提供给其他单位或个体工商户。

⑦将自产、委托加工或购进的货物分配给股东或投资者。

⑧将自产、委托加工或购进的货物无偿赠送给其他单位或者个人。

（2）视同销售服务、无形资产或者不动产。"营改增"试点单位或个体工商户的下列行为视同销售服务、无形资产或者不动产。

①单位或者个体工商户向其他单位或者个人无偿提供服务，但用于公益事业或者以社会公众为对象的除外。

②单位或者个人向其他单位或者个人无偿转让无形资产或者不动产，但用于公益事业或者以社会公众为对象的除外。

③财政部和国家税务总局规定的其他情形。

（3）混合销售行为。混合销售行为是指在同一项销售行为既涉及货物又涉及服务的行为。

从事货物的生产、批发或者零售的单位和个体工商户的混合销售行为，按照销售货物缴纳增值税；其他单位和个体工商户的混合销售行为，按照销售服务缴纳增值税。

上述从事货物的生产、批发或者零售的单位和个体工商户，包括以从事货物的生产、批发或者零售为主，并兼营销售服务的单位和个体工商户在内。

自 2017 年 5 月 1 日起，纳税人销售活动板房、机器设备、钢结构件等自产货物的同时提供建筑、安装服务，不属于混合销售，应分别核算货物和建筑服务的销售额，分别适用不同的税率或者征收率。

（4）兼营行为。兼营行为，在指纳税人的经营活动中包括不同类型的经营项目，但这些经营项目不同时发生在同一项销售行为中。

纳税人销售货物、加工修理修配劳务、服务、无形资产或者不动产适用不同税率或者征收率的，应当分别核算适用不同税率或者征收率的销售额，未分开核算销售额的，按照

以下方法适用税率或者征收率：

①兼有不同税率的销售货物、加工修理修配劳务、服务、无形资产或者不动产，从高适用税率。

②兼有不同征收率的销售货物、加工修理修配劳务、服务、无形资产或者不动产，从高适用征收率。

③兼有不同税率和征收率的销售货物、加工修理修配劳务、服务、无形资产或者不动产，从高适用税率。

2. 特殊项目。

（1）货物期货（包括商品期货和贵金属期货），在期货的实物交割环节纳税。

（2）电力公司向发电企业收取的过网费，应当征收增值税。

（3）供电企业利用自身输变电设备对并入电网的企业自备电厂生产的电力产品进行电压调节，属于提供加工劳务。供电企业进行电力调压并按照电量向电厂收取的并网服务费，应当征收增值税。

（4）执法部门和单位查处的商品，具备拍卖条件的，由执法部门或单位征得同级财政部门同意后，公开拍卖。其拍卖收入作为罚没收入由执法部门上缴财政，不予征税。对经营单位购入拍卖物品再销售的，应照章征收增值税。

（5）纳税人在资产重组过程中，通过合并、分立、出售，将全部或者部分实物资产以及与其相关联的债权，经多次转让后，最终的受让方与劳动力接收方为同一单位和个人的不属于增值税的征税范围，其中货物的多次转让，不征收增值税。资产的出让方需将资产重组方案等文件资料报其主管税务机关。

（6）自2013年2月1日起，纳税人取得的中央财政补贴，不属于增值税应税收入，不征收增值税。

（7）燃油电厂从政府财政专户取得的发电补贴不属于增值税规定的价外费用，不计入应税销售额，不征收增值税。

（8）被保险人获得的保险赔付不征收增值税。

（9）房地产主管部门或者其指定机构、公积金管理中心、开发企业以及物业管理单位代收的住宅专项维修资金不征收增值税。

（10）境外单位或者个人发生的下列行为不属于在境内销售服务或者无形资产，不征收增值税：

①为出境的函件、包裹在境外提供的邮政服务、收派服务；

②向境内单位或者个人提供的工程施工地点在境外的建筑服务、工程监理服务；

③向境内单位或者个人提供的工程、矿产资源在境外的工程勘察勘探服务；

④向境内单位或者个人提供的会议展览地点在境外的会议展览服务。

三、税率和征收率

（一）税率

增值税税率是按照货物的整体税负设计的，用应税货物的销售额乘以增值税税率，即是该货物在这一环节所负担的全部增值税税额（包括本环节的应纳税额及以前环节的已纳税额）。即：

增值税税率 =（货物在本环节的应纳税额 + 以前环节的已纳税额）÷货物在本环节的销售额 ×100%

根据应税货物的销售额和增值税税率，即可计算出该项货物到本环节为止所应承担的全部税额，然后从全部税额中扣除以前环节已纳的税额，余额就是该货物在本环节新增价值部分所应承担的税额。这也是增值税一般计税法的基本计算原理。

目前，我国增值税的税率有 13%、9%、6%、0%（零税率），具体适用范围：

1. 13% 税率。

（1）增值税一般纳税人销售货物或进口货物（除适用 9% 和零税率的货物以外），适用 13% 税率；

（2）提供加工修理修配劳务，适用 13% 的税率；

（3）有形动产租赁服务，适用 13% 的税率。

2. 9% 税率。

（1）增值税一般纳税人销售或者进口下列货物适用 9% 税率：

①粮食等农产品、食用植物油、食用盐；

②自来水、暖气、冷气、热水、煤气、石油液化气、天然气、二甲醚、沼气、居民用煤炭制品；

③图书、报纸、杂志、音像制品、电子出版物；

④饲料、化肥、农药、农机、农膜；

⑤国务院规定的其他货物。

（2）增值税一般纳税人纳税人销售交通运输服务、邮政服务、基础电信服务、建筑服务、不动产租赁服务、销售不动产，转让土地使用权，适用 9% 税率。

3. 6% 税率。增值税一般纳税人提供金融服务、现代服务（租赁服务除外）、增值电信服务、生活服务以及销售无形资产（不含转让土地使用权），适用 6% 税率。

4. 零税率。出口货物、劳务或者境内单位和个人发生的跨境应税行为，税率为零。

根据“营改增”的有关规定，境内的单位和个人销售的下列服务和无形资产，适用增值税零税率。

（1）国际运输服务。国际运输服务是指：

①在境内载运旅客或者货物出境；

②在境外载运旅客或者货物入境；

③在境外载运旅客或者货物。

（2）航天运输服务。

（3）向境外单位提供的完全在境外消费的下列服务：

①研发服务；

②合同能源管理服务；

③设计服务；

④广播影视节目（作品）的制作和发行服务；

⑤软件服务；

⑥电路设计及测试服务；

⑦信息系统服务；

⑧业务流程管理服务；

⑨离岸服务外包业务；

⑩转让技术。

完全在境外消费是指：①服务的实际接受方在境外，且与境内的货物和不动产无关。②无形资产完全在境外使用，且与境内的货物和不动产无关。③财政部和国家税务总局规定的其他情形。

（4）财政部和国家税务总局规定的其他服务。

按照国家有关规定应取得相关资质的国际运输服务项目，纳税人取得相关资质的，适用增值税零税率政策，未取得的，适用增值税免税政策。

（二）征收率

1. 小规模纳税人征收率。小规模纳税人的征收率分3%和5%两种情形，征收率的调整，由国务院决定。

（1）5%征收率的适用范围。小规模纳税人在中华人民共和国境内销售不动产、经营租赁不动产、提供劳务派遣选择差额纳税（除试点前开工的高速公路的车辆通行费），适用5%征收率。

个人出租住房，按照5%的征收率减按1.5%计算纳税。计算公式：

销售额＝含税销售额÷（1＋5%）

应纳税额＝销售额×1.5%

（2）3%征收率的适用范围。小规模纳税人在中华人民共和国境内销售货物、销售服务、无形资产或不动产，适用简易方法计税，除适用5%征收率的除外，征收率为3%。

小规模纳税人（除其他个人外，下同）销售自己使用过的固定资产（含旧汽车、旧摩托车、旧游艇），按照简易办法依照3%征收率减按2%征收增值税，并且只能开具普通发票，不得由税务机关代开增值税专用发票。计算公式：

销售额＝含税销售额÷（1＋3%）

应纳税额＝销售额×2%

2. 一般纳税人适用的征收率。除小规模纳税人适用征收率外，一般纳税人生产销售的特定货物和应税服务，也可以适用简易计税方法依照征收率计税。

（1）一般纳税人销售自己使用过的固定资产。一般纳税人销售自己使用过的属于税法规定不得抵扣且未抵扣进项税额的固定资产（不动产除外），按简易计算法依照3%的征收率减按2%征收增值税。

（2）一般纳税人可选择3%征收率的有：

①销售自产的用微生物、微生物代谢产物、动物毒素、人或者动物的血液或组织制成的生物制品。

②寄售商店代销寄售物品（包括居民个人寄售的物品在内）。

③典当业销售绝当物品。

④销售自产的县级及县级以下小型水力发电单位生产的电力。

⑤销售自产的自来水。

⑥销售自产的建筑用和生产建筑材料所用的砂、土、石料。

⑦销售自产的以自己采掘的砂、土、石料或其他矿物连续生产的砖、瓦、石灰（不含黏土实心砖、瓦）。

⑧销售自产的商品混凝土（仅限于以水泥为原料生产的水泥混凝土）。

⑨单采血浆站销售非临床用人体血液。

⑩药品经营企业销售生物制品。

⑪光伏发电项目发电户销售电力产品。

⑫资管产品管理人运营资管产品过程中发生的增值税应税行为，暂适用简易计税方法，按照3%的征收率缴纳增值税。

⑬兽用药品经营企业销售兽用生物制品。

⑭公共交通运输服务，包括轮客渡、公交客运、地铁、城市轻轨、出租车、长途客运、班车。

⑮经认定的动漫企业为开发动漫产品提供的服务以及在境内转让动漫版权。

⑯电影放映服务、仓储服务、装卸搬运服务、收派服务和文化体育服务（含纳税人在游览场所经营索道、摆渡车、电瓶车、游船等取得的收入）。

⑰纳税人“营改增”试点之日前取得的有形动产为标的物提供的经营租赁服务。

⑱以清包工方式提供、为甲供工程提供的、为建筑工程老项目提供的建筑服务。需要注意的是，建筑工程总承包单位为房屋建筑的地基与基础、主体结构提供工程服务，建设单位自行采购全部或部分钢材、混凝土、砌体材料、预制构件的，适用简易计税方法计税（不是可选择）。

⑲一般纳税人销售电梯的同时提供安装服务，其安装服务可以按照甲供工程选择适用简易计税方法计税。

⑳提供物业管理服务的纳税人，向服务接受方收取的自来水水费，以扣除其对外支付的自来水水费后的余额为销售额，按照简易计税方法依3%的征收率计算缴纳增值税。

㉑公路经营企业收取“营改增”试点前开工的高速公路的车辆通行费。

㉒中国农业发展银行总行及其各分支机构提供涉农贷款取得的利息收入。

㉓农村信用社、村镇银行、农村资金互助社、由银行业机构全资发起设立的贷款公司、法人机构在县（县级市、区、旗）及县以下地区的农村合作银行和农村商业银行提供金融服务取得的收入。

㉔对中国农业银行纳入“三农金融事业部”改革试点的各省、自治区、直辖市、计划单列市分行下辖的县域支行和新疆生产建设兵团分行下辖的县域支行（又称县事业部）提供农户贷款、农村企业和农村各类组织贷款取得的利息收入。

㉕提供非学历教育服务。

㉖提供教育辅助服务。

㉗非企业性单位中的一般纳税人提供的研发和技术服务、信息技术服务、鉴证咨询服

务以及销售技术、著作权等无形资产。

㉘非企业性单位中的一般纳税人提供技术转让、技术开发和与之相关的技术咨询、技术服务。

㉙对拍卖行受托拍卖增值税应税货物，向买方收取的全部价款和价外费用，按照3%的征收率计算缴纳增值税。

㉚自2018年5月1日起，增值税一般纳税人生产销售和批发、零售抗癌药品，可选择按照简易计税办法依照3%的征收率计算缴纳增值税。

上述纳税人选择简易计税办法计算缴纳增值税后，36个月内不得变更。

（3）一般纳税人可选择5%征收率的有：

①一般纳税人销售2016年4月30日前取得或自建的不动产，选择适用简易计税方法，征收率为5%。

②房地产开发企业的一般纳税人销售2016年4月30日前自行开发的房地产老项目，选择适用简易计税方法，征收率为5%。

③一般纳税人出租其2016年4月30日前取得的不动产，选择按简易方法计税，征收率为5%。

④纳税人提供劳务派遣服务，选择差额纳税的，征收率为5%。

⑤纳税人提供安全保护服务，选择差额纳税的，征收率为5%。

⑥一般纳税人提供人力资源外包服务，选择简易计税方式计税的，征收率为5%。

第三节　增值税应纳税额的计算

增值税的计税方法，主要包括一般计税方法、简易计税方法、进口计税法、扣缴计税方法以及预缴计税法。

一、一般计税方法

除了一些特定情形适用简易计税法外，增值税一般纳税人销售货物、劳务、服务、无形资产、不动产（以下统称应税销售行为），采用一般计税方法（即购进扣税法）计算缴纳增值税。

一般计税方法的应纳税额，是指当期销项税额抵扣当期进项税额后的余额。应纳税额计算公式：

当期应纳增值税额 = 当期销项税额 - 当期进项税额

当期销项税额小于当期进项税额不足抵扣时，其不足部分可以结转下期继续抵扣。

（一）销项税额

销项税额是纳税人发生应税销售行为时，按照销售额与税率计算并从购买方收取的税款，其计算公式为：

销项税额 = 销售额 × 税率

或：销项税额 = 组成计税价格 × 税率

增值税纳税人发生应税行为，具体应在什么时间计算销项税额，详见增值税纳税义务发生时间的有关规定。

1. 销售额的一般规定。在增值税税率一定的情况下，计算销项税额的关键在于正确、合理地确定销售额。

销售额为纳税人发生应税销售行为收取的全部价款和价外费用，但是不包括收取的销项税额。一般来说，应税销售额包括以下内容：

（1）销售货物或提供应税劳务取自于购买方的全部价款。

（2）向购买方收取的各种价外费用。

具体包括手续费、补贴、基金、集资费、返还利润、奖励费、违约金、延期付款利息、滞纳金、赔偿金、包装费、包装物租金、储备费、优质费、运输装卸费、代收款项、代垫款项及其他各种性质的价外收费。上述价外费用无论其会计制度如何核算，都应并入销售额计税。但不包括以下费用：

①受托加工应征消费税的货物，而由受托方向委托方代收代缴的消费税。

②同时符合以下两个条件的代垫运费：第一，承运部门的运费发票开具给购买方。第二，纳税人将该项发票转交给购买方的。

③同时符合以下条件代为收取的政府性基金或者行政事业性收费：

第一，由国务院或者财政部批准设立的政府性基金，由国务院或者省级人民政府及其财政、价格主管部门批准设立的行政事业性收费；

第二，收取时开具省级以上（含省级）财政部门监（印）制的财政票据；

第三，所收款项全额上缴财政。

④销售货物的同时代办保险等而向购买方收取的保险费，以及向购买方收取的代购买方缴纳的车辆购置税、车辆牌照费。

税法规定，纳税人向购买方收取的价外费用和包装物押金，一般应视为含税收入，在并入销售额征税时，应将其换算为不含税收入再并入销售额征税。

2. 含税销售额的换算。纳税人在销售货物或提供应税劳务时，采取价款和税款合并定价的，在计算增值税时必须将开具在普通发票上的含税销售额换算成不含税销售额，其换算公式如下：

不含税销售额 = 含税销售额 ÷（1 + 税率）

3. 视同销售行为销售额的确定。纳税人发生视同销售行为，价格明显偏低且无正当理由的，不具有合理商业目的的，或发生应税销售行为无销售额的，主管税务机关有权按照下列顺序核定其计税销售额：

（1）按纳税人最近时期同类货物、同类服务、无形资产或者不动产的平均销售价格

确定。

（2）按其他纳税人最近时期同类货物、同类服务、无形资产或者不动产的平均销售价格确定。

（3）按组成计税价格确定销售额。其组成计税价格有两种形式：

第一，只征收增值税的，其组成计税价格为：

组成计税价格 = 成本 ×（1 + 成本利润率）

第二，属于应征消费税的货物，其组成计税价格应加计消费税税额。

计算公式为：

组成计税价格 = 成本 ×（1 + 成本利润率）+ 消费税税额

或：组成计税价格 = 成本 ×（1 + 成本利润率）÷（1 - 消费税税率）

公式中的成本确定：销售自产货物的为实际生产成本；属于销售外购货物的为实际采购成本。

只征增值税的货物，其"成本利润率"为10%。属于应征收消费税的货物，其组成计税价格的成本利润率，为《消费税若干具体问题的规定》（国税发〔1993〕156号）和《财政部、国家税务总局关于调整和完善消费税政策的通知》（财税〔2006〕33号）中规定的成本利润率。其他成本利润率由国家税务总局确定。

不具有合理商业目的，是指以牟取税收利益为主要目的，通过人为安排，减少、免除、推迟缴纳增值税税款，或者增加退还增值税税款。

4. 特殊销售方式的销售额。

（1）折扣销售。折扣销售是指销售方在销售货物、提供应税劳务，销售服务、无形资产或者不动产时，因购买方需求量大等原因，而给予的价格方面的优惠。应注意与现金折扣、销售折让的区别。

第一，折扣销售。折扣销售是指销售方发生应税销售行为时，因购买方需求量大等原因，而给予的价格方面的优惠。按照现行税法规定：纳税人采取折扣方式销售货物，如果销售额和折扣额在同一张发票上分别注明，可以按折扣后的销售额征收增值税。销售额和折扣额在同一张发票上分别注明是指销售额和折扣额在同一张发票上的"金额"栏分别注明，未在同一张发票"金额"栏注明折扣额，而仅在发票的"备注"栏注明折扣额的，折扣额不得从销售额中减除。如果将折扣额另开发票，不论其在财务上如何处理，均不得从销售额中减除折扣额。

第二，现金折扣。现金折扣又称销售折扣，是为了鼓励购货方及时偿还货款而给予的折扣优待。现金折扣发生在销货之后，现金折扣不得从销售额中减除。

第三，销售折扣。销售折让是指由于货物的品种或质量等原因，销货方给予购货方未予退货状况下的价格折让。一般纳税人因销货退回和折让而退还给购买方的增值税额，应从发生销货退回或折让当期的销项税额中扣减。销售折让可以通过开具红字专用发票从销售额中减除，未按规定开具红字增值税专用发票的，不得扣减销项税额或销售额。

【例3-3单选题】 某工艺品厂为增值税一般纳税人，2019年12月2日销售给甲企业

200套工艺品，每套不含税价格600元。由于部分工艺品存在瑕疵，该工艺品厂给予甲企业15%的销售折让，已开具红字专用发票。为了鼓励甲企业及时付款，该工艺品厂提出2/20，n/30的付款条件，甲企业于当月15日付款。该工艺品厂此项业务的销项税额为（　　）元。

A. 16993.20　　B. 13260.00

C. 19992.00　　D. 20400.00

【答案】 B

【解析】 销售折让可以从销售额中减除。销售折扣是为了鼓励购货方及时偿还货款而给予的折扣优待，不得从销售额中减除。销项税额 = 600 × 200 ×（1 − 15%）× 13% = 13260（元）。

(2) 以旧换新。以旧换新，是纳税人在销售过程中，折价收回同类旧货物，并以折价款部分冲减货物价款的一种销售方式。税法规定：纳税人采取以旧换新方式销售货物的（金银首饰除外），应按新货物的同期销售价格确定销售额。

【例3－4 计算题】 某商场（一般纳税人）2019年10月采取"以旧换新"方式销售空调，开出普通发票40张，收到货款300000元，并注明已扣除旧货折价39000元，则计算本月计税销售额 =（300000 + 39000）÷（1 + 13%）= 300000（元）。

(3) 还本销售。还本销售是指销货方将货物出售之后，按约定的时间，一次或分次将购货款部分或全部退还给购货方。纳税人采取还本销售货物的，不得从销售额中减除还本支出。

(4) 以物易物。以物易物是指购销双方以同等价款的货物相互结算，实现货物购销的一种方式。根据税法规定，以物易物双方都应作购销处理，以各自发出的货物核算销售额并计算销项税额，以各自收到的货物核算购货额及进项税额。在以物易物活动中，双方应各自开具合法的票据，计算销项税额，同时可以抵扣进项税额。但如果收到货物不能取得相应的增值税专用发票或者其他增值税扣税凭证，则不得抵扣进项税额。

【例3－5 单选题】 甲贸易公司为增值税一般纳税人，2019年4月以不含税价格为15万元的玉米与乙公司不含税价格为8万元的罐头进行交换，差价款由乙公司以银行存款支付，双方均向对方开具增值税专用发票，假定当月取得的相关票据均符合税法规定，并在当月抵扣进项税，甲贸易公司当月应缴纳增值税（　　）万元。

A. 0.31　　B. 1.65

C. 2.50　　D. 1.36

【答案】A

【解析】应纳的增值税 =15×9% −8×13% =1.35 −1.04 =0.31（万元）。

（5）直销方式。根据直销企业的经营模式，直销企业增值税销售额的确定分以下两种：

①直销企业先将货物销售给直销员，直销员再将货物销售给消费者的，直销企业的销售额为其向直销员收取的全部价款和价外费用。直销员将货物销售给消费者时，应按照现行规定缴纳增值税。

②直销企业通过直销员向消费者销售货物，直接向消费者收取货款，直销企业的销售额为其向消费者收取的全部价款和价外费用。

（6）包装物押金。根据税法规定，纳税人为销售货物而出租出借包装物收取的押金，单独记账的、时间在1年内又未逾期的，不并入销售额征税；但对逾期未收回不再退还的包装物押金，应先将其换算为不含税销售额再按所包装货物的适用税率计算纳税。其中，"逾期"是以1年（12个月）为期限。包装物押金与包装物租金不能混淆，包装物租金在收取时应作为价外费用并入销售额征税。

对销售除啤酒、黄酒以外的其他酒类产品收取的包装物押金，无论是否返还以及会计上如何核算，均应并入当期销售额征税。

【例3−6计算题】某白酒生产企业为增值税一般纳税人，2019年9月销售货物取得不含税销售额200万元，收取包装物押金4.52万元。计算该企业2019年9月的计税销售额。

【解析】2019年9月该企业计税销售额 =200 +4.52÷（1 +13%） =204（万元）。

5. "营改增"试点行业的销售额。"营改增"纳税人销售服务、无形资产或者不动产的销售额，是指纳税人发生应税行为取得的全部价款和价外费用，财政部和国家税务总局另有规定的除外。

价外费用，是指价外收取的各种性质的收费，但不包括代为收取并符合《营业税改征增值税试点实施办法》（财税〔2016〕36号）规定的政府性基金或者行政事业性收费和以委托方名义开具发票代委托方收取的款项。

"营改增"各项业务的销售额按照以下规定确定：

（1）贷款服务，以提供贷款服务取得的全部利息及利息性质的收入为销售额。

（2）直接收费金融服务，以提供直接收费金融服务收取的手续费、佣金、酬金、管理费、服务费、经手费、开户费、过户费、结算费、转托管费等各类费用为销售额。

（3）金融商品转让，按照卖出价扣除买入价后的余额为销售额。

转让金融商品出现的正负差，按盈亏相抵后的余额为销售额。若相抵后出现负差，可结转下一纳税期与下期转让金融商品销售额相抵，但年末时仍出现负差的，不得转入下一个会计年度。

金融商品的买入价，可以选择按照加权平均法或者移动加权平均法进行计算，选择后36个月内不得变更。

金融商品转让，不得开具增值税专用发票。

（4）经纪代理服务，以取得的全部价款和价外费用，扣除向委托方收取并代为支付的政府性基金或者行政事业性收费后的余额为销售额。向委托方收取的政府性基金或者行政事业性收费，不得开具增值税专用发票。

（5）融资租赁和融资性售后回租业务。

①经中国人民银行、中国银监会或者商务部批准从事融资租赁业务的试点纳税人，提供融资租赁服务，以取得的全部价款和价外费用，扣除支付的借款利息（包括外汇借款和人民币借款利息）、发行债券利息和车辆购置税后的余额为销售额。

②经中国人民银行、中国银监会或者商务部批准从事融资租赁业务的试点纳税人，提供融资性售后回租服务，以取得的全部价款和价外费用（不含本金），扣除对外支付的借款利息（包括外汇借款和人民币借款利息）、发行债券利息后的余额作为销售额。

③试点纳税人根据2016年4月30日前签订的有形动产融资性售后回租合同，在合同到期前提供的有形动产融资性售后回租服务，可继续按照有形动产融资租赁服务缴纳增值税。

④自2018年1月1日起，金融机构开展贴现、转贴现业务，以其实际持有票据期间取得的利息收入作为贷款服务的销售额计算缴纳增值税。

（6）航空运输企业的销售额，不包括代收的机场建设费和代售其他航空运输企业客票而代收转付的价款。

（7）试点纳税人中的一般纳税人提供客运场站服务，以其取得的全部价款和价外费用，扣除支付给承运方运费后的余额为销售额。

（8）试点纳税人提供旅游服务，可以选择以取得的全部价款和价外费用，扣除向旅游服务购买方收取并支付给其他单位或者个人的住宿费、餐饮费、交通费、签证费、门票费和支付给其他接团旅游企业的旅游费用后的余额为销售额。

纳税人提供旅游服务，将火车票、飞机票等交通费发票原件交付给旅游服务购买方而无法收回的，以交通费发票复印件作为差额扣除凭证。

选择上述办法计算销售额的试点纳税人，向旅游服务购买方收取并支付的上述费用，不得开具增值税专用发票，可以开具普通发票。

（9）试点纳税人提供建筑服务适用简易计税方法的，以取得的全部价款和价外费用扣除支付的分包款后的余额为销售额。

（10）试点纳税人按照规定从全部价款和价外费用中扣除的价款，应当取得符合法律、行政法规和国家税务总局规定的有效凭证。否则，不得扣除。

上述凭证是指：

①支付给境内单位或者个人的款项，以发票为合法有效凭证。

②支付给境外单位或者个人的款项，以该单位或者个人的签收单据为合法有效凭证，

税务机关对签收单据有疑议的，可以要求其提供境外公证机构的确认证明。

③缴纳的税款，以完税凭证为合法有效凭证。

④扣除的政府性基金、行政事业性收费或者向政府支付的土地价款，以省级以上（含省级）财政部门监（印）制的财政票据为合法有效凭证。

⑤国家税务总局规定的其他凭证。

纳税人取得的上述凭证属于增值税扣税凭证的，其进项税额不得从销项税额中抵扣。

（二）进项税额

进项税额是指纳税人购进货物、劳务、服务、无形资产、不动产时支付或负担的增值税税额。

增值税一般纳税人当期应纳增值税税额采用购进扣税法计算，即以当期的销项税额扣除当期进项税额，其余额为应纳增值税税额。但需要注意的是，并不是购进货物、接受应税劳务、服务、无形资产或不动产所支付或者负担的增值税都可以在销项税额中抵扣，税法对哪些进项税额可以抵扣、哪些进项税额不能抵扣作了严格的规定。

1. 准予从销项税额中抵扣的进项税额。

（1）从销售方取得的增值税专用发票上注明的增值税额（含税控机动车销售统一发票）。增值税一般纳税人在购进劳务、服务、无形资产或不动产时，取得对方的增值税专用发票上已注明的增值税税额准予抵扣。

（2）从海关取得的海关进口增值税专用缴款书上注明的增值税税额。纳税人进口货物报关进口时海关代征进口环节增值税，从海关取得进口增值税专用缴款书上已注明增值税税额准予抵扣。

（3）购进农产品进项税额的扣除。农产品是指列入《农业产品征税范围注释》（财税字〔1995〕52 号）的初级农业产品。纳税人购进农产品的进项税额扣除应区分农产品增值税进项税额核定扣除试点企业和非试点企业。

第一种情形：农产品增值税进项税额核定扣除试点范围以外的纳税人购进农产品，按下列规定抵扣进项税额：

①纳税人购进农产品，取得增值税专用发票或海关进口增值税专用缴款书的，以增值税专用发票或海关进口增值税专用缴款书上注明的增值税税额为进项税额；

②从按照简易计税方法依照 3% 征收率计算缴纳增值税的小规模纳税人取得增值税专用发票的，以增值税专用发票上注明的金额和 9% 的扣除率计算进项税额；

③取得（开具）农产品销售发票或收购发票的，以农产品销售发票或收购发票上注明的农产品买价和 9% 的扣除率计算进项税额。计算公式为：

进项税额 = 买价 × 扣除率

④纳税人购进用于生产销售或委托加工 13% 税率货物的农产品，按照 10% 的扣除率计算进项税额。

取得批发零售环节纳税人销售免税农产品开具的免税发票以及小规模纳税人开具的增值税普通发票，均不得计算抵扣进项税额。

【例3－7计算题】 甲生产企业为增值税一般纳税人，2019年9月销售产品取得不含税销售额500万元，本月从农业生产者购进农产品作为生产用原材料，收购发票上注明买价为70万元；从乙企业购进农产品100万，取得增值税专用发票，税额9万元；另外购进其他原材料，取得增值税专用发票注明的金额200万元，税额26万元。已知该企业生产的产品均适用13%的增值税税率。计算2019年9月该企业的应纳增值税。

【解析】

销项税额＝500×13%＝65（万元）

进项税额＝70×10%＋9＋26＝42（万元）

2019年4月该企业应纳增值税＝65－42＝23（万元）

第二种情形：农产品增值税进项税额核定扣除试点范围以内的纳税人购进农产品，按下列规定抵扣进项税额：

自2012年7月1日起，以购进农产品为原料生产销售液体乳及乳制品以及酒精、植物油的增值税一般纳税人，纳入范围，其购进农产品无论是否用于生产上述产品，增值税进项税额均按照农产品增值税进项税额核定扣除试点实施办法有关规定抵扣。

试点纳税人购进农产品不再凭增值税扣税凭证抵扣增值税进项税额，购进除农产品以外的货物、应税劳务和应税服务，增值税进项税额仍按现行有关规定抵扣。

①试点纳税人以购进农产品为原料生产货物的，农产品增值税进项税额可按照投入产出法、成本法和参照法核定：

第一，投入产出法。投入产出法是参照国家标准、行业标准（包括行业公认标准和行业平均耗用值）确定销售单位数量货物耗用外购农产品的数量（以下称农产品单耗数量）。当期允许抵扣农产品增值税进项税额依据农产品单耗数量、当期销售货物数量、农产品平均购买单价（含税，下同）和农产品增值税进项税额扣除率（以下简称扣除率）计算。

第二，成本法。成本法是依据试点纳税人年度会计核算资料，计算确定耗用农产品的外购金额占生产成本的比例（以下称农产品耗用率）。当期允许抵扣农产品增值税进项税额依据当期主营业务成本、农产品耗用率以及扣除率计算。

第三，参照法。参照法是指新办的试点纳税人或者试点纳税人新增产品的，试点纳税人可参照所属行业或者生产结构相近的其他试点纳税人确定农产品单耗数量或者农产品耗用率。次年，试点纳税人向主管税务机关申请核定当期的农产品单耗数量或者农产品耗用率，并据此计算确定当年允许抵扣的农产品增值税进项税额，同时对上一年增值税进项税额进行调整。核定的进项税额超过实际抵扣增值税进项税额的，其差额部分可以结转下期继续抵扣；核定的进项税额低于实际抵扣增值税进项税额的，其差额部分应按现行增值税的有关规定将进项税额作转出处理。

②试点纳税人购进农产品直接销售的，农产品增值税进项税额按照以下方法核定扣除：

当期允许抵扣农产品增值税进项税额

=当期销售农产品数量÷（1－损耗率）×农产品平均购买单价×9%÷（1+9%）

损耗率=损耗数量÷购进数量

③试点纳税人购进农产品用于生产经营且不构成货物实体的（包括包装物、辅助材料、燃料、低值易耗品等），增值税进项税额按照以下方法核定扣除：

当期允许抵扣农产品增值税进项税额

=当期耗用农产品数量×农产品平均购买单价×9%÷（1+9%）

（4）自境外单位或个人购进劳务、服务、无形资产或者境内的不动产，从税务机关或者代扣代缴义务人取得的代扣代缴税款的完税凭证上注明的增值税额。

（5）纳税人购进国内旅客运输服务，其进项税额允许从销项税额中抵扣。纳税人未取得增值税专用发票，暂按照以下规定确定进项税额：

①取得增值税电子普通发票的，为发票上注明的税额；

②取得注明旅客身份信息的航空运输电子客票行程单的，按照下列公式计算进项税额：

航空旅客运输进项税额=（票价+燃油附加费）÷（1+9%）×9%

③取得注明旅客身份信息的铁路车票的，按照下列公式计算进项税额：

铁路旅客运输进项税额=票面金额÷（1+9%）×9%

④取得注明旅客身份信息的公路、水路等其他客票的，按照下列公式计算进项税额：

公路、水路等其他旅客运输进项税额=票面金额÷（1+3%）×3%

（6）不动产及不动产在建工程进项税额的抵扣。自2019年4月1日起，纳税人取得并在会计制度上按固定资产核算的不动产以及不动产在建工程，其进项税额可以全额一次性进行抵扣。纳税人取得的不动产，包括以直接购买、接受捐赠、接受投资入股以及抵债等各种形式取得的不动产。

纳税人新建、改建、扩建、修缮、装饰不动产，属于不动产在建工程。

纳税人购进货物和设计服务、建筑服务，用于不动产在建工程的进项税额可以在销项税额中抵扣。

（7）按照规定不得抵扣且未抵扣进项税额的固定资产、无形资产和不动产发生用途改变，用于允许抵扣进项税额的应税项目，可在用途改变的次月按照下列公式计算可以抵扣的进项税额。

可以抵扣的进项税额

=固定资产、无形资产、不动产净值÷（1+适用税率）×适用税率

上述可以抵扣的进项税额应取得合法有效的增值税扣税凭证。

（8）自2018年1月1日起，纳税人租入固定资产、不动产，既用于一般计税方法计税项目，又用于简易计税方法计税项目、免征增值税项目、集体福利或个人消费的，其进项税额准予从销项税额中全额抵扣。

（9）纳税人认定或登记为一般纳税人前进项税额抵扣问题。

纳税人自办理税务登记至认定或登记为一般纳税人期间，未取得生产经营收入，未按照销售额和征收率简易计算应纳税额申报缴纳增值税的，其在此期间取得的增值税扣税凭证，可以在认定或登记为一般纳税人后抵扣进项税额。

（10）纳税人支付的道路通行费，按照收费公路通行费增值税电子普通发票上注明的增值税税额抵扣进项税额。

（11）建筑业进项税额抵扣的特殊规定。建筑企业与发包方签订建筑合同后，以内部授权或者三方协议等方式，授权集团内其他纳税人（以下称第三方）为发包方提供建筑服务，并由第三方直接与发包方结算工程款的，由第三方向发包方开具增值税发票，发包方可凭实际提供建筑服务的纳税人开具的增值税专用发票抵扣进项税额。

（12）进项税额的加计抵减政策。

自2019年4月1日至2021年12月31日，允许生产、生活性服务业纳税人按照当期可抵扣进项税额加计10%，抵减应纳税额。

生产、生活性服务业纳税人，是指提供邮政服务、电信服务、现代服务、生活服务（以下称四项服务）取得的销售额占全部销售额的比重超过50%的纳税人。四项服务的具体范围与增值税征税范围的相关规定相同。

纳税人应按照当期可抵扣进项税额的10%计提当期加计抵减额。按照现行规定不得从销项税额中抵扣的进项税额，不得计提加计抵减额；已计提加计抵减额的进项税额，按规定作进项税额转出的，应在进项税额转出当期，相应调减加计抵减额。计算公式如下：

当期计提加计抵减额＝当期可抵扣进项税额×10%

当期可抵减加计抵减额

＝上期末加计抵减额余额＋当期计提加计抵减额－当期调减加计抵减额

【例3－8计算题】 某服务业一般纳税人，适用加计抵减政策。2019年6月，一般计税项目销项税额为150万元，进项税额120万元，上期留抵税额10万元，上期结转的加计抵减额余额10万元；简易计税项目销售额100万元（不含税价），征收率3%。此外无其他涉税事项。该纳税人当期应如何计算缴纳增值税呢？

【解析】

一般计税项目：抵减前的应纳税额＝150－120－10＝20（万元）

当期可抵减加计抵减额＝120×10%＋10＝22（万元）

抵减后的应纳税额＝20－20＝0（万元）

加计抵减额余额＝22－20＝2（万元）

简易计税项目：应纳税额＝100×3%＝3（万元）

应纳税额合计：

一般计税项目应纳税额＋简易计税项目应纳税额＝0＋3＝3（万元）

---

2. 不得从销项税额中抵扣的进项税额。下列项目的进项税额不得从销项税额中抵扣：

（1）用于简易计税方法计税项目、免征增值税项目、集体福利或者个人消费的购进货物、劳务、服务、无形资产和不动产。其中涉及的固定资产、无形资产、不动产，仅指专用于上述项目的固定资产、无形资产（不包括其他权益性无形资产）、不动产。

纳税人的交际应酬消费属于个人消费。

（2）非正常损失的购进货物，以及相关的劳务和交通运输服务。

（3）非正常损失的在产品、产成品所耗用的购进货物（不包括固定资产）、劳务和交通运输服务。

（4）非正常损失的不动产，以及该不动产所耗用的购进货物、设计服务和建筑服务。

（5）非正常损失的不动产在建工程所耗用的购进货物、设计服务和建筑服务。纳税人新建、改建、扩建、修缮、装饰不动产，均属于不动产在建工程。

（6）购进的贷款服务、餐饮服务、居民日常服务和娱乐服务。纳税人接受贷款服务向贷款方支付的与该笔贷款直接相关的投融资顾问费、手续费、咨询费等费用，其进项税额不得从销项税额中抵扣。

（7）财政部和国家税务总局规定的其他情形。

上述所称非正常损失，是指因管理不善造成货物被盗、丢失、霉烂变质，以及因违反法律法规造成货物或者不动产被依法没收、销毁、拆除的情形。

3. 关于进项税额的其他规定。

（1）适用一般计税方法的纳税人，兼营简易计税方法计税项目、免征增值税项目而无法划分不得抵扣的进项税额，按照下列公式计算不得抵扣的进项税额：

不得抵扣的进项税额 = 当期无法划分的全部进项税额 ×（当期简易计税方法计税项目销售额 + 免征增值税项目销售额）÷ 当期全部销售额

（2）已经抵扣进项税额的购进货物发生用途改变的税务处理。一般纳税人已经抵扣进项税额的购进商品如果事后改变用途，如用于职工福利或个人消费、购进货物发生非正常损失、在产品或产成品发生非正常损失等，根据税法规定，应将购进货物或应税劳务的进项税额从当期的进项税额中扣减。无法准确确定该项进项税额的，按当期实际成本计算应扣减的进项税额。

增值税一般纳税人购进服务、无形资产或者不动产已抵扣进项税额的无形资产或者不动产，发生非正常损失，或者改变用途专用于简易计税方法计税项目、免征增值税项目、集体福利或者个人消费等不能抵扣情形的，按照下列公式计算不得抵扣的进项税额：

不得抵扣的进项税额 = 无形资产或者不动产净值 × 适用税率

（3）有下列情形之一者，应按销售额依照增值税税率计算应纳税额，不得抵扣进项税额，也不得使用增值税专用发票：

①一般纳税人会计核算不健全，或者不能够提供准确税务资料的。

②除另有规定的外，纳税人销售额超过小规模纳税人标准，未申请办理一般纳税人认定手续的。

上述所称的“不得抵扣进项税额”是指纳税人在停止抵扣进项税额期间发生的全部进项税额，包括在停止抵扣期间取得的进项税额、上期留抵税额以及经批准允许抵扣的期初存货已征税款。纳税人经税务机关核准恢复抵扣进项税额资格后，其在停止抵扣进项税额期间发生的全部进项税额不得抵扣。

（4）进项税额扣税凭证的抵扣时限。增值税一般纳税人取得 2017 年 1 月 1 日及以后开具的增值税专用发票、海关进口增值税专用缴款书、机动车销售统一发票、收费公路通行费增值税电子普通发票，取消认证确认、稽核比对、申报抵扣的期限。纳税人在进行增值税纳税申报时，应当通过本省（自治区、直辖市和计划单列市）增值税发票综合服务平台对上述扣税凭证信息进行用途确认。

（5）进货退出或折让的税务处理。一般纳税人因进货退回和折让而从销货方收回的增值税税额，应从发生进货退回或折让当期的进项税额中扣减。如不按规定扣减，造成进项税额虚增，不纳或少纳增值税，属于偷税行为，按偷税予以处罚。

（6）向供货方收取的返还收入的税务处理。对商业企业向供货方收取的与商品销售量、销售额挂钩（如以一定比例、金额、数量计算）的各种返还收入，均应按平销返利行为的有关规定冲减进项税额。冲减进项税额的计算公式如下：

当期应冲减的进项税额 = 当期取得的返还资金 ÷（1 + 所购进货物适用增值税税率）× 所购进货物适用增值税税率

商业企业向供货方收取的各种返还收入，一律不得开具增值税专用发票。

（7）增值税税控系统专用设备和技术维护费用抵减增值税税额有关政策。自2011年12月1日起，增值税纳税人初次购买增值税税控系统专用设备（包括分开票机）支付的费用，可凭购买增值税税控系统专用设备取得的增值税专用发票，在增值税应纳税额中全额抵减（抵减额为价税合计额），不足抵减的可结转下期继续抵减。增值税纳税人非初次购买增值税税控系统专用设备支付的费用，由其自行负担，不得在增值税应纳税额中抵减。增值税纳税人2011年12月1日以后缴纳的技术维护费（不含补缴的2011年11月30日以前的技术维护费），可凭技术维护服务单位开具的技术维护费发票，在增值税应纳税额中全额抵减，不足抵减的可结转下期继续抵减。

增值税一般纳税人支付的上述两项费用在增值税应纳税额中全额抵减的，其增值税专用发票不作为增值税抵扣凭证，其进项税额不得从销项税额中抵扣。

（8）纳税人资产重组增值税留抵税额处理。增值税一般纳税人（以下称原纳税人）在资产重组过程中，将全部资产、负债和劳动力一并转让给其他增值税一般纳税人（以下称新纳税人），并按程序办理注销税务登记的，其在办理注销登记前尚未抵扣的进项税额可结转至新纳税人处继续抵扣。

（三）应纳税额的计算

增值税一般纳税人发生增值税应税行为适用一般计税法的，增值税应纳税额为当期销项税额抵扣当期进项税额后的余额。计算公式为：

当期应纳增值税税额 = 当期销项税额 − 当期进项税额

纳税人当期销项税额小于当期进项税额不足抵扣的部分，可以结转下期继续抵扣。

【例3-9 计算题】 某水泥公司（一般纳税人），生产水泥。9月份发生下列业务：

（1）购进原材料，取得增值税专用发票，注明价款500000元，税额65000元。该批原材料通过公路运输，取得增值税专用发票，注明金额30000元，税额2700元。

（2）购进机器设备，取得增值税专用发票，注明价款600000元，税额78000元。该

批机器设备通过铁路运输，取得增值税专用发票，注明金额50000元，税额4500元。

（3）销售水泥1400吨，每吨不含增值税价格490元；

（4）销售水泥600吨，每吨含增值税价格565元；

（5）领用水泥150吨用于建厂房；

（6）将水泥300吨赠送其他单位。

上述水泥均为相同类型，计算9月份应纳增值税。

【解析】

（1）进项税额 = 65000 + 2700 = 67700（元）

（2）进项税额 = 78000 + 4500 = 82500（元）

（3）销项税额 = 1400 × 490 × 13% = 89180（元）

（4）销项税额 = 600 × 565 ÷（1 + 13%）× 13% = 39000（元）

（5）领用水泥用于建厂房，不视同销售。

（6）当月水泥平均销售价格 =（1400 × 490 + 600 × 565 ÷（1 + 13%））÷（1400 + 600）= 493（元）

销项税额 = 300 × 493 × 13% = 19227（元）

（7）进项税额合计 = 67700 + 82500 = 150200（元）

（8）销项税额合计 = 89180 + 39000 + 19227 = 147407（元）

（9）应纳增值税 = 147407 − 150200 = −2793（元）

进项税额不足抵扣部分2793元，结转下期继续抵扣。

（四）一般纳税人增值税期末留抵税额退税制度。

自2019年4月1日起，为支持企业扩大投资，实现技术装备升级，对国家重点鼓励的装备制造等先进制造业、研发等现代服务业，将部分符合条件的企业以及电网企业纳入留抵退税试点范围，试行增值税期末留抵税额退税制度。

同时符合以下条件的纳税人，可以向主管税务机关申请退还增量留抵税额：

①自2019年4月税款所属期起，连续六个月（按季纳税的，连续两个季度）增量留抵税额均大于零，且第六个月增量留抵税额不低于50万元；

②纳税信用等级为A级或者B级；

③申请退税前36个月未发生骗取留抵退税、出口退税或虚开增值税专用发票情形的；

④申请退税前36个月未因偷税被税务机关处罚两次及以上的；

⑤自2019年4月1日起未享受即征即退、先征后返（退）政策的。

上述留抵税额增量留抵税额，是指与2019年3月底相比新增加的期末留抵税额。

纳税人当期允许退还的增量留抵税额，按照以下公式计算：

允许退还的增量留抵税额 = 增量留抵税额 × 进项构成比例 × 60%

进项构成比例，为2019年4月至申请退税前一税款所属期内已抵扣的增值税专用发票（含税控机动车销售统一发票）、海关进口增值税专用缴款书、解缴税款完税凭证注明的增值税额占同期全部已抵扣进项税额的比重。

纳税人应在增值税纳税申报期内，向主管税务机关申请退还留抵税额。

根据《财政部 税务总局关于增值税期末留抵退税有关城市维护建设税、教育费附加和地方教育附加政策的通知》（财税〔2018〕80号）规定，自2018年7月27日起，为保证增值税期末留抵退税政策有效落实，对实行增值税期末留抵退税的纳税人，允许其从城市维护建设税、教育费附加和地方教育附加的计税（征）依据中扣除退还的增值税税额。

【例3-10】 某企业2019年3月底存量留抵50万元，4月—9月的留抵税额分别为60万、55万、80万、70万、90万和100万元，4月—9月全部凭增值税专用发票抵扣进项。由于纳税人连续6个月都有增量留抵税额，且9月增量留抵税额为50万元。如果该企业也同时满足其他四项退税条件，则在10月份纳税申报期时可向主管税务机关申请退还留抵税额是多少？

【解析】 该企业在10月份纳税申报期时可向主管税务机关申请退还留抵税额为：

50×100%×60%=30（万元）

如果该企业10月收到了30万元退税款，则该企业10月的留抵税额就应从100万元调减为70万元（100-30=70）。此后，纳税人可将10月份作为起始月，再往后连续计算6个月来看增量留抵税额的情况，如再次满足退税条件，可继续按规定申请留抵退税。

二、简易计税方法应纳税额的计算

根据《增值税暂行条例》和“营改增”相关规定，小规模纳税人销售货物、劳务、服务、无形资产、不动产，以及一般纳税人在一些特定情形下采用简易计税法的，按销售额和规定征收率计算应纳税额，不得抵扣进项税额，同时，销售货物或提供应税劳务和服务也不得自行开具增值税专用发票。其应纳税额的计算公式为：

应纳税额=销售额×征收率

1. 销售额。简易计税法销售额与增值税一般纳税人计算应纳增值税的销售额规定内容一致，是销售货物或提供应税劳务向购买方收取的全部价款和价外费用。但不包括按征收率计算收取的增值税税额。

纳税人采取价税合并定价的，在计税时需要将其换算为不含税销售额。换算公式如下：

不含税销售额=含税销售额÷（1+征收率）

2. 应纳税额的计算。

应纳税额=不含税销售额×征收率

【例3-11计算题】 某修理厂为增值税小规模纳税人，9月份购进货物，取得增值税专用发票，注明价款35000元，税额4550元。当月取得修理收入56000元（含增值税）。计算该修理厂9月份应纳增值税。

【解析】应纳增值税 = 56000 ÷ (1 + 3%) × 3% = 1631.07（元）

3. 主管税务机关为小规模纳税人代开发票应纳税额的计算。小规模纳税人销售货物或提供应税劳务，可以申请由主管税务机关代开发票。主管税务机关为小规模纳税人（包括小规模纳税人中的企业、企业性单位及其他小规模纳税人，下同）代开专用发票，应在专用发票“单价”栏和“金额”栏分别填写不含增值税税额的单价和销售额，因此，其应纳税额按销售额依照征收率计算。

4. 小规模纳税人购进税控收款机的进项税额抵扣。增值税小规模纳税人购置税控收款机，经主管税务机关审核批准后，可凭购进税控收款机取得的增值税专用发票，按照发票上注明的增值税税额，抵免当期应纳增值税。或者按照购进税控收款机取得的普通发票上注明的价款，依下列公式计算可抵免的税额：

可抵免的税额 = 价款 ÷ (1 + 13%) × 13%

当期应纳税额不足抵免的，未抵免的部分可在下期继续抵免。

5. 小规模纳税人销售自己使用过的固定资产。小规模纳税人（除其他个人外）销售自己使用过的固定资产，减按2%征收增值税。

销售额 = 含税销售额 ÷ (1 + 3%)

应纳税额 = 销售额 × 2%

三、进口环节应纳增值税款的计算

纳税人进口货物，按照组成计税价格和适用的税率计算应纳税额，不得抵扣任何税额，即在计算进口环节的应纳增值税税额时，不得抵扣发生在我国境外的各种税金。计算公式为：

进口环节应纳税额 = 组成计税价格 × 税率

组成计税价格 = 关税完税价格 + 关税 + 消费税

或：组成计税价格 = (关税完税价格 + 关税) ÷ (1 - 消费税税率)

进口货物在海关缴纳的增值税，符合抵扣范围的，凭借海关进口增值税专用缴款书，可以从当期销项税额中抵扣。

【例3-12 计算题】 某企业（一般纳税人）9月份进口一批货物。该批货物在国外的买价200万元，另该批货物运抵我国海关前发生的包装费、运输费、保险费等共计30万元。该企业当月将这批货物在境内全部销售，取得不含增值税销售额360万元。该批货物进口关税税率20%，增值税税率13%。计算进口环节和境内销售环节应纳增值税。

【解析】

进口应纳关税 = (200 + 30) × 20% = 46（万元）

进口应纳增值税 = (200 + 30 + 46) × 13% = 35.88(万元)
应纳国内增值税 = 360 × 13% − 35.88 = 10.92(万元)

第四节 增值税预扣预缴税款的计算

一、不动产转让行为应纳税额的计算

(一)一般纳税人转让不动产应纳税额的计算

1. 一般纳税人转让其取得2016年4月30日前取得(不含自建)的不动产。

(1)选择适用简易计税方法计税的,以取得的全部价款和价外费用扣除不动产购置原价或者取得不动产时的作价后的余额为销售额,按照5%的征收率计算应纳税额。纳税人应按规定向不动产所在地主管税务机关预缴税款,然后向机构所在地主管税务机关申报纳税。计算公式为:

应预缴税款
= (全部价款和价外费用 − 不动产购置原价或者取得不动产时的作价) ÷ (1 + 5%) × 5%

应纳增值税
= (全部价款和价外费用 − 不动产购置原价或者取得不动产时的作价) ÷ (1 + 5%) × 5%

(2)选择适用一般计税方法计税的,以取得的全部价款和价外费用为销售额计算应纳税额。纳税人应以取得的全部价款和价外费用扣除不动产购置原价或者取得不动产时的作价后的余额,按照5%的预征率向不动产所在地主管税务机关预缴税款,然后向机构所在地主管税务机关申报纳税。计算公式为:

应预缴税款
= (全部价款和价外费用 − 不动产购置原价或者取得不动产时的作价) ÷ (1 + 5%) × 5%

应纳增值税 = 全部价款和价外费用 ÷ (1 + 9%) × 9% − 进项税额

2. 一般纳税人转让其2016年5月1日后取得(不含自建)的不动产。适用一般计税方法,以取得的全部价款和价外费用为销售额计算应纳税额。纳税人应以取得的全部价款和价外费用扣除不动产购置原价或者取得不动产时的作价后的余额,按照5%的预征率向不动产所在地主管税务机关预缴税款,向机构所在地主管税务机关申报纳税。计算公式为:

应预缴税款 = (全部价款和价外费用 − 不动产购置原价或者取得不动产时的作价) ÷ (1 + 5%) × 5%

应纳增值税 = 全部价款和价外费用 ÷ （1 +9%） ×9% – 进项税额

【例 3 –13 计算题】 甲企业为 A 市增值税一般纳税人，2020 年 3 月转让将其 5 年前在 B 市购置的办公楼，取得含税销售收入 2000 万元，该办公楼购置原价为 1100 万元（含税），计算该企业 2020 年 3 月转让办公楼应纳增值税

【解析】

（1）如果该公司选择简易计税法，则：

先在 B 市预缴增值税 = （2000 – 1100） ÷ （1 +5%） ×5% =42. 86（万元）

回 A 市申报，应纳税款 = （2000 – 1100） ÷ （1 +5%） ×5% =42. 86（万元）

补缴税款 =42. 86 –42. 86 =0

（2）如果该公司选择一般计税法，则：

先在 B 市预缴增值税 = （2000 – 1100） ÷ （1 +5%） ×5% =42. 86（万元）

回 A 市申报，应纳税款 =2000（1 +9%） ×9% =165. 14（万元）

补缴税款 =165. 14 –42. 86 =122. 28（万元）

3. 一般纳税人转让其 2016 年 4 月 30 日前自建的不动产。

（1）选择适用简易计税方法计税的，以取得的全部价款和价外费用为销售额，按照 5% 的征收率计算应纳税额。纳税人应按照上述计税方法向不动产所在地主管税务机关预缴税款，然后向机构所在地主管税务机关申报纳税。计算公式为：

应预缴税款 = 全部价款和价外费用 ÷ （1 +5%） ×5%

应纳增值税 = 全部价款和价外费用 ÷ （1 +5%） ×5%

（2）选择适用一般计税方法计税的，以取得的全部价款和价外费用为销售额计算应纳税额。纳税人应以取得的全部价款和价外费用，按照 5% 的预征率向不动产所在地主管税务机关预缴税款，向机构所在地主管税务机关申报纳税。其计算公式为：

应预缴税款 = 全部价款和价外费用 ÷ （1 +5%） ×5%

应纳增值税 = 全部价款和价外费用 ÷ （1 +9%） ×9% – 进项税额

4. 一般纳税人转让其 2016 年 5 月 1 日后自建的不动产。适用一般计税方法，以取得的全部价款和价外费用为销售额计算应纳税额。纳税人应以取得的全部价款和价外费用，按照 5% 的预征率向不动产所在地主管税务机关预缴税款，向机构所在地主管税务机关申报纳税。其计算公式为：

应预缴税款 = 全部价款和价外费用 ÷ （1 +5%） ×5%

应纳增值税 = 全部价款和价外费用 ÷ （1 +9%） ×9% – 进项税额

（二）小规模纳税人转让不动产应纳税额的计算

1. 小规模纳税人转让其取得（不含自建）的不动产。小规模纳税人转让其取得（不含自建）的不动产，以取得的全部价款和价外费用扣除不动产购置原价或者取得不动产时

的作价后的余额为销售额，按照5%的征收率计算应纳税额。计算公式为：

应预缴税款＝（全部价款和价外费用－不动产购置原价或者取得不动产时的作价）÷（1＋5%）×5%

应纳增值税＝（全部价款和价外费用－不动产购置原价或者取得不动产时的作价）÷（1＋5%）×5%

2. 小规模纳税人转让其自建的不动产。小规模纳税人转让其自建的不动产以取得的全部价款和价外费用为销售额，按照5%的征收率计算应纳税额。

应预缴税款＝全部价款和价外费用÷（1＋5%）×5%

应纳增值税＝全部价款和价外费用÷（1＋5%）×5%

除其他个人之外的小规模纳税人，应按照上述计税方法向不动产所在地主管税务机关预缴税款，向机构所在地主管税务机关申报纳税；其他个人按照上述计税方法向不动产所在地主管税务机关申报纳税。纳税人向不动产所在地主管税务机关预缴的增值税税款，可以在当期增值税应纳税额中抵减，抵减不完的，结转下期继续抵减。纳税人以预缴税款抵减应纳税额，应以完税凭证作为合法有效凭证。

（三）个人转让不动产应纳税额的计算

个人将购买不足2年的住房对外销售的，按照5%的征收率全额缴纳增值税；个人将购买2年以上（含2年）的住房对外销售的，免征增值税。上述政策适用于北京市、上海市、广州市和深圳市之外的地区。

对北、上、广、深四城市，规定个人将购买不足2年的住房对外销售的，按照5%的征收率全额缴纳增值税；个人将购买2年以上（含2年）的非普通住房对外销售的，以销售收入减去购买住房价款后的差额按照5%的征收率缴纳增值税；个人将购买2年以上（含2年）的普通住房对外销售的，免征增值税。

个人转让其购买的住房，按照有关规定全额缴纳增值税的，以取得的全部价款和价外费用为销售额，按照5%的征收率计算应纳税额。计算公式为：

应纳增值税＝全部价款和价外费用÷（1＋5%）×5%

个人转让其购买的住房，按照有关规定差额缴纳增值税的，以取得的全部价款和价外费用扣除购买住房价款后的余额为销售额，按照5%的征收率计算应纳税额。计算公式为：

应纳增值税＝（全部价款和价外费用－不动产购置原价或者取得不动产时的作价）÷（1＋5%）×5%

【例3－14计算题】 2019年10月，王某销售一套住房，取得含税销售收入460万元，该住房于2018年3月购进，购进时支付房价100万元，王某销售住房应如何缴纳增值税？

【解析】 王某销售该房产应全额征税，即：

应纳税额＝460÷（1＋5%）×5%＝21.9（万元）

二、房地产开发企业销售自行开发的房地产项目应纳税额的计算

(一) 一般纳税人销售自行开发的房地产项目应纳税额的计算

1. 房地产开发企业中的一般纳税人销售自行开发的房地产项目，适用一般计税方法计税，按照取得的全部价款和价外费用，扣除当期销售房地产项目对应的土地价款后的余额计算销售额。销售额的计算公式如下：

销售额 =（全部价款和价外费用 - 当期允许扣除的土地价款）÷（1 +9%）

应纳税款 = 销售额 × 适用税率 - 进项税额

当期允许扣除的土地价款按照以下公式计算：

当期允许扣除的土地价款 =（当期销售房地产项目建筑面积 ÷ 房地产项目可供销售建筑面积）× 支付的土地价款

2. 房地产开发企业中的一般纳税人销售其开发的房地产项目（选择简易计税方法的房地产老项目除外），在取得土地时向其他单位或个人支付的拆迁补偿费用也允许在计算销售额时扣除。纳税人按上述规定扣除拆迁补偿费用时，应提供拆迁协议、拆迁双方支付和取得拆迁补偿费用凭证等能够证明拆迁补偿费用真实性的材料。

3. 一般纳税人销售自行开发的房地产老项目，可以选择适用简易计税方法按照5%的征收率计税。一经选择简易计税方法计税的，36 个月内不得变更为一般计税方法计税。

房地产老项目是指：《建筑工程施工许可证》注明的合同开工日期在 2016 年 4 月 30 日以前的房地产项目；《建筑工程施工许可证》未注明合同开工日期或者未取得《建筑工程施工许可证》但建筑工程承包合同注明的开工日期在 2016 年 4 月 30 日以前的建筑工程项目。

一般纳税人销售自行开发的房地产老项目适用简易计税方法计税的，以取得的全部价款和价外费用为销售额，不得扣除对应的土地价款。计算公式为：

应纳增值税税款 = 销售额 ÷（1 +5%）×5%

4. 预缴税款。一般纳税人采取预收款方式销售自行开发的房地产项目，应在收到预收款时按照 3% 的预征率预缴增值税。

应预缴税款按照以下公式计算：

应预缴税款 = 预收款 ÷（1 + 适用税率或征收率）×3%

适用一般计税方法计税的，按照 9% 的适用税率计算；适用简易计税方法计税的，按照 5% 的征收率计算。

一般纳税人应在取得预收款的次月纳税申报期向主管税务机关预缴税款。

(二) 小规模纳税人销售自行开发的房地产项目应纳税额的计算

1. 预缴税款。房地产开发企业中的小规模纳税人采取预收款方式销售自行开发的房地产项目，应在收到预收款时按照 3% 的预征率预缴增值税。

应预缴税款按照以下公式计算：

应预缴税款 = 预收款 ÷（1 +5%）×3%

2. 税款报缴。小规模纳税人应在取得预收款的次月纳税申报期或主管税务机关核定的纳税期限向主管税务机关预缴税款。

小规模纳税人销售自行开发的房地产项目，应按照规定的纳税义务发生时间，以当期销售额和5%的征收率计算当期应纳税额，抵减已预缴税款后，向主管税务机关申报纳税。未抵减完的预缴税款可以结转下期继续抵减。

三、不动产经营租赁应纳税额的计算

纳税人以经营租赁方式出租其取得的不动产（以下简称出租不动产），按照以下规定计算缴纳增值税。纳税人取得的不动产，包括以直接购买、接受捐赠、接受投资入股、自建以及抵债等各种形式取得的不动产。纳税人提供道路通行服务不在适用范围内。

（一）一般纳税人出租不动产应纳税额的计算

1. 一般纳税人出租其2016年4月30日前取得的不动产，可以选择适用简易计税方法，按照5%的征收率计算应纳税额。

不动产所在地与机构所在地不在同一县（市、区）的，纳税人应按照上述计税方法向不动产所在地主管税务机关预缴税款，向机构所在地主管税务机关申报纳税。

应预缴税款 = 含税销售额 ÷ （1 +5%） ×5%

应纳增值税 = 含税销售额 ÷ （1 +5%） ×5%

不动产所在地与机构所在地在同一县（市、区）的，纳税人向机构所在地主管税务机关申报纳税。计算公式为：

应纳增值税 = 含税销售额 ÷ （1 +5%） ×5%

2. 一般纳税人出租其2016年5月1日后取得的不动产，适用一般计税方法计税。

不动产所在地与机构所在地不在同一县（市、区）的，纳税人应按照3%的预征率向不动产所在地主管税务机关预缴税款，向机构所在地主管税务机关申报纳税。计算公式为：

应预缴税款 = 含税销售额 ÷ （1 +9%） ×3%

应纳增值税 = 含税销售额 ÷ （1 +9%） ×9% – 进项税额

不动产所在地与机构所在地在同一县（市、区）的，纳税人应向机构所在地主管税务机关申报纳税。

应纳增值税 = 含税销售额 ÷ （1 +9%） ×9% – 进项税额

一般纳税人出租其2016年4月30日前取得的不动产适用一般计税方法计税的，按照上述规定执行。

【例3 –15 计算题】 某企业是A市的增值税一般纳税人，2019年7月开始将其位于B市的商铺用于出租，每月租金收入30万元。请问该企业出租这些商铺应如何计算预缴税款？应如何申报纳税？

【解析】该企业机构所在地在A市，不动产在B市，不动产所在地与机构所在地不在同一县（市、区），因此纳税人应向不动产所在地预缴税款。

甲企业为增值税一般纳税人，如果甲企业选择一般计税方法，则

预缴税款＝30÷（1＋9%）×3%＝0.83（万元）

向机构所在地补缴税款＝30÷（1＋9%）×9%－0.83＝1.65（万元）

如果纳税人选择简易计税方法，则

预缴税款＝30÷（1＋5%）×5%＝1.43（万元）

向机构所在地补缴税款＝0

（二）小规模纳税人出租不动产

小规模纳税人出租不动产，按照以下规定缴纳增值税：

1. 单位和个体工商户出租不动产（不含个体工商户出租住房），按照5%的征收率计算应纳税额。个体工商户出租住房，按照5%的征收率减按1.5%计算应纳税额。

不动产所在地与机构所在地不在同一县（市、区）的，纳税人应按照上述计税方法向不动产所在地主管税务机关预缴税款，向机构所在地主管税务机关申报纳税。

不动产所在地与机构所在地在同一县（市、区）的，纳税人应向机构所在地主管税务机关申报纳税。计算公式为：

应预缴税款＝含税销售额÷（1＋5%）×5%

应纳增值税＝含税销售额÷（1＋5%）×5%

2. 其他个人出租不动产（不含住房），按照5%的征收率计算应纳税额，向不动产所在地主管税务机关申报纳税。其他个人出租住房，按照5%的征收率减按1.5%计算应纳税额，向不动产所在地主管税务机关申报纳税。

应纳增值税＝含税销售额÷（1＋5%）×1.5%

纳税人出租不动产，租赁合同中约定免租期的，不属于视同销售服务。

四、跨县（市、区）提供建筑服务应纳税额的计算

（一）一般纳税人跨县（市、区）提供建筑服务应纳税额的计算

1. 一般纳税人跨县（市、区）提供建筑服务适用一般计税方法计税的，以取得的全部价款和价外费用扣除支付的分包款后的余额，按照2%的预征率计算应预缴税款。

应预缴税款＝（全部价款和价外费用－支付的分包款）÷（1＋9%）×2%

应纳增值税＝全部价款和价外费用÷（1＋9%）×9%－进项税额

2. 一般纳税人跨县（市、区）提供建筑服务，选择适用简易计税方法计税的，以取得的全部价款和价外费用扣除支付的分包款后的余额，按照3%的征收率计算应预缴税款。

应预缴税款＝（全部价款和价外费用－支付的分包款）÷（1＋3%）×3%

应纳增值税＝（全部价款和价外费用－支付的分包款）÷（1＋3%）×3%

（二）小规模纳税人跨县（市、区）提供建筑服务应纳税额的计算

小规模纳税人跨县（市、区）提供建筑服务以取得的全部价款和价外费用扣除支付的分包款后的余额，按照3%的征收率计算应预缴税款。

应预缴税款＝（全部价款和价外费用－支付的分包款）÷（1＋3%）×3%

应纳税款＝（全部价款和价外费用－支付的分包款）÷（1＋3%）×3%

第五节　出口货物、劳务及服务增值税退（免）税

一、出口货物、劳务及跨境服务的增值税政策

为了鼓励本国货物出口，提高出口货物在国际市场上的竞争力，各国一般都采取优惠的税收政策。在立足本国国情和充分借鉴国际经验的基础上，我国对出口货物采取以下三种政策。

1. 出口免税并退税（既免又退）。出口免税是指将货物出口环节与出口前的销售环节都同样视为一个征税环节，对货物在出口销售环节免予征收增值税；出口退税是指对货物在出口前实际承担的税收负担按规定的退税率计算后予以退还。

2. 出口免税不退税（只免不退）。出口免税是指货物在出口环节免予征收增值税；但货物在出口销售环节以前所负担的税款不予退还。

3. 出口不免税也不退税（不免不退）。出口不免税是指对国家限制或者禁止出口的某些货物的出口环节视同内销环节，照常征收增值税；出口不退税是指对这些货物不退还出口销售环节以前所负担的税款。

二、增值税免退税（既免又退）政策

（一）增值税免退税政策的适用范围

1. 出口企业出口货物。

2. 出口企业或其他单位视同出口货物。出口企业或其他单位视同出口货物具体包括以下7类：

（1）出口企业对外援助、对外承包、境外投资的出口货物。

（2）出口企业经海关报关进入国家批准的出口加工区、保税物流园区、保税港区、综合保税区、珠澳跨境工业区（珠海园区）、中哈霍尔果斯国际边境合作中心（中方配套区域）、保税物流中心（B型）（以下统称特殊区域）并销售给特殊区域内单位或境外单位、个人的货物。

（3）免税品经营企业销售的货物（国家规定不允许经营和限制出口的货物、卷烟和超出免税品经营企业《企业法人营业执照》规定经营范围的货物除外）。

（4）出口企业或其他单位销售给用于国际金融组织或外国政府贷款国际招标建设项目的中标机电产品。上述中标机电产品，包括外国企业中标再分包给出口企业或其他单位的机电产品。

（5）生产企业向海上石油天然气开采企业销售的自产的海洋工程结构物。

（6）出口企业或其他单位销售给国际运输企业用于国际运输工具上的货物。

（7）出口企业或其他单位销售给特殊区域内生产企业生产耗用且不向海关报关而输入特殊区域的水（包括蒸汽）、电力、燃气。

除另有规定外，视同出口货物适用出口货物的各项规定。

3. 出口企业对外提供加工修理修配劳务。对外提供加工修理修配劳务，是指对进境复出口货物或从事国际运输的运输工具进行的加工修理修配。

4. 一般纳税人提供适用增值税零税率的应税服务和无形资产。增值税一般纳税人提供适用增值税零税率的跨境应税服务，实行增值税退（免）税办法。

（二）增值税免退税办法

适用增值税退（免）税政策的出口货物、劳务和服务，实行增值税免抵退税办法或免退税办法。

1. 免抵退税办法。

（1）适用范围：

①生产企业出口自产货物和视同自产货物、对外提供加工修理修配劳务以及《财政部国家税务总局关于出口货物劳务增值税和消费税政策的通知》（财税〔2012〕39 号）附件5 列名生产企业出口非自产货物，实行免抵退税办法，出口环节免征增值税，并以相应的进项税额抵减应纳增值税额（不包括适用增值税即征即退、先征后退政策的应纳增值税额），未抵减完的部分予以退税。

②境内的单位和个人提供适用增值税零税率的服务或者无形资产，属于适用增值税一般计税方法的，生产企业实行免抵退税办法；外贸企业直接将服务或自行研发的无形资产出口，视同生产企业，连同其出口货物统一实行免抵退税办法。

（2）视同自产货物的具体范围。持续经营以来从未发生骗取出口退税、虚开增值税专用发票或农产品收购发票、接受虚开增值税专用发票（善意取得虚开增值税专用发票除外）行为且同时符合下列条件的生产企业出口的外购货物，可视同自产货物适用增值税退（免）税政策：

①已取得增值税一般纳税人资格。

②已持续经营 2 年及 2 年以上。

③纳税信用等级 A 级。

④上一年度销售额 5 亿元以上。

⑤外购出口的货物与本企业自产货物同类型或具有相关性。

持续经营以来从未发生骗取出口退税、虚开增值税专用发票或农产品收购发票、接受虚开增值税专用发票（善意取得虚开增值税专用发票除外）行为但不能同时符合上述规定条件的生产企业，出口的外购货物符合下列条件之一的，可视同自产货物申报适用增值税退（免）税政策：

①同时符合下列条件的外购货物：

第一，与本企业生产的货物名称、性能相同。

第二，使用本企业注册商标或境外单位或个人提供给本企业使用的商标。

第三，出口给进口本企业自产货物的境外单位或个人。

②与本企业所生产的货物属于配套出口，且出口给进口本企业自产货物的境外单位或个人的外购货物，符合下列条件之一的：

第一，用于维修本企业出口的自产货物的工具、零部件、配件。

第二，不经过本企业加工或组装，出口后能直接与本企业自产货物组合成成套设备的货物。

③经集团公司总部所在地的地级以上税务局认定的集团公司，其控股的生产企业之间收购的自产货物以及集团公司与其控股的生产企业之间收购的自产货物。

④同时符合下列条件的委托加工货物：

第一，与本企业生产的货物名称、性能相同，或者是用本企业生产的货物再委托深加工的货物。

第二，出口给进口本企业自产货物的境外单位或个人。

第三，委托方与受托方必须签订委托加工协议，且主要原材料必须由委托方提供，受托方不垫付资金，只收取加工费，开具加工费（含代垫的辅助材料）的增值税专用发票

⑤用于本企业中标项目下的机电产品。

⑥用于对外承包工程项目下的货物。

⑦用于境外投资的货物。

⑧用于对外援助的货物。

⑨生产自产货物的外购设备和原材料（农产品除外）。

2. 免退税办法。不具有生产能力的出口企业（及外贸企业）或其他单位出口货物劳务，实行免退税办法，免征增值税，相应的进项税额予以退还。外贸企业外购服务或者无形资产出口实行免退税办法。

（三）增值税出口退税率

除财政部和国家税务总局根据国务院决定而明确的增值税出口退税率（以下称退税率）外，出口货物的退税率为其适用税率。增值税零税率应税服务和无形资产的退税率为其适用的增值税税率。

国家税务总局将退税率通过出口货物劳务退税率文库予以发布，自 2019 年 4 月 1 日起，我国的出口退税率包括 13%、10%、9%、6% 和 0%。纳税人适用不同退税率的货物、劳务及服务，应分开报关、核算并申报退（免）税，未分开报关、核算或划分不清的，从低适用退税率。

（四）增值税免抵退税和免退税的计算

1. 增值税免抵退税的计算。实行免抵退税办法的企业出口货物、劳务及服务，依下列公式计算增值税的免、抵、退：

（1）当期应纳税额的计算：

当期应纳税额 = 当期销项税额 - （当期进项税额 - 当期不得免征和抵扣税额）

当期不得免征和抵扣税额 = 当期出口货物离岸价 × 外汇人民币折合率 × （出口货物适用税率 - 出口货物退税率） - 当期不得免征和抵扣税抵减额

当期不得免征和抵扣税额抵减额 = 当期免税购进原材料价格 × （出口货物适用税率 - 出口货物退税率）

（2）当期免抵退税额的计算：

当期免抵退税额 = 当期出口货物离岸价 × 外汇人民币折合率 × 出口货物退税率 - 当期免抵退税额抵减额

当期免抵退税额抵减额 = 当期免税购进原材料价格 × 出口货物退税率

（3）当期应退税额和免抵税额的计算：

①当期期末留抵税额≤当期免抵退税额，则

当期应退税额 = 当期期末留抵税额

当期免抵税额 = 当期免抵退税额 - 当期应退税额

②当期期末留抵税额 > 当期免抵退税额，则

当期应退税额 = 当期免抵退税额

当期免抵税额 = 0

当期期末留抵税额为当期增值税纳税申报表中“期末留抵税额”

【例 3 - 16 计算题】 某自营出口的生产企业为增值税一般纳税人，适用的增值税税率为 13%，退税率为 9%。2020 年 4 月外购原材料一批，取得的增值税专用发票上注明的价款为 1000 万元，增值税税额 130 万元，原材料已验收入库。当月出口货物的离岸价格折合人民币 500 万元，内销货物的不含税销售额为 100 万元。该企业上期期末留抵税额 5 万元。试计算该企业当期的免、抵、退税额。

【解析】

当期应纳税额 = 300 × 13% - [130 - 500 × （13% - 9%）] - 5 = -76（万元）

当期免、抵、退税额 = 500 × 13% = 65（万元）

当期期末留抵税额 > 当期免、抵、退税额，

因此，当期应退税额 = 当期免、抵、退税额

即：该企业当期应退税额 = 65（万元）

当期免、抵税额 = 0（万元）

当期结转下期抵扣税额 = 76 - 65 = 11（万元）

（4）当期免税购进原材料价格。包括当期国内购进的无进项税额且不计提进项税额的免税原材料的价格和当期进料加工保税进口料件的价格，其中当期进料加工保税进口料件的价格为组成计税价格。

当期进料加工保税进口料件的组成计税价格 = 当期进口料件到岸价格 + 海关实征关税 + 海关实征消费税

①采用“实耗法”的，当期进料加工保税进口料件的组成计税价格为当期进料加工出口货物耗用的进口料件组成计税价格。其计算公式为：

当期进料加工保税进口料件的组成计税价格 = 当期进料加工出口货物离岸价 × 外汇人民币折合率 × 计划分配率

计划分配率 = 计划进口总值 ÷ 计划出口总值 × 100%

②采用“购进法”的，当期进料加工保税进口料件的组成计税价格为当期实际购进的进料加工进口料件的组成计税价格。

若当期实际不得免征和抵扣税额抵减额大于当期出口货物离岸价 × 外汇人民币折合率 ×（出口货物适用税率 − 出口货物退税率），则：

当期不得免征和抵扣税额抵减额 = 当期出口货物离岸价 × 外汇人民币折合率 ×（出口货物适用税率 − 出口货物退税率）

【例 3 − 17 计算题】 某自营出口的生产企业为增值税一般纳税人，适用的增值税税率为13%，退税率为11%。2020 年 3 月外购原材料一批，取得的增值税专用发票上注明的价款为300 万元，增值税税额 39 万元，原材料已验收入库。当月进口保税料件一批，到岸价格折合人民币 200 万元，已按实耗法向税务机关办理了《生产企业进料加工贸易免税证明》。当月出口货物的离岸价格折合人民币 500 万元，内销货物的不含税销售额为 100 万元。该企业上期期末留抵税额 5 万元。假设该企业进料加工复出口业务符合相关规定，计划进口总值为2400 万元，计划出口总值为 6000 万元。试计算该企业当期的免、抵、退税额。

【解析】

计划分配率 = 2400 ÷ 6000 × 100% = 40%

当期应纳税额 = 100 × 13% − {39 − [（500 − 500 × 40%）×（13% − 11%）]} − 5 = −25（万元）

当期免、抵、退税额 = 500 × 13% − 500 × 40% × 13% = 39（万元）

当期期末留抵税额≤当期免、抵、退税额，

因此，当期应退税额 = 当期期末留抵税额

即：该企业当期应退税额 = 25（万元）

当期免、抵税额 = 39 − 25 = 14（万元）

---

2. 外贸企业出口货物劳务服务增值税免退税，依下列公式计算：

（1）外贸企业出口委托加工修理修配货物以外的货物：

增值税应退税额 = 增值税退（免）税计税依据 × 出口货物退税率

（2）外贸企业出口委托加工修理修配货物：

出口委托加工修理修配货物增值税应退税额

= 委托加工修理修配增值税退（免）税计税依据 × 出口货物退税率

【例 3-18 计算题】　某外贸企业（有进出口经营权）2020 年 3 月收购一批货物并出口至美国，收购货物取得的增值税专用发票上注明的购货金额 200000 元，增值税税额 26000 元，款项以银行存款支付。该货物的出口退税率为 9%，出口销售价格为 30000 美元（汇率 1:7.02）。计算该外贸企业本月的增值税应退税额。

【解析】 外贸企业出口货物实行免、退税办法，即

增值税应退税额 = 增值税退（免）税计税依据 × 出口货物退税率

该外贸企业本月的增值税应退税额 = 200000 × 9% = 18000（元）

三、出口货物、劳务及服务的增值税免税政策

对符合下列条件的出口货物、劳务及服务，除适用增值税征税政策的出口货物劳务外，实行免征增值税政策。

1. 出口企业或其他单位出口规定的货物，具体是指：

（1）增值税小规模纳税人出口的货物。

（2）避孕药品和用具，古旧图书。

（3）软件产品。其具体范围是指海关税则号前四位为“9803”的货物。

（4）含黄金、铂金成分的货物，钻石及其饰品。

（5）国家计划内出口的卷烟。

（6）已使用过的设备。其具体范围是指购进时未取得增值税专用发票、海关进口增值税专用缴款书但其他相关单证齐全的已使用过的设备。

（7）非出口企业委托出口的货物。

（8）非列名生产企业出口的非视同自产货物。

（9）农业生产者自产农产品［农产品的具体范围按照《农业产品征税范围注释》（财税字〔1995〕52 号）的规定执行］。

（10）油画、花生果仁、黑大豆等财政部和国家税务总局规定的出口免税的货物。

（11）外贸企业取得普通发票、废旧物资收购凭证、农产品收购发票、政府非税收入票据的货物。

（12）来料加工复出口的货物。

（13）特殊区域内的企业出口的特殊区域内的货物。

（14）以人民币现金作为结算方式的边境地区出口企业从所在省（自治区）的边境口岸出口到接壤国家的一般贸易和边境小额贸易出口货物。

（15）以旅游购物贸易方式报关出口的货物。

2. 出口企业或其他单位视同出口的下列货物劳务：

（1）自2011年1月1日起，国家批准设立的免税店销售的免税货物［包括进口免税货物和已实现退（免）税的货物］。

（2）特殊区域内的企业为境外的单位或个人提供加工修理修配劳务。

（3）同一特殊区域、不同特殊区域内的企业之间销售特殊区域内的货物。

3. 出口企业或其他单位未按规定申报或未补齐增值税退（免）税凭证的出口货物劳务。

（1）未在国家税务总局规定的期限内申报增值税退（免）税的出口货物劳务。

（2）未在规定期限内申报开具《代理出口货物证明》的出口货物劳务。

（3）已申报增值税退（免）税，却未在国家税务总局规定的期限内向税务机关补齐增值税退（免）税凭证的出口货物劳务。

4. 免征增值税的跨境应税行为。境内的单位和个人提供的下列服务及无形资产免征增值税，但财政部和国家税适用增值税零税率的除外。

（1）工程项目在境外的建筑服务。

（2）工程项目在境外的工程监理服务。

（3）工程、矿产资源在境外的工程勘察勘探服务。

（4）会议展览地点在境外的会议展览服务。

（5）存储地点在境外的仓储服务。

（6）标的物在境外使用的有形动产租赁服务。

（7）在境外提供的广播影视节目（作品）的播映服务。

（8）在境外提供的文化体育服务、教育医疗服务、旅游服务。

（9）为出口货物提供的邮政服务、收派服务、保险服务。

（10）向境外单位销售的完全在境外消费的电信服务。

（11）向境外单位销售的完全在境外消费的知识产权服务。

（12）向境外单位销售的完全在境外消费的物流辅助服务（仓储服务、收派服务除外）。

（13）向境外单位销售的完全在境外消费的鉴证咨询服务。

（14）向境外单位销售的完全在境外消费的专业技术服务。

（15）向境外单位销售的完全在境外消费的商务辅助服务。

（16）向境外单位销售的广告投放地在境外的广告服务。

（17）向境外单位销售的完全在境外消费的无形资产（技术除外）。

（18）为境外单位之间的货币资金融通及其他金融业务提供的直接收费金融服务，且该服务与境内的货物、无形资产和不动产无关。

（19）属于以下情形的国际运输服务：

①以无运输工具承运方式提供的国际运输服务。

②以水路运输方式提供国际运输服务但未取得《国际船舶运输经营许可证》的。

③以公路运输方式提供国际运输服务但未取得《道路运输经营许可证》或者《国际

汽车运输行车许可证》，或者《道路运输经营许可证》的经营范围未包括“国际运输”的。

④以航空运输方式提供国际运输服务但未取得《公共航空运输企业经营许可证》，或者其经营范围未包括“国际航空客货邮运输业务”的。

⑤以航空运输方式提供国际运输服务但未持有《通用航空经营许可证》，或者其经营范围未包括“公务飞行”的。

（20）符合零税率政策但适用简易计税方法或声明放弃适用零税率选择免税的下列应税行为：

①国际运输服务。

②航天运输服务。

③向境外单位提供的完全在境外消费的下列服务：

第一，研发服务；

第二，合同能源管理服务；

第三，设计服务；

第四，广播影视节目（作品）的制作和发行服务；

第五，软件服务；

第六，电路设计及测试服务；

第七，信息系统服务；

第八，业务流程管理服务；

第九，离岸服务外包业务。

④向境外单位转让完全在境外消费的技术。

纳税人向国内海关特殊监管区域内的单位或者个人销售服务、无形资产，不属于跨境应税行为，应照章征收增值税。

纳税人发生跨境应税行为免征增值税的，应单独核算跨境应税行为的销售额，准确计算不得抵扣的进项税额，其免税收入不得开具增值税专用发票。

对于适用增值税免税政策的出口货物、劳务及服务，出口企业或其他单位可以依照现行增值税有关规定放弃免税，并依照适用增值税征税政策的出口货物劳务规定缴纳增值税。

第六节　税收优惠

一、货物和劳务的减免优惠

（一）法定免税项目

1. 农业生产者销售的自产农产品。

2. 避孕药品和用具。

3. 古旧图书。古旧图书是指向社会收购的古书和旧书。

4. 直接用于科学研究、科学试验和教学的进口仪器、设备。

5. 外国政府、国际组织无偿援助的进口物资和设备。

6. 由残疾人的组织直接进口供残疾人专用的物品。

7. 销售自己使用过的物品。自己使用过的物品是指其他个人使用过的物品。

(二)财政部、国家税务总局规定的其他优惠政策

1. 粮食和食用植物油增值税优惠政策。对承担粮食收储任务的国有粮食购销企业销售的粮食免征增值税。

对其他粮食企业经营粮食,除军队用粮、救灾救济粮、水库移民口粮免征增值税外,一律征收增值税。

2. 饲料产品的增值税减免政策。免征增值税饲料产品的范围包括:(1)单一大宗饲料;(2)混合饲料;(3)配合饲料;(4)复合预混料;(5)浓缩饲料。

宠物饲料不属于免征增值税的饲料。

3. 制种企业的增值税优惠政策。制种企业在下列生产经营模式下生产销售种子,属于农业生产者销售自产农业产品,应根据《增值税暂行条例》的有关规定免征增值税:

(1)制种企业利用自有土地或承租土地,雇用农户或雇工进行种子繁育,再经烘干、脱粒、风筛等深加工后销售种子。

(2)制种企业提供亲本种子委托农户繁育并从农户手中收回,再经烘干、脱粒、风筛等深加工后销售种子。

4. 纳税人采取"公司+农户"经营模式从事畜禽饲养,纳税人回收再销售畜禽,属于农业生产者销售自产农产品,免征增值税。

5. 资源综合利用产品和劳务增值税优惠政策。纳税人销售自产的资源综合利用产品和提供资源综合利用劳务(符合《资源综合利用产品和劳务增值税优惠目录》(财税〔2015〕78号相关规定),可享受增值税即征即退政策。

纳税人应当单独核算适用增值税即征即退政策的综合利用产品和劳务的销售额和应纳税额。未单独核算的,不得享受增值税即征即退政策。

6. 医疗卫生行业的增值税优惠政策。

(1)对非营利性医疗机构自产自用的制剂,免征增值税。

非营利性医疗机构的药房分离为独立的药品零售企业,应按规定征收各项税收。

(2)对营利性医疗机构取得的收入,按规定征收各项税收。但对营利性医疗机构取得的收入,直接用于改善医疗卫生条件的,自其取得执业登记之日起,3年内对其自产自用的制剂免征增值税。

对营利性医疗机构的药房分离为独立的药品零售企业,应按规定征收各项税收。

(3)疾病控制机构和妇幼保健机构等卫生机构按照国家规定的价格取得的卫生服务收入(含疫苗接种和调拨、销售收入),免征各项税收。

7. 软件产品的增值税即征即退优惠政策。增值税一般纳税人销售其自行开发生产的

软件产品，按13%税率征收增值税后，对其增值税实际税负超过3%的部分实行即征即退政策。

对动漫企业增值税一般纳税人销售其自主开发生产的动漫软件，享受上述增值税即征即退政策。

9. 供热企业的增值税优惠政策。对供热企业向居民个人（以下称居民）供热而取得的采暖费收入继续免征增值税。

免征增值税的采暖费收入，应当分别核算。通过热力产品经营企业向居民供热的热力产品生产企业，应当根据热力产品经营企业实际从居民取得的采暖费收入占该经营企业采暖费总收入的比例确定免税收入比例。

10. 蔬菜流通环节增值税免税政策。对从事蔬菜批发、零售的纳税人销售的蔬菜免征增值税。

经挑选、清洗、切分、晾晒、包装、脱水、冷藏、冷冻等工序加工的蔬菜，属于《财政部国家税务总局关于免征蔬菜流通环节增值税有关问题的通知》（财税〔2011〕137号）所述蔬菜的范围。

各种蔬菜罐头不属于财税〔2011〕137号文件所述蔬菜的范围。

纳税人既销售蔬菜又销售其他增值税应税货物的，应分别核算蔬菜和其他增值税应税货物的销售额；未分别核算的，不得享受蔬菜增值税免税政策。

11. 二手车经销等增值税征管问题。自2020年5月1日至2023年12月31日，从事二手车经销业务的纳税人销售其收购的二手车，按以下规定执行：

（1）纳税人减按0.5%征收率征收增值税，并按下列公式计算销售额：

销售额=含税销售额÷（1+0.5%）

（2）纳税人应当开具二手车销售统一发票。购买方索取增值税专用发票的，应当再开具征收率为0.5%的增值税专用发票。

除上述规定外，增值税的免税、减税项目由国务院规定，任何地区、部门均不得规定免税、减税项目。

纳税人兼营免税、减税项目的，应当分别核算免税、减税项目的销售额；未分别核算销售额的，不得免税、减税。

二、营业税改征增值税试点过渡政策的规定（财税〔2016〕36号）

（一）免征增值税的项目

1. 托儿所、幼儿园提供的保育和教育服务。

2. 养老机构提供的养老服务。

3. 残疾人福利机构提供的育养服务。

4. 婚姻介绍服务。

5. 殡葬服务。

6. 残疾人员本人为社会提供的服务。

残疾人个人提供的加工、修理修配劳务，免征增值税。

7. 医疗机构提供的医疗服务。

8. 从事学历教育的学校提供的教育服务收入免征增值税。

9. 学生勤工俭学提供的服务。

10. 农业技术、农牧保险的优惠。农业机耕、排灌、病虫害防治、植物保护、农牧保险以及相关技术培训业务，家禽、牲畜、水生动物的配种和疾病防治。

11. 纪念馆等场所门票的优惠。纪念馆、博物馆、文化馆、文物保护单位管理机构、美术馆、展览馆、书画院、图书馆在自己的场所提供文化体育服务取得的第一道门票收入。

12. 寺院、宫观、清真寺和教堂举办文化、宗教活动的门票收入。

13. 行政单位之外其他单位政府性基金和收费的优惠。行政单位之外的其他单位收取的符合《营业税改征增值税试点实施办法》（财税〔2016〕36 号）规定条件的政府性基金和行政事业性收费。

14. 个人转让著作权。

15. 个人销售自建自用住房。

16. 海峡两岸海上直航、空中直航的优惠。台湾航运公司、航空公司从事海峡两岸海上直航、空中直航业务在大陆取得的运输收入。

17. 纳税人提供的直接或者间接国际货物运输代理服务。

18. 下列利息收入：

（1）自 2016 年 1 月 1 日起，中国邮政集团公司及其所属邮政企业为金融机构代办金融保险业务取得的代理收入，在“营改增”试点期间免征增值税。

（2）国家助学贷款。

（3）国债、地方政府债。

（4）中国人民银行对金融机构的贷款。

（5）住房公积金管理中心用住房公积金在指定的委托银行发放的个人住房贷款。

（6）外汇管理部门在从事国家外汇储备经营过程中，委托金融机构发放的外汇贷款。

（7）统借统还业务中，企业集团或企业集团中的核心企业以及集团所属财务公司按不高于支付给金融机构的借款利率水平或者支付的债券票面利率水平，向企业集团或者集团内下属单位收取的利息。

自 2018 年 11 月 7 日起至 2021 年 11 月 6 日止，对境外机构投资境内债券市场取得的债券利息收入暂免征收增值税。

19. 被撤销金融机构以货物、不动产、无形资产、有价证券、票据等财产清偿债务。

20. 保险公司开办的一年期以上人身保险产品取得的保费收入。

21. 下列金融商品转让收入：

（1）合格境外投资者（QFII）委托境内公司在我国从事证券买卖业务。

（2）香港市场投资者（包括单位和个人）通过沪港通买卖上海证券交易所上市 A 股。

（3）对香港市场投资者（包括单位和个人）通过基金互认买卖内地基金份额。

（4）证券投资基金（封闭式证券投资基金，开放式证券投资基金）管理人运用基金买卖股票、债券取得的金融商品转让所得。

（5）个人从事金融商品转让业务。

（6）全国社会保障基金理事会、全国社会保障基金投资管理人运用全国社会保障基金买卖证券、投资基金、股票、债券取得的金融商品转让收入。

22. 金融同业往来利息收入。包括：

（1）金融机构与中国人民银行所发生的资金往来业务。

（2）银行联行往来业务。

（3）金融机构间的资金往来业务。

（4）金融机构之间开展的转贴现业务。

除上述情况外，还包括金融机构同业存款、同业借款、同业代付、买断式买入返售金融商品、持有金融债券、同业存单、质押式买入返售金融商品、持有政策性金融债券等业务取得的利息收入，金融同业往来利息收入。

23. 金融机构小额贷款的优惠。自2018年9月1日至2020年12月31日，对金融机构向小型企业、微型企业和个体工商户发放小额贷款取得的利息收入，免征增值税。

24. 国家商品储备管理单位及其直属企业承担商品储备任务，从中央或者也方财政取得的利息补贴收入和价差补贴收入。

25. 纳税人提供技术转让、技术开发和与之相关的技术咨询、技术服务。

26. 同时符合下列条件的合同能源管理服务：

（1）节能服务公司实施合同能源管理项目相关技术，应当符合国家质量监督检验检疫总局和国家标准化管理委员会发布的《合同能源管理技术通则》（HGB ÷ T24915 – 2010）规定的技术要求。

（2）节能服务公司与用能企业签订节能效益分享型合同，其合同格式和内容，符合《中华人民共和国合同法》和《合同能源管理技术通则》（HGB ÷ T24915 – 2010）等规定。

27. 从事学历教育学校的相关优惠。政府举办的从事学历教育的高等、中等和初等学校（不含下属单位），举办进修班、培训班取得的全部归该学校所有的收入。

28. 职业学校相关收入的优惠。政府举办的职业学校设立的主要为在校学生提供实习场所、并由学校出资自办、由学校负责经营管理、经营收入归学校所有的企业，从事现代服务（不含融资租赁服务、广告服务和其他现代服务）、生活服务（不含文化体育服务、其他生活服务和桑拿、氧吧）业务活动取得的收入。

29. 家政服务企业由员工制家政服务员提供家政服务取得的收入。

30. 福利彩票、体育彩票的发行收入。

31. 军队空余房产租赁收入。

32. 为了配合国家住房制度改革，企业、行政事业单位按房改成本价、标准价出售住房取得的收入。

33. 将土地使用权转让给农业生产者用于农业生产。

34. 涉及家庭财产分割的个人无偿转让不动产、土地使用权。

35. 土地所有者出让土地使用权和土地使用者将土地使用权归还给土地所有者。

36. 随军家属就业增值税政策。

（1）为安置随军家属就业而新开办的企业，自领取税务登记证之日起，其提供的应税服务3年内免征增值税。

享受税收优惠政策的企业，随军家属必须占企业总人数的60%（含）以上，并有军（含）以上政治和后勤机关出具的证明。

（2）从事个体经营的随军家属，自办理税务登记事项之日起，其提供的应税服务3年内免征增值税。

37. 军队转业干部就业。

（1）从事个体经营的军队转业干部，自领取税务登记证之日起，其提供的应税服务3年内免征增值税。

（2）为安置自主择业的军队转业干部就业而新开办的企业，凡安置自主择业干部占企业总人数60%（含）以上的，自领取税务登记证之日起，其提供的应税服务3年内免征增值税。

享受上述优惠政策的自主择业的军队转业干部必须持有师以上部队颁发的转业证件。

38. 社会团体在国家法律法规、政策许可的范围内，依照社团章程的规定，收取的个人会员、单位会员和团体会员的会费免征增值税。

社会团体开展经营服务性活动取得的其他收入，一律照章缴纳增值税。

39. 电影行业相关收入的优惠。2019年1月1日至2023年12月31日，对电影主管部门（包括中央、省、地市及县级）按照各自职能权限批准从事电影制片、发行、放映的电影集团公司（含成员企业）、电影制片厂及其他电影企业取得的销售电影拷贝（含数字拷贝）收入、转让电影版权（包括转让和许可使用）收入、电影发行收入以及在农村取得的电影放映收入，免征增值税。

2019年1月1日至2023年12月31日，对广播电视运营服务企业收取的有线数字电视基本收视维护费和农村有线电视基本收视费，免征增值税。

（二）增值税即征即退

1. 从事融资租赁业务的相关优惠。经中国人民银行、中国银监会或者商务部批准从事融资租赁业务的试点纳税人中的一般纳税人，提供有形动产融资租赁服务和有形动产融资性售后回租服务，对其增值税实际税负超过3%的部分实行增值税即征即退政策。

2. 对安置残疾人的单位和个体工商户（以下称纳税人），由税务机关按纳税人安置残疾人的人数，限额即征即退增值税。

安置的每位残疾人每月可退还的增值税具体限额，由县级以上税务机关根据纳税人所在区县（含县级市、旗，下同）适用的经省（含自治区、直辖市、计划单列市，下同）人民政府批准的月最低工资标准的4倍确定。

本期应退增值税额＝本期所含月份每月应退增值税额之和

月应退增值税额＝纳税人本月安置残疾人员人数×本月月最低工资标的4倍

最低工资标准，是指纳税人所在区县（含县级市、旗）适用的经省（含自治区、直辖市、计划单列市）人民政府批准的月最低工资标准。

上述增值税优惠政策仅适用于生产销售货物，提供加工、修理修配劳务，以及提供“营改增”现代服务和生活服务税目（不含文化体育服务和娱乐服务）范围的服务取得的

收入之和，占其增值税收入的比例达到50%的纳税人，但不适用于上述纳税人直接销售外购货物（包括商品批发和零售）以及销售委托加工的货物取得的收入。

纳税人应当分别核算上述享受税收优惠政策和不得享受税收优惠政策业务的销售额，不能分别核算的，不得享受规定的优惠政策。

（三）扣减增值税规定

1. 退役士兵创业就业。

（1）自主就业退役士兵从事个体经营的，自办理个体工商户登记当月起，在3年（36个月，下同）内按每户每年12000元为限额依次扣减其当年实际应缴纳的增值税、城市维护建设税、教育费附加、地方教育附加和个人所得税。限额标准最高可上浮20%，各省、自治区、直辖市人民政府可根据本地区实际情况在此幅度内确定具体限额标准。

（2）企业招用自主就业退役士兵，与其签订1年以上期限劳动合同并依法缴纳社会保险费的，自签订劳动合同并缴纳社会保险当月起，在3年内按实际招用人数予以定额依次扣减增值税、城市维护建设税、教育费附加、地方教育附加和企业所得税优惠。定额标准为每人每年6000元，最高可上浮50%，各省、自治区、直辖市人民政府可根据本地区实际情况在此幅度内确定具体定额标准。

上述税收优惠政策执行期限为2019年1月1日至2021年12月31日。纳税人在2021年12月31日享受上述规定税收优惠政策未满3年的，可继续享受至3年期满中止。

2. 重点群体创业就业。

（1）建档立卡贫困人口、持《就业创业证》（注明“自主创业税收政策”或“毕业年度内自主创业税收政策”）或《就业失业登记证》（注明“自主创业税收政策”）的人员，从事个体经营的，自办理个体工商户登记当月起，在3年（36个月，下同）内按每户每年12000元为限额（依次扣减其当年实际应缴纳的增值税、城市维护建设税、教育费附加、地方教育附加和个人所得税。限额标准最高可上浮20%，各省、自治区、直辖市人民政府可根据本地区实际情况在此幅度内确定具体限额标准。

（2）企业招用建档立卡贫困人口，以及在人力资源社会保障部门公共就业服务机构登记失业半年以上且持《就业创业证》或《就业失业登记证》（注明“企业吸纳税收政策”）的人员，与其签订1年以上期限劳动合同并依法缴纳社会保险费的，自签订劳动合同并缴纳社会保险当月起，在3年内按实际招用人数予以定额依次扣减增值税、城市维护建设税、教育费附加、地方教育附加和企业所得税优惠。定额标准为每人每年6000元，最高可上浮30%，各省、自治区、直辖市人民政府可根据本地区实际情况在此幅度内确定具体定额标准。城市维护建设税、教育费附加、地方教育附加的计税依据是享受本项税收优惠政策前的增值税应纳税额。

（四）科技企业孵化器、大学科技园、众创空间有关税收政策

2019年1月1日至2021年12月31日，对国家级、省级科技企业孵化器、大学科技园和国家备案众创空间自用以及无偿或通过出租等方式提供给在孵对象使用的房产、土地，免征房产税和城镇土地使用税；对其向在孵对象提供孵化服务取得的收入，免征增值税。

孵化服务是指为在孵对象提供的经纪代理、经营租赁、研发和技术、信息技术、鉴证咨询服务。

三、起征点

对个人销售额未达到规定起征点的，免征增值税。增值税起征点的适用范围限于个人，不包括认定为一般纳税人的个体工商户。

增值税起征点的幅度规定如下：

（1）按期纳税的，为月销售额5000－20000元（含本数）。

（2）按次纳税的，为每次（日）销售额300－500元（含本数）。

起征点的调整由财政部和国家税务总局规定。省、自治区、直辖市财政厅（局）和税务局应当在规定的幅度内，根据实际情况确定本地区适用的起征点，并报财政部和国家税务总局备案。

四、小规模纳税人免征增值税政策

根据《财政部 税务总局关于实施小微企业普惠性税收减免政策的通知》（财税〔2019〕13号）规定，2019年1月1日至2021年12月31日，对月销售额10万元以下（含本数）的增值税小规模纳税人，免征增值税。

1. 小规模纳税人发生增值税应税销售行为，合计月销售额未超过10万元（以1个季度为1个纳税期的，季度销售额未超过30万元，下同）的，免征增值税。

小规模纳税人发生增值税应税销售行为，合计月销售额超过10万元，但扣除本期发生的销售不动产的销售额后未超过10万元的，其销售货物、劳务、服务、无形资产取得的销售额免征增值税。

2. 其他个人（除个体工商户以外的自然人），采取一次性收取租金形式出租不动产取得的租金收入，可在对应的租赁期内平均分摊，分摊后的月租金收入未超过10万元的，免征增值税。

3. 按照现行规定应当预缴增值税税款的小规模纳税人，凡在预缴地实现的月销售额未超过10万元的，当期无需预缴税款。

4. 小规模纳税人月销售额未超过10万元的，当期因开具增值税专用发票已经缴纳的税款，在增值税专用发票全部联次追回或者按规定开具红字专用发票后，可以向主管税务机关申请退还。

5. 小规模纳税人月销售额超过10万元的，使用增值税发票管理系统开具增值税普通发票、机动车销售统一发票、增值税电子普通发票。

已经使用增值税发票管理系统的小规模纳税人，月销售额未超过10万元的，可以继续使用现有税控设备开具发票；已经自行开具增值税专用发票的，可以继续自行开具增值税专用发票，并就开具增值税专用发票的销售额计算缴纳增值税。上述规定自2019年1月1日起施行。

【例 3－19 计算题】 甲生产企业为增值税小规模纳税人，2020 年 3 月销售货物取得不含税销售额 5 万元，提供服务取得不含税销售额 2 万元，销售长期闲置的自建仓库取得含税销售额 60 万元。计算该企业 2020 年 3 月应纳增值税。

【解析】

A 企业销售额＝5＋2＋60＝67（万元）

剔除销售不动产后的销售额＝7 万元）

该纳税人销售货物和服务相对应的销售额 7 万元可以享受小规模纳税人免税政策，销售不动产 60 万元应照章纳税。

应纳增值税＝60÷（1＋5%）×5%＝2.86（万元）

第七节 税款报缴

一、增值税纳税义务发生时间

增值税纳税义务发生时间，是指增值税纳税义务人、扣缴义务人发生应税、扣缴税款行为应承担纳税义务、扣缴义务的时间。《增值税暂行条例》明确规定了增值税销售货物或者应税劳务的纳税义务发生时间为收讫销售款或者取得索取销售款凭据的当天；先开具发票的，为开具发票的当天。

（一）销售货物或者提供应税劳务的纳税义务发生时间

按销售结算方式的不同，具体为：

1. 采取直接收款方式销售货物，不论货物是否发出，均为收到销售款或取得索取销售款项凭据的当天。先开具发票的，为开具发票的当天。

2. 采取托收承付和委托银行收款方式销售货物，为发出货物并办妥托收手续的当天。

3. 采取赊销和分期收款方式销售货物，为书面合同约定收款日期的当天。无书面合同或者书面合同没有约定收款日期的，为货物发出的当天。

4. 采取预收货款方式销售货物，为货物发出的当天。但生产销售、生产工期超过 12 个月的大型机械设备、船舶、飞机等货物，为收到预收款或者书面合同约定的收款日期的当天。

5. 委托其他纳税人代销货物，为收到代销单位销售的代销清单或者收到全部或者部分货款的当天；未收到代销清单及货款的，其纳税义务发生时间为发出代销货物满 180 日的当天。

6. 销售应税劳务，为提供劳务同时收讫销售款或取得索取销售款的凭据的当天。

7. 纳税人发生视同销售货物行为，为货物移送的当天。

（二）销售服务、无形资产、不动产的纳税义务发生时间

1. 纳税人发生应税行为并收讫销售款项或者取得索取销售款项凭据的当天；先开具发票的，为开具发票的当天。

2. 纳税人提供租赁服务采取预收款方式的，其纳税义务发生时间为收到预收款的当天。

3. 纳税人从事金融商品转让的，为金融商品所有权转移的当天。

4. 纳税人发生视同销售服务、无形资产或者不动产情形的，其纳税义务发生时间为服务、无形资产转让完成的当天或者不动产权属变更的当天。

5. 增值税扣缴义务发生时间为纳税人增值税纳税义务发生的当天。

（三）进口货物的纳税义务发生时间

纳税人进口货物，其纳税义务发生时间为报关进口的当天。

二、纳税期限

1. 增值税的纳税期限规定为1日、3日、5日、10日、15日、1个月或者1个季度，以1个季度为纳税期限的规定适用于小规模纳税人、银行、财务公司、信托投资公司、信用社，以及财政部和国家税务总局规定的其他纳税人。

纳税人的具体纳税期限，由主管税务机关根据纳税人应纳税额的大小分别核定；不能按照固定期限纳税的，可以按次纳税。

2. 纳税人以1个月或者1个季度为纳税期的，自期满之日起15日内申报纳税；以1日、3日、5日、10日或15日为一期纳税的，自期满之日起5日内预缴税款，于次月1日起15日内申报纳税并结清上月应纳税款。

扣缴义务人解缴税款的期限，按照上述规定执行。

3. 纳税人进口货物，应当自海关填发海关进口增值税专用缴款书之日起15日内缴纳税款。

三、纳税地点

1. 固定业户的纳税地点。

（1）固定业户应当向其机构所在地主管税务机关申报纳税。总机构和分支机构不在同一县（市）的，应当分别向各自所在地主管税务机关申报纳税；经国务院财政、税务主管部门或者其授权的财政、税务机关批准，可以由总机构汇总向总机构所在地主管税务机关申报纳税。

（2）固定业户到外县（市）销售货物或者应税劳务的，应当向其机构所在地主管税务机关报告外出经营事项，并向其机构所在地主管税务机关申报纳税。未报告的，应当向

销售地或者劳务发生地主管税务机关申报纳税；未向销售地或者劳务发生地主管税务机关申报纳税的，由其机构所在地主管税务机关补征税款。

(3) 固定业户（指增值税一般纳税人）临时到外省、市销售货物的，必须向经营地税务机关出示《外出经营活动税收管理证明》回原地纳税，需要向购货方开具专用发票的，也回原地补开。

2. 非固定业户增值税纳税地点。非固定业户销售货物或者提供应税劳务和行为，应当向销售地或者劳务和应税行为发生地主管税务机关申报纳税。未向销售地或者劳务和应税行为发生地主管税务机关申报纳税的，由其机构所在地或居住地主管税务机关补征税款。

3. 纳税人跨县（市）提供建筑服务，在建筑服务发生地预缴税款后，向机构所在地主税务机关进行纳税申报。

4. 纳税人销售不动产，在不动产所在地预缴税款后，向机构所在地主管税务机关进行纳税申报。

5. 纳税人租赁不动产，在不动产所在地预缴税款后，向机构所在地主管税务机关进行纳税申报。

6. 其他个人提供建筑服务，销售或者租赁不动产，转让自然资源使用权，应向建筑服务发生地、不动产所在地、自然资源所在地主管税务机关申报纳税。

7. 纳税人进口货物，应当由进口人或其代理人向报关地海关申报纳税。

8. 扣缴义务人应当向其机构所在地或者居住地的主管税务机关申报缴纳其扣缴的税款。

四、纳税申报

一般纳税人和小规模纳税人都应当依照规定的期限，向税务机关报送增值税纳税申报表、纳税申报表附列资料以及税务机关规定应当报送的其他有关资料。

1. 增值税一般纳税人纳税申报表及其附列资料主要有：

(1)《增值税纳税申报表（一般纳税人适用)》

(2)《增值税纳税申报表附列资料（一)》(本期销售情况明细)

(3)《增值税纳税申报表附列资料（二)》(本期进项税额明细)

(4)《增值税纳税申报表附列资料（三)》(服务、不动产和无形资产扣除项目明细)

(5)《增值税纳税申报表附列资料（四)》(税额抵减情况表)

(6)《固定资产（不含不动产）进项税额抵扣情况表》

(7)《本期抵扣进项税额结构明细表》

(8)《增值税减免税申报明细表》

(9)《增值税预缴税款表》

2. 小规模纳税人纳税申报表及其附列资料主要有：

(1)《增值税纳税申报表（小规模纳税人适用)》

(2)《增值税纳税申报表（小规模纳税人适用）附列资料》

（3）《增值税减免税申报明细表》
（4）《增值税预缴税款表》

复习思考题

1. 增值税有哪些类型？是如何划分的？
2. 增值税具有哪些特点？
3. 增值税一般纳税人和小规模纳税人是如何划分的？
4. 增值税的视同销售行为有哪些？
5. 不能抵扣的进项税额有哪些？为什么不能抵扣？
6. 增值税纳税义务发生时间是如何规定的？在实际操作中应注意哪些问题？
7. 什么是善意取得增值税虚开发票？善意取得虚开的专用发票应如何处理？

第四章 消费税

问题导入

某酒厂主营业务是生产某种功能性药酒。在企业发展过程中，遇到生产能力不足的问题，酒厂准备购入基酒，然后再进一步提香加料生产成功能性药酒。你认为这样合适吗?

第一节　消费税概述

一、消费税的概念

顾名思义，消费税是对消费品和消费行为征收的一种税。全世界有120多个国家开征了消费税。有一些国家的消费税，是对所有消费品和消费行为征税，这类似我国的增值税。而我国流转税体制的特点是对所有消费品和消费行为征增值税，然后出于财政及调节的目的，选取一些特殊消费品，再征一次消费税。因此，我国的消费税是对特殊消费品征收的一种税。

我国现行消费税法的基本规范，包括《中华人民共和国消费税暂行条例》(1993年12月13日中华人民共和国国务院令第135号发布实施，2008年11月5日国务院第34次常务会议修订通过，自2009年1月1日起施行，以下简称《消费税暂行条例》)和《中华人民共和国消费税暂行条例实施细则》(1993年12月25日财政部发布实施，2008年12月15日修订通过，以下简称《消费税暂行条例实施细则》)。2019年12月3日，财政部、国家税务总局发布了《中华人民共和国消费税法（征求意见稿）》，向社会公开征求意见，这意味着消费税法律制度改革已经开始。

二、我国消费税的特征

1. 消费税征税范围上的“与时俱进”。我国的消费税选取了包括奢侈品，不可再生资源及有害环境的物品等货物作为应税消费品，这就决定了消费税的征税范围不可能一成不变。比如说护肤品曾作为奢侈品被纳入消费税的征税范围，这是与当时人们的生活水平和消费水平相适应的。后来，随着经济的发展，护肤品已经成为日用品，因此在消费税修订时就将其删除。同时，在消费税的征税范围中又加入了新的奢侈品，比如说高尔夫球等。未来，必将还会出现其他的具有应税意义的特殊消费品，那么我们的消费税的征税范围也将做相应调整。甚至在条件成熟时，将对特殊消费行为征收消费税。

2. 消费税作用上的“劫富济贫”。征收消费税形成的财政收入用于公开品支出，社会大众普遍受益。消费税对日用品不征税，对奢侈品等才征税。因此，从消费税的征税范围看，其负税人为相对富有阶层。从福利经济学角度来说，消费税承担了部分劫富济贫的功能。这与增值税普遍征收并以同一税率征收产生的累退性相区别。

3. 消费税征税模式决定了征税环节的单一性。消费税是就应税消费品的次销售额征税，因此为了避免重复征税，只能单环节征税。结合我国当前的征管水平及纳税人的纳税意识，为了提高征税效率，一般而言是在生产流通环节的源头，即生产环节征税。将来，在条件允许的情况下通过改革试点，可以将部分应税消费品的征税环节后移到零售环节。

三、消费税的功能

1. 财政功能。税收形成财政收入，消费税也不例外。1994 年税制改革的重点内容之一就是将产品税改为增值税。而产品税的计税依据为销售额全额，改征之后的增值税的计税依据为增值额。计税依据的变化可能导致国家财政收入大幅减少。为了尽可能的维持财政收入规模的稳定，于是开征消费税。2015 年，消费税的收入规模开始突破 1 万亿，是我国的第四大税种。

2. 调节功能。首先，消费税能间接调整居民收入差距。应税消费品为非生活必需品，消费者有完全的主动选择权。消费应税消费品的消费者的承担更高的税负，而不消费的消费者则无此税负。因此，消费税具备了缩小居民收入差距水平的功能。

其次，消费税能调节消费结构。一般而言，应税消费都是价格弹性比较大的货物。征收消费税，将推高应税消费品的最终销售价格，从而抑制这些消费品的消费。因此，消费税的征收将有效地引导消费者合理消费，调节消费结构。比如说我国消费税对大排量小汽车最高征收 40% 的消费税，这加重了购买者的负担，从而使得一部分对价格敏感的消费者放弃购买这类小汽车。

第二节 消费税的纳税人、征税对象和税率

一、消费税的纳税人

在中华人民共和国境内生产、委托加工和进口应税消费品的单位和个人，以及国务院确定的销售《消费税暂行条例》规定的应税消费品的其他单位和个人，为消费税的纳税人。

所谓的“在中华人民共和国境内”，是指生产、委托加工和进口属于应当缴纳消费税的消费品（简称应税消费品）的起运地或所在地在境内。

进口应税消费品的单位和个人是指进口报关单位或个人，邮寄物品的收件人。

【例4-1多选题】 下列单位中属于消费税纳税人的有（　　）。

A. 小汽车生产企业

B. 委托加工烟丝的卷烟厂

C. 进口高档化妆品的外贸公司

D. 受托加工白酒的加工厂

【答案】 ABC

【解析】 选项D，委托加工中委托加工方是消费税纳税人。

二、消费税征税对象

(一) 消费税税目

现行的消费税税目共有15个，具体征收范围如下：

1. 烟。凡是以烟叶为原料加工生产的产品，不论使用何种辅料，均属于本税目的征收范围。本税目下设甲类卷烟，乙类卷烟，雪茄烟，烟丝四个子目。卷烟又分为甲类卷烟和乙类卷烟。其中每标准条（200支，下同）调拨价格在70元（不含增值税）以上（含70元）的卷烟为甲类卷烟，每标准条调拨价格在70元（不含增值税）以下的卷烟为乙类卷烟。

2. 酒。酒是指酒精度在1度以上的各种酒类饮料，包括白酒、啤酒、黄酒和其他酒。

白酒是指以各种粮食、薯类、甜菜为原料生产的白酒。

啤酒按出厂价划分为甲类啤酒和乙类啤酒：每吨出厂价（含包装物及包装物押金）在

3000元以上的为甲类啤酒，不到3000元的为乙类啤酒。对饮食业、商业、娱乐业举办的啤酒屋利用啤酒生产设备生产的啤酒，应当征收消费税。果啤属于啤酒，按啤酒征收消费税。

其他酒是指除粮食白酒，薯类白酒，黄酒，啤酒以外酒精度在1度以上的各种酒类饮料。

配制酒的税目归属有些复杂。以下两种配制酒，属于“其他酒”税目：（1）以蒸馏酒或食用酒精为酒基，具有国家相关部门批准的国食健字或卫食健字文号且酒精度低于38度（含）的配制酒。（2）以发酵酒为酒基，酒精度低于20度（含）的配制酒。此两种以外的配制酒属于白酒税目。

调味料酒虽然是以白酒、黄酒或食用酒精为主要原料，但归属于调味品，不属于配置酒和泡制酒，因此调味料酒不征收消费税。

【例4－2 多选题】 下列属于消费税征税范围的是：

A. 烟叶　　B. 料酒　　C. 葡萄酒　　D. 烟丝

【答案】 CD

---

3. 高档化妆品。本税目征收范围高档美容、修饰类化妆品、高档护肤类化妆品和成套化妆品。

高档美容、修饰类化妆品和高档护肤类化妆品是指生产（进口）环节销售（完税）价格（不含增值税）在10元/毫升（克）或15元/片（张）及以上的美容、修饰类化妆品和护肤类化妆品。

舞台、戏剧、影视演员化妆用的上妆油、卸妆油、油彩、不属于本税目的征收范围。

4. 贵重首饰及珠宝玉石。包括以金，银，白金，宝石，珍珠，钻石，翡翠，珊瑚，玛瑙等高贵稀有物质以及其他金属，人造宝石等制作的各种纯金银首饰及镶嵌首饰（含人造金银，合成金银首饰等）以及经采掘、打磨、加工的钻石、珍珠、玉、松石、青金等等26种珠宝玉石。

5. 鞭炮、焰火。本税目征收范围包括各种鞭炮、焰火。体育上用的发令纸，鞭炮药引线，不按本税目征收。

6. 成品油。成品油本税目包括汽油、柴油、石脑油、溶剂油、航空煤油、润滑油、燃料油7个子目。航空煤油暂缓征收消费税。

7. 摩托车。摩托车包括轻便摩托车和摩托车两种。

8. 小汽车。小汽车是指由动力驱动，具有四个或四个以上车轮的非轨道承载的车辆。

本税目征收范围包括含驾驶员座位在内最多不超过9个座位（含）的，在设计和技术特性上用于载运乘客和货物的各类乘用车和含驾驶员座位在内的座位数在10—23座（含23座）且车身长度小于7米的在设计和技术特性上用于载运乘客和货物的各类中轻型商用客车。

用排气量小于1.5升（含）的乘用车底盘（车架）改装、改制的车辆属于乘用车征

收范围。用排气量大于 1.5 升的乘用车底盘（车架）或用中轻型商用客车底盘（车架）改装、改制的车辆属于中轻型商用客车征收范围。

含驾驶员人数（额定载客）为区间值的小汽车，按其区间值下限人数确定征收范围，如 8—10 人区间值的小汽车，视之为 8 座小汽车，符合上述 9 座以下的规定，属于本税目的征税范围。

电动汽车、沙滩车、雪地车、卡丁车、高尔夫车不属于消费税征收范围，不征收消费税。

9. 高尔夫球及球具。高尔夫球及球具是指从事高尔夫球运动所需的各种专用装备，包括高尔夫球、高尔夫球杆及高尔夫球包（袋）等。高尔夫球杆的杆头、杆身和握把属于本税目的征收范围。

10. 高档手表。高档手表是指销售价格（不含增值税）每只在 10000 元（含）以上的各类手表。

11. 游艇。游艇是指长度大于 8 米小于 90 米，船体由玻璃钢、钢、铝合金、塑料等多种材料制作，可以在水上移动的水上浮载体。按照动力划分，游艇分为无动力艇、帆艇和机动艇。

12. 木制一次性筷子。木制一次性筷子，又称卫生筷子，是指以木材为原料经过锯段、浸泡、旋切、刨切、烘干、筛选、打磨、倒角、包装等环节加工而成的各类一次性使用的筷子。未经打磨、倒角的木制一次性筷子属于本税目征税范围。

13. 实木地板。实木地板是指以木材为原料，经锯割、干燥、刨光、截断、开榫、涂漆等工序加工而成的块状或条状的地面装饰材料。实木地板按生产工艺不同，可分为独板（块）实木地板、实木指接地板、实木复合地板三类；按表面处理状态不同，可分为未涂饰地板（白坯板、素板）和漆饰地板两类。

14. 电池。电池的征税范围包括：原电池、蓄电池、燃料电池、太阳能电池和其他电池。对无汞原电池、金属氢化物镍蓄电池（又称“氢镍蓄电池”或“镍氢蓄电池”）、锂原电池、锂离子蓄电池、太阳能电池、燃料电池和全钒液流电池免征消费税。

15. 涂料。除了对施工状态下挥发性有机物（Volatile Organic Compounds，VOC）含量低于 420 克/升（含）的涂料免征消费税外，其他涂料都属于本税目征税范围。

【例 4－3 多选题】 目前属于消费税征税范围的有（　　）。

A. 铅蓄电池　　B. 高尔夫车　　C. 变压器油　　D. 翡翠首饰

【答案】 AD

【解析】 高尔夫车等专业车不属于小汽车应税范围，变压器油不属于消费税征税范围。

【例 4－4 单选题】 下列消费品中，暂缓征收消费税的是（　　）。

A. 石脑油　　B. 溶剂油　　C. 航空煤油　　D. 润滑油

【答案】C

【解析】航空煤油的消费税暂缓征收。

【课堂思考】

对木制一次性筷子征税的目的是什么？消费税的征税范围中还有哪些应税消费品的征税目的与它相同？

（二）征税环节

1. 一般应税消费品。如前所述，为了避免重复征税，消费税为单环节征收。考虑到征管效率，消费税大部分选择在其产生的源头来征收，而且以后的流通环节不再征税。产生的源头，具体包括以下三种：

（1）生产环节。生产环节是消费税的主要征税环节。纳税人生产出应税消费品后未对外直接销售，但将其换取生产资料、消费资料、投资入股、偿还债务以及用于继续生产非应税消费品的也视之为销售需要缴纳消费税。

此外，工业企业以外的单位和个人的下列行为视为应税消费品的生产行为，按规定征收消费税：

①将外购的消费税非应税产品以消费税应税产品对外销售的。

②将外购的消费税低税率应税产品以高税率应税产品对外销售的

对既有自产应税消费品，同时又购进与自产应税消费品同样的应税消费品进行销售的工业企业，对其销售的外购应税消费品应当征收消费税。

（2）进口环节。若应税消费品不是在国内生产，而是从国外进口，则进口环节成为其产生的源头，在报关进口时缴纳消费税。

（3）委托加工环节。委托加工，是指委托方提供原料及主要材料，让受托方按照其要求加工货物并收取加工费的经营活动。委托加工某种意义上就是一种生产，也是应税消费品的产生源头，因此也成为消费税的征税环节，对委托方就加工而成的应税消费品征收消费税。

【例4-5单选题】甲公司自行购入烟叶委托乙公司生产加工为烟丝，下列说法正确的是（　　）。

A. 甲公司既是增值税纳税义务人又是消费税纳税人

B. 乙公司既是增值税纳税义务人又是消费税纳税人

C. 甲公司就烟丝缴消费税，乙公司就烟丝缴增值税

D. 甲公司就烟丝缴消费税，乙公司就加工费缴增值税

【答案】D

【解析】在符合条件的委托加工，增值税与消费税的纳税人和征税对象都不同。受托加工方就加工费缴纳增值税，委托加工方就应税消费品缴纳消费税。

2. 特殊应税消费品。

（1）金银钻首饰。金银钻首饰在零售环节征收。金银钻首饰具体是指用金（含铂金）、银制作的各种纯金首饰、合金首饰和镶嵌首饰以及钻石及钻石饰品，但是不包括镀金银、包金银首饰以及镀金银、包金银的镶嵌首饰。不属于上述范围的应征消费税的贵重首饰及珠宝玉石（以下简称非金银钻首饰），仍按上述一般应税消费品在生产环节征收消费税。

对既销售金银钻首饰，又销售非金银钻首饰的生产、经营单位，应将两类商品划分清楚，分别核算销售额。凡划分不清楚或不能分别核算的，在生产环节销售的，一律从高适用税率征收消费税；在零售环节销售的，一律按金银首饰征收消费税。

金银首饰与其他产品组成成套消费品销售的，应按销售额全额征收消费税。

需要注意的是，金银钻首饰若是委托加工的，则应按照委托方身份的不同来确定纳税环节。若委托加工方为经营单位，则加工环节不需要征税，待经营单位收回后售出时再征税；若委托加工方为经营单位以外的单位和个人，则受托加工金银首饰视同零售业务征收消费税，由受托方暂按加工费征收。此处的加工包括带料加工、翻新改制、以旧换新等业务，不包括修理、清洗业务。

【例4－6 多选题】根据消费税现行规定，下列应缴纳消费税的有（　　）。

A. 金首饰的进口　　B. 化妆品的购买消费

C. 卷烟的进口　　D. 金首饰的零售

【答案】CD

【解析】金银钻首饰选择在生产流通环节的末端——零售环节征税，则进口环节不征税。除金银钻首饰以外的都在源头征税，故卷烟进口环节应征税。购进应税消费品的消费者不是消费税的纳税人。

（2）卷烟和超豪华小汽车的加征环节。

①卷烟。2009年5月1日开始，对从事卷烟批发业务的单位和个人，批发售出的所有牌号规格的卷烟，再加征一次消费税。且批发企业在计算纳税时不得扣除已负担的生产环节的消费税税额。纳税人销售给纳税人以外的单位和个人的卷烟于销售时纳税，纳税人之间销售的卷烟不缴纳消费税。纳税人应将卷烟销售额与其他商品销售额分开核算，未分开核算的，一并征收消费税。

②超豪华小汽车。为了引导合理消费，促进节能减排，2016年12月1日起，对超豪华小汽车在生产（进口）环节按现行税率征收消费税基础上，在零售环节再加征一次消费税。征收范围为每辆零售价格130万元（不含增值税）及以上的乘用车和中轻型商用客车，即乘用车和中轻型商用客车子税目中的超豪华小汽车。

【例4－7 多选题】根据现行税法，下列消费品的生产经营环节，既征收增值税又征收

消费税的有（　　）。

A. 零售环节销售的不含税价为120万元的小汽车

B. 零售环节销售的金基合金首饰

C. 加油站销售的成品油

D. 申报进口的珠宝玉石

【答案】BD

【解析】上述各环节都征收增值税，但是零售环节征收消费税的小汽车需售价超过130万元；加油站零售成品油不征收；除金银钻首饰以外，其他应税消费品进口环节都征消费税，故申报进口的珠宝玉石应征消费税。

三、税率

为适应不同应税消费品的特点及不同的调控需求，消费税税率形式多样，有定额税率、比例税率以及比例税率与定额税率复合三种形式。采取定额税率的有啤酒、黄酒和成品油三种应税消费品，采取复合税率的有卷烟和白酒两种应税消费品，其他的应税消费品都是比例税率。消费税税率还有一个特点，即不同税目的税率的高低相差悬殊，甲类卷烟的税率最高为56%，气缸容量在1.0升以下的乘用车税率最低为1%。消费税的税目税率见表3－1。

表3－1　消费税税率表

税　目	税　率
一、烟	
1. 卷烟	
（1）甲类卷烟	56%加0.003元/支（生产环节）
（2）乙类卷烟	36%加0.003元/支（生产环节）
（3）批发环节	11%加0.005元/支
2. 雪茄烟	36%
3. 烟丝	30%
二、酒	
1. 白酒	20%加0.5元/500克
2. 黄酒	240元/吨
3. 啤酒	
（1）甲类啤酒	250元/吨
（2）乙类啤酒	220元/吨
4. 其他酒	10%
三、高档化妆品	15%
四、贵重首饰及珠宝玉石	
1. 金银首饰、铂金首饰和钻石及钻石饰品	5%

续表

税　　目	税　　率
2. 其他贵重首饰和珠宝玉石	10%
五、鞭炮、焰火	15%
六、成品油	
1. 汽油	1.52 元/升
2. 柴油	1.2 元/升
3. 航空煤油	1.2 元/升
4. 石脑油	1.52 元/升
5. 溶剂油	1.52 元/升
6. 润滑油	1.52 元/升
7. 燃料油	1.2 元/升
七、摩托车	
1. 气缸容量（排气量，下同）为250毫升的	3%
2. 气缸容量在250毫升以上的	10%
八、小汽车	
1. 乘用车	
（1）气缸容量在1.0升（含1.0升）以下的	1%
（2）气缸容量在1.0升以上至1.5升（含1.5升）的	3%
（3）气缸容量在1.5升以上至2.0升（含2.0升）的	5%
（4）气缸容量在2.0升以上至2.5升（含2.5升）的	9%
（5）气缸容量在2.5升以上至3.0升（含3.0升）的	12%
（6）气缸容量在3.0升以上至4.0升（含4.0升）的	25%
（7）气缸容量在4.0升以上的	40%
2. 中轻型商用客车	5%
3. 超豪华小汽车零售环节	10%
九、高尔夫球及球具	10%
十、高档手表	20%
十一、游艇	10%
十二、木制一次性筷子	5%
十三、实木地板	5%
十四、电池	4%
十五、涂料	4%

【课堂思考】

为什么对白酒和卷烟要复合计税？

第三节　应纳税额的计算

消费税的计税方法有从量计征、从价计征和从量从价复合计征三种方式。

一、计税依据

（一）从量计征的计税依据

1. 销售数量的确定。

（1）销售应税消费品的，为应税消费品的销售数量；

（2）自产自用应税消费品的，为应税消费品的移送使用数量；

（3）委托加工应税消费品的，为纳税人收回的应税消费品数量；

（4）进口应税消费品的，为海关核定的应税消费品进口征税数量。

2. 计量单位的换算标准如下（见表3－2）：

表3－2　　**换算标准表**

序号	名称	计量单位换算标准
1	黄酒	1吨＝962升
2	啤酒	1吨＝988升
3	汽油	1吨＝1388升
4	柴油	1吨＝1176升
5	航空煤油	1吨＝1246升
6	石脑油	1吨＝1385升
7	溶剂油	1吨＝1282升
8	润滑油	1吨＝1126升
9	燃料油	1吨＝1015升

（二）从价计征的计税依据

1. 销售额的确定。销售额为纳税人销售应税消费品向购买方收取的全部价款和价外费用。销售是指有偿转让应税消费品的所有权。有偿的含义是从购买方取得货币、货物或者其他经济利益。价外费用包括价外向购买方收取的手续费、补贴、基金、集资费、返还利润、奖励费、违约金、滞纳金、延期付款利息、赔偿金、代收款项、代垫款项、包装费、包装物租金、储备费、优质费、运输装卸费以及其他各种性质的价外收费。但是，下列项目不包括在内：

（1）同时符合下列条件的代垫费用：

①承运部门的运输费用发票开具给购买方的。

②纳税人将该项发票转交给购买方的。

（2）同时符合下列条件代为收取的政府性基金或者行政事业性收费：

①由国务院或者财政部批准设立的政府性基金，由国务院或者省级人民政府及财部批准设立的政府性基金，由国务院或者省级人民政府及其财政、价格主管部门批准设立的行政事业性收费。

②收取时开具省级以上财政部门印制的财政票据。

③所收款项全额上缴财政。

其他价外费用，无论是否属于纳税人的收入均应并入销售额计算征税。

2. 含税销售额的换算。纳税人应税消费品的销售额中未扣除增值税税款或者因不得开具增值税专用发票而发生价款和增值税税款合并收取的，应换算为不含增值税的销售额。

换算公式为：

应税消费品的销售额 = 含增值税的销售额 ÷（1 + 增值税税率或者征收率）

3. 包装物的计税。

（1）连同出售的包装物价款。对从价计征的应税消费品的包装物连同出售的，无论包装物是否单独计价，也无论会计上是否分开核算，均应并入应税消费品的销售额中征收消费税。

（2）押金。如果包装物不连同出售，而是或租或借收取的押金，因其最终将要退还给购买方，因此不需要并入销售额中征收消费税。但是收取的押金若超过约定的日期不需要退还的，则应并入销售额中征收消费税。另外为了堵住征管的漏洞，对于收取超过 12 个月的应税消费品的押金，无论最终是否退还，也应并入当月的销售额中征收消费税。但需要注意以下两种特殊情况：

①啤酒、黄酒、成品油消费税为从量计征的，因此他们的包装物押金无需征税；

②啤酒、黄酒以外的酒类包装物押金，在收取时应并入销售额中征收消费税。

4. 最低计税价格的核定。基于消费税单环节征收的特点，某些消费税纳税人通过设立自己的销售公司来逃避纳税。为了堵住这个漏洞，《消费税暂行条例》中规定纳税人应税消费品的计税价格明显偏低并无正当理由的，由主管税务机关核定其计税价格。《消费税暂行条例实施细则》进一步明确了最低计税价格的由以下机关核定：卷烟、白酒和小汽车的计税价格由国家税务总局核定，送财政部备案；其他应税消费品的计税价格由省、自治区和直辖市国家税务局核定，进口的应税消费品的计税价格由海关核定。

（1）白酒的最低计税价格的核定。

①白酒生产企业销售给销售单位的白酒，生产企业消费税计税价格高于销售单位对外销售价格 70%（含 70%）以上的，税务机关暂不核定消费税最低计税价格。

②白酒生产企业销售给销售单位的白酒，生产企业消费税计税价格低于销售单位对外销售价格（不含增值税，下同）70% 以下的，税务机关应核定消费税最低计税价格。纳税人将委托加工收回的白酒销售给销售单位，消费税计税价格低于销售单位对外销售价格（不含增值税）70% 以下，也应由税务机关核定消费税最低计税价格。

最低计税价格由税务机关根据生产规模、白酒品牌、利润水平等情况在销售单位对外销售价格50%至70%范围内自行核定。其中生产规模较大，利润水平较高的企业生产的需要核定消费税最低计税价格的白酒，税务机关核价幅度原则上应选择在销售单位对外销售价格60%至70%范围内。

已核定最低计税价格的白酒，销售单位对外销售价格持续上涨或下降时间达到3个月以上、累计上涨或下降幅度在20%（含）以上的白酒，税务机关重新核定最低计税价格。

【例4-8多选题】关于白酒消费税最低计税价格的核定，下列说法正确的有（　　）。

A. 生产企业实际销售价格高于核定最低计税价格的，按实际销售价格申报纳税

B. 白酒消费税最低计税价格核定范围包括白酒批发企业销售给商场的白酒

C. 白酒消费税最低计税价格由行业协会核定

D. 白酒生产企业消费税计税价格高于销售单位对外销售价格70%（含70%）以上的，税务机关暂不核定最低计税价格

【答案】AD

【解析】选项B，白酒消费税最低计税价格核定范围不包括白酒批发企业销售给商场的白酒；选项C，白酒消费税最低计税价格由白酒生产企业自行申报，税务机关核定。

（2）卷烟的最低计税价格的核定。卷烟消费税最低计税价格（以下简称计税价格）核定范围为卷烟生产企业在生产环节销售的所有牌号、规格的卷烟。

计税价格由国家税务总局按照卷烟批发环节销售价格扣除卷烟批发环节批发毛利核定并发布。计税价格的核定公式为：

某牌号、规格卷烟计税价格＝批发环节销售价格×（1－适用批发毛利率）

卷烟批发环节销售价格，按照税务机关采集的所有卷烟批发企业在价格采集期内销售的该牌号、规格卷烟的数量、销售额进行加权平均计算。计算公式为：

$$\text{批发环节销售价格}=\frac{\sum \text{该牌号、规格卷烟各采集点的销售额}}{\sum \text{该牌号、规格卷烟各采集点的销售数量}}$$

已经核定计税价格的卷烟，当卷烟价格调整或者卷烟批发毛利率调整或者卷烟批发环节销售价格扣除卷烟批发毛利后，卷烟平均销售价格连续6个月高于国家税务总局已核定计税价格10%且无正当理由时，国家税务总局将重新核定计税价格：

生产企业实际销售价格高于计税价格的，按实际销售价格确定适用税率计算应纳税款并申报纳税；实际销售价格低于计税价格的，按计税价格确定适用税率，计算应纳税款并申报纳税。

（三）复合计征的计税依据

卷烟和白酒的计税依据中包含了销售额和销售数量两个方面，其确定方法与上述从价计征的销售额及从量计征的销售数量的确定方法一致。

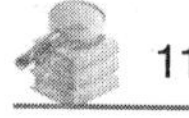

(四)计税依据的特殊规定

1. 设立非独立门市部的处理。纳税人通过自设非独立核算门市部销售的自产应税消费品，应按该门市部对外销售额或者销售数量征收消费税。

【例4-9 计算题】某化妆品生产企业为增值税一般纳税人，下设一非独立核算的门市部，2020年5月该厂将自产的一批成本价为120万元的高档化妆品移送至门市部，当月门市部对外销售了其中的70%，取得价税合计金额130万元。已知的高档化妆品消费税税率为15%，成本利润率为5%，则该企业当月应缴纳消费税多少?

【解析】纳税人通过自设非独立核算门市部销售的自产应税消费品，应当按照门市部对外销售额或者销售数量计算征收消费税。该企业当月应缴纳消费税=130÷(1+13%)×10%=17.26(万元)。

2. 兼营的处理。纳税人兼营不同税率的应税消费品，应当分别核算不同税率应税消费品的销售额、销售数量。未分别核算销售额、销售数量，或者将不同税率的应税消费品组成成套消费品销售的从高适用税率。

【例4-10 计算题】某酒厂将白酒500克和葡萄酒各500克组装套装销售，每套不含税价格为450元，共销售10套，酒厂会计上对白酒和葡萄酒是分开核算的。

【解析】组成成套消费品销售的，无论会计上如何核算都应从高缴纳消费税。白酒比例税率20%，定额税率1元/公斤；葡萄酒属于其他酒，其比例税率10%。因此该酒厂的套装酒应从高适用白酒的消费税税率，应缴纳的消费税=450×10×20%+2×10×0.5=910(元)。

3. 白酒"品牌使用费"的处理。白酒生产企业向商业销售单位收取的"品牌使用费"，是随着应税白酒的销售而向购货方收取的，属于应税白酒销售价款的组成部分。因此，不论企业采取何种方式或以何种名义收取该价款，均应并入白酒的销售额中缴纳消费税。

【例4-11 单选题】某白酒生产企业为增值税一般纳税人，2020年7月销售白酒2吨，取得不含税收入20000元，另收取包装物押金1130元，品牌使用费2260元，当月没收上月收取的包装物押金339元。该白酒生产企业当月应纳消费税(　　)元。

A. 6600　　B. 6560　　C. 6400　　D. 6060

【答案】A

【解析】应纳的消费税 =［20000 +（1130 +2260）/（1 +13%）］×20% +2 ×2000 ×0.5 =6600（元）。

二、生产销售环节应纳税额的计算

（一）直接对外销售应纳税额的计算

1. 从量计税。从量计税的应税消费品的应纳税额等于应税消费品的销售数量乘以单位税额。基本计算公式为：

应纳税额 = 销售数量 × 定额

2. 从价计税。从价计税的应税消费品的应纳税额等于应税消费品的销售数量乘以比例税率。基本计算公式为：

应纳税额 = 销售额 × 比例税率

3. 从价定率和从量定额复合计税方法。在现行消费税的征税范围中，只有卷烟、白酒、采用复合计算方法。其应纳税额等于从量税加上从价税。基本计算公式为：

应纳税额 = 销售额 × 比例税率 + 销售数量 × 定额税率

（二）自产自用应纳税额确定

自产自用应税消费品是指纳税人生产应税消费品之后，不是直接用于对外销售而是用于连续生产应税消费品、非应税消费品，或者用于其他方面。

1. 征税范围。

（1）用于连续生产。自产货物用于连续生产，是无需征收增值税的，而是否征收消费税则应视情况而定。若自产应税消费品用于连续生产应税消费品，无需征税；若自产应税消费品用于连续生产非应税消费品，则应征税。自产货物连续生产应税消费品指纳税人将自产自用的应税消费品作为直接材料生产最终应税消费品，自产自用应税消费品构成最终应税消费品的实体。比如酒类生产企业生产出白酒，然后用白酒生产成泡制酒，白酒无需征税，待泡制酒生产销售时再就泡制酒征税。若用白酒生产成酒心巧克力，酒心巧克力为非应税消费品，白酒此时不征税就没有征税的环节，因此对白酒在移送用于生产酒心巧克力时征税。

（2）用于连续生产以外的其他方面。纳税人自产应税消费品用于连续生产以外的其他方面，都应当纳税。“用于其他方面”是指纳税人将自产自用的应税消费品用于生产非应税消费品、在建工程、管理部门、非生产机构、提供劳务以及用于馈赠、赞助、集资、广告、样品、职工福利、奖励等方面。

【例 4 -12 多选题】 根据消费税的有关规定，下列纳税人自产自用应税消费品需要缴纳消费税的是（　　）。

A. 炼油厂用于本企业基建部门车辆的自产汽油

B. 汽车厂用于管理部门的自产汽车

C. 日化厂用于赠送客户样品的自产高档化妆品

D. 卷烟厂用于生产卷烟的自制烟丝

【答案】 ABC

【解析】 自产自用的应税消费品除了用于连续生产应税消费品以外都需要征税。

【课堂思考】

消费税的视同销售与增值税的视同销售范围有什么区别?

2. 应纳税额计算。自产自用应税消费品应当征税的，从量征收的，按移送使用数量确认。从价征收的，按以下顺序确定计税价格：

（1）有同类消费品的销售价格的，按照同类消费品的销售价格计算纳税。

同类消费品的销售价格是指纳税人当月销售的同类消费品的销售价格。如果当月同类消费品各期销售价格高低不同，一般而言，应按销售数量加权平均计算。但是，销售的同类应税消费品没有销售价格或者销售价格明显偏低又无正当理由的，不得列入加权平均计算。如果当月无销售价格或当月未完结，应按照同类消费品上月或最近月份的销售价格计算纳税。另外，比较特殊的是纳税人自产应税消费品用于换取生产资料、消费资料、投资入股和抵偿债务三个方面的，应当以纳税人同类应税消费品的最高销售价格作为计税依据计算消费税。

（2）没有同类消费品的销售价格的，按照组成计税价格计算纳税。

实行从价定率办法计算纳税的组成计税价格计算公式为：

$$组成计税价格=\frac{成本+利润}{1-比例税率}=\frac{成本\times（1+成本利润率）}{1-比例税率}$$

实行复合计税办法计算纳税的组成计税价格计算公式为：

$$组成计税价格=\frac{成本+利润+自产自用数量\times定额税率}{1-比例税率}=\frac{成本\times（1+成本利润率）+自产自用数量\times定额税率}{1-比例税率}$$

此处的成本为应税消费品的生产成本，利润为根据应税消费品的全国平均成本利润率计算的利润。应税消费品的全国平均成本利润率由国家税务总局确定。

国家税务总局颁发的《消费税若干具体问题的规定》明确了应税消费品的全国平均成本利润，见表3－3。

表3－3　应税消费品全国平均成本利润率

货物名称	利润率（%）	货物名称	利润率（%）
甲类卷烟	10	摩托车	6
乙类卷烟	5	乘用车	8

续表

货物名称	利润率（%）	货物名称	利润率（%）
雪茄烟	5	中轻型商用客车	5
烟丝	5	高尔夫球及球具	10
粮食白酒	10	高档手表	20
薯类白酒	5	游艇	10
其他酒	5	木制一次性筷子	5
化妆品	5	实木地板	5
鞭炮、焰火	5	电池	4
贵重首饰及珠宝玉石	6	涂料	7

【例4－13 计算题】 某日化品生产企业2020年1月生产香水精20升，成本250000元，将5升投入车间连续加工成沐浴乳，10升对外销售，取得不含税收入210000元，企业当期发生可抵扣增值税进项税20000元，计算该企业当期应纳增值税和消费税合计数。

【解析】 该企业当期应纳的增值税＝210000×13%－20000＝7300（元）

香水精售出单价＝210000÷(20×1000)＝10.5（元/毫升）>10（元/毫升）属于高档化妆品，为应税消费品。

该企业当期应纳的消费税＝（210000＋21000/10×5）×15%＝47250（元）

合计缴纳增值税消费税合计＝7300＋47250＝54550（元）

知识点提示： 此题的考点是香水精连续生产成沐浴乳的时候，不需要征收增值税，但因沐浴乳属于非应税消费品，对用于生产沐浴乳的香水精于移送时征收消费税。

【例4－14 计算题】 某企业自产2吨黄酒发放给职工作福利，因为是新产品，未曾有过同类产品价格。其成本4000元/吨，每吨税额240元。

【解析】 自产黄酒用于集体福利，增值税与消费税都需要视同销售。黄酒消费税为从量计征的，无需租价，增值税需要组价。增值税的组价中应该含有从量计征的消费税，且此时成本利润率为增值税法律制度中规定的10%。

应纳消费税额＝2×240＝480（元）

计算增值税组价＝4000×2×(1＋10%)＋480＝9280（元）

增值税销项税额＝9280×13%＝1260.4（元）

二、委托加工环节应纳税额的计算

（一）委托加工应税消费品的确定

委托加工的应税消费品是指由委托方提供原材料和主要材料，受托方只收取加工费和代垫部分辅助材料加工的应税消费品。认定的标准关键点在于确认主要材料一定是由委托

方提供的。由受托方提供原材料，或由受托方以委托方名义购进原材料，甚至受托方已经先将原材料卖给委托方然后再接受加工生产的应税消费品，不论纳税人在财务上是否做销售处理，都不得作为委托加工应税消费品，而应看作受托方自产自销应税消费品，对其征收消费税。

（二）代收代缴税款的确定

委托加工加工中，若委托方恶意拖欠加工费，受托方有权将加工完成的应税消费品留置。根据委托加工的这一特点，为了提高征管效率，对于委托加工的应税消费品的应纳消费税的征收，我国采取了源泉控制的管理办法，即由受托方向委托方交货时代收代缴消费税。另外考虑到个人的信用水平无法控制，纳税人委托个人（含个体工商户）加工应税消费品的，一律由委托方收回后在委托方所在地缴纳消费税。

（三）应纳税额的计算

委托加工的应税消费品的消费税有从量计税的，其从量税比较简单按照加工收回的数量乘以单位税额计算消费税。

委托加工的应税消费品的消费税有从价计税的，其从价税比较麻烦。因为在委托加工合同中出现的有材料成本以及加工费，但是肯定没有应税消费品的价格，所以，我们只能按应税消费品同类价格计算其消费税。值得注意的是，虽然委托方是纳税人，但因为税款由受托方代收代缴税款，所以，应按照受托方同类应税消费品的销售价格计算纳税。受托方同类应税消费品价格的规定与自产自用同类应税消费品价格的规定一样。如果受托方没有同类消费品销售价格的，则应按照组成计税价格计算纳税。

1. 实行从价定率办法计算纳税的组成计税价格计算公式为：

$$组成计税价格=\frac{材料成本+加工费}{1-比例税率}$$

2. 实行复合计税方法计算应纳税额的组成计税价格计算公式为：

（1）从量消费税 = 委托加工收回数量 × 定额税率

（2）$组成计税价格=\frac{材料成本+加工费+从量消费税}{1-比例税率}$

上述公式中“材料成本”是指委托方所提供加工材料的实际成本，委托加工应税消费品的纳税人必须在委托加工合同上如实注明，或以其他方式提供。如果加工合同上未如实注明材料成本，受托方所在地主管税务机关有权核定其材料成本。“加工费”是指受托方加工应税消费品向委托方收取的全部费用，包括代垫辅助材料的实际成本。当然无论是材料成本还是加工费，都应该将可抵扣的进项剔除，体现增值税价外税的特点。

【例 4－15 计算题】 甲企业为增值税一般纳税人，从农庄购入玉米，开出的收购凭证上注明收购价为 200000 元，收购后直接运往乙酒厂委托乙企业加工成 53° 白酒。加工后，乙企业开出增值税专用发票上注明的加工费价款为 30000 元，甲企业收回白酒 2 吨。乙企

业没有同类产品的销售价格。

问：谁是白酒的消费税纳税人？应该如何缴纳？税款是多少？

【解析】消费税纳税人是委托方甲企业，由乙企业代收代缴。

应纳消费税税额：

从量税 $=2\times2000\times0.5=2000$（元）

从价税为：$\frac{200000\times(1-10\%)+30000+2000}{1-20\%}\times20\%=53000$（元）

应纳消费税税额 $=53000+2000=55000$（元）

知识点提示：案例中，白酒的原材料由委托方甲企业提供，符合委托加工的条件；委托方甲企业是消费税纳税人。受托加工方是乙企业，非个人，因此按照税法规定，此处的消费税应由受托方乙企业代收代缴。在计算应纳税额时，受托方乙企业无同类产品的销售价格，因此消费税需要按规定进行组价。题中玉米领用用于生产的白酒时，根据增值税法律制度的规定，进项抵扣率为10%，因此组价公式中计入玉米材料成本的只有200000×(1-10%)。

（四）委托加工收回的处理

委托方收回的已税消费品，遵循消费税单环节征税的原理，以后无论用途如何都不应再缴纳消费税。但很多企业利用这一点避税。因此为了简化监管，从2012年9月1日起，消费税法律制度规定委托方将收回的应税消费品，以不高于受托方的计税价格出售的，为直接出售，不再缴纳消费税；委托方以高于受托方的计税价格出售的，不属于直接出售，需按照规定申报缴纳消费税。在计税时，准予扣除委托加工环节受托方已代收代缴的消费税。委托方在收回应税消费品后，用于销售以外的其他方面的都无需再缴纳消费税，且若用于连续生产应税消费品的，已纳的消费税税款也准予按规定抵扣。

三、进口环节应纳消费税的计算

进口环节应纳的消费税由进口人或其代理人向报关地海关申报纳税。

（一）实行定额税率的进口应税消费品应纳税额的计算

应纳税额 = 应税消费品数量 × 消费税单位税额

（二）适用比例税率的进口应税消费品应纳税额的计算

因为进口的应税消费品无法找到同类消费品的销售价格，因此进口环节应纳消费税为有从价计征的，都直接用组价公式。

（1）组成计税价格 $=\frac{\text{关税完税价格}+\text{关税}}{1-\text{消费税税率}}$

（2）应纳税额 = 组成计税价格 × 消费税税率

公式中的关税完税价格是指海关核定的关税计税价格。

(三) 实行复合税率的进口应税消费品的应纳税额计算

(1) 从量消费税 = 进口数量 × 消费税单位税额

(2) 组成计税价格 $= \dfrac{\text{关税完税价格} + \text{关税} + \text{从量消费税}}{1 - \text{消费税税率}}$

(3) 应纳税额 = 进口数量 × 消费税单位税额 + 组成计税价格 × 消费税税率

【例 4-16 计算题】 某公司进口一批粮食白酒共 10 吨，关税完税价格 20 万元，关税率 10%，计算其进口环节的消费税：

【解析】

从量税 $= 10 \times 2000 \times 0.5 = 10000$（元）

组成计税价格 $= \dfrac{200000 + 200000 \times 10\% + 10000}{1 - 20\%} = 287500$（元）

应纳消费税 $= 10000 + 287500 \times 20\% = 67500$（元）

(四) 进口卷烟应纳消费税的特殊问题

消费税法规定卷烟是复合计税的，且其从价税的税率按卷烟单价不同而分为 56% 和 36%。因此进口卷烟在计算消费税时，应先要以 36% 税率代入组价公式中来计算其组价金额，然后看结果是否小于 70 元来确认代入的税率是否合理。确认好税率后，再按上述方法计算其应纳税额。

【例 4-17 计算题】 甲烟厂购入 A 牌卷烟 100 箱（标准箱），关税完税价格为 75 万元，B 牌卷烟 50 箱（标准箱），关税完税价格为 60 万元。假设进口卷烟的关税税率为 30%，请计算甲烟厂进口卷烟应缴纳的消费税。

【解析】

(1) 进口卷烟的从量税：

A 牌卷烟：$100 \times 250 \times 200 \times 0.003 = 15000$（元）

B 牌卷烟：$50 \times 250 \times 200 \times 0.003 = 7500$（元）

(2) 按照 36% 尝试确认进口卷烟的单价

A 牌卷烟组价 $= \dfrac{750000 + 750000 \times 30\% + 15000}{1 - 36\%} = 1546875$（元）

A 牌卷烟的单价 $= 1546875 \div 100 \div 250 = 61.88$（元/条）

因为 A 牌卷烟按 36% 税率计算的单价小于 70 元，故 A 牌卷烟的税率可以确认为 36%。

$$B牌卷烟组价=\frac{600000+600000\times30\%+7500}{1-36\%}=1230469\ (元)$$

B牌卷烟的单价 = 1230469 ÷ 50 ÷ 250 = 98.43（元/条）

因为B牌卷烟按36%税率计算的单价大于70元，故B牌卷烟的税率不能确认为36%，应确认为56%

(3) 应纳税额

A牌卷烟应纳消费税税额 = 1546875 × 36% + 15000 = 571875（元）

$$B牌卷烟应纳消费税税额=\frac{600000+600000\times30\%+7500}{1-56\%}\times56\%+7500=1009773\ (元)$$

四、已纳税款的扣除

为了避免重复征税，现行《消费税暂行条例》规定：将外购应税消费品和委托加工收回的应税消费品继续生产应税消费品销售的，可将外购应税消费品和委托加工收回应税消费品已纳的消费税予以扣除。

（一）外购应税消费品已纳税款的扣除

企业有的时候出于成本、自身生产能力等多方面的考虑，会外购半成品之后再继续生产成产成品。如果半成品与产成品都属于应税消费品，就出现了重复征税。为了解决这一问题，企业就产成品应税消费品交税时，可将购入半成品时负担的消费税扣除（注意此处的外购包含进口）。比如卷烟生产企业购进烟丝时负担了烟丝的消费税，继续生产成卷烟售出时，又应当就卷烟缴纳消费税。为了避免重复征税，对卷烟征收消费税时允许扣除已负担的烟丝的消费税。与增值税购进扣税法不同，消费税外购已纳税款的扣除，只有列举范围内的消费品可以，不具有普遍性，而且应按当期生产领用数量计算准予扣除的消费税税款。

1. 扣税范围：

（1）外购已税烟丝生产的卷烟。

（2）外购已税高档化妆品生产的高档化妆品。

（3）外购已税珠宝玉石生产的贵重首饰及珠宝玉石。

（4）外购已税鞭炮焰火生产的鞭炮焰火。

（5）外购已税杆头、杆身和握把为原料生产的高尔夫球杆。

（6）外购已税木制一次性筷子为原料生产的木制一次性筷子。

（7）外购已税实木地板为原料生产的实木地板。

（8）以外购已税汽油、柴油、石脑油、燃料油、润滑油用于连续生产应税成品油。（不含航空煤油和溶剂油）

（9）从葡萄酒生产企业购进、进口葡萄酒连续生产应税葡萄酒

（10）外购已税摩托车生产的摩托车。

纳税人用外购的已税珠宝玉石生产的改在零售环节征收消费税的金银首饰、镶嵌首饰，在计税时一律不得扣除外购珠宝玉石的已纳税款。

对既有自产应税消费品，同时又购进与自产应税消费品同样的应税消费品进行销售的工业企业，对其销售的外购应税消费品应当征收消费税，同时可以扣除外购应税消费品的已纳税款。

对自己不生产应税消费品，而只是购进不能构成最终消费品直接进入消费品市场的，然后进一步生产加工（如进行深加工、包装、贴标、组合）再销售应税消费品的工业企业，其销售的化妆品、鞭炮焰火和珠宝玉石应当征收消费税，同时允许扣除上述外购应税消费品的已纳税款。

在这个扣除范围中，没有白酒税目。因此导入案例中的做法是不可取的。酒厂外购基酒负担消费税，用基酒进一步生产加工为功能性药酒需缴纳消费税，且无法扣除购入时负担的消费税，形成重复征税。因此企业应该放弃外购，自己生产。

【例 4－18 单选题】 2019 年 8 月某首饰厂从某珠宝玉石的加工企业购进一批需要进一步加工的珠宝玉石，增值税专用发票注明价款 50 万元，增值税税款 6.5 万元，当月领用 70% 经加工打磨后再将其销售给首饰商城，收到不含税价款 60 万元，领用 20% 镶嵌在金首饰上，出售给某商业零售企业，收到不含税价款 80 万元。已知珠宝玉石消费税税率为 10%，该首饰厂以上业务应缴纳消费税（　　）。

A. 1 万元　　B. 2.5 万元　　C. 9 万元　　D. 10.5 万元

【答案】 B

【解析】 金首饰（含金基镶嵌首饰）的消费税在零售环节交，因此该首饰厂销售金首饰不交消费税。为生产珠宝玉石领用外购已税珠宝玉石已纳的消费税允许扣除，为生产金首饰领用外购已税珠宝玉石已纳的消费税不允许扣除，未领用的部分也不允许扣除。因此，已纳消费税可扣除的只有 70%。应纳税额 $=60\times10\%-50\times70\%\times10\%=2.5$（万元）。

---

2. 扣税环节。允许扣除的已纳税款的应税消费品只限于从工业企业购进的应税消费品，对从商业企业购进应税消费品的已纳税款一律不得扣除。但根据国税函〔2006〕769 号，从 2006 年 8 月起，应税消费品从商业企业购进应税消费品（葡萄酒例外）连续生产应税消费品，符合抵扣条件的，准予扣除外购应税消费品已纳消费税税款。葡萄酒生产企业准予从葡萄酒消费税应纳税额中扣除的已纳消费税税款的，仍然局限于从工业企业购进的应税葡萄酒。

3. 扣税计算。当期准予扣除的外购或委托加工收回的应税消费品的已纳消费税税款，应按当期生产领用数量计算。

计算公式如下：

当期准予扣除的外购应税消费品已纳税款

＝当期准予扣除的外购应税消费品买价 × 外购应税消费品适用税率

当期准予扣除的外购应税消费品买价 = 期初库存的外购应税消费品的买价 + 当期购进的应税消费品的买价 - 期末库存的外购应税消费品的买价

【例4-19计算题】 某烟厂2020年4月外购烟丝连续加工卷烟，取得增值税专用发票上注明税款为6.5万元，期初尚有库存的外购烟丝2万元，期末库存烟丝12万元，本月销售卷烟60箱（标准箱），每条卷烟不含税单价为50元。该企业本月应缴纳的消费税、增值税是多少？

【解析】

本月外购烟丝的买价 = 6.5 ÷ 13% = 50（万元）

本月生产领用的烟丝 = 2 + 50 - 12 = 40（万元）

允许扣除外购应税消费品已纳税款应按领用金额计算，因此当期准予扣除的外购应税消费品已纳税款 = 40 × 30% = 12（万元）

本月应缴消费税 = （60 × 250 × 50 × 36% + 60 × 250 × 0.6） ÷ 10000 - 12 = 15.9（万元）

增值税可抵扣的进项按购进金额计算，因此，本月应缴增值税 = 60 × 250 × 50 × 13% ÷ 10000 - 6.5 = 3.25（万元）

（二）委托加工收回的应税消费品已纳税款的扣除

委托加工收回的应税消费品已纳税款的扣除，原理、抵扣范围都与外购应税消费品已纳税款扣除相同，而且扣税金额也是当期生产领用部分。

纳税人以外购、进口、委托加工收回的应税消费品为原料连续生产应税消费品，准予扣除的已纳消费税税款，若经主管税务机关核实，上述外购应税消费品未缴纳消费税的，纳税人应将已抵扣的消费税税款，从核实当月允许抵扣的消费税中冲减。

第四节　出口应税消费品消费税退（免）税

一、出口退（免）税政策

出口应税消费品消费税退（免）税政策有：

1. 出口免税并退税。适用于有出口经营权的外贸企业购进应税消费品直接出口以及外贸企业委托代理出口应税消费品。这里的外贸企业委托代理出口指的是外贸企业接受其他外贸企业委托代理出口应税消费品方能进行免退税处理，若是外贸企业接受非生产性的商贸企业委托代理出口应税消费品不能退免税。

2. 出口免税但不退税。适用于有出口经营权的生产性企业自营出口或生产企业委托外贸企业代理出口自产的应税消费品。依据其实际出口数量免征消费税，但不予办理退还消费税。因为消费税大部分是在生产环节单环节征收，故该应税消费品出口时当然只需要免税，无需退税。

3. 出口不免税也不退税。适用于除生产企业、外贸企业外的其他企业，具体是指一般商贸企业。这类企业委托外贸企业代理出口应税消费品一律不免也不退。

非常特殊的是金银钻首饰与其他应税消费品不同，它的消费税是在零售环节征收。故无论是金银钻首饰的生产企业自营出口金银钻首饰，还是外贸企业购进金银钻首饰出口，在出口时，消费税纳税义务尚未产生，因此都无税可退。也就是金银钻首饰出口消费税不免也不退。

二、消费税退税的计税依据。

出口货物的消费税应退税额的计税依据，按购进出口货物的消费税专用缴款书和海关进口消费税专用缴款书确定。

属于从价定率计征消费税的，为已征且未在内销应税消费品应纳税额中抵扣的购进出口货物金额；属于从量定额计征消费税的，为已征且未在内销应税消费品应纳税额中抵扣的购进出口货物数量；属于复合计征消费税的，按从价定率和从量定额的计税依据分别确定。

【例 4－20 计算题】 某外贸公司（增值税一般纳税人，具有出口经营权）2020 年 6 月从生产企业购进高尔夫球具一批，取得增值税专用发票金额 100 万元，增值税 13 万元，发生运费取得增值税专票，金额 1 万元。当月该批高尔夫球具全部出口取得销售收入 150 万元。该批货物增值税退税率为 9%，高尔夫球具消费税税率为 10%，计算该外贸公司出口高尔夫球具应退的增值税和消费税合计金额。

【解析】 应退增值税 $=100\times9\%=9$（万元）

应退消费税 $=100\times10\%=10$（万元）

合计退税 $=9+10=19$（万元）

第五节　税款报缴

一、纳税义务发生时间

1. 纳税人销售应税消费品的，按不同的销售结算方式分别为：

（1）采取赊销和分期收款结算方式的，为书面合同约定的收款日期的当天，书面合同没有约定收款日期或者无书面合同的，为发出应税消费品的当天。

（2）采取预收货款结算方式的，为发出应税消费品的当天。

（3）采取托收承付和委托银行收款方式的，为发出应税消费品并办妥托收手续的当天。

（4）采取其他结算方式的，为收讫销售款或者取得索取销售款凭据的当天。

2. 纳税人自产自用应税消费品的，为移送使用的当天。

3. 纳税人委托加工应税消费品的，为纳税人提货的当天。

4. 纳税人进口应税消费品的，为报关进口的当天。

【例4－21 单选题】下列各项中，符合消费税纳税义务发生时间规定的是（　　）。

A. 进口的应税消费品，为取得进口货物的当天

B. 自产自用的应税消费品，为移送使用的当天

C. 委托加工的应税消费品，为支付加工费的当天

D. 采取预收货款结算方式的，为收到预收款的当天

【答案】B

二、纳税期限

纳税期限按照《消费税暂行条例》的规定，消费税的纳税期限分为1日、3日、5日、10日、15日、1个月或者1个季度。纳税人的具体纳税期限，由主管税务机关根据纳税人应纳税额的大小分别核定；不能按照固定期限纳税的，可以按次纳税。

纳税人以1个月或者1个季度为1个纳税期的，自期满之日起15日内申报纳税；以1日、3日、5日、10日或者15日为1个纳税期的，自期满之日起5日内预缴税款，于次月1日起15日内申报纳税并结清上月应纳税款。

纳税人进口应税消费品，应当自海关填发海关进口消费税专用缴款书之日起15日内

缴纳税款。

如果纳税人不能按照规定的纳税期限依法纳税应将按《税收征管法》的有关规定处理。

三、纳税地点

1. 纳税地点的一般规定。纳税人销售的应税消费品，以及自产自用的应税消费品，除国务院财政、税务主管部门另有规定外，应当向纳税人机构所在地或者居住地的主管税务机关申报纳税。

2. 外出经营纳税地点的规定。纳税人到外县（市）销售或者委托外县（市）代销自产应税消费品的，于应税消费品销售后，向机构所在地或者居住地主管税务机关申报纳税。

3. 委托加工纳税地点的规定。委托加工的应税消费品，除委托个人加工以外，由受托方向机构所在地或者居住地主管税务机关解缴消费税税款。

委托个人加工的应税消费品，由委托方向其机构所在地或者居住地主管税务机关申报纳税。

4. 异县（市）设立分支机构纳税地点的规定。纳税人的总、分支机构不在同一县（市）的，应在各自机构所在地主管税务机关申报缴纳消费税；纳税人的总机构与分支机构不在同一县（市），但在同一省（自治区、直辖市）范围内，经省（自治区、直辖市）财政厅（局）、税务局审批同意，可以由总机构汇总向总机构所在地的主管税务机关申报纳税。

卷烟批发企业的纳税地点比较特殊，总机构与分支机构不在同一地区的，由总机构申报纳税。

5. 进口的纳税地点的规定。进口的应税消费品，由进口人或者其代理人向报关地海关申报纳税。

四、纳税申报

（一）申报条件

在中华人民共和国境内生产、委托加工和进口规定的消费品的单位和个人，以及国务院确定的销售规定的消费品的其他单位和个人，依据相关税收法律、法规、规章及其他有关规定，在规定的纳税申报期限内填报消费税申报表、附表和其他相关资料，向税务机关进行纳税申报。

（二）申报资料

1. 必报资料：纳税申报表。

（1）烟类应税消费品消费税纳税申报表

（2）酒类应税消费品消费税纳税申报表

（3）成品油消费税纳税申报表

（4）小汽车消费税纳税申报表

（5）电池消费税纳税申报表

（6）涂料消费税纳税申报表

（7）其他类消费税纳税申报表

2. 条件保送资料。纳税人若符合条件可以扣除外购或委托加工应税消费品已纳税款的，需报送以下相关资料：

（1）外购应税消费品增值税专用发票抵扣联复印件；

（2）外购应税消费品增值税专用发票（汇总填开）销货清单复印件；

（3）《海关进口消费税专用缴款书》复印件；

（4）《代扣代收税款凭证》复印件。

（三）发生退货的退税处理

纳税人销售的应税消费品，如因质量等原因发生退货的，其已缴纳的消费税税款可予以退还。纳税人办理退税手续时，应将开具的红字增值税发票、退税证明等资料报主管税务机关备案。主管税务机关核对无误后办理退税。

复习思考题

1. 消费税有哪些基本特征？
2. 我国现行消费税税目如何分类？
3. 简述消费税应纳税额的三种计算方法。
4. 比较消费税三个组价公式的异同和适用范围
5. 比较消费税已纳税额的扣除与增值税购进扣税法的区别
6. 消费税出口退税政策及计算与增值税出口退税政策及计算有哪些区别？

第五章 关税和船舶吨税

问题导入

王明去美国出差，回国时受同事张达所托，帮他买回一部家用录像机，单价为6800元，请问需要征收关税吗？若需要，纳税人是谁？

第一节　关税概述

一、关税的概念

关税是国家海关对进出一国关境的货物和物品征收的一种税。

关境是国家的海关法实施的领域，包括领土、领海、领空。国境是指一个主权国家的领土范围。一般而言，一国的海关法应该能在一国国境内全面实施。因此，关境与国境范围应当是一致的。但是当一国国境内设有自由港、自由区时，从国外进入该区域的货物和商品是免征关税的，因此该区域就属于“境内关外”。此时关境小于国境。例如我国香港、澳门地区保持贸易自由港的地位，属于在我国主权管辖下的一个单独关税区，因而我国的关境小于国境。但也有几个国家组成一个共同的关境实施统一的关税法令和海关进出口税则的情况。这时，商品和物品进出成员国之间的国境时免征关税，只有在进出同盟国的共同关境时征收关税。此时，关境大于国境，例如欧盟等关税同盟就属于这种情况。

货物是指以贸易为目的而进出关境的商品。跨境电子商务零售商品按“货物”征税。

物品是指由入境旅客、运输工具服务人员携带进入关境的以及由个人邮递进入关境的行李物品等个人自用非商品。无论是货物还是物品，都属于有形资产，对于进出境的无形资产不征收关税。

二、关税的分类

（一）按征税对象分类

1. 进口关税。进口关税是指商品或物品进入一国关境或从自由港、出口加工区、保税仓库进入国内市场时，由该国海关对其所征收的一种关税。进口关税是保护关税的主要手段。通常所说的关税壁垒，实际上就是对进口商品征收高额关税，以此提高其成本，从而削弱其竞争力，起到限制进口的作用。关税壁垒是一国推行保护贸易政策所实施的一项重要措施。

2. 出口关税。出口关税是海关在本国商品或者货物运离本国关境时征收的关税。征收出口关税会增加出口商品的成本，进而抬高该商品在国外市场上的售价，不利于扩大出口。因此，目前大多数国家对绝大部分出口商品都不征收出口关税。我国一般对出口货物或物品不征关税，但为了控制一些商品的出口流量，对极少数高耗能、高污染、资源性商品征出口关税。但也有极少数国家（一般是经济落后的国家或地区）出于保障财政收入，保护本国资源环境，保证国内市场供应等方面的需要，征收出口关税。

（二）按是否享受优惠分类

进口关税税率，出于国际政治经济关系的考虑，或配合国家经济政策，会对来自不同国家或地区的同一种商品给予的不同关税待遇。因此进口关税按照原产地不同，又可分为普通关税和优惠关税。优惠关税指对特定国家输入的商品以低于普通关税税率征收的关税，以示友好。优惠关税又可包括最惠国关税、特惠关税和协定关税三种。

1. 普通关税。如果进口国未与该进口商品的来源国签订任何关税互惠贸易条约，则对该进口商品按普通关税税率征税。另外，原产地不明的货物也适用普通税率。目前仅有个别国家对极少数（一般是非建交）国家的出口商品实行这种税率，大多数只是将其作为其他优惠税率减税的基础。因此，普通税率并不是被普遍实施的税率。

2. 最惠国关税。最惠国关税是指凡缔约国一方现在和将来给予任何第三方关税方面的一切特权、优惠和豁免，也同样给予其他缔约国。最惠国关税适用于原产于与我国共同适用最惠国待遇条款的世界贸易组织（WTO）成员或地区的进口货物、原产于与我国签订有相互给予最惠国待遇条款的双边贸易协定的国家或地区的进口货物，以及原产于我国境内的进口货物。

3. 协定关税。协定关税是指一国通过与他国签订贸易条约或协定的方式共同制定的关税税则。协定关税税率是缔约国间通过关税减让谈判达成的，一般比最惠国税率低；在条约或协定有效期间，未经缔约国一致同意，税率不得自行更改或废除。协定关税一般是双边的或多边的，具有互惠性，即缔约国相互减让关税。但是，也存在单向优惠的协定关税。

4. 特惠关税。特惠关税是指某一国家对从另一国家进口的商品或某些国家对从另外一些国家进口的商品给予特殊关税优惠待遇，其他国家不得享受的一种关税制度。特惠关税的优惠对象不受最惠国待遇原则制约，其他国家不得根据最惠国待遇原则要求享受这种优惠待遇。使用特惠关税的目的是为了增进与受惠国之间的友好贸易往来。特惠关税有的是互惠的，有的是非互惠的。

这四种税率由高至低为普通税率、最惠国税率、协定税率、特惠税率。适用最惠国税率、协定税率、特惠税率的国家或者地区名单，由国务院关税税则委员会决定，报国务院批准后执行。

【例 5－1 单选题】 适用原产于我国参加的含有关税优惠条款的区域性贸易协定的有关缔约方的进口货物的关税税率是（　　）。

A. 最惠国税率　　B. 特惠税率　　C. 协定税率　　D. 普通税率

【答案】 C

（三）按征税的目的分类

1. 财政关税。财政关税是以增加财政收入为主要目的而课征的关税，税率一般较低。关税产生之初的职能就是以获得财政收入为主的。

2. 保护关税。保护关税是以保护本国经济发展为主要目的而课征的关税。保护关税一般是指进口关税，税率一般较高。通过征收高额的进口关税，使进口货物的成本提高，削弱其在本国市场的竞争力，达到减少甚至阻碍其进口的目的，从而保护本国经济发展。进入重商主义时代，当时欧洲各国为了争取更多的贸易顺差，关税开始从财政关税转变为保护关税。

（四）按征收的方式分类

1. 关税正税。关税正税是按照国务院制定的《中华人民共和国海关进出口税则》中规定的税率征收关税。一般我们讲的关税就是关税正税。

2. 加征关税。加征关税是在特殊情况下根据商务部的调查结果，在征收了正常关税之后再附加征收的一种临时性的进口关税。我国对原产于某国指定货物加征关税后，在对外贸易状况改变或者经与对方磋商，可以通过加征关税排除来取消原加征的关税。加征关税具体以下四种：

（1）反补贴关税。反补贴关税，是对接受补贴或者津贴的进口货物附加征收的关税，以达到抵消外国商品因接受补贴所形成的竞争优势的目的。

（2）反倾销关税。反倾销关税是对外国的倾销商品附加征收的一种关税。其目的是为了对付和抵制进行倾销的外国货物进口。

出口国对出口商品进行补贴的行为和出口商进行的低价倾销行为，实际上都属于不公平竞争行为，而进口国征收反补贴关税和反倾销税是为了保护本国产业做出的一种救济措施。

（3）保障性关税。保障性关税是当某类商品进口量剧增，对本国相关产业带来巨大威胁或损害时，按照 WTO 有关规则，可以启动一般保障措施，即在与有实质利益的国家或地区进行磋商后，在一定时期内提高该项商品的进口关税或采取数量限制措施，以保护国内相关产业不受损害。

（4）报复关税。报复关税是一国为报复他国对本国以不友好、不平等、不公正态度对待本国输出的产品时，为维护本国利益，对该国输入本国的产品加重征收的关税。

三、关税的作用

1. 调节经济运行。关税税率的高低，会直接影响进出口商品的成本，也影响商品的市场价格和销售量。因此，政府往往通过改变关税税率水平调节本国市场和对外贸易关系，达到实现贸易平衡和市场供求平衡的目的。通过对不同商品关税税率的调节，也可以调节进出口商品的结构，引导国内相关产品的生产，从而促进产业结构调整，最终增加财政收入。

2. 维护国家主权和利益。在国家之间存在贸易冲突进行谈判时，关税是谈判的重要内容。通过运用合理的关税条件，可迫使对方同等程度地降低和接受关税水平，提供相似或相同的贸易条件，限制或者阻碍对方对本国的商品倾销。一国也可以采用保护性关税和惩罚性关税等手段，实现对本国产业和经济利益的保护。另外适当的关税政策还成为保护本国幼稚工业的重要政策手段。

3. 获得财政收入。关税是一个国家财政收入的重要来源。特别是对于国内工商业不发达的国家和资源出口型国家，关税是国家财政收入的重要来源之一。历史上，一些经济落后国家非常重视关税对财政收入的筹集作用。我国中央财政收入中，关税也有较大的贡献。

第二节　关税的纳税人、征税对象和税率

一、关税的纳税人

关税的纳税人为进口货物的收货人、出口货物的发货人、进出境物品的所有人。

进出口货物的收、发货人是依法取得对外贸易经营权，并进口或者出口货物的法人或其他社会团体。值得注意的是，若对外贸易中，买卖双方采取工厂交货等交货方式的，且此货物需要缴纳出口关税的，则买方（进口方）成为了出口关税的纳税人。

进出境物品的所有人包括该物品的所有人和推定为所有人。在通常情况下，对于携带

进境的物品，推定其携带人为所有人；对分离运输的行李，推定相应的进出境旅客为所有人；对以邮递方式进境的物品，推定其收件人为所有人；对以邮递或其他运输方式出境的物品，推定其寄件人和托运人为所有人。

导入案例中，王明进境时自带的录像机，价值超过 5000 元，需要征收关税，其纳税人为进境物品的所有人。此录像机由王明携带入境，虽然王明表明是张达托他购买的，但为了提高征管的效率，携带者王明为推定所有人，因此王明为关税纳税人。

【例 5－2 多选题】 下列各项中，属于关税纳税人的有（　　）。

A. 进口货物的收货人　　B. 出口货物的发货人

C. 进口货物的发货人　　D. 进出境物品的携带人

【答案】 ABD

【解析】 关税的纳税人包括进口货物的收货人、出口货物的发货人、进出境物品的所有人和推定所有人（携带人、收件人、寄件人或托运人等）。

二、征税对象

关税的征税对象是准许进出关境的货物和物品。货物是指以贸易为目的的商品，物品是指非以贸易为目的的入境旅客随身携带的行李物品、个人邮递物品、各种运输工具上的服务人员携带进口的自用物品、馈赠物品以及以其他方式进境的个人物品。在我国，对进口的货物或物品而言，征税是原则，免税是例外（特殊情况下的优惠）；反过来，对于出口物品而言，不征税是原则，征税是例外（对一些高耗能、高污染、资源性产品征收）。

三、税率

（一）进出口税则概述

进出口税则是一国政府根据国家关税政策和经济政策，通过一定的立法程序制定公布实施的进出口货物和物品应税的关税税率表，进出口税则以税率表为主体，通常还包括实施税则的法令、使用税则的有关说明和附录等等。

（二）进口关税税率

进口关税的税率形式有比例税率和定额税率两种形式，以适应不同商品或货物的实际情况，而且进口关税还根据不同的子目确定高低不同的税率。

1. 从价税。从价税是以货物价格作为征收标准的关税。我国进口应税货物的关税大部分采取的是从价税的形式。

2. 从量税。从量税是以进口货物的重量、数量、长度、容量和面积等计量单位为标准计征的关税。

3. 混合税。混合税是在税则的同一税目中定有从量税和从价税两种税率，征税时混合使用两种税率计征。混合税结合使用了从量税和从价税，无论进口商品价格高低，都可起到一定的保护作用。目前世界上大多数国家都使用混合税，如美国、欧盟、加拿大、澳大利亚、日本以及一些发展中国家如印度、巴拿马等。我国进口关税中也对部分税目适用混合税。

混合税又可分为复合税和选择税两种。

（1）复合税。复合税是征税时同时使用从量、从价两种税率计征，以两种税额之和作为该种商品的关税税额。目前，我国对录相机、放像机等播音电子设备实行复合税。

（2）选择税。选择税是指对某种商品同时定有从量和从价两种税率，征税时由海关选择其中一种征税，作为该种商品的应征关税额。一般是选择税额较高的一种税率征税，在物价上涨时使用从价税，物价下跌时使用从量税。有时，为了鼓励某种商品的进口，或给某出口国以优惠待遇，也有选择税额较低的一种税率征收关税的。目前，我国对天然橡胶实行选择税。

4. 滑准税。滑准税，亦称滑动税，是进口关税所特有的一种税率形式，是指某货物的进口关税的税率随着进口货物价格的增加而降低，与累进税率相反，是一种累退税率。征收这种关税的目的是使该种进口商品，不论其进口价格高低，其税后价格保持在一个预定的价格标准上，以稳定进口国内该种商品的市场价格。1997 年 10 月 1 日到 2002 年，我国首次对进口新闻纸实行滑准税。2005 年 5 月 1 日至今，我国对关税配额外进口的棉花实行滑准税。这较好地解决了国内棉花供应不足的问题，又稳定了国内棉花价格，保障了棉农利益。

此外，我国进口关税税则如大多数国家一样，采取的是复式税制，即在一个税目下根据原产地的不同设有 4 个税率：最惠国税率、协定税率、特惠税率和普通税率。

【例 5-3 多选题】 以下关于关税相关规定的表述错误的有（　）。

A. 进口税率的选择适用是根据货物的不同启运地而确定的

B. 适用最惠国税率、协定税率、特惠税率的国家或地区的名单，由国务院关税税则委员会决定

C. 我国进口商品绝大部分采用从价定率的计征关税方法

D. 原产地不明的货物按最惠国税率征收

【答案】 AD

（三）出口关税税率

我国出口关税税则采取的是单式税制，虽税目不同出口关税税率会有区别，但是同一税目的货物无论出口哪一个国家都只有一栏税率。

(四) 税率的适用

1. 进出口货物，应适用海关接受该货物申报进口或者出口之日实施的税率。这是税率适用的总原则，在没有特别规定时，进出口税率都应适用货物申报进出口当日的税率。

2. 进口货物到达前，经海关核准先行申报的，应适用装载该货物的运输工具申报进境之日实施的税率。

3. 进口转关运输货物，应适用指运地海关接受该货物申报进口之日实施的税率；货物运抵指运地前，经海关核准先行申报的，应适用装载此货物的运输工具抵达指运地之日实施的税率。

4. 出口转关运输货物，应适用启运地海关接受该货物申报出口之日实施的税率。

5. 经海关批准，实行集中申报的进出口货物，应适用每次货物进出口时海关接受该货物申报之日实施的税率。

6. 因超过规定期限未申报而由海关依法变卖的进口货物，应适用装载该货物的运输工具申报进境之日实施的税率。

7. 因纳税人违反规定需要追征税款的进出口货物，应适用违反规定的行为发生之日实施的税率；行为发生之日不能确定的，适用海关发现该行为之日实施的税率。

知识点延伸：《最高人民法院、最高人民检察院关于办理走私刑事案件适用法律若干问题的解释》第十八条规定，应缴税额以走私行为实施时的税则、税率、汇率和完税价格计算；走私行为实施时间不能确定的，以案发时的税则、税率、汇率和完税价格计算。从这一规则出发，在走私案查获后税率若有所调整，优先适用进口时的税率，而不因事后国家对税率的调整而有所降低。只有在走私实施时间不能确定时，才适用走私案查获时税率。

8. 按规定进出境未缴税之后需缴税货物的税率的适用。已申报进境并放行的保税货物、减免税货物、租赁货物或者已申报进出境并放行的暂时进出境货物，有下列情形之一需缴纳税款的，应当适用海关接受纳税义务人再次填写报关单申报办理纳税及有关手续之日实施的税率：

(1) 保税货物经批准不复运出境的；

(2) 保税仓储货物转入国内市场销售；

(3) 减免税货物经批准转让或者移作他用的；

(4) 可暂不缴纳税款的暂时进出境货物，经批准不复运出境或者进境的；

(5) 租赁进口货物，分期缴纳税款的。

【例 5-4 单选题】 2019 年 9 月 20 日，某企业获批免税进口一批货物，10 月 20 日该货物报关入境；11 月 20 日经海关批准，该企业将这批货物用于需要缴纳关税的项目，企业于 12 月 20 日再次填写了报关单，当日办理相关补税手续。该批货物补征关税时适用的关税税率为（　　）。

A. 2019 年 9 月 20 日的税率　　B. 2019 年 10 月 20 日的税率

C. 2019 年 11 月 20 日的税率　　D. 2019 年 12 月 20 日的税率

【答案】D

【解析】已申报进境并放行的减免税货物，经批准转让或者移作他用，需缴纳税款的，应当适用海关接受纳税义务人再次填写报关单申报办理纳税及有关手续之日实施的税率，故此题正确答案为D。

9. 补征和退还进出口货物关税，按前述规定确认适用税率。

【例5-5单选题】 下列关于我国关税税率运用的表述中，正确的是（　　）。

A. 查获的走私进口货物需补税时，按查获日期实施的税率征税

B. 因超过规定期限未申报而由海关依法变卖的进口货物，适用变卖之日实施的税率

C. 对由于税则归类的改变而需补税的，按税则归类改变当日实施的税率征税

D. 进口仪器到达前，经海关核准先行申报的，适用装载此仪器的运输工具申报进境之日实施的税率

【答案】D

（五）税率的调整

1. 调整机关。 国务院设立关税税则委员会，负责《税则》和《进境物品进口税税率表》的税目、税则号列和税率的调整和解释，报国务院批准后执行；决定实行暂定税率的货物、税率和期限；决定关税配额税率；决定征收反倾销税、反补贴税、保障措施关税、报复性关税以及决定实施其他关税措施；决定特殊情况下税率的适用，以及履行国务院规定的其他职责。

2. 进口关税调整的约束条件。 其他税种税率的调整完全属于一国内部事务，由本国相应立法机关独立做出调整决定。但是，关税关系到错综复杂的国际关系，关税税率也受国与国之间的多变或者双边协议的约束，不能由完全由一国决定。进口关税税率的调整受以下因素限制：

（1）《关税与贸易总协定》的约束关税。约束关税是作出减让的世贸组织成员可以征收的关税的上限，《关税与贸易总协定》不禁止作出减让的国家实际适用比约束关税低的关税。我国作为世贸组织的成员国，在加入世贸组织时承诺约束全部税目。因此我国在调整关税税率时，不能将关税提高并超过我国在《关税与贸易总协定》谈判中达成一致的并已写入减让表的关税水平。除了特殊情况下征收反倾销税、反补贴税和保障措施关税外，如果不向受到影响的贸易伙伴通过谈判提供补偿，我国关税税率是不能突破这些约束税率的。

（2）最惠国待遇原则的约束。《关税及贸易总协定》在第一条第一款中规定了最惠国待遇原则："缔约国对来自或运往其它国家的产品所给予的利益，优待，特权或豁免，应无条件地给予来自或运往所有其他缔约国的相同产品。"我国作为世贸组织成员国，在调

整关税时，无论调增还是调减，都不能只针对原产于某一成员国的产品。同理，我国若与其他非世贸成员国签订有最惠国待遇的双边条款，则调整税率时，也应该受此最惠国待遇条款的约束。

（3）双边互惠协定的约束。当我国与他国签订有双边互惠协定时，关税的调整时不能突破这些协定的约束。

【课堂思考】

2018 年美国提高原产于中国的部分产品的关税税率是否适当?

3. 调整的分类。

（1）长期性调整。为了更好地发挥关税在促进对外贸易稳定增长和进出口商品结构的优化方面的作用，关税税率会根据经济发展政策及对外贸易现状做适时调整。比如，我国加入世界贸易组织之后，履行降税承诺，将关税总水平从 2002 年的 15.3% 逐渐降至 2008 年的 9.8% 。

（2）关税暂定税率。

①概念。关税暂定税率是在海关进出口税则规定的进口优惠税率和出口税率的基础上，对进口的某些重要的工农业生产原材料和机电产品关键部件（但只限于从与中国订有关税互惠协议的国家和地区进口的货物）以及出口的部分资源性产品实施的更为优惠的关税税率。这种税率一般按照年度制订，并且随时可以根据需要恢复按照法定税率征税。

②适用。适用最惠国税率的进口货物有暂定税率的，应当适用暂定税率；适用协定税率、特惠税率的进口货物有暂定税率的，应当从低适用税率；适用普通税率的进口货物，不适用暂定税率。适用出口税率的出口货物有暂定税率的，应当适用暂定税率。

【例 5－6 单选题】 适用特惠税率、协定税率的进口货物有暂定税率的，应当（　　）。

A. 适用特惠税率　　B. 适用协定税率

C. 适用暂定税率　　D. 从低适用税率

【答案】 D

【解析】 适用特惠税率、协定税率的进口货物有暂定税率的，应当从低适用税率。

四、原产地规定

要确定某一种进境货物的适用税率必须要确定其原产国。我国基本采用“全部产地生产标准”、“实质性加工标准”两种国际上通用的原产地标准。

（一）全部产地生产标准

全部产地生产标准是指进口货物“完全在一个国家内生产或制造”，生产国或制造国即该货物的原产国。完全在一国生产或制造的进口货物包括：

1. 在该国领土或领海内开采的矿产品。

2. 在该国领土上收获或采集的植物产品。

3. 在该国领土上出生或由该国饲养的活动物及从其所得产品。

4. 在该国领土上狩猎或捕捞所得的产品。

5. 在该国的船只上卸下的海洋捕捞物以及由该国船只在海上取得的其他产品。

6. 在该国加工船加工上述第5项所列物品所得的产品。

7. 在该国收集的只适用于作再加工制造的废碎料和废旧物品。

8. 在该国完全使用上述1至7项所列产品加工成的制成品。

(二) 实质性加工标准

实质性加工标准是适用于确定有两个或两个以上国家参与生产的产品的原产国的标准，以最后一个对货物进行经济上可以视为实质性加工的国家作为有关货物的原产国。实质性加工是指符合以下两个条件之一：

1. 加工后，进出口税则4位数税号一级的税则归类发生改变。

【例5-7分析题】 意大利从澳大利亚购买生羊皮，将其加工为羊皮皮革，则该羊皮原产地是哪儿？

【解析】 生羊皮的前4位税则号为4102，加工成羊皮革后，前四位税则号发生了改变，变为4112，因此羊皮革的原产国就是意大利。

2. 加工增值部分占新产品总值比例超过30%及以上的。

【例5-8分析题】 意大利从澳大利亚购买50万欧元生羊皮，只做退鞣处理后对外销售70万欧元，该羊皮的原产地为哪？若加工后对外销售的价格为80万欧元，则该羊皮的原产地为哪儿？

【解析】 羊皮只进行退鞣处理，税号前四位4102不变。

第一种情况，以70万欧元售出：

增值部分占新产品总值 $=20\div70\times100\%=28.6\%<30\%$，意大利不符合实质性加工标准，则羊皮的原产国是澳大利亚。

第二种情况，以80万欧元售出：

增值部分占新产品总值 $=30\div80\times100\%=37.5\%>30\%$，意大利符合实质性加工标准，则羊皮的原产国是意大利。

【例5-9多选题】 下列有关进口货物原产地的确定，符合我国关税相关规定的有（　　）。

A. 从俄罗斯船只上卸下的海洋捕捞物，其原产地为俄罗斯

B. 在澳大利亚开采并经新西兰转运的铁矿石，其原产地为澳大利亚

C. 由印度提供棉纱，在越南加工成衣，经澳门包装转运的西服，其原产地为越南

D. 在南非捕捉并经香港转运的动物，其原产地为香港

【答案】 ABC

【解析】 我国原产地规定基本上采用了“全部产地生产标准”和“实质性加工标准”两种国际上通用的原产地标准。选项A、B符合全部产地生产标准，选项C符合实质性加工标准，选项D不符合实质性加工标准，应适用全部产地生产标准，原产地属于南非。

（三）直接运输标准

直接运输标准是指原产产品必须从受惠国直接运输到进口国的规定。直接运输标准它是为了防止在运输途中经过第三国时可能发生的再加工或调换而采取的技术手段。直接运输标准保证享受优惠待遇的货物符合最后改变标准。

根据《亚太贸易协定》，原产地规则的直接运输是指：货物未经非受惠国关境；或者货物虽经一个或多个非受惠国关境，但其有充分理由证明过境运输完全出于地理原因或商业运输的要求，并能证明货物在运输过程中未在非受惠国关境内使用、交易或消费以及除装卸和为保持货物良好状态而接受的简单处理外，未经任何其他处理。

第三节　应纳税额的计算

关税完税价格是计算从价计征的进出口关税的计税依据。关税完税价格应有海关审查确定。自我国加入世界贸易组织后，我国海关遵循《世界贸易组织估价协定》的客观、公平、统一原则，制定了《中华人民共和国海关审定进出口货物完税价格办法》（以下简称《完税价格办法》），对进出口货物的完税价格进行审定。

一、出口货物的完税价格

（一）基本规定

出口货物的完税价格由海关以该货物的成交价格为基础审查确定，并且应当包括货物运至中华人民共和国境内输出地点装载前的运输及其相关费用、保险费。

出口关税完税价格

＝成交价格＋运抵至出口国境内输出地点装载前的运输及其相关费用、保险费

出口货物的成交价格，是指该货物出口销售时，卖方为出口该货物应当向买方直接收

取和间接收取的价款总额。

(二)不构成出口关税完税价格的部分

下列税收、费用不计入出口货物的完税价格:

1. 出口关税。

2. 在货物价款中单独列明的货物运至中华人民共和国境内输出地点装载后的运输及其相关费用、保险费。

(三)成交价格无法确认情况的处理

出口货物的成交价格不能确定的,海关经了解有关情况,并且与纳税义务人进行价格磋商后,依次以下列价格审查确定该货物的完税价格:

1. 同时或者大约同时向同一国家或者地区出口的相同货物的成交价格。

2. 同时或者大约同时向同一国家或者地区出口的类似货物的成交价格。

3. 根据境内生产相同或者类似货物的成本、利润和一般费用(包括直接费用和间接费用)、境内发生的运输及其相关费用、保险费计算所得的价格。

4. 按照合理方法估定的价格。

二、进口货物的完税价格

进口货物的完税价格由海关以货物的成交价格为基础审查确定,并包括该货物运抵中华人民共和国境内输入地点起卸前的运输及其相关费用、保险费。若成交价格不符合规定的条件或者成交价格不能确定的情况下,由海关估定该货物的完税价格。

进口关税完税价格

=成交价格+运抵至进口国输入地点起卸前的运输及其相关费用、保险费

我们可以用图5-1形象地理解出口关税完税价格及进口关税完税价格所包含的项目:

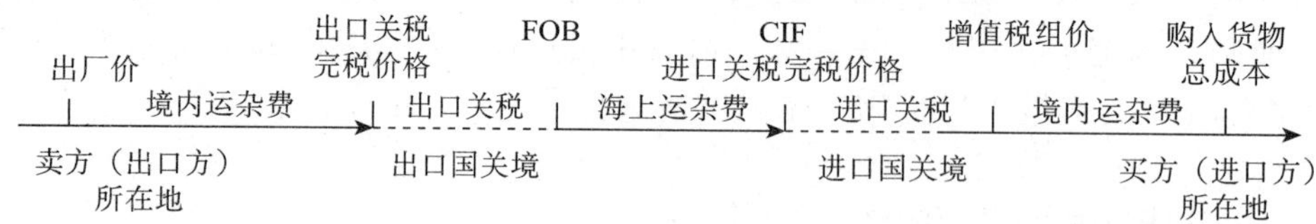

图5-1 形象图

【课堂思考】

出口关税完税价格与生产企业增值税出口退税计税依据有什么关系?

(一)一般货物关税完税价格

1. 以成交价格为基础的完税价格。根据我国海关法律制度,进口货物以海关审定的成交价格为基础的到岸价格为完税价格。成交价格,是指卖方向中华人民共和国境内销售

该货物时买方为进口该货物向卖方实付、应付的，并按照《完税价格办法》调整后的价款总额，包括直接支付的价款和间接支付的价款。

（1）成交价格的条件。

①对买方处置或者使用该货物不予限制，但法律、行政法规规定实施的限制、对货物转售地域的限制和对货物价格无实质性影响的限制除外；

②该货物的成交价格没有因搭售或者其他因素的影响而无法确定；

③卖方不得从买方直接或者间接获得因该货物进口后转售、处置或者使用而产生的任何收益，或者虽有收益但能够按照《完税价格办法》的规定进行调整；

④买卖双方没有特殊关系，或者虽有特殊关系但未对成交价格产生影响。

（2）应当计入完税价格的费用。

①由买方负担的购货佣金以外的佣金和经纪费；

②由买方负担的在审查确定完税价格时与该货物视为一体的容器的费用；

③由买方负担的包装材料费用和包装劳务费用；

④与该货物的生产和向中华人民共和国境内销售有关的，由买方以免费或者以低于成本的方式提供并可以按适当比例分摊的料件、工具、模具、消耗材料及类似货物的价款，以及在境外开发、设计等相关服务的费用；

⑤作为该货物向中华人民共和国境内销售的条件，买方必须支付的、与该货物有关的特许权使用费；

⑥卖方直接或者间接从买方获得的该货物进口后转售、处置或者使用的收益。

（3）不计入该货物的完税价格的费用。

①厂房、机械、设备等货物进口后进行建设、安装、装配、维修和技术服务的费用；

②进口货物运抵境内输入地点起卸后的运输及其相关费用、保险费；

③进口关税及国内税收。

【例5-10计算题】某进出口公司2020年8月从美国进口一批化工原料共50吨，货物以境外口岸离岸价格成交，单价折合人民币为20000元，该公司另支付卖方佣金每吨1000元人民币，货物包装费每吨400元，向自己的采购代理人支付的佣金每吨500元，已知该货物运抵中国海关境内输入地起卸前的包装、运输、保险和其他劳务费用为每吨2000元人民币，入关后又支付运输费每吨100元，则该批化工原料进口关税完税价格为多少？

【解析】计入进口货物关税完税价格的，包括货价、支付的买方佣金及中介的费用、买方负担的包装费、进口途中的运输费（不包括进口后发生的运输费、装卸费）和保险费及其他劳务费用。不包括买方向自己的采购代理人支付的购货佣金，不包括境内运输费用。

因此，该批进口化工原料的关税完税价格＝（20000＋1000＋400＋2000）×50＝1170000（元）。

---

2. 海关估价方法。进口货物的成交价格不符合《完税价格办法》相关规定的，或者成交价格不能确定的，依次按照下列方法审查确定该货物的完税价格：

（1）相同货物成交价格估价方法。相同货物成交价格估价方法，是指海关以与进口货物同时或者大约同时向中华人民共和国境内销售的相同货物的成交价格为基础，审查确定进口货物的完税价格的估价方法。

（2）类似货物成交价格估价方法。类似货物成交价格估价方法，是指海关以与进口货物同时或者大约同时向中华人民共和国境内销售的类似货物的成交价格为基础，审查确定进口货物的完税价格的估价方法。

（3）倒扣价格估价方法。倒扣价格估价方法，是指海关以进口货物、相同或者类似进口货物在境内的销售价格为基础，扣除境内发生的有关费用后，审查确定进口货物完税价格的估价方法。

（4）计算价格估价方法。计算价格估价方法，是指海关以下列各项的总和为基础，审查确定进口货物完税价格的估价方法：

①生产该货物所使用的料件成本和加工费用；

②向境内销售同等级或者同种类货物通常的利润和一般费用（包括直接费用和间接费用）；

③该货物运抵境内输入地点起卸前的运输及相关费用、保险费。

采用计算价格估价方法确定进口货物的完税价格时，海关在征得境外生产商同意并且提前通知有关国家或者地区政府后，可以在境外核实该企业提供的有关资料。在确定有关价值或者费用时，应当使用与生产国或者地区公认的会计原则相一致的原则和方法。

（5）其他合理方法。当海关不能上述方法计算价格估价方法确定完税价格时，海关根据客观、公平、统一的原则，以客观量化的数据资料为基础审查确定进口货物完税价格的估价方法。

（二）特殊进口货物完税价格

1. 运往境外修理的货物。运往境外修理的机械器具、运输工具或者其他货物，出境时已向海关报明，并且在海关规定的期限内复运进境的，应当以境外修理费和料件费为基础审查确定完税价格。出境修理货物复运进境超过海关规定期限的，由海关一般进口货物审查确定完税价格。

【例5-11计算题】 某医院2015年以150万元（人民币，下同）的价格进口了一台医疗仪器，2020年7月因出现故障运往日本修理（出境时已向海关报明），2020年9月，按海关规定的期限复运进境。此时，该仪器的国际市场价已为200万元。若经海关审定的境外修理费和料件费为40万元，进口运费1万元，进口关税税率为6%，该仪器复运进境时，应缴纳进口关税多少万元？

【解析】 运往境外修理的货物，关税完税价应以境外修理费和料件费为基础，不含运输费。因此，改仪器复运进境时，应纳进口关税 $=40\times6\%=2.4$（万元）。

2. 运往境外加工的货物。运往境外加工的货物，出境时已向海关报明，并且在海关规定期限内复运进境的，应当以境外加工费和料件费以及该货物复运进境的运输及其相关费用、保险费为基础审查确定完税价格。出境加工货物复运进境超过海关规定期限的，由海关按照一般进口货物的规定审查确定完税价格。

【例 5－12 单选题】 2020 年 3 月，某公司将一批材料运往境外加工，出境时已向海关报明，并在海关规定期限内复运进境。已知材料成本为 80 万，公允价值为 100 万元，发生境外加工费 20 万元，料件费 10 万，运费 1 万元，保险费 0.4 万元。关税税率 10%。该公司上述业务应缴纳关税（　　）万元。

A. 13.14　　B. 11.14　　C. 3.14　　D. 1.14

【答案】 C

【解析】 运往境外加工的货物，出境时已向海关报明，并在海关规定期限内复运进境，以境外加工费、料件费、复运进境的运输及相关费用、保险费为基础审查确定完税价格。

该公司上述业务应缴纳关税 =（20 + 10 + 1 + 0.4）×10% = 3.14（万元）。

3. 经海关批准的暂时进境货物。经海关批准的暂时进境货物，应当缴纳税款的，由海关按照一般进口货物的规定审查确定完税价格。经海关批准留购的暂时进境货物，以海关审查确定的留购价格作为完税价格。

4. 租赁方式进口的货物。租赁方式进口的货物，按照下列方法审查确定完税价格：

（1）以租金方式对外支付的租赁货物，在租赁期间以海关审查确定的租金作为完税价格，利息应当予以计入；

（2）留购的租赁货物以海关审查确定的留购价格作为完税价格；

（3）纳税义务人申请一次性缴纳税款的，可以选择申请按照一般进口货物的方法确定完税价格，或者按照海关审查确定的租金总额作为完税价格。

5. 需要补税的减免税货物。减税或者免税进口的货物应当补税时，应当以海关审查确定的该货物原进口时的价格，扣除折旧部分价值作为完税价格，其计算公式如下：

$$完税价格 = 该货物原进口时的价格 \times \left(1 - \frac{海关审查确定的补税时实际已进口的时间}{监管年限 \times 12}\right)$$

上述计算公式中“补税时实际已进口的时间”按月计算，不足 1 个月但是超过 15 日的，按照 1 个月计算；不超过 15 日的，不予计算。

【例 5－13 计算题】 某公司 2018 年 2 月 7 日经批准进口一套特定免税设备用于研发项目，2020 年 8 月 17 日经海关批准，该公司将设备出售，取得销售收入 200 万元，该设备进口时经海关审定的完税价格为 350 万元，已提折旧 120 万元。计算 2020 年 8 月该公司应补缴的关税（关税税率为 10%，海关规定的监管年限为 5 年）。

【解析】补税时实际已进口的时间按月计算，其中不足1个月但超过15日的，按照1个月计算，不超过15日的，不予计算。题中该企业以进口使用该设备的期间为30个月零10天，故应确认为30个月，而监管年限为5年（即60个月）。则该企业应补缴关税 =350 ×（1 -30/60）×10% =17.5（万元）。

6. 不存在成交价格的货物。易货贸易、寄售、捐赠、赠送等不存在成交价格的进口货物，海关与纳税义务人进行价格磋商后，按照一般进口货物的方法审查确定完税价格。

7. 进口载有专供数据处理设备用软件的介质。进口载有专供数据处理设备用软件的介质，具有下列情形之一的，应当以介质本身的价值或者成本为基础审查确定完税价格：

（1）介质本身的价值或者成本与所载软件的价值分列；

（2）介质本身的价值或者成本与所载软件的价值虽未分列，但是纳税义务人能够提供介质本身的价值或者成本的证明文件，或者能提供所载软件价值的证明文件。

（3）含有美术、摄影、声音、图像、影视、游戏、电子出版物的介质不适用前款规定。

8. 加工贸易进口料件及其制成品。加工贸易，是指经营企业进口全部或者部分原辅材料、零部件、元器件、包装物料（以下简称料件），经加工或装配后，将制成品复出口的经营活动。常见的加工贸易方式有进料加工、来料加工。在加工贸易中，进口的料件经加工生产成产成品，然后又将出口。因此，对进口的料件不征进口环节关税。但是，进口料件按照国家规定保税进口的，其制成品或者进口料件未在规定的期限内出口的，海关按照规定征收进口关税。这时，按照以下方法确认进口料件的关税完税价格：

（1）进料加工方式。进料加工进口料件或者其制成品（包括残次品）内销时，海关以料件原进口成交价格为基础审查确定完税价格。内销保税货物的完税价格，由海关以该货物的成交价格为基础审查确定。

（2）来料加工方式。来料加工进口料件或者其制成品（包括残次品）内销时，海关以接受内销申报的同时或者大约同时进口的与料件相同或者类似的保税货物的进口成交价格为基础审查确定完税价格。

（3）边角料或者副产品。加工企业内销的加工过程中产生的边角料或者副产品，以其内销价格为基础审查确定完税价格。副产品并非全部使用保税料件生产所得的，海关以保税料件在投入成本核算中所占比重计算结果为基础审查确定完税价格。

9. 保税区内以及除保税区以外的海关特殊监管区域内企业内销货物。保税区以及除保税区以外的海关特殊监管区域企业内销的保税加工进口料件或者其制成品，海关以其内销价格为基础审查确定完税价格。

保税区内企业内销的保税加工制成品中，如果含有从境内采购的料件，海关以制成品所含从境外购入料件的原进口成交价格为基础审查确定完税价格。保税区内以及除保税区以外的海关特殊监管区域内企业内销的保税加工进口料件或者其制成品的完税价格依据上述规定不能确定的，海关以接受内销申报的同时或者大约同时内销的相同或者类似的保税货物的内销价格为基础审查确定完税价格。

(三)进口货物的运输及其相关费用

1. 运输费用。进口货物的运输及其相关费用应当按照由买方实际支付或者应当支付的费用计算。如果进口货物的运输及其相关费用无法确定的，海关应当按照该货物进口同期的正常运输成本审查确定。

运输工具作为进口货物，利用自身动力进境的，海关在审查确定完税价格时，不再另行计入运输及其相关费用。

邮运进口的货物，应当以邮费作为运输及其相关费用、保险费。

2. 进口货物的保险费。进口货物的保险费应当按照实际支付的费用计算。如果进口货物的保险费无法确定或者未实际发生，海关应当按照“货价加运费”两者总额的3‰计算保险费，其计算公式如下：

保险费 =（货价 + 运费）×3‰

【例5-14单选题】 某公司进口卷烟生产设备一套，实付金额折合人民币185万元，其中包含单独列出的进口后设备安装费10万元、中介经纪费5万元；运输保险费无法确定，海关按同类货物同期同程运输费计算的运费为25万元。假定关税税率为20%，该公司进口设备应缴纳的关税为（　　）。

A. 34万元　　B. 35万元　　C. 40万元　　D. 40.12万元

【答案】 D

【解析】 货价中单独列出的进口“后”设备安装费10万元不计入关税完税价格。运输保险费无法确定，运费由海关按同类货物同期同程运输费计算。保险费无法确定的，按（货价 + 运费）×3‰计算。

因此，该公司进口舞台设备应缴纳的关税

=（185 - 10 + 25）×（1 + 3‰）×20% = 40.12（万元）。

三、应纳税额计算

(一)从价税应纳税额的计算

从价计征的计算公式为：应纳税额 = 应税进出口货物（或物品）数量 × 单位完税价格 × 关税税率

(二)从量税应纳税额的计算

从量计征的计算公式为：应纳税额 = 进（出）口货物数量 × 单位税额

(三)复合税应纳税额的计算

复合税的计算公式为：

关税应纳税额 = 进（出）口应税货物数量 × 单位货物税额 + 进（出）口完税价格 × 适用税率

（四）加征关税应纳税额的计算

关税 = 关税完税价格 ×（现行适用关税税率 + 加征关税税率）

进口环节消费税计税价格 =（关税完税价格 + 关税）/（1 − 进口环节消费税税率）

进口环节消费税 = 进口环节消费税计税价格 × 进口环节消费税税率

进口环节增值税计税价格 = 关税完税价格 + 关税 + 进口环节消费税

进口环节增值税 = 进口环节增值税计税价格 × 进口环节增值税税率

第四节　税收优惠

一、法定减免

法定减免是指根据《海关法》《进出口关税条例》《进出口税则》等法律法规列明的减免。

（一）免征关税的进出口货物

1. 关税税额在人民币 50 元以下的一票货物。

2. 无商业价值的广告品和货样。

3. 外国政府、国际组织无偿赠送的物资。

4. 在海关放行前损失的货物。

5. 进出境运输工具装载的途中必需的燃料、物料和饮食用品。

【例 5－15 多选题】下列进口货物中，不能免征进口关税的是（　　）。

A. 外国企业无偿赠送的物资

B. 具有一定商业价值的货样

C. 海关放行后损坏的进口货物

D. 关税税额为人民币 80 元的一票货物

【答案】ABCD

6. 因品质或者规格原因，出口货物自出口之日起 1 年内原状复运进境的，不征收进口关税。

7. 因品质或者规格原因，进口货物自进口之日起1年内原状复运出境的，不征收出口关税。

8. 个人自用进境物品的优惠。进境居民旅客携带在境外获取的个人自用进境物品，总值在5000元人民币以内（含5000元）的；非居民旅客携带拟留在中国境内的个人自用进境物品，总值在2000元人民币以内（含2000元）的，海关予以免税放行，单一品种限自用、合理数量，但烟草制品、酒精制品以及国家规定应当征税的20种商品等另按有关规定办理。

（二）酌情减免的情形

在海关放行前遭受损坏的货物，可以根据海关认定的受损程度减征关税。

法律规定的其他免征或者减征关税的货物，海关根据规定予以免征或者减征

（三）保税进口的货物

有些货物虽然进出境了，但是并非出于贸易目的，只是经海关批准暂时进境或者暂时出境。对于这些货物，可以不征关税，但需要做保税处理。即进境或者出境时，纳税义务人暂不缴纳关税，只需要向海关缴纳相当于应纳税款的保证金或者提供其他担保。

1. 范围：

（1）在展览会、交易会、会议及类似活动中展示或者使用的货物；

（2）文化、体育交流活动中使用的表演、比赛用品；

（3）进行新闻报道或者摄制电影、电视节目使用的仪器、设备及用品；

（4）开展科研、教学、医疗活动使用的仪器、设备及用品；

（5）在上述第（1）项至第（4）项所列活动中使用的交通工具及特种车辆；

（6）货样；

（7）供安装、调试、检测设备时使用的仪器、工具；

（8）盛装货物的容器；

（9）其他用于非商业目的的货物。

2. 时间限制。这些货物并应当自进境或者出境之日起6个月内复运出境或者复运进境。若暂准进境货物在规定的期限内未复运出境的，或者暂准出境货物在规定的期限内未复运进境的，海关应当依法征收关税。若情况特殊需要延长，经纳税义务人申请，海关可以根据海关总署的规定延长复运出境或者复运进境的期限。

【例5-16 多选题】 暂时进境或者暂时出境的某些货物，在进境或者出境时纳税义务人向海关缴纳相当于应纳税款的保证金或者提供其他担保的，可以暂不缴纳关税，并应当自进境或者出境之日起6个月内复运出境或者复运进境。该货物包括（　　）。

A. 加工贸易作为固定资产使用的机器设备

B. 医疗活动使用的仪器、设备

C. 体育交流活动中使用的比赛用品

D. 货样

【答案】BCD

【解析】选项A不属于暂免征收关税的范围；选项BCD均包含在提供担保或缴纳保证金后，在一定期限内暂不缴纳关税的范围。

（四）补发或更换货物的免税

因残损、短少、品质不良或者规格不符原因，由进出口货物的发货人、承运人或者保险公司免费补偿或者更换的相同货物，进出口时不征收关税。被免费更换的原进口货物不退运出境或者原出口货物不退运进境的，海关应当对原进出口货物重新按照规定征收关税。

二、特定减免税

特定减免税又称政策性减免税。在法定减免税之外，国家按照国际通行规则和我国实际情况，制定发布的有关进出口货物减免关税的政策。

下列货物、物品予以实行特定减免税：

1. 科教用品。

2. 残疾人专用品。

3. 扶贫、慈善性捐赠物资。

4. 加工贸易产品。

5. 边境贸易进口物资。

6. 保税区进出口货物。

7. 出口加工区进出口货物。

8. 特定行业或用途的减免税政策。为鼓励、支持部分行业、特定产品的发展，国家制定部分行业和用途的减免税政策，这类政策一般对可以减免税的商品进行清单管理。如我国对海洋、陆上特定地区的石油开采、天然气作业的设备、仪器、零附件、专用工具，免征进口关税和进口环节增值税。如对国内企业研制国家支持发展的重大技术装备而进口关键零部件及原材料，免征关税和进口环节增值税。

9. 特定地区的减免税政策。如我国大陆对台湾地区的进口鲜水果实施零关税。根据中国内地与香港、澳门签署的货物贸易协议，对原产于香港、澳门的进口货物将全面实施零关税。

10. 特定药品。自2018年5月1日起，以暂定税率方式将包括抗癌药在内的所有普通药品、具有抗癌作用的生物碱类药品及有实际进口的中成药进口关税降为零。

三、临时减免税

临时减免税是指以上法定和特定减免税以外的其他减免税，即由国务院根据《海关

法》对某个单位、某类商品、某个项目或某批进出口货物的特殊情况，给予特别照顾，一案一批，专文下达的减免税。一般有单位、品种、期限、金额或数量等限制，不能比照执行。

第五节　税款报缴

一、关税缴纳

（一）关税申报

进口货物的纳税义务人应当自运输工具申报进境之日起 14 日内，出口货物的纳税义务人除海关特准的外，应当在货物运抵海关监管区后、装货的 24 小时以前，向货物的进出境地海关申报。进出口货物转关运输的，按照海关总署的规定执行。

进口货物到达前，纳税义务人经海关核准可以先行申报。

（二）关税缴纳

1. 期限。货物纳税义务人应当自海关填发税款缴款书之日起 15 日内向指定银行缴纳税款。

进出境物品的纳税义务人，应当在物品放行前缴纳税款。

2. 延期纳税。纳税义务人因不可抗力或者在国家税收政策调整的情形下，不能按期缴纳税款的，经海关总署批准，可以延期缴纳税款，但是最长不得超过 6 个月。

3. 滞纳金。纳税义务人未按期缴纳税款的，从滞纳税款之日起，按日加收滞纳税款万分之五的滞纳金。

关税滞纳金金额 = 滞纳关税税额 × 滞纳金征收比率 × 滞纳天数

海关可以对纳税义务人欠缴税款的情况予以公告。海关征收关税、滞纳金等，应当制发缴款凭证，缴款凭证格式由海关总署规定。

【例 5 – 17 单选题】 某公司于 2020 年 4 月 10 日报关进口一批化妆品，海关核定的关税完税价格 30 万元，关税税率为 50%，4 月 17 日海关填发了税款缴款书，该企业于 5 月 8 日缴纳关税，则该企业应缴纳关税滞纳金（　）元。

A. 150　　B. 225　　C. 525　　D. 1050

【答案】 A

【解析】 本题中，2020 年 4 月 17 日填发税款缴款书，关税应当于填发税款缴款书之日起 15 日内缴纳，“之”字表示 15 天的起始日期，包括税款填发当日。这样，该企业的关税于5月1日（含当日）之前缴纳，都是合法的。5月1日之后，延迟一天，算滞纳一天。但是，5月1日—5月5日为法定节假日，因此，关税的缴纳的最后期限顺延至法定节假日之后的第一个工作日，也就是5月6日。滞纳从5月7日算起，该企业5月8日缴纳关税，滞纳天数为2天。需要缴纳的滞纳金为：$300000 \times 50\% \times 5‱ \times 2 = 150$（元）。

二、关税的退还

关税退还是关税纳税义务人按海关核定的税额缴纳关税后，或因某种原因导致多交了关税，或者因货物原状退回导致纳税义务消失，海关将征收的税额退还给原纳税义务人的一种行政行为。

（一）退还的情形

1. 溢征关税的退还。

（1）海关发现多征税款的，应当立即通知纳税义务人办理退还手续。

（2）纳税义务人发现多缴税款的，自缴纳税款之日起1年内，可以以书面形式要求海关退还多缴的税款并加算银行同期活期存款利息。

2. 货物原状退回的关税的退还。有下列情形之一的，纳税义务人自缴纳税款之日起1年内，可以申请退还关税，并应当以书面形式向海关说明理由，提供原缴款凭证及相关资料：

（1）已征进口关税的货物，因品质或者规格原因，原状退货复运出境的；

（2）已征出口关税的货物，因品质或者规格原因，原状退货复运进境，并已重新缴纳因出口而退还的国内环节有关税收的；

（3）已征出口关税的货物，因故未装运出口，申报退关的。

（二）退还程序

海关应当自受理退税申请之日起30日内查实并通知纳税义务人办理退还手续。纳税义务人应当自收到通知之日起3个月内办理有关退税手续。

【课堂思考】

甲贸易公司A于2018年8月底从美国进口了一批光缆，企业申报进口时，正好遇上税委会〔2018〕6号公告，即第二次加征关税公告的执行。海关对甲公司进口的这批来源于美国的光缆要加征25%的进口关税。甲公司按规定缴纳了进口关税，货物在征税后验放。由于加征关税远远超出预期，导致进口货物的成本增加，甲公司无法承受。甲公司经与供货商协商，决定将货物退运，在海关办理了退运手续。之后，甲公司向海关申请办理退还原缴税款，还提交了相关材料。

根据以上资料思考下列问题：

1. 在此情况下甲公司退税申请能否批准？

2. 此案中甲公司有哪些地方处理不恰当？

3. 若该批货物为出口关税的应税货物，则其退运出境时是否应征出口关税？

三、关税的补征追征

进出口货物放行后，海关发现少征或者漏征税款的，应当自缴纳税款或者货物放行之日起1年内，向纳税义务人补征税款。但因纳税义务人违反规定造成少征或者漏征税款的，海关可以自缴纳税款或者货物放行之日起3年内追征税款，并从缴纳税款或者货物放行之日起按日加收少征或者漏征税款万分之五的滞纳金。

第六节 船舶吨税

一、概念

船舶吨税，简称吨税，是海关对自境外港口进入中华人民共和国境内港口的船舶征收的一种税。征收船舶吨税一方面可以为航道设施建设和维护筹集资金，促进我国海洋运输业的发展，另一方面可以加强对进入我国港口的船舶的管理。我国船舶吨税的现行征税依据是《中华人民共和国船舶吨税法》，自2018年7月1日起施行。

二、征税对象与纳税人

1. 征税对象。自中华人民共和国境外港口进入境内港口的船舶（以下称应税船舶），应缴纳船舶吨税。

2. 纳税人。船舶吨税的纳税人是中国境内港口的应税船舶负责人。

三、税率

吨税税率采取定额税率形式，并设置有优惠税率和普通税率两档税率，见表5－1。

表5－1 船舶吨税税率表

税目（按船舶净吨位划分）	税率（元/净吨）					
	普通税率			优惠税率		
	1年	90日	30日	1年	90日	30日
不超过2000净吨	12.6	4.2	2.1	9.0	3.0	1.5
超过2000净吨，但不超过10000净吨	24.0	8.0	4.0	17.4	5.8	2.9
超过10000净吨，但不超过50000净吨	27.6	9.2	4.6	19.8	6.6	3.3
超过50000净吨	31.8	10.6	5.3	22.8	7.6	3.8

注：拖船，是指专门用于拖（推）动运输船舶的专业作业船舶；非机动驳船，是指在船舶登记机关登记为驳船的非机动船舶。

税率表说明：

1. 中华人民共和国籍的应税船舶和船籍国（地区）与中华人民共和国签订含有相互给予船舶税费最惠国待遇条款的条约或者协定的应税船舶，适用优惠税率。其他应税船舶，适用普通税率。

2. 拖船按照发动机功率每1千瓦折合净吨位0.67吨计算征收船舶吨税。

3. 拖船、非机动驳船分别按相同净吨位船舶税率的50%计算计征税款。

4. 无法提供净吨位证明文件的游艇，按照发动机功率，每千瓦折合净吨位0.05吨。

四、应纳税额的计算

1. 计税依据。吨税按照船舶净吨位和吨税执照期限征收。净吨位，是指由船籍国（地区）政府签发或者授权签发的船舶吨位证明书上标明的净吨位。应税船舶负责人在每次申报纳税时，可以按照《吨税税目税率表》选择申领一种期限的吨税执照。

2. 应纳税额计算：

应纳税额 = 船舶净吨位 × 适用税率

【例5－18单选题】2020年9月10日，甲国某运输公司一艘拖船驶入我国某港口，该拖船发动机功率为48000千瓦，拖船负责人已向我国海关领取了吨税执照，在港口停留期为30天，B国已与我国签订有相互给予船舶税最惠国待遇条款。税额标准见下表。该拖船负责人应向我国海关缴纳的船舶吨税（　　）元。

A. 53064　　B. 73968　　C. 79200　　D. 106128

【答案】A

【解析】拖船按照发动机功率每千瓦折合净吨位0.67吨。因此该拖船的净吨位为48000×0.67＝32120（吨）。因为B国与我国签订有最惠国待遇条款，因此适用优惠税率，找到停留期限为30日的优惠税率为3.3，且拖船应分别按相同净吨位船舶税率的50%计征税款，因此该船应缴纳的船舶吨税＝32120×3.3×50%＝53064（元）。

五、税收优惠

下列船舶免征吨税：

1. 应纳税额在人民币50元以下的船舶。

2. 自境外以购买、受赠、继承等方式取得船舶所有权的初次进口到港的空载船舶。

3. 吨税执照期满后二十四小时内不上下客货的船舶。

4. 非机动船舶（不包括非机动驳船）。

非机动船舶，是指自身没有动力装置，依靠外力驱动的船舶。

5. 捕捞、养殖渔船。

捕捞、养殖渔船，是指在中华人民共和国渔业船舶管理部门登记为捕捞船或者养殖船的船舶。

6. 避难、防疫隔离、修理、改造、终止运营或者拆解，并不上下客货的船舶。

7. 军队、武装警察部队专用或者征用的船舶。

8. 警用船舶。

9. 依照法律规定应当予以免税的外国驻华使领馆、国际组织驻华代表机构及其有关人员的船舶。

10. 国务院规定的其他船舶。

享受上述第5—9条中优惠，应当提供海事部门、渔业船舶管理部门或者出入境检验检疫部门等部门、机构出具的具有法律效力的证明文件或者使用关系证明文件，申明免税依据和理由。

【例5－19多选题】 下列船舶中，免征船舶吨税的有（　　）。

A. 养殖渔船

B. 非机动驳船

C. 军队征用的船舶

D. 应纳税额为人民币100元的船舶

【答案】 AC

【解析】 选项B，非机动驳船按相同净吨位船舶税率的50%计征船舶吨税；选项D，应纳税额为人民币50元以下的船舶，免征船舶吨税。

六、征收管理

1. 征收机关。吨税由海关负责征收。海关征收吨税应当制发缴款凭证。

2. 吨税执照。

（1）执照领取。应税船舶在进入港口办理入境手续时，应当向海关申报纳税领取吨税执照，或者交验吨税执照（或者申请核验执照电子信息）。应税船舶在离开港口办理出境手续时，应当交验吨税执照（或者申请核验吨税执照电子信息）。

应税船舶负责人申领吨税执照吨税时，应当向海关提供下列文件：

①船舶国籍证书或者海事部门签发的船舶国籍证书收存证明；

②船舶吨位证明。

应税船舶因不可抗力在未设立海关地点停泊的，船舶负责人应当立即向附近海关报告，并在不可抗力原因消除后，依照本法规定向海关申报纳税。

（2）执照超期的处理。应税船舶在吨税执照期满后尚未离开港口的，应当申领新的吨税执照，自上一次执照期满的次日起续缴吨税。

（3）延期优惠。在吨税执照期限内，应税船舶发生下列情形之一的，海关按照实际发生的天数批注延长吨税执照期限：

①避难、防疫隔离、修理、改造，并不上下客货；

②军队、武装警察部队征用。

上述船舶，应当提供海事部门、渔业船舶管理部门或者出入境检验检疫部门等部门、机构出具的具有法律效力的证明文件或者使用关系证明文件，申明免税依据和理由。

【例5－20 单选题】下列属于船舶吨税中延期优惠的是（　　）。

A. 应纳税额在人民币50元以下的船舶

B. 吨税执照期满后24小时内不上下客货的船舶

C. 捕捞、养殖渔船

D. 在吨税执照期限内，用于修理并不上下客货的船舶

【答案】D

【解析】ABC属于免税优惠。

（4）吨位改变的处理。应税船舶在吨税执照期限内，因修理、改造导致净吨位变化的，吨税执照继续有效。应税船舶办理出入境手续时，应当提供船舶经过修理、改造的证明文件。

（5）执照遗失的处理。吨税执照在期满前毁损或者遗失的，应当向原发照海关书面申请核发吨税执照副本，不再补税。

3. 纳税义务发生时间。吨税纳税义务发生时间为应税船舶进入港口的当日。

4. 纳税期限。船舶吨税分1年期缴纳、90天期缴纳与30天期缴纳三种。应税船舶负责人应当自海关填发吨税缴款凭证之日起15日内缴清税款。未按期缴清税款的，自滞纳税款之日起至缴清税款之日止，按日加收滞纳税款万分之五的税款滞纳金。

5. 纳税担保。应税船舶到达港口前，经海关核准先行申报并办结出入境手续的，应税船舶负责人应当向海关提供与其依法履行吨税缴纳义务相适应的担保；应税船舶到达港口后，依照规定向海关申报纳税。应税船舶负责人缴纳吨税或者提供担保后，海关按照其申领的执照期限填发吨税执照。

6. 船籍改变。应税船舶在吨税执照期限内，因税目税率调整或者船籍改变而导致适用税率变化的，吨税执照继续有效。因船籍改变而导致适用税率变化的，应税船舶在办理出入境手续时，应当提供船籍改变的证明文件。

7. 补征与追征。海关发现少征或者漏征税款的，应当自应税船舶应当缴纳税款之日起一年内，补征税款。但因应税船舶违反规定造成少征或者漏征税款的，海关可以自应当缴纳税款之日起三年内追征税款，并自应当缴纳税款之日起按日加征少征或者漏征税款万分之五的税款滞纳金。

8. 退还处理。海关发现多征税款的，应当在二十四小时内通知应税船舶办理退还手续，并加算银行同期活期存款利息。

应税船舶发现多缴税款的，可以自缴纳税款之日起三年内以书面形式要求海关退还多缴的税款并加算银行同期活期存款利息；海关应当自受理退税申请之日起三十日内查实并通知应税船舶办理退还手续。

应税船舶应当自收到通知之日起三个月内办理有关退还手续。

9. 法律责任。应税船舶有下列行为之一的，由海关责令限期改正，处二千元以上三万元以下的罚款；不缴或者少缴应纳税款的，处不缴或者少缴税款百分之五十以上五倍以下的罚款，但罚款不得低于二千元：

（1）未按照规定申报纳税、领取吨税执照；

（2）未按照规定交验吨税执照（或者申请核验吨税执照电子信息）以及提供其他证明文件。

复习思考题

1. 关税的作用是什么？
2. 关税有哪些特点？
3. 进口关税完税价格与进口环节增值税、消费税的计税依据之间的关系是什么？
4. 出口关税完税价格与生产企业出口退税计税依据有什么关系？
5. 相同或类似价格估价法的难点是什么？
6. 船舶吨税的应纳税额如何确定？

第六章 烟叶税、城市维护建设税和教育费附加

第一节 烟叶税

问题导入

假定烟草公司从农民手中购入烟叶的买价是50元，生产的卷烟零售价300元/条，请问消费者购买这条卷烟承担了多少税款？分别是哪些税？

一、烟叶税概述

烟叶税是对我国境内收购烟叶的行为以收购金额为征税依据而征收的一种税，体现国家对烟草实行“寓禁于征”的政策。

中国对烟草征税始于明朝末年。后来一直保持对烟叶征收税，工商统一税和产品税都有对烤烟征税的规定。1994年的税制改革中，取消了原产品税和工商统一税，将原农林特产农业税与原产品税和工商统一税中的农林牧水产品税目合并，改为统一征收农业特产农业税，并于同年1月30日发布《国务院关于对农业特产收入征收农业税的规定》（国务院令第143号）。其中规定对烟叶在收购环节征收，税率为31%。1999年，将烟叶特产农业税的税率下调为20%。2004年6月，财政部、国家税务总局下发《关于取消除烟叶外的农业特产税有关问题的通知》（财税〔2004〕120号），规定从2004年起，除对烟叶暂保留征收农业特产农业税外，取消对其他农业特产品征收的农业特产农业税。2006年4月28日，《中华人民共和国烟叶税暂行条例》（国务院令第464号）公布施行。2017年12月

27 日《中华人民共和国烟叶税法》颁布，自 2018 年 7 月 1 日起施行。

二、纳税人

在中华人民共和国境内收购烟叶的单位为烟叶税的纳税人。

收购烟叶的单位，是指依照《中华人民共和国烟草专卖法》的规定有权收购叶的烟草公司或者受其委托收购烟叶的单位。依照《中华人民共和国烟草专卖法》查处没收的违法收购的烟叶，由收购罚没烟叶的单位按照购买金额计算缴纳烟叶税。

烟叶，是指晾晒烟叶、烤烟叶。晾晒烟叶，包括列入名晾晒烟名录的晾晒烟叶和未列入名晾晒烟名录的其他晾晒烟叶。

三、税率

烟叶税实行比例税率，税率为 20%。

四、计税依据

烟叶税的计税依据是收购烟叶实际支付的价款总额。

实际支付的价款总额，包括纳税人支付给烟叶生产销售单位和个人的烟叶点购价款和价外补贴。按照简化手续、方便征收的原则，对价外补贴统一按烟叶收购价款的 10% 计算。收购金额计算公式如下：

实际支付的价款总额 = 收购价款 ×（1 + 10%）

五、应纳税额的计算

应纳税额的计算公式为：

应纳税额 = 实际支付的价款总额 × 税率

应纳税额以人民币计算。

【例 6 - 1 计算题】 某烟草公司为增值税一般纳税人，2020 年 5 月从烟农手中购进烟叶用于生产卷烟，烟叶买价 200 万元并按规定支付了 10% 的价外补贴，假设无其他业务，计算该烟草公司 4 月应纳的烟叶税。

【解析】

应纳烟叶税 = 200 ×（1 + 10%）× 20% = 44（万元）

【课堂思考】

如何理解烟叶税和增值税的关系？

六、烟叶税报缴

（一）纳税地点

纳税人收购烟叶，应当向烟叶收购地的主管税务机关申报纳税。

（二）纳税时间

烟叶税的纳税义务发生时间为纳税人收购烟叶的当天。收购烟叶的当天，是指纳税人向烟叶销售者付讫收购烟叶款项或者开具收购烟叶凭据的当天。

（三）申报缴纳

烟叶税按月计征，纳税人应当于纳税义务发生月终了之日起15日内申报并缴纳

第二节　城市维护建设税

【问题导入】城市维护建设税、教育费附加为什么称作附加税费？附加税费以增值税、消费税为税基是基于何种原理？你觉得是否合理？

一、城市维护建设税概述

（一）城市维护建设税的概念

城市维护建设税是对于在中华人民共和国境内缴纳增值税、消费税的单位和个人，以其依法实际缴纳的增值税和消费税税额为计税依据，按具体适用税率计算征收的一种税。它是国家为加强城市的维护建设、扩大和稳定城市维护建设资金的来源而采取的一项税收措施。

1985年2月8日，国务院颁布《中华人民共和国城市维护建设税暂行条例》（以下简称《城建税暂行条例》），并于1985年1月1日起在全国范围内施行。2020年8月11日，中华人民共和国第十三届全国人民代表大会常务委员会第二十一次会议通过《中华人民共和国城市维护建设税法》，自2021年9月1日起施行。

（二）城市维护建设税的特点

城市维护建设税与其他税种相比较，具有以下特点：

1. 属于一种附加税。城市维护建设税与其他税种不同，没有独立的征税对象或税基，而是以增值税、消费税“二税”依法实际缴纳的税额之和为计税依据，随“二税”征收而征收，本质上属于附加税。

2. 根据纳税人所在地行政区域设计地区差别比例税率。《城建税暂行条例》规定，纳税人所在地为市区的，税率为7%；纳税人所在地为县城、镇的，税率为5%；纳税人所在地不在市区、县城或镇的，税率为1%。

3. 征收范围较广。城市维护建设税作为增值税和消费税的附加税，以增值税、消费税的税额为税基，原则上讲，缴纳增值税、消费税中任一税种的纳税人都要缴纳城市维护建设税。因此，除了减免税等特殊情况以外，任何从事生产经营活动的企业单位和个人都要缴纳城市维护建设税，所以城建税的征税范围是比较广的。

二、城市维护建设税的纳税人、征税范围、税率

（一）纳税人

城市维护建设税的纳税人是在中华人民共和国境内缴纳增值税、消费税的单位和个人。不论国有企业、集体企业、私营企业、个体工商业户，还是其他单位、个人，只要缴纳了增值税、消费税中的任何一种税，都必须同时缴纳城市维护建设税。

自2010年12月1日起，对外商投资企业和外国企业及外籍个人开始征收城市维护建设税。

“二税”代扣代缴代收代缴义务人同时也是城市维护建设税的代扣代缴、代收代缴义务人。

（二）征税范围

城市维护建设税的征税范围具体包括市区、县城、镇，以及税法规定征收“二税”的其他地区。城市、县城、镇的范围，应以行政区划为标准，不能随意扩大或缩小各自行政区域的管辖范围。

（三）税率

城市维护建设税实行地区差别比例税率。按照纳税人所在地的不同，税率分别规定为7%、5%、1%三个档次。不同地区的纳税人，适用不同档次的税率。具体税率如下：

（1）纳税人所在地在市区的，税率为7%；

（2）纳税人所在地在县城、镇的，税率为5%；

（3）纳税人所在地不在市区、县城、镇的，税率为1%。

开采海洋石油资源的中外合作油（气）田所在地在海上，其城市维护建设相适用1%的税率。

城市维护建设税的适用税率，一般规定按纳税人所在地的适用税率执行。但对下列两种情况，可按纳税人缴纳“二税”所在地的规定税率就地缴纳城市维护建设税：

由受托方代收、代扣“二税”的单位和个人，其代扣代缴、代收代缴的城市维护建设

税按受托方所在地适用税率执行。

三、城市维护建设税应纳税款的计算

城市维护建设税应纳税款 = 计税依据 × 适用税率。

（一）计税依据

1. 城市维护建设税的计税依据是纳税人实际缴纳的增值税、消费税税额，不包括加收的滞纳金和罚款。

2. 经国家税务局正式审核批准的出口货物、劳务或者跨境销售服务无形资产的增值税免、抵税额应计入城市维护建设税和教育费附加的计征依据。

3. 实行增值税期末留抵退税的纳税人，其退还的增值税期末留抵税额应在计税依据中扣除。

（二）应纳税额的计算城市维护建设税的应纳税额按以下公式计算：

应纳税额 =（实际缴纳的增值税额 + 实际缴纳的消费税额）× 适用税率

【例 6－2 计算题】 设在市区的某企业，2019 年 3 月实际缴纳消费税 30 万元，增值税 50 万元，出口货物免抵税额 5 万元，因故被加收增值税滞纳金 0．5 万元。请计算该企业 3 月份实际应纳城市维护建设税额。

【解析】

应纳税额 =（30 + 50 + 5）× 7% = 85 × 7% = 5．95（万元）

四、税收优惠

城市维护建设税是以增值税、消费税为计税依据，并与"二税"同时征收。税法规定对纳税人减免"二税"时，相应也减免了城市维护建设税。城市维护建设税原则上一般不单独规定减免税。特殊规定如下：

1. 进口不征。对进口产品或者境外单位和个人向境内销售劳务、服务、无形资产缴纳的增值税、消费税税额，不征收城市维护建设税。

2. 增值税、消费税减、免、退的城市维护建设税规定。对由于减免增值税、消费税而发生的退税，同时退还已纳的城市维护建设税，但对出口产品退还增值税、消费税的，不退还已缴纳的城市维护建设税。

3. 对增值税、消费税"二税"实行先征后返、先征后退、即征即退办法，除另有规定外，对随"二税"附征的城市维护建设税和教育费附加，一律不予退（返）还。

4. 特定情形的优惠。根据国民经济和社会发展的需要，国务院对重大公共基础设施

建设、特殊产业和群体以及重大突发事件应对等情形可以规定减征或者免征城市维护建设税，报全国人民代表大会常务委员会备案。

五、税款报缴

城市维护建设税纳税义务发生时间、纳税地点等征收管理、税款报缴规定与增值税、消费税一致。

城市维护建设税与增值税、消费税同时征收，如果纳税人缴纳了“二税”之后，却不按规定缴纳城市维护建设税，则可以对其单独加收滞纳金，也可以单独进行罚款。

第三节 教育费附加

一、教育费附加概述

教育费附加是以单位和个人缴纳的增值税、消费税税额为计算依据征收的一种附加费。教育费附加名义上是一种专项资金，但实质上具有税的性质。为了多渠道筹措教育经费，国务院于1986年7月1日开始在全国范围内开征教育费附加，2011年我国全面开征地方教育附加。

二、教育费附加的缴费人、征收范围及费率

（一）缴费人

教育费附加的缴费人是缴纳增值税、消费税的单位和个人。

自2010年12月1日起，对外商投资企业和外国企业及外籍个人开始征收教育费附加。

“二税”代扣代缴、代收代缴义务人，同时也是教育费附加的代扣代缴、代收代缴义务人。

（二）缴费范围

教育费附加以纳税人缴纳的增值税和消费税作为计税依据，是一种附加费，其征收范围同增值税、消费税。

（三）费率

1986年开征时，教育费附加比率为比率为1%，1990年5月增至2%，1994年1月1

日至今，教育费附加比率为3%。

2011年全国统一开征地方教育附加，地方教育附加的征收标准统一为单位和个人（包括外商投资企业、外国企业和外籍个人）实际缴纳的增值税、消费税税额的2%。

三、教育费附加的计算

应纳教育费附加 =（实际缴纳的增值税额 + 实际缴纳的消费税额）×征收比率

【例6－3计算题】 某内资企业位于市区，2019年10月实际缴纳增值税50万元，消费税30万元，请计算该企业应缴纳的教育费附加和地方教育费附加。

【解析】

应纳教育费附加和地方教育费附加 =（50 + 30）×3% = 2.4（万元）

应纳地方教育费附加 =（50 + 30）×2% = 1.6（万元）

四、教育费附加的减免规定

1. 对海关进口的产品征收的增值税、消费税，不征收教育费附加。

2. 对由于减免增值税、消费税而发生退税的，可以同时退还已征收的教育费附加。但对出口产品退还增值税、消费税的，不退还已征的教育费附加。

3. 对新办商贸企业的相关优惠。对新办的商贸企业（从事批发、批零兼营以及其他非零售业务的商贸企业除外），当年新招用下岗失业人员达到职工总数30%以上（含30%），并与其签订1年以上期限劳动合同的，经劳动保障部门认定，税务机关审核，3年内免征教育费附加。

4. 对下岗失业人员的优惠。对下岗失业人员从事个体经营（除建筑业、娱乐业以及广告业、桑拿、按摩、网吧、氧吧外）的，自领取税务登记证之日起，3年内免征教育费附加。

5. 对自谋职业城镇退役士兵就业的优惠。自2004年1月1日起，对为安置自谋职业的城镇退役士兵就业而新办的服务型企业（除广告业、桑拿、按摩、网吧、氧吧外）当年新安置自谋职业的城镇退役士兵达到职工总数30%以上，并与其签订1年以上期限劳动合同的，经县以上民政部门认定，税务机关审核，3年内免征教育费附加。

对为安置自谋职业的城镇退役士兵就业而新办的商业零售企业当年新安置自谋职业的城镇退役士兵达到职工总数30%以上，并与其签订1年以上期限劳动合同的，经县以上民政部门认定，税务机关审核，3年内免征教育费附加。

对自谋职业的城镇退役士兵，从事个体经营（除建筑业、娱乐业以及广告业、桑拿、按摩、网吧、氧吧外）的，自领取税务登记证之日起，3年内免征教育费附加。

6. 经中国人民银行依法决定撤销的金融机构及其分设于各地的分支机构（包括被依

法撤销的商业银行、信托投资公司、财务公司、金融租赁公司、城市信用社和农村信用社），用其财产清偿债务时，免征被撤销金融机构转让货物、不动产、无形资产、有价证券、票据等应缴纳的教育费附加。

五、教育费附加的征收管理

教育费附加的征收管理按照增值税、消费税的有关规定办理。

征收教育费附加的环节和地点原则上与征收增值税、消费税的规定一致。

复习思考题

1. 烟叶税的纳税人是如何确定的？
2. 城市维护建设税具有哪些特点？
3. 城市维护建设税的税基如何确定？应注意哪些问题？
4. 教育费附加有何特点？

第七章 资源税

问题导入

2020年4月23日，浙江省财政厅公开征求意见，本着“按照税制平移的思路，保持现行税目税率、计征方式和税负水平总体不变”的原则，对砂石、石灰石以从价计征为主，自用和连续加工非应税产品的实行从量征收。部分浙江省砂石行业同仁的反映意见如下：

(1) 砂石资源价款从价计征并不公平。同样的原矿，不同的工艺和投入，生产出不同价值的产品，如果做得更好、产品价格高，从价计征，企业就要比做得差的交更多的税，这样合理吗？

(2) 计价收费有失公允，砂石企业生产出高品质的砂石而卖出的高价、多出来的工艺设备投入和生产成本、绿色矿山建设等投入需要纳入征税的考虑范畴。

思考：新的资源税法，会增加砂石企业税负吗？

第一节 资源税概述

一、资源税概念

“资源”的概念，源自经济科学，一般指生产实践活动的自然条件和物质基础。《辞海》将资源解释为“资财的来源，一般指天然的财源”。狭义上的资源主要是指自然资

源，如土地资源、矿产资源、气候资源、水资源、生物资源等一切能为人类作为生产和生活资料利用的自然物；广义上的资源还包括人力资源、科学技术、资金设备等。

资源税是以应税自然资源为课税对象，为调节资源级差收入并体现国有资源有偿使用而征收的税种。从中国历史上的财政政策来看，向来主张由国家控制盐、铁及山泽等自然资源。最早可追溯至周朝的“山泽之赋”；春秋时期《管子》一书曾提及管理盐铁之政的“官山海”。清朝曾对开采铜、铅征收“矿税”。新中国成立后，1950 年政务院明确将盐税作为一个税种，1973 年将盐税并入工商税；1984 年开始对原油、天然气和煤炭征税，1994 年开始将盐和部分矿产品纳入资源税征税范围。2019 年 8 月 26 日，第十三届全国人民代表大会常务委员会第十二次会议通过《中华人民共和国资源税法》（以下简称《资源税法》），自 2020 年 9 月 1 日起施行。

在中华人民共和国领域及管辖的其他海域开发《资源税法》规定的应税资源的单位和个人，应当缴纳资源税。

二、资源的特点

与流转税、所得税等税种相比，现行资源税主要有以下特点：

(一) 资源税的功能定位

资源开采会给环境带来破坏和污染，尤其是非再生矿产资源的开采和利用。政府在资源税制度制定过程中，都把环境问题作为一个重要方面考虑，并在不断地完善资源税制度，通过征收资源税及矿地恢复保证金来治理矿产资源开采带来的环境的破坏与污染。资源税的征收目的是控制资源的过度利用，消除外部不经济，维护每个公民的使用资源的权利。

(二) 资源税具有特定的征收范围

自然资源是生产资料或生活资料的天然来源，它包括的范围很广，如矿藏、水源、森林、山岭、草原、滩涂等。目前我国的资源税征税范围较窄，仅选择了部分级差收入差异较大、分布较为广泛、易于征收管理的矿产品和盐列为征税范围。2016 年 7 月 1 日开始，我国在河北省试点对水资源开征资源税。

(三) 资源税具有受益税的性质

应税资源属于国家所有，资源税是对国家资源收益的有偿分配。一般地讲，国家可以凭借对自然资源的所有权向资源的开发经营者收取占用费或租金，也可以凭借政治权力对资源开发征税。资源税的征收是国家政治权力和国家所有权的统一，体现了税收的强制性、固定性和无偿性的特征。单位或个人开发经营国有自然资源，既应为拥有开发权而付出代价，又有义务因享受国有资源支付相关费用。

(四) 资源税具有级差收入税的特点

现行资源税基本上是根据资源品味高低以及开发利用条件确定差别税率，以侧重调节影响企业平等竞争的资源级差收入或开发收益。目前资源税具有一般资源税和级差资源税的双重性质，既对占用开发国有自然资源者普遍征收，又根据资源条件差异对不同纳税人区别对待。最新资源税法更多体现了国家参与自然资源的收益分配、资源开采的外部性以及国家的资源利用政策使得资源税负回归资源价值本身。

三、资源的作用

（一）合理调节资源级差收入，促进矿业经济健康发展

我国幅员辽阔，自然资源分布不均，资源赋存品味差异较大，开发条件不尽相同，必然形成资源开采级差收入。部分资源开发企业利润悬殊，并助长了一些资源富集区采富弃贫、采易弃难、采大弃小等资源浪费行为。通过资源税的开征，合理确定差别税率，把因资源状况和开发条件的差异所形成的级差收入用税收的形式加以调节，有利于缓解资源收益分配中的矛盾，形成公平竞争环境。

（二）鼓励节约自然资源，保护生态环境

开征资源税，能够调节资源的开发和使用效益，根据资源和开发条件的优劣确定不同的税额标准，把资源的开发和利用同纳税人的切身利益结合起来。一方面有利于国家加强对自然资源的保护和管理，防治经营者乱采滥用资源，减少自然资源的损失浪费；另一方面有利于经营者从追求经济利益出发，提高资源的开发利用率，强化自然资源保护意识。

（三）完整资源产业税收链条，完善综合调节机制

在资源开采环节开征资源税，可以与增值税、企业所得税等税种建立配套机制，使税收的调节作用有效贯通于资源开发、产品生产和商品流通的各个环节。通过增强财产税、流转税、所得税之间的关联程度，可以弥补增值税普遍调节不足的缺陷，充分发挥多税种相辅相成的综合调节作用，为正确处理国家、企业、个人之间的利益关系创造了必要的条件。

【课堂思考】

资源税有何特点？开征资源税具有什么作用？

第二节　资源税的纳税人、征税对象和税率

一、资源税的纳税人

《资源税法》第一条规定：在中华人民共和国领域和中华人民共和国管辖的其他海域

开发应税资源的单位和个人，为资源税的纳税人，应当依照本法规定缴纳资源税。

按照《资源税法》的规定，是否构成资源税的纳税人，应符合以下三个要件：一是空间管辖权，即纳税义务发生地点在中华人民共和国领域及管辖海域；二是征税范围，即规定的矿产品和盐；三是应税行为，即开采或生产规定的应税产品。只有同时具备以上三个要件，才是资源税的纳税人。

无证开采等行为违反其他法律法规，不影响纳税义务发生。

二、资源税的征税对象

每种应税矿种或盐产品一般都要经过采、选、冶三个环节，所形成的原矿、精矿、成品三种形态可供选择作为征税对象。为方便纳税人纳税和税务机关征收管理，根据地域分布和市场交易的情况，纳税人销售哪种形态的产品多，宜将其作为该税目的征税对象。

资源税征税对象的确定，一般应按照少数服从多数的原则，按照应税产品销售形态的多数情况或者市场交易通行的习惯，确定各应税产品的征税对象。比如铁矿石，由于全国大多数企业一般都是自采原矿加工成铁精矿，因此规定以精矿为铁矿税目的征税对象，对少数销售铁原矿的，则需要将其换算为铁精矿的售价计缴资源税。

三、资源税的税率

根据现行《资源税法》的规定，资源税的征收范围包括能源矿产、金属矿产、非金属矿产、水气矿产和盐五大类，各类别下所列税目达 164 个，涵盖所有已经发现的矿种和盐。现行资源税税率分为比例税率和定额税率两种。资源税具体采用哪种税率形式，取决于计征方式——实行从价计征方式的采用比例税率，实行从量计征方式的采用定额税率，具体依据《资源税税目税率表》执行。

《资源税税目税率表》中实行幅度税率的，其具体适用税率由省、自治区、直辖市人民政府统筹考虑该应税资源的品位、开采条件以及对生态环境的影响等情况，在《资源税税目税率表》规定的税率幅度内提出，报同级人民代表大会常务委员会决定，并报全国人民代表大会常务委员会和国务院备案。《资源税税目税率表》中规定征税对象为原矿或者选矿的，应当分别确定具体适用税率。

纳税人开采或者生产不同税目应税产品的，应当分别核算不同税目应税产品的销售额或者销售数量；未分别核算或者不能准确提供不同税目应税产品的销售额或者销售数量的，从高适用税率（见表 7－1）。

表 7－1　　资源税税目税率表

税目		征税对象	税率
能源矿产	原油	原矿	6%
	天然气、页岩气、天然气水合物	原矿	6%
	煤	原矿或者选矿	2%—10%

续表

税目			征税对象	税率
能源矿产	煤成（层）气		原矿	1%—2%
	铀、钍		原矿	4%
	油页岩、油砂、天然沥青、石煤		原矿或者选矿	1%—4%
	地热		原矿	1%—20%或者每立方米1—30元
金属矿产	黑色金属	铁、锰、铬、钒、钛	原矿或者选矿	1%—9%
	有色金属	铜、铅、锌、锡、镍、锑、镁、钴、铋、汞	原矿或者选矿	2%—10%
		铝土矿	原矿或者选矿	2%—9%
		钨	选矿	6.5%
		钼	选矿	8%
		金、银	原矿或者选矿	2%—6%
		铂、钯、钌、锇、铱、铑	原矿或者选矿	5%—10%
		轻稀土	选矿	7%—12%
		中重稀土	选矿	20%
		铍、锂、锆、锶、铷、铯、铌、钽、锗、镓、铟、铊、铪、铼、镉、硒、碲	原矿或者选矿	2%—10%
非金属矿产	矿物类	高岭土	原矿或者选矿	1%—6%
		石灰岩	原矿或者选矿	1%—6%或者每吨（或者每立方米）1—10元
		磷	原矿或者选矿	3%—8%
		石墨	原矿或者选矿	3%—12%
		萤石、硫铁矿、自然硫	原矿或者选矿	1%—8%
		天然石英砂、脉石英、粉石英、水晶、工业用金刚石、冰洲石、蓝晶石、硅线石（矽线石）、长石、滑石、刚玉、菱镁矿、颜料矿物、天然碱、芒硝、钠硝石、明矾石、砷、硼、碘、溴、膨润土、硅藻土、陶瓷土、耐火粘土、铁矾土、凹凸棒石粘土、海泡石粘土、伊利石粘土、累托石粘土	原矿或者选矿	1%—12%
		叶蜡石、硅灰石、透辉石、珍珠岩、云母、沸石、重晶石、毒重石、方解石、蛭石、透闪石、工业用电气石、白垩、石棉、蓝石棉、红柱石、石榴子石、石膏	原矿或者选矿	2%—12%

续表

税目			征税对象	税率
非金属矿产	矿物类	其他粘土（铸型用粘土、砖瓦用粘土、陶粒用粘土、水泥配料用粘土、水泥配料用红土、水泥配料用黄土、水泥配料用泥岩、保温材料用粘土）	原矿或者选矿	1%—5%或者每吨（或者每立方米）0.1—5元
	岩石类	大理岩、花岗岩、白云岩、石英岩、砂岩、辉绿岩、安山岩、闪长岩、板岩、玄武岩、片麻岩、角闪岩、页岩、浮石、凝灰岩、黑曜岩、霞石正长岩、蛇纹岩、麦饭石、泥灰岩、含钾岩石、含岩石类钾砂页岩、天然油石、极榄岩、松脂岩、粗面岩、辉长岩、辉石岩、正长岩、火山灰、火山渣、泥炭	原矿或者选矿	1%—10%
	岩石类	砂石	原矿或者选矿	1%—5%或者每吨（或者每立方米）0.1—5元
	宝玉石类	宝石、玉石、宝石级金刚石、玛瑙、黄玉、碧玺	原矿或者选矿	4%—20%
水气矿产	二氧化碳气、硫化氢气、氦气、氡气		原矿	2%—5%
	矿泉水		原矿	1%—20%或者每吨（或者每立方米）1—30元
盐	钠盐、钾盐、镁盐、锂盐		选矿	1%—2%
	天然卤水		原矿	3%—15%或者每吨（或者每立方米）1—10元
	海盐			2%—5%

【课堂思考】

1. 资源税征税范围包括哪些资源产品？
2. 了解资源税不同资源产品适用的税率。

第三节　应纳税额的计算

一、资源税的计税依据

资源税的应纳税额，按照《资源税税目税率表》实行从价定率或从量定额的办法计算。《资源税税目税率表》中规定可以选择实行从价计征或者从量计征的，具体计征方式由省、自治区、直辖市人民政府提出，报同级人民代表大会常务委员会决定，并报全国人民代表大会常务委员会和国务院备案。

实行从价计征的，应纳税额按照应税资源产品（以下简称应税产品）的销售额乘以具体适用税率计算。实行从量计征的，应纳税额按照应税产品的销售数量乘以具体适用税率计算。应税产品为矿产品的，包括原矿和选矿产品。

（一）应纳税额计算公式

从价计征应纳税额 = 应税产品销售额 × 具体适用税率

从量计征应纳税额 = 应税产品销售数量 × 具体适用税率

（二）不同应税产品应实行分别核算

纳税人开采或者生产不同税目应税产品的，应当分别核算不同税目应税产品的销售额或者销售数量；未分别核算或者不能准确提供不同税目应税产品的销售额或者销售数量的，从高适用税率。

【例7-1计算题】 某盐场2019年10月以自产的液体盐加工固体盐2000吨，当月售出1600吨；以外购液体盐820吨加工固体盐550吨，当月全部售出；另外还直接销售自产液体盐500吨，请计算该盐场当期应纳资源税税额（该海盐固体盐单位税额为10元/吨，液体盐单位税额为2元/吨）。

【解析】

（1）自产液体盐加工固体盐：

应纳资源税税额 = 1600 × 10

= 16000（元）

（2）外购液体盐加工固体盐：

应纳资源税税额 = 550 × 10 - 820 × 2

= 3860（元）

（3）销售自产液体盐：

应纳资源税税额 = 500 × 2

= 1000（元）

（4）该盐场共应缴纳资源税税额 = 16000 + 3860 + 1000

= 20860（元）

第四节　税收优惠

《资源税法》规定，纳税人开采或者生产应税产品自用的，应当依照本法规定缴纳资源税；但是，自用于连续生产应税产品的，不缴纳资源税。

有下列情形之一的，免征资源税：

（1）开采原油以及在油田范围内运输原油过程中用于加热的原油、天然气。

（2）煤炭开采企业因安全生产需要抽采的煤成（层）气。

有下列情形之一的，减征资源税：

（1）从低丰度油气田开采的原油、天然气，减征20%资源税。

（2）高含硫天然气、三次采油和从深水油气田开采的原油、天然气，减征30%资源税。

（3）稠油、高凝油减征40%的资源税。

（4）从衰竭期矿山开采的矿产品，减征30%资源税。

根据国民经济和社会发展需要，国务院对利于促进资源节约集约利用、环境保护等情形可规定免征或者减征资源税，报全国人民代表大会常务委员会备案。

有下列情形之一的，省、自治区、直辖市可以决定免征或者减征资源税：

（1）纳税人开采或者生产应税产品过程中，因意外事故或者自然灾害等原因遭受重大损失；

（2）纳税人开采共伴生矿、低品位矿、尾矿。

这里规定的免征或者减征资源税的具体办法，由省、自治区、直辖市人民政府提出，报同级人民代表大会常务委员会决定，并报全国人民代表大会常务委员会和国务院备案。

纳税人的免税、减税项目，应当单独核算销售额或者销售数量；未单独核算或者不能准确提供销售额或者销售数量的，不予免税或者减税。

【例7－2计算题】 某油田2019年1月份生产原油10万吨，本月销售了8万吨，售价为5000元/吨，用于加热、修井的原油1万吨，待销售的原油1万吨。原油适用税率为6%，计算该油田1月份应缴纳资源税是多少？

【解析】 因加热、修井用油免税，所以

资源税应纳税额 $=8\times5000\times6\%=2400$（万元）

【课堂思考】

1. 资源税的税收优惠包括哪些具体政策？

2. 思考资源税相关税收优惠政策目的。

第五节　税款报缴

资源税由税务机关《资源税法》和《税收征管法》的规定征收管理。税务机关与自然资源等相关部门应当建立工作配合机制，加强资源税征收管理。

资源税按月或者按季申报缴纳；不能按固定期限计算缴纳的，可以按次申报缴纳。纳税人按月或者按季申报缴纳的，应当自月度或者季度终了之日起 15 日内，向税务机关办理纳税申报并缴纳税款；按次申报缴纳的，应当自纳税义务发生之日起 15 日内，向税务机关办理纳税申报并缴纳税款。

复习思考题

1. 开征资源税的目的是什么？
2. 如何识别资源税的纳税人？
3. 简述我国资源税的征税对象和适用税率。

第八章 耕地占用税和城镇土地使用税

问题导入

某物流公司系增值税小规模纳税人，在郊区占用园地建设办公楼和大宗商品仓储设施。请问该物流公司是否缴纳耕地占用税？缴纳耕地占用税有何优惠？什么时候缴纳城镇土地使用税？缴纳城镇土地使用税可以享受哪些优惠？通过本章的学习，大家能够回答上述问题。

第一节 耕地占用税

一、概述

（一）耕地占用税的概念

耕地占用税是对占用耕地和其他农用地建设建筑物、构筑物或者从事非农业建设的单位或者个人征收的一种税。为了合理利用土地资源，加强土地管理，保护耕地，我国于1987年4月1日开征耕地占用税。2019年我国耕地占用税1390亿元，占全国税收收入的比例为0.9%，属于辅助税。

(二)耕地占用税的特点

现行耕地占用税具有如下特点：

1. 征税对象为耕地和其他农用地，属于资源和环境税、对物税。

2. 纳税环节为占用环节，实行一次课征制。

3. 纳税人包括单位和个人，税负难以转嫁，属于直接税。

4. 采用从量定额计税方法，属于从量税。

5. 实行地区差别幅度定额税率。

6. 税基为实际占用的耕地和其他农用地面积，计税单位为平方米。

7. 税额减免包括免税和减税。

8. 属于地方税，由税务机关负责征收，自然资源、农业农村、水利等相关部门协税。

(三)耕地占用税的基本规范

现行耕地占用税的基本规范包括：

(1)《中华人民共和国耕地占用税法》(以下简称《耕地占用税法》)(2018 年 12 月 29 日第十三届全国人民代表大会常务委员会第七次会议通过，自 2019 年 9 月 1 日起施行)。

(2)《财政部、税务总局、自然资源部、农业农村部、生态环境部关于发布〈中华人民共和国耕地占用税法实施办法〉的公告》(2019 年 8 月 29 日财政部 税务总局 自然资源部 农业农村部 生态环境部公告 2019 年第 81 号公布，自 2019 年 9 月 1 日起施行)。

二、征税对象、纳税环节与纳税人

(一)征税对象

耕地占用税的征税对象是耕地和其他农用地。具体包括：耕地、园地、林地、草地、农田水利用地、养殖水面、渔业水域滩涂。

(二)纳税环节

(1)耕地占用税的纳税环节是占用耕地和其他农用地建设建筑物、构筑物或者从事非农业建设。

(2)占用耕地建设农田水利设施的，不缴纳耕地占用税。

(3)占用园地、林地、草地、农田水利用地、养殖水面、渔业水域滩涂以及其他农用地建设直接为农业生产服务的生产设施的，不缴纳耕地占用税。

(4)纳税人因建设项目施工或者地质勘查临时占用耕地，应当依照规定缴纳耕地占用税。纳税人在批准临时占用耕地期满之日起一年内依法复垦，恢复种植条件的，全额退还已经缴纳的耕地占用税。

(5)因挖损、采矿塌陷、压占、污染等损毁耕地属于税法所称的非农业建设，应依照税法规定缴纳耕地占用税；自自然资源、农业农村等相关部门认定损毁耕地之日起 3 年内

依法复垦或修复，恢复种植条件的，比照上述第4项规定办理退税。

（三）纳税人

在中华人民共和国境内占用耕地和其他农用地建设建筑物、构筑物或者从事非农业建设的单位和个人，为耕地占用税的纳税人。

经批准占用耕地的，纳税人为农用地转用审批文件中标明的建设用地人；农用地转用审批文件中未标明建设用地人的，纳税人为用地申请人，其中用地申请人为各级人民政府的，由同级土地储备中心、自然资源主管部门或政府委托的其他部门、单位履行耕地占用税申报纳税义务。

未经批准占用耕地的，纳税人为实际用地人。

三、计税方法、税基与税率

（一）计税方法

耕地占用税以纳税人实际占用的属于耕地占用税征税范围的土地（以下简称应税土地）面积为计税依据，按应税土地当地适用税额计税，实行一次性征收。

耕地占用税计算公式为：应纳税额 = 应税土地面积 × 适用税额。

当地适用税额是指省、自治区、直辖市人民代表大会常务委员会决定的应税土地所在地县级行政区的现行适用税额。

按照《耕地占用税法》规定，加按百分之一百五十征收耕地占用税的计算公式为：应纳税额 = 应税土地面积 × 适用税额 × 150%。

（二）税基

应税土地面积包括经批准占用面积和未经批准占用面积，以平方米为单位。

（三）税率

1. 耕地占用税采用地区差别幅度定额税率，税率规定如下：

（1）人均耕地不超过1亩的地区（以县、自治县、不设区的市、市辖区为单位，下同），每平方米为10元至50元；

（2）人均耕地超过1亩但不超过2亩的地区，每平方米为8元至40元；

（3）人均耕地超过2亩但不超过3亩的地区，每平方米为6元至30元；

（4）人均耕地超过3亩的地区，每平方米为5元至25元。

2. 税额的确定。各地区耕地占用税的适用税额，由省、自治区、直辖市人民政府根据人均耕地面积和经济发展等情况，在前款规定的税额幅度内提出，报同级人民代表大会常务委员会决定，并报全国人民代表大会常务委员会和国务院备案。各省、自治区、直辖市耕地占用税适用税额的平均水平，不得低于《中华人民共和国耕地占用税法》所附《各省、自治区、直辖市耕地占用税平均税额表》规定的平均税额（见表8－1）。

表 8－1　各省、自治区、直辖市耕地占用税平均税额表

省、自治区、直辖市	平均税额（元/平方米）
上海	45
北京	40
天津	35
江苏、浙江、福建、广东	30
辽宁、湖北、湖南	25
河北、安徽、江西、山东、河南、重庆、四川	22.5
广西、海南、贵州、云南、陕西	20
山西、吉林、黑龙江	17.5
内蒙古、西藏、甘肃、青海、宁夏、新疆	12.5

3. 人均耕地低于零点五亩的地区的税额确定。省、自治区、直辖市可以根据当地经济发展情况，适当提高耕地占用税的适用税额，但提高的部分不得超过上述第 2 项确定的适用税额的百分之五十。具体适用税额按照上述第 2 项规定的程序确定。

4. 占用基本农田行为的税额确定。应当按照上述第 2 项或者第 3 项确定的当地适用税额，加按 150% 征收。

基本农田，是指依据《基本农田保护条例》划定的基本农田保护区范围内的耕地。

【课堂思考】

在人均耕地低于零点五亩的地区占用基本农田，如何确定适用税额？

【例 8－1 计算题】 某公司 11 月份占用基本农田 30 亩建设建筑物、构筑物，该地区人均耕地为 0.4 亩。当地耕地占用税适用税额为 25 元/平方米，人均耕地低于 0.5 亩的地区，耕地占用税具体适用税额在当地适用税额的基础上提高 20%。计算该公司应纳耕地占用税。

【解析】 应纳耕地占用税 =30 ×666.667 ×25 ×（1 +20%） ×150% =900000（元）。

5. 占用园地、林地、草地、农田水利用地、养殖水面、渔业水域滩涂以及其他农用地行为的税额确定。适用税额可以适当低于本地区按照上述第 2 项确定的适用税额，但降低的部分不得超过 50%。具体适用税额由省、自治区、直辖市人民政府提出，报同级人民代表大会常务委员会决定，并报全国人民代表大会常务委员会和国务院备案。

【课堂思考】

占用耕地与占用耕地之外的其他农用地，耕地占用税有何区别？

【例 8－2 计算题】 某公司 12 月份占用林地 1000 平方米从事非农业建设。当地耕地占

用税适用税额为25元/平方米，占用园地、林地、草地、农田水利用地、养殖水面、渔业水域滩涂以及其他农用地建设建筑物、构筑物或者从事非农业建设的，耕地占用税具体适用税额在当地适用税额的基础上降低20%。计算该公司应纳耕地占用税。

【解析】 应纳耕地占用税 =1000 ×25 × （1 –20%） =20000（元）。

四、税额减免

（1）军事设施、学校、幼儿园、社会福利机构、医疗机构占用耕地，免征耕地占用税。

【课堂思考】

政府部门占用耕地和其他农用地建设办公用房，可以免征耕地占用税吗?

（2）铁路线路、公路线路、飞机场跑道、停机坪、港口、航道、水利工程占用耕地，减按每平方米2元的税额征收耕地占用税。

【例8 –3 计算题】 某机场股份有限公司1月份占用50000平方米耕地从事非农业建设，其中飞机场跑道、停机坪占用耕地面积30000平方米。当地耕地占用税定额税率为30元/平方米，计算该公司应纳耕地占用税。

【解析】 应纳耕地占用税 =30000 ×2 + （50000 –30000） ×30 =660000（元）。

（3）农村居民在规定用地标准以内占用耕地新建自用住宅，按照当地适用税额减半征收耕地占用税；其中农村居民经批准搬迁，新建自用住宅占用耕地不超过原宅基地面积的部分，免征耕地占用税。

（4）农村烈士遗属、因公牺牲军人遗属、残疾军人以及符合农村最低生活保障条件的农村居民，在规定用地标准以内新建自用住宅，免征耕地占用税。

（5）根据国民经济和社会发展的需要，国务院可以规定免征或者减征耕地占用税的其他情形，报全国人民代表大会常务委员会备案。

（6）耕地占用税减免优惠实行“自行判别、申报享受、有关资料留存备查”办理方式。纳税人根据政策规定自行判断是否符合优惠条件，符合条件的，纳税人申报享受税收优惠，并将有关资料留存备查。纳税人对留存材料的真实性和合法性承担法律责任。

（7）依照规定免征或者减征耕地占用税后，纳税人改变原占地用途，不再属于免征或减征情形的，应自改变用途之日起30日内申报补缴税款，补缴税款按改变用途的实际占用耕地面积和改变用途时当地适用税额计算。

（8）自2019年1月1日至2021年12月31日，由省、自治区、直辖市人民政府根据本地区实际情况，以及宏观调控需要确定，对增值税小规模纳税人可以在50%的税额幅度内减征资源税、城市维护建设税、房产税、城镇土地使用税、印花税（不含证券交易印花税）、耕地占用税和教育费附加、地方教育附加。

五、税款报缴

(一)纳税时间

耕地占用税的纳税义务发生时间为纳税人收到自然资源主管部门办理占用耕地手续的书面通知的当日。

未经批准占用应税土地的纳税人，其纳税义务发生时间为自然资源主管部门认定其实际占地的当日。

因挖损、采矿塌陷、压占、污染等损毁耕地的纳税义务发生时间为自然资源、农业农村等相关部门认定损毁耕地的当日。

纳税人改变原占地用途，需要补缴耕地占用税的，其纳税义务发生时间为改变用途当日，具体为：经批准改变用途的，纳税义务发生时间为纳税人收到批准文件的当日；未经批准改变用途的，纳税义务发生时间为自然资源主管部门认定纳税人改变原占地用途的当日。

纳税人应当自纳税义务发生之日起三十日内申报缴纳耕地占用税。

(二)纳税地点

纳税人占用耕地，应当在耕地所在地申报纳税。

(三)税收归属和征税部门

耕地占用税归属地方政府，由税务机关负责征收。

(四)协税部门

税务机关应当与相关部门建立耕地占用税涉税信息共享机制和工作配合机制。各省、自治区、直辖市人民政府应当建立健全本地区跨部门耕地占用税部门协作和信息交换工作机制。县级以上地方人民政府自然资源、农业农村、水利等相关部门应当定期向税务机关提供农用地转用、临时占地等信息，协助税务机关加强耕地占用税征收管理。

自然资源主管部门凭耕地占用税完税凭证或者免税凭证和其他有关文件发放建设用地批准书。

(五)纳税申报

耕地占用税纳税人依法纳税申报时，应填报《耕地占用税纳税申报表》(该表格为Word表格，表格式样略)。

第二节　城镇土地使用税

一、概述

(一) 城镇土地使用税的概念

城镇土地使用税是对在城市、县城、建制镇、工矿区范围内使用土地的单位和个人征收的一种税。征收城镇土地使用税是为了合理利用城镇土地，调节土地级差收入，提高土地使用效益，加强土地管理。2019 年我国城镇土地使用税 2195 亿元，占全国税收收入的比例为 1.4%，属于辅助税。

(二) 城镇土地使用税的特点

现行城镇土地使用税具有如下特点：

1. 征税对象是城市、县城、建制镇、工矿区范围内的土地，属于不动产税、单项财产税、对物税。

2. 纳税环节是持有环节，按年计算，属于持有财产税。

3. 纳税人包括单位和个人，税负难以转嫁，属于直接税。

4. 采用从量定额计税方法，属于从量税。

5. 实行地区差别幅度定额税率。

6. 税基为实际占用的土地面积，计税单位为每平方米。

7. 属于地方税，由税务机关负责征收，自然资源部门协税。

(三) 城镇土地使用税的基本规范

现行城镇土地使用税的基本规范包括：

(1)《中华人民共和国城镇土地使用税暂行条例》(1988 年 9 月 27 日国务院令第 17 号公布，自 1988 年 11 月 1 日起施行；2006 年 12 月 31 日国务院令第 483 号修改，自 2007 年 1 月 1 日起施行)。

(2)《国家税务局关于检发〈关于土地使用税若干具体问题的解释和暂行规定〉的通知》(1988 年 10 月 24 日〔1988〕国税地字第 15 号公布)。

二、征税对象、征税地域和纳税人

(一) 征税对象

城镇土地使用税（以下简称土地使用税）的征税对象是土地，即属于国家所有和集体所有的土地。

（二）征税地域

土地使用税在城市、县城、建制镇、工矿区征收。

对农林牧渔业用地和农民居住用土地，不征收土地使用税。

【课堂思考】

在农村的工商业用地，征收土地使用税吗?

（三）纳税人

在城市、县城、建制镇、工矿区范围内使用土地的单位和个人，为土地使用税的纳税人。

所称单位，包括国有企业、集体企业、私营企业、股份制企业、外商投资企业、外国企业以及其他企业和事业单位、社会团体、国家机关、军队以及其他单位；所称个人，包括个体工商户以及其他个人。

土地使用税由拥有土地使用权的单位或个人缴纳。拥有土地使用权的纳税人不在土地所在地的，由代管人或实际使用人纳税；土地使用权未确定或权属纠纷未解决的，由实际使用人纳税；土地使用权共有的，由共有各方分别纳税。

【课堂思考】

土地使用税由土地所有者、土地使用权者，还是土地实际使用人缴纳?

三、计税方法、税基与税率

（一）计税方法

土地使用税采用从量定额计税方法，全年应纳税额计算公式为：

年应纳土地使用税 = 实际占用的土地面积（平方米）× 定额税率

应纳土地使用税 = 年应纳土地使用税 ÷ 12 × 应纳税月份数

（二）税基

土地使用税以纳税人实际占用的土地面积为计税依据，计税单位为每平方米。

土地使用权共有的各方，应按其实际的土地面积占总面积的比例，分别计算缴纳土地使用税。

纳税人实际占用的土地面积，是指由省、自治区、直辖市政府确定的单位组织测定的土地面积。尚未组织测量，但纳税人持有政府部门核发的土地使用证书的，以证书确认的土地面积为准；尚未核发土地使用证书的，应由纳税人据实申报土地面积。

（三）税率

土地使用税实行地区差别幅度定额税率，每平方米年税额如表 8－2 所示。

表 8－2　　城镇土地使用税税率表

级别	人口（人）	每平方米年税额
大城市	50 万以上	1.5 元至 30 元
中等城市	20 万—50 万	1.2 元至 24 元
小城市	20 万以下	0.9 元至 18 元
县城、建制镇、工矿区		0.6 元至 12 元

省、自治区、直辖市人民政府，应当在上述规定的税额幅度内，根据市政建设状况、经济繁荣程度等条件，确定所辖地区的适用税额幅度。市、县人民政府应当根据实际情况，将本地区土地划分为若干等级，在省、自治区、直辖市人民政府确定的税额幅度内，制定相应的适用税额标准，报省、自治区、直辖市人民政府批准执行。

经省、自治区、直辖市人民政府批准，经济落后地区土地使用税的适用税额标准可以适当降低，但降低额不得超过上述规定最低税额的 30%。经济发达地区土地使用税的适用税额标准可以适当提高，但须报经财政部批准。

【例 8－4 计算题】 某公司位于上海市，2020 年应税土地面积为 10000 平方米，经税务机关核定，二级区域土地 4000 平方米，三级区域土地 6000 平方米。上海市规定各纳税等级区域的税额标准为：一级区域每平方米年税额 15 元，二级区域每平方米年税额 10 元，三级区域每平方米年税额 6 元，四级区域每平方米年税额 3 元，五级区域每平方米年税额 1.5 元。计算该公司 2020 年应纳城镇土地使用税。

【解析】 应纳城镇土地使用税 $=4000\times10+6000\times6=76000$（元）。

四、税额减免

（一）免税单位自用土地减免

（1）国家机关、人民团体、军队自用的土地，免征土地使用税。

（2）由国家财政部门拨付事业经费的单位自用的土地，免征土地使用税。

（3）宗教寺庙、公园、名胜古迹自用的土地，免征土地使用税。

（4）以上单位的生产、营业用地和其他用地，不属于免税范围，应按规定缴纳土地使用税。

（5）对免税单位无偿使用纳税单位的土地（如公安、海关等单位使用铁路、民航等单位的土地），免征土地使用税；对纳税单位无偿使用免税单位的土地，纳税单位应照章缴纳土地使用税。

纳税单位与免税单位共同使用共有使用权土地上的多层建筑，对纳税单位可按其占用的建筑面积占建筑总面积的比例计征土地使用税。

【课堂讨论】

对免税单位有偿使用其他免税单位的土地，用于办公、教学，是否缴纳土地使用税？

（二）基础设施用地减免

（1）市政街道、广场、绿化地带等公共用地，免征土地使用税。

（2）对企业厂区（包括生产、办公及生活区）以内的绿化用地，应照章征收土地使用税，厂区以外的公共绿化用地和向社会开放的公园用地，暂免征收土地使用税。

（3）自2019年1月1日至2021年12月31日，对城市公交站场、道路客运站场、城市轨道交通系统运营用地，免征城镇土地使用税。

（4）自2019年1月1日至2021年12月31日，对国家级、省级科技企业孵化器、大学科技园和国家备案众创空间自用以及无偿或通过出租等方式提供给在孵对象使用的房产、土地，免征房产税和城镇土地使用税。

（5）自2020年1月1日起至2022年12月31日止，对物流企业自有（包括自用和出租）或承租的大宗商品仓储设施用地，减按所属土地等级适用税额标准的50%计征城镇土地使用税。

物流企业的办公、生活区用地及其他非直接用于大宗商品仓储的土地，不属于规定的减税范围，应按规定征收城镇土地使用税。

【例8－5计算题】 某物流企业2020年初实际占用土地面积2000平方米（属五级土地，每平方米年税额12元），其中企业厂区以内的绿化用地600平方米，厂区以外的公共绿化用地400平方米。2020年3月征用8000平方米非耕地（属七级土地，每平方米年税额6元），作为大宗商品仓储设施用地。计算该物流企业2020年应纳城镇土地使用税。

【解析】 2020年应纳城镇土地使用税＝（2000－400）×12＋8000×6×50%/12×9
＝37200（元）。

（6）自2019年6月1日至2025年12月31日，为社区提供养老、托育、家政等服务的机构自有或其通过承租、无偿使用等方式取得并用于提供社区养老、托育、家政服务的房产、土地，免征房产税、城镇土地使用税。

（三）采矿用地减免

（1）下列石油天然气生产建设用地暂免征收城镇土地使用税：

①地质勘探、钻井、井下作业、油气田地面工程等施工临时用地；

②企业厂区以外的铁路专用线、公路及输油（气、水）管道用地；

③油气长输管线用地。

（2）煤炭企业的矸石山、排土场用地，防排水沟用地，矿区办公、生活区以外的公

路、铁路专用线及轻便道和输变电线路用地，火炸药库库房外安全区用地，向社会开放的公园及公共绿化带用地，暂免征收土地使用税。

（3）对矿山的采矿场、排土场、尾矿库、炸药库的安全区、采区运矿及运岩公路、尾矿输送管道及回水系统用地，免征土地使用税。

（4）对石灰厂、水泥厂、大理石厂、沙石厂等企业的采石场、排土场用地，炸药库的安全区用地以及采区运岩公路，免征土地使用税。

（5）对盐场的盐滩、盐矿的矿井用地，暂免征收土地使用税。

对盐场、盐矿的生产厂房、办公、生活区用地，应照章征收土地使用税。

（四）涉农用地减免

（1）直接用于农、林、牧、渔业的生产用地，免征土地使用税。直接用于农、林、牧、渔业的生产用地，是指直接从事于种植、养殖、饲养的专业用地，不包括农副产品加工场地和生活、办公用地。

（2）在土地使用税征收范围内经营采摘、观光农业的单位和个人，其直接用于采摘、观光的种植、养殖、饲养的土地，免征土地使用税。

在土地使用税征收范围内，利用林场土地兴建度假村等休闲娱乐场所的，其经营、办公和生活用地，应按规定征收土地使用税。

（3）自 2019 年 1 月 1 日至 2020 年 12 月 31 日，对农村饮水安全工程运营管理单位自用的生产、办公用房产、土地，免征房产税、城镇土地使用税。

（4）自 2019 年 1 月 1 日至 2021 年 12 月 31 日，对农产品批发市场、农贸市场（包括自有和承租，下同）专门用于经营农产品的房产、土地，暂免征收房产税和城镇土地使用税。对同时经营其他产品的农产品批发市场和农贸市场使用的房产、土地，按其他产品与农产品交易场地面积的比例确定征免房产税和城镇土地使用税。

（五）住房用地减免

（1）单位向个人出售公有住房后，其土地使用权仍归单位所有的，按规定计征或免征土地使用税；其土地使用权归个人所有并用于自住的，从当地房改之日起，三年内，可免征土地使用税。

（2）自 2008 年 3 月 1 日起，对个人出租住房，不区分用途，免征土地使用税。

（3）自 2019 年 1 月 1 日至 2020 年 12 月 31 日，对公租房建设期间用地及公租房建成后占地，免征城镇土地使用税。在其他住房项目中配套建设公租房，按公租房建筑面积占总建筑面积的比例免征建设、管理公租房涉及的城镇土地使用税。

（六）特殊用地减免

（1）经批准开山填海整治的土地和改造的废弃土地，从使用的月份起免缴土地使用税 5 年至 10 年。

（2）对于各类危险品仓库、厂房所需的防火、防爆、防毒等安全防范用地，可由各省、自治区、直辖市税务局确定，暂免征收土地使用税；对仓库库区、厂房本身用地，应照章征收土地使用税。

（3）对在土地使用税征税范围内单独建造的地下建筑用地，按规定征收土地使用税。其中，已取得地下土地使用权证的，按土地使用权证确认的土地面积计算应征税款；未取得地下土地使用权证或地下土地使用权证上未标明土地面积的，按地下建筑垂直投影面积计算应征税款。

对上述地下建筑用地暂按应征税款的50%征收土地使用税。

（4）对在一个纳税年度内月平均实际安置残疾人就业人数占单位在职职工总数的比例高于25%（含25%）且实际安置残疾人人数高于10人（含10人）的单位，可减征或免征该年度城镇土地使用税。

（5）城镇土地使用税困难减免税审批权限下放至县以上税务机关。

（七）地方减免

下列土地的征免税，由省、自治区、直辖市税务局确定：

（1）个人所有的居住房屋及院落用地。

应税单位按照国家住房制度改革有关规定，将住房出售给职工并按规定进行核销账务处理后，住房用地在未办理土地使用权过户期间的城镇土地使用税征免，比照各省、自治区、直辖市对个人所有住房用地的现行政策执行。

（2）免税单位职工家属的宿舍用地。

（3）集体和个人办的各类学校、医院、托儿所、幼儿园用地。

（4）城镇内的集贸市场（农贸市场）用地，按规定应征收土地使用税。为了促进集贸市场的发展及照顾各地的不同情况，各省、自治区、直辖市税务局可根据具体情况自行确定对集贸市场用地征收或者免征土地使用税。

（5）自2019年1月1日至2021年12月31日，由省、自治区、直辖市人民政府根据本地区实际情况，以及宏观调控需要确定，对增值税小规模纳税人可以在50%的税额幅度内减征资源税、城市维护建设税、房产税、城镇土地使用税、印花税（不含证券交易印花税）、耕地占用税和教育费附加、地方教育附加。纳税人自行申报享受减征优惠，不需额外提交资料。

【课堂思考】

增值税小规模纳税人单独建造的地下建筑用地，如何减征城镇土地使用税？

五、税款报缴

土地使用税的征收管理，依照《中华人民共和国税收征收管理法》及《中华人民共和国城镇土地使用税暂行条例》的规定执行。

（一）纳税义务发生时间

1. 征用的耕地。自批准征用之日起满1年时开始缴纳土地使用税。

2. 征用的非耕地。自批准征用次月起缴纳土地使用税。

征用的耕地与非耕地，以土地管理机关批准征地的文件为依据确定。

【课堂思考】

占用耕地之外的其他农用地，建设建筑物、构筑物或者从事非农业建设，耕地占用税与土地使用税如何衔接?

3. 以出让或转让方式有偿取得土地使用权的。应由受让方从合同约定交付土地时间的次月起缴纳土地使用税；合同未约定交付土地时间的，由受让方从合同签订的次月起缴纳土地使用税。

通过招标、拍卖、挂牌方式取得的建设用地，不属于新征用的耕地，纳税人应按照上述规定，从合同约定交付土地时间的次月起缴纳城镇土地使用税；合同未约定交付土地时间的，从合同签订的次月起缴纳城镇土地使用税。

4. 购置新建商品房。自房屋交付使用之次月起计征土地使用税。

5. 购置存量房。自办理房屋权属转移、变更登记手续，房地产权属登记机关签发房屋权属证书之次月起计征土地使用税。

6. 出租、出借房产的。自交付出租、出借房产之次月起计征土地使用税。

7. 纳税人因土地的实物或权利状态发生变化而依法终止土地使用税纳税义务的。其应纳税款的计算应截止到土地的实物或权利状态发生变化的当月末。

(二) 纳税期限

土地使用税按年计算、分期缴纳。缴纳期限由省、自治区、直辖市人民政府确定。

(三) 纳税地点

土地使用税在土地所在地缴纳。

纳税人使用的土地不属于同一省（自治区、直辖市）管辖范围的，应由纳税人分别向土地所在地的税务机关缴纳土地使用税。

在同一省（自治区、直辖市）管范围内，纳税人跨地区使用的土地，如何确定纳税地点，由各省、自治区、直辖市税务局确定。

(四) 税收归属、征税部门和协税部门

土地使用税归属地方政府，由土地所在地的税务机关负责征收。

自然资源部门应当向土地所在地的税务机关提供土地使用权属资料。

(五) 纳税申报

国家税务总局制定的城镇土地使用税纳税申报表有：

(1)《城镇土地使用税 房产税纳税申报表》。

(2)《城镇土地使用税 房产税减免税明细申报表》。

(3)《城镇土地使用税 房产税税源明细表》。

上述表格均为 Word 表格，表格式样略。

复习思考题

1. 简述耕地占用税的概念和特点?
2. 简述耕地占用税的征税对象、纳税环节和纳税人?
3. 简述耕地占用税的计税方法?
4. 简述城镇土地使用税的概念和特点?
5. 简述城镇土地使用税的征税对象、征税地域和纳税人?
6. 简述城镇土地使用税的计税方法?
7. 耕地占用税与城镇土地使用税如何衔接?

第九章 土地增值税

问题导入

安盛食品有限公司成立于2004年1月1日，属于集种植、生产、研发、销售于一体的大型综合性食品加工制造企业。公司的办公大楼和技术研发中心位于广东省深圳市，工厂生产区位于广东省东莞市，其销售网点遍布全国。随着深圳市的日益发展，深圳市的房价和生活成本日益上涨，很多在深圳安盛公司上班的行政人员都反映在深圳买不起房子。因此，公司高层决定将公司位于深圳的办公大楼卖出，将公司职能全部转移至东莞。但将大楼卖出的过程中，公司发现这笔交易不仅要缴纳增值税、企业所得税、印花税，还要缴纳一大笔土地增值税。公司便向税务局提出疑问："既然已经对增值部分缴纳了增值税，为什么又要缴纳土地增值税，这不是重复征税吗?"

土地增值税的征税对象是什么？存在重复征税的问题吗？

第一节　土地增值税概述

一、土地增值税的概念

土地增值税是对有偿转让国有土地使用权及地上建筑物和其他附着物产权并取得增值性收入的单位和个人所征收的一种税。土地属于不动产，对土地课税是一种古老的税收形式，也是各国普遍征收的一种财产税。有些国家和地区将土地单列出来征税，如土地税、地价税、未开发土地税、荒地税、城市土地税、土地登记税、土地转让税、土地增值税、土地租金税等等。有些国家和地区鉴于土地与地而上的房屋、建筑物及其他附着物密不可分，对土地、房屋及其他附着物一起征税，统称为房地产税、不动产税、财产税等。对土地征税，依据征税的税基不同，大致可以分为两大类：一类是财产性质的土地税，它以土地的数量或价值为税基，或实行从量计税，或采取从价计税。这类土地税的历史十分悠久，属于原始的直接税或财产税。另一类是收益性质的土地税，其实质是对土地收益、增值或地租的征税。

国务院于1993年12月13日发布了《中华人民共和国土地增值税暂行条例》，决定自1994年1月1日起在全国开征土地增值税，随后，财政部于1995年1月27日颁布了《中华人民共和国土地增值税暂行条例实施细则》，这是我国（除台湾地区外）第一个专门针对土地增值额或土地收益额征税的税种。

二、土地增值税的特点

1. 以转让房地产的增值额为计税依据。土地增值税的增值额是以征税对象的全部销售收入额扣除与其相关的成本、费用、税金及其他项目金额后的余额，与增值税的增值额有所不同。

2. 征税面比较广。凡在我国境内转让房地产并取得收入的单位和个人，除税法规定免税的外，均应依照土地增值税条例规定缴纳土地增值税。换言之，凡发生应税行为的单位和个人，不论其经济性质，也不分内、外资企业或中、外籍人员，无论专营或兼营房地产业务，均有缴纳土地增值税的义务。

3. 土地增值税采用扣除法和评估法计算增值额。

4. 实行超率累进税率。土地增值税的税率是以转让房地产增值率的高低为依据来确认，按照累进原则设计，实行分级计税，增值率高的，税率高，多纳税；增值率低的，税率低，少纳税。

5. 实行按次征收。土地增值税在房地产发生转让的环节，实行按次征收，每发生一次转让行为，就应根据每次取得的增值额征一次税。

三、土地增值税的作用

开征土地增值税，是国家运用税收手段规范房地产市场秩序，合理调节土地增值收益分配，维护国家权益，促进房地产市场健康发展的重要举措。它有利于适度加强国家对房地产开发与交易行为的宏观调控；有利于抑制土地炒买炒卖，保障国家的土地权益；有利于规范国家参与土地增值收益的分配方式，增加财政收入。

【课堂思考】

土地增值税与房地产税在性质上有何区别？

第二节　土地增值税的纳税人、征税对象和税率

一、土地增值税的纳税人

土地增值税的纳税人是转让国有土地使用权及地上建筑物及其附着物产权，并取得收入的单位和个人，包括外商投资企业、外国企业及外国机构、华侨、港澳台同胞及外国公民等。

二、土地增值税的征税对象

土地增值税的征税对象是有偿转让国有土地使用权及地上建筑物和其他附着物产权所取得的增值额。

（一）一般征税对象

1. 土地增值税是对转让国有土地使用权及其地上建筑和附着物的行为征税，不包括国有土地使用权出让所取得的收入。

所谓国有土地使用权，是指土地使用人根据国家法律、合同规定，对国家所有的土地享有的使用权利。对于属于集体所有的土地按现行规定须先由国家征用后才能转让。自行转让集体土地是一种违法行为，应由相关部门依照相关法律处理，而不应纳入土地增值税的征税范围。

国有土地使用权出让，是指国家以土地所有者的身份将土地使用权在一定年限内让与土地使用者，并由土地使用者向国家支付土地使用权出让金的行为，属于土地买卖一级市场的土地使用权出让，国家凭借土地的所有权向土地使用者收取土地的租金。出让的目的是实行国有土地的有偿使用制度，旨在促进土地的合理开发、利用与经营，因此，土地使用权的出让不属于土地增值税的征税对象。

2. 土地增值税既对转让土地使用权课税，也对转让地上建筑物和其他附着物的产权征税。

3. 存量房地产的买卖。

4. 土地增值税只对有偿转让的房地产征税，对以继承、赠与等方式无偿转让的房地产不予征税。

（1）房地产的继承。房地产的继承是指房产的原有产权所有人、依照法律规定取得土地使用权的土地使用人死亡以后，由其继承人依法承受死者房产产权和土地使用权的民事法律行为。

（2）房地产的赠与。房地产的赠与是指房产所有人、土地使用权所有人将自己所拥有的房地产无偿转让给其他单位与个人的行为。不征收土地增值税的房地产赠与行为只包括以下两种情况：第一，房产所有人、土地使用权所有人将房屋产权、土地使用权赠与直系亲属或承担直接赡养义务人的行为；第二，房产所有人、土地使用权所有人通过中国境内非盈利社会团体、国家机关将房屋产权、土地使用权赠与教育、民政和其他社会福利、公益事业的行为，即公益性捐赠行为。

（二）征税范围的若干具体规定

1. 合作建房。对于一方出土地，一方出资金，双方合作建房，建成后分房自用的，暂免征收土地增值税。但是建成后转让的，属于土地增值税的征税范围。

2. 交换房地产。交换房地产行为既发生了房产产权、土地使用权的转移，交换双方又取得了实物形态的收入，按照规定属于土地增值税的征税范围。

3. 房地产出租。房地产出租，出租人取得了收入，但是没有发生房地产产权的转让，不属于土地增值税的征税范围。

4. 房地产抵押。在抵押期间不征收土地增值税，待抵押期满后，视该房地产是否再转移产权来确定是否征收土地增值税。以房地产抵债而发生房地产产权转让的，属于土地增值税的征税范围。

5. 房地产评估增值。房地产评估增值，没有发生房地产权属的转让，不属于土地增值税的征税范围。

6. 国家收回国有土地使用权、征用地上建筑物及其附着物。国家收回或征用，虽然发生了权属的变更，原房地产所有人也取得了收入，但按《土地增值税暂行条例》的有关规定，可以免征土地增值税。

7. 房地产的代建房行为。对于房地产开发公司而言，虽然取得了收入，但没有发生房地产权属的转移，其收入属于劳务收入性质，故不属于土地增值税的征税范围。

8. 土地使用者转让、抵押或置换土地。无论其是否取得了该土地的使用权属证书；无论其在转让、抵押或置换土地过程中是否与对方当事人办理了土地使用权属证书变更登记手续，只要土地使用者享有占有、使用、收益或处分该土地的权利，且有合同等证据表明其已实质转让、抵押或置换了土地并取得了相应的经济利益，土地使用者及其对方当事人就应当依照税法规定缴纳土地增值税等相关税款。

【例 9－1 多选题】下列事项中，属于土地增值税的征税范围的有（　　）。

（A）美国人凯文将中国境内一处房产赠送给好友

（B）企业为办理银行贷款将厂房进行抵押

（C）房地产开发公司受托对某企业闲置厂房进行改造

（D）居民个人之间交换非居住用房产

（E）企业持有房产期间发生评估增值

（F）某事业单位转让国有土地使用权

【答案】 ADF

【解析】 选项 B，抵押期内的房产，权属未发生转移，不征收土地增值税。选项 C，对闲置厂房进行改造，权属未发生转移，不征收土地增值税。选项 E，房地产评估增值，不征收土地增值税。

三、土地增值税的税率

土地增值税实行四级超率累进税率：

1. 增值额未超过扣除项目金额 50% 的部分，税率 30%。

2. 增值额超过扣除项目金额 50%、未超过扣除项目金额 100% 的部分，税率为 40%。

3. 增值额超过扣除项目金额 100%、未超过扣除项目金额 200% 的部分，税率为 50%。

4. 增值额超过扣除项目金额 200% 的部分，税率为 60%。

上述所列四级超率累进税率，每级"增值额未超过扣除项目金额"的比例，均包括本比例数。

超率累进税率见表 9－1。

表 9－1　土地增值税四级超率累进税率表　　单位:%

级数	增值额与扣除项目金额比例	税率	速算扣除系数
1	不超过 50% 的部分	30	0
2	超过 50%—100%	40	5%
3	超过 100%—200%	50	15%
4	超过 200% 的部分	60	35%

【例 9－2 单选题】 某房地产公司转让商品楼获得收入 7500 万元，计算增值额时准允扣除项目金额 3500 万元，则适用税率为（　　）。

（A）30%　　（B）40%

（C）50%　　（D）60%

【答案】 C

【解析】 增值额＝7500－3500＝4000（万元），增值额占扣除项目的比例＝4000÷3500＝114.29%，适用第三级税率，即 50%。

【课堂思考】

我国土地增值税在确定课税范围上有何基本规则？为什么要采用累进税率形式？

第三节　应纳税额的计算

一、应税收入

纳税人转让房地产取得的应税收入，应包括转让房地产的全部价款及有关的经济收益。从收入形式看，包括货币收入、实物收入和其他收入在内的全部价款及有关的经济利益。“营改增”后，纳税人转让房地产的土地增值税应税收入不含增值税。

1. 对取得的实物收入，要按收入时的市场价格折算成货币收入。

2. 对取得的无形资产收入要进行专门的评估，在确定其价值后折算成货币收入。

3. 取得的收入为外国货币的，应当以取得收入的当天或当月 1 日国家的市场汇价折合成人民币。当月以分期收款方式取得的外币收入，也应按实际收款日或收款当月 1 日国家公布的市场汇价折合成人民币。

4. 对于县级及县级以上人民政府要求房地产开发企业在售房时代收的各项费用。如果代收费用是计入房价中向购买方一并收取的，可作为房地产所取得的收入计税，如果代收费用未计入房价中，而是在房价之外单独收取的，可以不作为转让房地产的收入。

对于代收费用作为转让收入计税的，在计算扣除项目金额时，可予以扣除，但不允许作为加计 20% 扣除的基数；对于代收费用未作为房地产的收入计税的，在计算增值额时不允许扣除代收费用。

二、扣除项目

税法准予纳税人从转让收入额中减除的扣除项目包括以下几项：

（一）取得土地使用权所支付的金额

1. 纳税人为取得土地使用权所支付的地价款。如果是以协议、招标、拍卖等出让方式取得土地使用权的，地价款为纳税人所支付的土地出让金；如果是以行政划拨方式取得土地使用权的，地价款为按照国家有关规定补交的土地出让金；如果是以转让方式取得土地使用权的，地价款为向原土地使用权人实际支付的地价款。

2. 纳税人在取得土地使用权时按国家统一规定缴纳的有关费用。它是指纳税人在取得土地使用权过程中为办理有关手续，按国家统一规定缴纳的有关登记、过户手续费。

（二）房地产开发成本

1. 土地征用及拆迁补偿费。包括土地征用费、耕地占用税，劳动力安置费及有关地

上、地下附着物拆迁补偿的净支出、安置动迁用房支出等。

2. 前期工程费。包括规划、设计、项目可行性研究、地质、勘查、测绘、“三通一平”等支出。

3. 建筑安装工程费。指以出包方式支付给承包单位的建筑安装工程费，以自营方式发生的建筑安装工程费。

4. 基础设施费。包括开发小区内道路、供水、供电、供气、排污、排洪等工程发生的支出。

5. 公共配套设施费。包括开发不能有偿转让的小区内公共配套设施发生的支出。

6. 开发间接费用。指直接组织、管理开发项目发生的费用，包括工资、职工福利费、折旧费等。

（三）房地产开发费用

房地产开发费用是指与房地产开发项目有关的销售费用、管理费用和财务费用。根据现行财务会计制度的规定，这三项费用作为期间费用，直接计入当前损益，不按成本对象进行分摊。开发费用计提规则如下：

1. 纳税人能够按转让房地产项目计算分摊利息支出，并能提供金融机构的贷款证明的，其允许扣除的房地产开发费用为：利息 +（取得土地使用权所支付的金额 + 房地产开发成本）×5% 以内（利息最高不能超过按商业银行同期同类贷款利率计算的金额）。

2. 纳税人不能按照转让房地产项目计算分摊利息支出或不能提供金融机构的贷款证明的，其允许扣除的房地产开发费用为：（取得土地使用权所支付的金额 + 房地产开发成本）×10% 以内。

3. 土地增值税清算时，已经计入房地产开发成本的利息支出，应调整至财务费用中计算扣除。

【例 9 -3 计算题】某企业开发房地产取得土地使用权所支付的金额为 1000 万元；房地产开发成本为 6000 万元；向金融机构借入资金发生利息支出 400 万元（能提供贷款证明且可以合理分摊），其中超过国家规定上浮幅度的金额为 100 万元；该省规定能提供金融贷款机构证明且可以合理分摊利息支出的，其房地产开发费用的扣除比例为 5%，则该企业能够扣除的房地产开发费用为多少？

【解析】该企业允许扣除的房地产开发费用 =（400 - 100）+（1000 + 6000）×5% = 650（万元）。超过按商业银行同期同类贷款利率的利息部分不得扣除。

【例 9 -4 单选题】某房地产开发公司开发一住宅项目，取得该土地使用权所支付的金额为 3000 万元，房地产开发成本为 4000 万元，利息支出为 500 万元（不能提供金融机构贷款证明），所在省人民政府规定，不能提供金融机构贷款证明的，其房地产开发费用扣

除比例为10%，该公司计算土地增值税允许扣除的房地产开发费用为（　　）。

（A）700万元　　　　（B）780万元

（C）280万元　　　　（D）850万元

【答案】C

【解析】税法规定，纳税人能够按转让房地产项目计算分摊利息支出，并能提供金融机构贷款证明的，其允许扣除的房地产开发费用为：（取得该土地使用权所支付的金额+房地产开发成本）×10%以内。允许扣除的房地产开发费用=（3000+4000）×4%=280（万元）。

（四）与转让房地产有关的税金

与转让房地产有关的税金是指在转让房地产时缴纳的城市维护建设税、印花税。因转让房地产缴纳的教育税附加，也可视同税金予以扣除（见表9-2）。

表9-2　不同类型企业的税费扣除

<table>
<tr><th>企业状况</th><th>可扣除税费</th><th>详细说明</th></tr>
<tr><td rowspan="2">房地产开发企业</td><td rowspan="2">城市维护建设税和教育税附加</td><td>由于印花税（产权转移书据，0.5‰）包含在管理费用中，故不能在此单独扣除</td></tr>
<tr><td>营业税改增值税后，企业实际缴纳的城市维护建设税、教育税附加，凡能够按清算项目准确计算的，允许据实扣除；凡不能按清算项目准确计算的，则按该清算项目预缴增值税时实际缴纳的城市维护建设税、教育费及附加扣除</td></tr>
<tr><td rowspan="2">非房地产开发企业</td><td>印花税</td><td rowspan="2">印花税（产权转移书据，0.5‰）</td></tr>
<tr><td>城市维护建设税和教育税附加</td></tr>
</table>

（五）其他扣除项目

对于从事房地产开发的纳税人可以按《实施细则》进行加计扣除，其金额为（取得土地使用权所支付的金额+房地产开发成本）×20%，目的是为了抑制炒买炒卖房地产的投机行为，保护正常开发投资者的积极性。

（六）旧房及建筑物的评估价格

纳税人转让旧房的，应按房屋及建筑物的评估价格、取得土地使用权所支付的地价款或出让金、按国家统一规定缴纳的有关费用和转让环节缴纳的税金作为扣除项目金额计征土地增值税。对取得土地使用权时未支付地价款或不能提供已支付的地价款凭据的，在计征土地增值税时不允许扣除。

纳税人转让旧房及建筑物不能取得评估价格、但能提供购房发票的，经当地税务部门确认，可按发票所载金额从购买年度起到转让年度止每年加计5%计算扣除。计算扣除项

目时“每年”按购房发票所载日期，每满 12 个月计 1 年；未满 12 个月但超过 6 个月的，可视同为 1 年。提供的购房凭据为“营改增”后取得的增值税普通发票的，按照发票所载价税合计金额从购买年度起至转让年度止每年加计 5% 计算；提供的购房发票为“营改增”后取得的增值税专用发票的，按照发票所载不含增值税金额加上不允许抵扣的增值税进项税额之和，并从购买年度起至转让年度止每年加计 5% 计算。

对纳税人购房时缴纳的契税，凡能提供契税完税凭证的，准予作为“与转让房地产有关的税金”予以扣除，但不作为加计 5% 的基数。

对于转让旧房及建筑物，既没有评估价格，又不能提供购房发票的，地方税务机关可以根据《中华人民共和国税收征收管理法》，实行核定征收。

【例 9-5 单选题】位于县城的某商贸公司 2016 年 12 月销售一栋旧办公楼，取得收入 1000 万元，缴纳印花税 0.5 万元，因无法取得评估价格，公司提供了购房发票，该办公楼购于 2013 年 1 月，购价为 600 万元，缴纳契税 18 万元。该公司销售办公楼计算土地增值税时，可扣除项目金额的合计数为（　　）。

（A）639.6 万元　　（B）640.1 万元

（C）760.5 万元　　（D）740.4 万元

【答案】D

【解析】因无法取得评估价格，所以按照购房发票所载金额从购买年度起至转让年度止每年加计 5% 扣除，$600 \times (1+4\times5\%)=720$（万元）；销售旧办公楼需要缴纳城市维护建设及教育费附加 $=(1000-600)\div(1+5\%)\times5\%\times(5\%+3\%+2\%)=1.9$（万元）；转让办公楼需要缴纳印花税 0.5 万元；对纳税人购房时缴纳的契税，凡能提供契税完税凭证的，准予作为转让房地产有关的税费予以扣除，但不作为加计 5% 的基数。可以扣除的金额 $=720+1.9+0.5+18=740.4$（万元）。

【课堂思考】

新建房地产转让与存量房地产转让在应税收入与准予扣除项目上有何差异？

三、增值额的确定

土地增值税纳税人转让房地产所取得的收入减除规定扣除项目金额后的余额，为增值额。准确核算增值额，需要有准确的房地产转让收入额和扣除项目的金额。在实际房地产交易活动中，有些纳税人由于不能准确提供房地产转让价格或扣除项目的金额，致使增值额不准确，直接影响应纳税额的计算和缴纳。因此，纳税人有下列情形之一的，按照房地产评估价格计算征收。

1. 隐瞒虚报房地产成交价格的；

2. 提供扣除项目金额不实的；

3. 转让房地产的成交价格低于房地产评估价格，又无正当理由的。

旧房地产的评估价格 = 房地产重新购建价格 × 成新度折扣率

【例 9－6 多选题】 下列情形中，应按评估价格计征土地增值税的有（　　）。

（A）提供扣除项目金额不实的

（B）隐瞒、虚报房地产成交价格的

（C）房地产开发项目全部竣工完成销售需要进行清算的

（D）转让房地产的成交价格低于房地产评估价格，又无正当理由的

【答案】 ABD

四、应纳税额计算方法

土地增值税按照纳税人转让房地产所取得的增值额和规定的税率计算征收。土地增值税的计算公式是：

应纳税额 = $\sum$（每级的土地增值额 × 适用税率）

【例 9－7 计算题】 A 公司开发的普通住宅商品房于 2016 年 5 月 1 日全部完工，正在陆续出售。5 月 16 日，A 公司出售其中的普通住宅一幢，总面积 91000 平方米，该房屋支出土地出让金 7000 万元，房地产开发成本为 12050 万元，管理费用为 500 万元，销售费用为 600 万元，利息支出为 1000 万元（符合税法规定），其中 40 万元为银行罚息（不能按收入项目准确分摊）。A 公司适用的城市维护建设税税率为 7%，教育费附加征收率为 3%，当地政府规定允许扣除的其他房地产开发费用扣除比例为 10%，商品房销售价格为 3500 元/平方米。

要求：根据上述资料，计算回答下列问题。

（1）该房地产开发公司出售该套住宅应缴纳的增值税是多少？

（2）该房地产开发公司出售该套住宅应缴纳的城市维护建设税和教育费附加是多少？

（3）计算该房地产开发公司出售该套住宅的土地增值税时应扣除的土地成本是多少？

（4）计算该房地产开发公司出售该套住宅的土地增值税时应扣除的房地产开发成本是多少？

（5）计算该房地产开发公司出售该套住宅的土地增值税时应扣除的房地产开发费用是多少？

（6）计算该房地产开发公司出售该套住宅的土地增值税时的增值额是多少？

（7）该房地产开发公司出售该套住宅应缴纳的土地增值税是多少？

【解析】

（1）A 公司的销售收入 = 91000 × 35000 ÷（1 + 5%）÷ 10000 = 30333.33（万元）；

应缴纳的增值税 = 30333.33 × 5% = 1516.67（万元）

（2）应缴纳的城市维护建设税及教育费附加 = 1516.67 ×（7% + 3%）= 151.67（万元）

（3）取得土地使用权所支付的金额 = 7000（万元）

（4）房地产开发成本 = 12050（万元）

（5）房地产开发费用 =（7000 + 12050）× 10% = 1905（万元）

（6）房地产开发企业加计扣除金额 =（7000 + 12050）× 20% = 3810（万元）；扣除项目金额合计 = 151.67 + 7000 + 12050 + 1905 + 3810 = 24916.67（万元）；增值额 = 30333.33 − 24916.67 = 5416.66（万元）

（7）增值率 = 5416.66 ÷ 24916.67 = 21.74% < 50%，适用税率 30%。应缴纳的土地增值税为 = 5416.66 × 30% = 1625（万元）

五、房地产开发企业土地增值税清算

（一）土地增值税清算的定义

土地增值税清算是指纳税人在符合土地增值税清算条件后，依照税收法律、法规及土地增值税有关规定，计算房地产开发项目应缴纳的土地增值税税额，并填写土地增值税清算申报表，向主管税务机关提供有关资料，办理土地增值税清算手续，结清该房地产项目应缴纳土地增值税税款的行为。

（二）土地增值税的清算单位

1. 取得预收收入时按照预征率预缴土地增值税；达到清算条件时进行清算。

"营改增"后，为方便纳税人，简化土地增值税预征税款计算，房地产开发企业采取预收款方式销售自行开发的房地产项目的，可以按照以下方法计算土地增值税预征的计征依据：土地增值税预征的计征依据 = 预收款 − 应预缴增值税税款。

2. 以国家有关部门审批的房地产开发项目为单位进行清算，对于分期开发的项目，以分期项目为单位进行清算。

3. 开发项目中同时包含普通住宅和非普通住宅的，应分别计算增值额。

【例 9 − 8 单选题】 对房地产开发公司进行土地增值税项目清算时，可以作为清算单位的是（　　）

（A）规划申报项目　　（B）审批备案项目

（C）商业推广项目　　（D）设计建筑项目

【答案】 B

（三）土地增值税的清算条件

1. 符合下列情形之一的，纳税人应进行土地增值税的清算：

（1）房地产开发项目全部竣工、完成销售的；

（2）整体转让未竣工决算房地产开发项目的；

（3）直接转让土地使用权的。

2. 符合下列情形之一的，主管税务机关可要求纳税人进行土地增值税清算：

（1）已竣工验收的房地产开发项目，已转让的房地产建筑面积占整个项目可售面积的比例在85%以上，或该比例虽未超过85%，但剩余面积已经出租或自用的；

（2）取得销售（预售）许可证满3年仍未销售完毕的；

（3）纳税人申请注销税务登记但未办理土地增值税清算手续的；

（4）省税务机关规定的其他情况。

【例9－9多选题】下列情形中，纳税人应当进行土地增值税清算的有（　　）。

（A）直接转让土地使用权的

（B）整体转让未竣工决算房地产开发项目的

（C）房地产开发项目全部竣工并完成销售的

（D）取得销售（预售）许可证2年仍未完成销售的

【答案】ABC

（四）非直接销售和自用房地产的收入确定

1. 房地产开发企业将开发产品用于职工福利、奖励、对外投资、分配给股东或投资人、抵偿债务、换取其他单位和个人的非货币性资产等。发生所有权转移时应视同销售房地产，其收入先按本企业在同一地区、同一年度销售的同类房地产平均价格确定；若无这类价格则由主管税务机关参照当年当地、同类房地产的市场价格或评估价值确定。

2. 房地产开发企业将开发的部分房地产转为企业自用或用于出租等商业用途的。如果产权未发生转移，不征收土地增值税，在税款清算时不列入收入，不扣除相应的成本和费用。

3. 土地增值税清算时，已全额开具商品房销售发票的，按照发票所载金额确认收入；未开具发票或未全额开具发票的，以交易双方签订的销售合同所载金额及其他收益确认收入。销售合同所载商品房面积与有关部门实际测量不一致，在清算前已发生补、退房款的，应在计算土地增值税时予以调整。

（五）土地增值税的扣除项目

1. 可扣除项目应具备的基本条件。除另有规定外，扣除土地使用权所支付的金额、房地产开发成本、费用及与转让房地产有关税金，须提供合法有效凭证；不能提供合法有

效凭证的，不予扣除。

2. 房地产开发企业开发建造与清算项目配套的公共设施，按以下原则处理：

A. 建成后产权属于全体业主所有的，其成本、费用可以扣除；

B. 建成后无偿移交给政府、公用事业单位用于非营业性社会公共事业的，其成本、费用可以扣除；

C. 建成后有偿转让的，应计算收入，并准予扣除成本、费用。

3. 房地产开发企业销售已装修的房屋，其装修费用可以计入房地产开发成本。房地产开发企业的预提费用，除另有规定外，不得扣除。

4. 属于多个房地产项目共同的成本费用。此类费用应按清算项目可售建筑面积占多个项目可售总面积的比例或其他合理的方法，计算确定清算项目的扣除金额。

5. 关于开发项目的质量保证金。房地产开发企业在工程竣工验收后，作为开发项目的质量保证金，若建筑安装施工企业就质量保证金对房地产企业开具发票的，可按发票所载金额予以扣除；未开具发票的，扣留的质保金不得计算扣除。

6. 房地产开发企业逾期开发缴纳的土地闲置费不得扣除。

7. 用于安置回迁户的房地产，按视同销售处理。房地产开发企业支付给回迁户的补差价款，计入拆迁补偿费；回迁户补支付给房地产开发企业的补差价款，应抵减本项目拆迁补偿费。

【例 9－10 单选题】 房地产开发企业进行土地增值税清算时，下列各项中，允许在计算增值额时扣除的是（　　）。

（A）加罚的利息

（B）已售精装修房屋的装修费用

（C）逾期开发土地缴纳的土地闲置费用

（D）未取得建筑安装施工企业开具发票的扣留质量保证金

【答案】 B

【解析】 加罚的利息不允许扣除；逾期开发土地缴纳的土地闲置费用不允许扣除；施工企业扣留的质量保证金允许扣除，未取得发票的不允许扣除。

【例 9－11 单选题】 某房地产开发企业取得一宗土地使用权用于建造写字楼，支付的地价款和相关税费共计 200 万元；开发期间支付土地征用费及拆迁补偿费 80 万元、公共配套设施费 50 万元，支付建筑企业工程款 640 万元（合同规定工程总价款 800 万元，当期实际支付总价款的 80%，剩余的 20% 作为质量保证金留存 1 年，建筑企业按照工程总价款开具了发票）；项目竣工后，企业对外销售了 70% 的写字楼、20% 的写字楼用于抵偿前期欠材料供应商的购货款；剩余的 10% 用于对外出租。则该房地产开发企业进行土地增值税清算时，可以扣除的房地产开发成本是（　　）万元。

A. 651　　B. 693

C. 770　　D. 837

【答案】D

【解析】房地产开发企业在工程竣工验收后，根据合同约定，扣留建筑安装施工企业一定比例的工程款，作为开发项目的质量保证金，在计算土地增值税时，建筑安装施工企业就质量保证金对房地产开发企业开具发票的，按发票所载金额予以扣除。可以扣除的房地产开发成本＝（80＋50＋800）×（70%＋20%）＝837（万元）。

第四节　税收优惠

1. 转让房屋，增值额未超过扣除项目金额之和20%的，免征土地增值税。

（1）建造普通标准住宅出售，其增值额未超过扣除项目金额之和的20%的，予以免税。超过20%，应就其全部增值额按规定计税。

所谓“普通标准住宅”，是指按所在地一般民用住宅标准建造的居住用住宅。普通标准住宅应同时满足：住宅小区建筑容积率在1.0以上，单套建筑面积在120平方米以下，实际成交价格低于同级别土地上住房平均交易价格1.2倍以下。各省，自治区、直辖市根据实际情况，制度本地区享受优惠政策普通住房具体标准。允许单套建筑面积和价格标准适当浮动，但向上浮动的比例不得超过上述标准的20%。

对纳税人既建普通住宅，又搞其他房地产开发的，应分别核算其增值额；不能分别核算增值额或不能准确核算增值额的，其建造的普通住宅不适用该免税规定。

（2）转让旧房作为保障性房源出售或作为公共租赁房源，其增值额未超过扣除项目金额之和的20%的，予以免税。

2. 因国家建设需要免征土地增值税。

（1）因国家建设需要而被政府征收、收回的房地产，免税。

（2）因城市实施规划、国家建设而需要搬迁，纳税人自行转让的房地产免税。

3. 对个人销售住房暂免征收土地增值税。

4. 对企业改制、资产整合过程中涉及的土地增值税予以免征。

5. 省级财税部门规定的其他税收优惠。

【例9－12 多选题】下列项目中，按规定无需缴纳土地增值税的有（　　）。

（A）国家机关转让自用的房产

（B）税务机关拍卖欠税单位的房产

（C）对国有企业进行评估增值的房产

(D) 因国家建设需要而被政府征用的房产

【答案】CD

【解析】选项 A、B 需要缴纳土地增值税，除非有明确的免税和不征税规定；选项 C，只是进行评估增值，产权没有转移，故无须缴纳；选项 D，无须缴纳。

【课堂思考】

土地增值税税收优惠条款体现了什么立法导向?

第五节 税款报缴

由于房地产开发与转让周期较长，造成土地增值税征管难度较大，应加强土地增值税的预征管理。对已经实行预征办法的地区，可根据不同类型房地产的实际情况，确定适当的预征率。除保障性住房外，东部地区预征率不得低于 2%，中部和东北地区省份不得低于 1.5%，西部地区省份不得低于 1%。

一、纳税地点

土地增值税的纳税人应向房地产所在地主管税务机关办理申报纳税并在税务机关核定的期限内缴纳土地增值税。“房地产所在地”，是指房地产的坐落地。纳税人转让房地产坐落在两个或两个以上地区的，应按房地产所在地分别申报纳税。

在实际工作中，纳税地点又可以分为以下两种情况：

1. 纳税人是法人的。当转让房地产坐落地与其机构所在地一致时，则在办理事务登记的原管辖税务机关申报纳税即可；但若两者不一致，则应按房地产坐落地所辖税务机关申报纳税。

2. 纳税人是自然人的。当转让房地产坐落地与其居住地一致时，在住所所在地税务机关申报纳税；但若两者不一致时，则在房地产坐落地的税务机关申报纳税。

二、纳税申报

土地增值税的纳税人应在转让房地产合同签订后 7 日内，到房地产所在地主管税务机关办理纳税申报，并向税务机关提交房屋及建筑物产权、土地使用权证书，土地转让、房产买卖合同，房地产评估报告及其他与转让房地产有关的资料。

纳税人因经常发生房地产转让而难以每次转让后申报的，经税务机关审核同意后，可以定期进行纳税申报，具体期限由税务机关根据相关规定确定。

对于纳税人预售房地产所取得的收入，凡当地税务机关规定预征土地增值税的，纳税人应到当地主管税务机关办理纳税申报，并按规定比例预交，待办理决算后，多退少补；凡当地税务机关规定不预征土地增值税的，也应在取得收入时先到税务机关登记或备案。

三、纳税时间和缴纳方法

1. 一次性交割、付清价款方式转让房地产。应在办理过户、登记手续前数日内一次性缴纳全部土地增值税。

2. 分期收款方式转让房地产。应在合同规定的每次收款日期后的数日内，按照应纳税额 = 土地增值税总额 ÷ 房地产总收入 × 收到价款，缴纳土地增值税。

3. 项目全部竣工结算前转让房地产。项目全部竣工前转让房地产的价款包括：一部分房地产项目先行开发并已转让出去，但小区内的部分配套设施在转让后才建成；预售方式转让房地产。在项目竣工之前取得的收入，可采用预征的方法征收土地增值税，在项目全部竣工办理结算后再进行清算，多退少补。

【例 9 - 13 单选题】 根据土地增值税相关规定，以下说法正确的是（　　）。

A. 以分期收款方式转让房产的，根据实际的收款日期确定纳税期限

B. 以一次交割、付清价款方式转让房地产的，在办理过户和登记手续后一次性缴纳土地增值税

C. 因国家建设需要而搬迁，由纳税人自行转让其房产的，应从签订房地产转让合同之日起 7 日内到房地产所在地主管税务机关备案

D. 纳税人因国家建设需要被依法征用房地产并得到经济补偿的，应从签订房地产转让合同之日起 15 日内到房地产所在地主管税务机关备案

【答案】 C

【解析】 选项 A，以分期收款方式转让房产的，主管税务机关可根据合同规定的收款日期来确定具体的纳税期限；选项 B，规定其在办理过户、登记手续前数日内一次性缴纳全部土地增值税；选项 D，纳税人因国家建设需要被依法征用房地产并得到经济补偿的，应从签订房地产转让合同之日起 7 日内到房地产所在地主管税务机关备案。

四、核定征收

在土地增值税清算过程中，发现纳税人符合核定征收条件的，应按核定征收率不低于 5% 对房地产项目进行清算。各省级税务机关结合本地实际，区分不同房地产类型制定核定征收率。

1. 在土地增值税清算中符合以下条件之一的，可实行核定征收：

（1）依照法律、行政法规的规定应当设置但未设置账簿的。

（2）擅自销毁账簿或者拒不提供纳税资料的。

（3）虽设置账簿，但账目混乱或者成本资料、收入凭证、费用凭证残缺不全，难以确定转让收入扣除项目金额的。

（4）符合土地增值税清算条件，企业未按照规定办理清算手续，经税务机关责令期限清算，逾期仍不不清算的。

（5）申报的计税依据明显偏低，又无正当理由的。

2. 对于分期开发的房地产项目，各期清算的方式应保持一致。

复习思考题

1. 土地增值税可扣除项目包括哪些内容？
2. 计算土地增值税时利息支出如何进行税务处理？
3. 计算土地增值税时印花税如何进行税务处理？
4. 房地产企业与非房地产企业在计算土地增值税中可能存在的差异有哪些？
5. 不同销售方式下土地增值税应税收入的确定规则。
6. 2018 年，某房地产开发公司开发一栋写字楼出售，取得的销售收入总额 2000 万元，支付开发写字楼的地价款（包含契税）400 万元，开发过程中支付拆迁补偿费 100 万元，供水供电基础设施费 80 万元，建筑工程费用 520 万元，开发过程向金融机构借款 500 万元，借款期限 1 年，金融机构年利率 5%。施工、销售过程中发生的管理费用和销售费用共计 260 万元。该企业销售写字楼缴纳的印花税、城市维护建设税、教育费附加共计 110 万元。计算该公司该项目应缴的土地增值税税额。

第十章 环境保护税

问题导入

2019年1月，朝阳区生态环境局对北京市蓝星汽车修理站现场检查，发现该单位未及时将喷烤漆房污染治理设施活性炭吸附剂补足，未按规定正常使用废气处理设施。朝阳区生态环境局依法下达了“责令改正违法行为决定书”，并根据《中华人民共和国大气污染防治法》相关规定，对该单位处以2000元罚款。挥发性有机物是PM2.5的重要前体物，是当前北京大气污染防治攻坚战的重要攻克对象。涉及挥发性有机废气等污染物排放的单位，对污染治理设施不能“一装了之”，还要根据相关标准、规范及时对治理设施管理维护，保证其正常使用。

思考：北京市曝光环境违法典型案例的主要目的是什么？你知道我国目前主要对哪几类污染物课征环境保护税吗？

第一节　环境保护税概述

一、环境保护税概念

环境保护税，又称环境税、绿色税、生态税，因于定义的角度不同，环境保护税的内涵不尽相同。《国际税收词典》（第二版）中将环境保护税定义为，“对排放污染物的纳税人征收的税收，对环境保护或防止污染的纳税人实施的税收减免，是与节约资源和保护环

境有关税收的总称”。欧盟统计局则将环境保护税定义为，“针对某种会对环境造成特定的负面影响的物质所征收的税费”。

环境保护税可以从广义和狭义两个层面来理解。广义来看，环境保护税是指所有基于环境保护目的而征收的税收以及所采用的相关税收措施。我国的资源税、消费税、车船税、耕地占用税等税种，因具有环境保护功能也属于广义上的环境保护税。

狭义来看，环境保护税是指针对某种在使用或释放时，会对环境造成特定的负面影响的物质所征收的税，其与生态环境保护政策目标密切相关，调控范围相对较窄。我国目前征收的“环境保护税”属于狭义的概念。

二、环境保护税的分类与特点

（一）环境保护税的分类

环境保护税是由多个能发挥环境保护作用的税收政策形成的系统，各个政策之间相互协调、相互补充，共同发挥作用。依据不同的角度，环境保护税可以分为不同的类型。

1. 从征税对象与环境的关系角度，环境保护税可分为直接对污染征税（如排放税）和间接对污染征税（如产品税）。前者治理污染更直接有效，但执行难度大，主要难点在于对实际排放量的准确测量；后者税基更广，把汽车燃料、机动车辆作为征税的对象，征管更简化、规范，但控制效果不直接，可能导致短期内污染更严重。

2. 从征税环节角度，根据污染物产生的原因，从资源开采（或投入品）、生产、排放、消费等多个环节进行环境与生态保护的税收调控。可根据污染物产生的原因和特点，形成一个包括“开采、生产、排放、消费”各环节的全面税收调控体系。

3. 从付费原则角度，环境保护税分为“使用者付费”和“污染者付费”两类。前者包括自然资源税、污染产品税，是对一切开发、利用环境资源或使用产品的单位和个人征税，计税依据为资源或产品的数量和价格。后者包括污染物排放税，即对造成环境污染的直接污染物征收的一种税，计税依据是污染物的排放量。

4. 从税金使用角度，环境保护税可以分为财政型环境保护税和刺激型环境保护税。财政型环境税的主要目的是筹措财政资金，遵循“受益者付费”原则；刺激型环境保护税用于改变生产者和消费者的行为，遵循“污染者付费”原则，环境保护调控功能明显。

5. 从政策功能角度，环境保护税可分为污染物排放税、环境服务税、污染产品税、生态环境补偿税四种。污染物排放税旨在刺激排污者尽可能减少污染物的排放；环境服务税，旨在刺激与公共服务有关的当事人尽量节约资源、筹集资金补偿环境改善费用；污染产品税旨在鼓励企业尽可能生产低污染产品；生态环境补偿税主要用于补偿恢复开发利用过程中造成的自然生态环境破坏。

6. 从税收征收模式角度，环境保护税分为独立型环境税和融入型环境税。独立型环境保护税是指根据受益者付费或使用者付费原则，以筹集环保资金为目的而独立征收的税；融入型环境保护税通过对现行税制的整合与完善，运用税收激励等手段把环境保护理念融入现有税种中，使整个税制体系绿色程度更高。

(二)环境保护税的特点

环境保护税作为税收的一种，除具有税收的一般特征之外，还有区别于其他税种的特征。具体来看，环境保护税具有以下特征：

1. 环境保护税征税范围较广。据 OECD 和欧洲经济区的数据库资料显示，OECD 国家总共实施了 375 项不同的环境保护税收，其中环境税和能源产品税有 150 种，机动车辆税有 125 中，与废弃物管理相关的税有 50 种等。

2. 环境保护税的税基会随环境保护相关制度有效实施而不断缩小。环境税的有效实施会改变人们的经济行为，使人民减少对环境资源的污染和破坏，从而减小环境税的税基。

3. 环境保护税征收管理技术性较强。环境保护税的顺利有效实施，需要建立完善的技术支撑系统，包括科学的环境标准制度、先进的环境监测技术与核算方法、严密的征收管理程序以及专业的技术人员支持。

4. 环境保护税实质是经济手段与法律手段的有机融合。环境保护税本身就是一种法律手段，但与命令控制型法律手段不同，这是一种经济性、基于市场化机制的法律手段。

三、环境保护税的作用

环境保护税的直接目的在于促使企业或消费者改变自身生产方式或消费方式，由粗放型向集约型转变，消费方式由传统型向绿色型转变，以减少生产经营活动以及生活中对环境的不良影响，达到经济活动与自然环境的良性互动。也就是说，通过市场竞争的方式诱导市场主体减少污染排放，从而达到治理的目的。

【课堂思考】

1. 为何要开征环境保护税？它可分为哪些类型？
2. 环境保护税有哪些特征？

第二节　环境保护税的纳税人、征税对象和税率

一、环境保护税的纳税人

《中华人民共和国环境保护税法》（以下简称《环境保护税法》）第二条规定，在中华人民共和国领域和中华人民共和国管辖的其他海域，直接向环境排放应税污染物的企业事

业单位和其他生产经营者为环境保护税的纳税人，应当依法规定缴纳环境保护税。

关于环境保护税纳税人的理解，主要把握以下三点：

(一) 关于领域

中华人民共和国领域是指我国行使国家主权的空间，包括领陆、领水、领空。中华人民共和国管辖的其他海域是指我国法律规定的领海毗连区、专属海洋经济区、大陆架。

(二) 关于企业事业单位和其他生产经营者

《环境保护税法》规定，直接向环境排放应税污染物的企业事业单位和其他生产经营者为环境保护税的纳税人。

(三) 关于直接排放

《环境保护税法》第四条和《环境保护税法实施条例》第四条规定，以下三种情形不属于直接向环境排放污染物，不需缴纳相应污染物的环境保护税：

1. 企业事业单位和其他生产经营者向依法设立的污水集中处理、生活垃圾集中处理场所排放应税污染物的。

2. 企业事业单位和其他生产经营者在符合国家和地方环境保护标准的设施、场所贮存或者处置固体废物的。

3. 依法对畜禽养殖废弃物进行综合利用和无害化处理的。

二、环境保护税的征税对象

环境保护税的征税对象是应税污染物。《环境保护税法》第三条规定，应税污染物是指该法所附《环境保护税税目税额表》《应税污染物和当量值表》规定的大气污染物、水污染物、固体废物和噪声四大类别。这四类污染物是影响环境的最主要污染物，符合国际上征税环境税的一般惯例。具体税目、计税单位与税额见表 10－1。

表 10－1　　环境保护税税目税额表

税目		计税单位	税额
大气污染物		每污染当量	1.2 元至 12 元
水污染物		每污染当量	1.4 元至 14 元
固体废物	煤矸石	每吨	5 元
	尾矿	每吨	15 元
	危险废物	每吨	1000 元
	冶炼渣、粉煤灰、炉渣、其他固体废物（含半固态、液态废物）	每吨	25 元

续表

税目		计税单位	税额
噪声	工业噪声	超标1—3分贝	每月350元
		超标4—6分贝	每月700元
		超标7—9分贝	每月1400元
		超标10—12分贝	每月2800元
		超标13—15分贝	每月5600元
		超标16分贝以上	每月11200元

三、环境保护税的税率

(一) 应税污染物计税依据

根据《环境保护税法》，应税污染物的计税依据按如下方法确定：

1. 应税大气污染物按照污染物排放量折合的污染当量数确定。

2. 应税水污染物按照污染物排放量折合的污染当量数确定。

3. 应税固体废物按照固体废物的排放量确定。

4. 应税噪声按照超过国家规定标准的分贝数确定。

污染当量是指根据污染物或者污染物排放活动对环境的有害程度以及处理的技术经济性，衡量不同污染物对环境污染的综合性指标或者计量单位。同一介质相同污染当量的不同污染物，其污染程度基本相当。应税大气污染物、水污染物的污染当量数，以该污染物的排放量除以该污染物的污染当量值计算。每种应税大气污染物、水污染物的具体污染当量值，依照相应的应税污染物和污染当量值执行。各类应税污染物的污染当量值见表10－2、表10－3、表10－4、表10－5、表10－6。

表10－2　　第一类水污染物污染当量值

污染物	污染当量值（千克）
1. 总汞	0.0005
2. 总镉	0.005
3. 总铬	0.04
4. 六价铬	0.02
5. 总砷	0.02
6. 总铅	0.025
7. 总镍	0.025
8. 苯并（a）芘	0.0000003
9. 总铍	0.01
10. 总银	0.02

表 10-3　　第二类水污染物污染当量值

污染物	污染当量值（千克）
11. 悬浮物（SS）	4
12. 生化需氧量（BOD_5）	0.5
13. 化学需氧量（CODcr）	1
14. 总有机碳（TOC）	0.49
15. 石油类	0.1
16. 动植物油	0.16
17. 挥发酚	0.08
18. 总氰化物	0.05
19. 硫化物	0.125
20. 氨氮	0.8
21. 氟化物	0.5
22. 甲醛	0.125
23. 苯胺类	0.2
24. 硝基苯类	0.2
25. 阴离子表面活性剂（LAS）	0.2
26. 总铜	0.1
27. 总锌	0.2
28. 总锰	0.2
29. 彩色显影剂（CD-2）	0.2
30. 总磷	0.25
31. 单质磷（以P计）	0.05
32. 有机磷农药（以P计）	0.05
33. 乐果	0.05
34. 甲基对硫磷	0.05
35. 马拉硫磷	0.05
36. 对硫磷	0.05
37. 五氯酚及五氯酚钠（以五氯酚计）	0.25
38. 三氯甲烷	0.04
39. 可吸附有机卤化物（AOX）（以Cl计）	0.25
40. 四氯化碳	0.04
41. 三氯乙烯	0.04
42. 四氯乙烯	0.04
43. 苯	0.02
44. 甲苯	0.02
45. 乙苯	0.02

续表

污染物	污染当量值（千克）
46. 邻一二甲苯	0. 02
47. 对一二甲苯	0. 02
48. 间一二甲苯	0. 02
49. 氯苯	0. 02
50. 邻二氯苯	0. 02
51. 对二氯苯	0. 02
52. 对硝基氯苯	0. 02
53. 2，4 一二硝基氯苯	0. 02
54. 苯酚	0. 02
55. 间一甲酚	0. 02
56. 2，4 - 二氯酚	0. 02
57. 2，4，6 - 三氯酚	0. 02
58. 邻苯二甲酸二丁酯	0. 02
59. 邻苯二甲酸二辛酯	0. 02
60. 丙烯腈	0. 125
61. 总硒	0. 02

表 10 -4　　　　pH 值、色度、大肠菌群数、余氯量水污染物污染当量值

污染物		污染物当量值
1. pH 值	0—1，13—14	0. 06 吨污水
	1—2，12—13	0. 125 吨污水
	2—3，11—12	0. 25 吨污水
	3—4，10—11	0. 5 吨污水
	4—5，9—10	1 吨污水
	6. 5—6	5 吨污水
2. 色度		5 吨水・倍
3. 大肠菌群数（超标）		3. 3 吨污水
4. 余氯量（用氯消毒的医院废水）		3. 3 吨污水

表 10 -5　　　　禽畜养殖业、小型企业和第三产业水污染物污染当量值

类型		污染当量值
禽畜养殖场	牛	0. 1 头
	猪	1 头
	鸡、鸭等家禽	30 羽
小型企业		1. 8 吨污水
饮食娱乐服务业		0. 5 吨污水

续表

类型		污染当量值
医院	消毒	0.14 床
		2.8 吨污水
	不消毒	0.07 床
		1.4 吨污水

表 10－6　　大气污染物污染当量值

污染物	污染当量值（千克）
1. 二氧化硫	0.95
2. 氮氧化物	0.95
3. 一氧化碳	16.7
4. 氯气	0.34
5. 氯化氢	10.75
6. 氟化物	0.87
7. 氰化氢	0.005
8. 硫酸雾	0.6
9. 铬酸雾	0.0007
10. 汞及其化合物	0.0001
11. 一般性粉尘	4
12. 石棉尘	0.53
13. 玻璃棉尘	2.13
14. 碳黑尘	0.59
15. 铅及其化合物	0.02
16. 镉及其化合物	0.03
17. 铍及其化合物	0.0004
18. 镍及其化合物	0.13
19. 锡及其化合物	0.27
20. 烟尘	2.18
21. 苯	0.05
22. 甲苯	0.18
23. 二甲苯	0.27
24. 苯并（a）芘	0.000002
25. 甲醛	0.09
26. 乙醛	0.45
27. 丙烯醛	0.06
28. 甲醇	0.67
29. 酚类	0.35

续表

污染物	污染当量值（千克）
30. 沥青烟	0.19
31. 苯胺类	0.21
32. 氯苯类	0.72
33. 硝基苯	0.17
34. 丙烯腈	0.22
35. 氯乙烯	0.55
36. 光气	0.04
37. 硫化氢	0.29
38. 氨	9.09
39. 三甲胺	0.32
40. 甲硫醇	0.04
41. 甲硫醚	0.28
42. 二甲二硫	0.28
43. 苯乙烯	25
44. 二硫化碳	20

《环境保护税法》第九条规定，每一排放口或者没有排放口的应税大气污染物，按照污染当量数从大到小排序，对前三项污染物征收环境保护税。每一排放口的应税水污染物，按照《应税污染物和当量值表》，区分第一类水污染物和其他类水污染物，按照污染当量数从大到小排序，对第一类水污染物按照前五项征收环境保护税，对其他类水污染物按照前三项征收环境保护税。

【课堂思考】

1. 什么是污染当量？
2. 应税大气污染物如何计征环境保护税？
3. 应税污染物如何计征环境保护税？

第三节　应纳税额的计算

环境保护税应纳税额按照下列方法计算：

“（一）应税大气污染物的应纳税额为污染当量数乘以具体适用税额；

（二）应税水污染物的应纳税额为污染当量数乘以具体适用税额；

（三）应税固体废物的应纳税额为固体废物排放量乘以具体适用税额；

（四）应税噪声应纳税额为超过国家规定标准分贝数对应的具体适用税额。”

【例10-1计算题】 某企业8月向大气直接排放二氧化硫、氟化物各10千克，一氧化碳、氯化氢各100千克，假设大气污染物每污染当量税额按《环境保护税税目税额表》最低标准1.2元计算，这家企业只有一个排放口，相应污染物的污染当量值分别为0.95、0.87、16.7、10.75（单位：千克）。计算企业8月大气污染物应缴纳的环境保护税。

【解析】（1）计算各污染物的污染当量数

二氧化硫：10÷0.95=10.53

氟化物：10÷0.87=11.49

一氧化碳：100÷16.7=5.99

氯化氢：100÷10.75=9.3

（2）按污染物的污染当量数排序（每一排放口或者没有排放口的应税大气污染物，对前三项污染物征收环境保护税）

按第一步计算结果排序为：氟化物（11.49）>二氧化硫（10.53）>氯化氢（9.3）>一氧化碳（5.99），选取前三项污染物

（3）计算应纳税额

氟化物：11.49×1.2=13.79（元）

二氧化硫：10.53×1.2=12.63（元）

氯化氢：9.3×1.2=11.16（元）

（4）企业8月大气污染物总应纳税额

13.79+12.63+11.16=37.58（元）

【例10-2计算题】 假设某企业8月产生尾矿1000吨，其中综合利用的尾矿300吨（符合国家和地方环境保护标准），在符合国家和地方环境保护标准的设施贮存200吨，计算这家企业8月尾矿应缴纳的环境保护税。

【解析】 企业8月尾矿应缴纳环境保护税额

（1000-300-200）×15=7500（元）

第四节　税收优惠

环境保护税税收优惠措施是指国家对企业改进技术和工艺流程，减少污染物排放和资

源损耗所给予正面性的税收激励或间接的财政帮助，即指对低能耗、低排放、无污染、高效率、有利于生态环境保护的生产和消费行为给予一定的税收减免。环境保护税税收优惠措施具体的形式主要包括投资抵免、加速折旧、免除税收等税收减免、生态补贴等措施。

一、免征环境保护税

《环境保护税法》第十二条规定，以下情形暂予免征环境保护税：

1. 农业生产（不包括规模化养殖）排放应税污染物的。

2. 机动车、铁路机车、非道路移动机械、船舶和航空器等流动污染源排放应税污染物的。

3. 依法设立的城乡污水集中处理、生活垃圾集中处理场所排放相应应税污染物，不超过国家和地方规定的排放标准的。

4. 纳税人综合利用的固体废物，符合国家和地方环境保护标准的。

5. 国务院批准免税的其他情形。

二、减征环境保护税

为了较好地贯彻“少排污少征税”，激励企业积极采取环保措施，满足以下条件可减征环境保护税：

1. 纳税人排放应税大气污染物或者水污染物的浓度值低于国家和地方规定的污染物排放标准30%的，减按75%征收环境保护税。

2. 纳税人排放应税大气污染物或者水污染物的浓度值低于国家和地方规定的污染物排放标准50%的，减按50%征收环境保护税。

【课堂思考】

环境保护税有哪些税收减免政策？

第五节　税款报缴

环境保护税由税务机关依照《税收征管法》《环境保护税法》《环境保护税法实施条例》等有关规定负责征收管理，污染物监测管理由环境保护主管部门负责。县级以上地方人民政府应当建立税务机关、环境保护主管部门和其他相关单位分工协作工作机制，加强环境保护税征收管理，保障税款及时足额入库。

一、纳税地点

环境保护税纳税地点遵循属地原则，纳税人应当向应税污染物排放地的税务机关申报缴纳环境保护税。《环境保护税法》第十七条所称的应税污染物排放地是指：

1. 应税大气污染物、水污染物排放口所在地。

2. 应税固体废物产生地。

3. 应税噪声产生地。

纳税人跨区域排放应税污染物，税务机关对税收征收管辖有争议的，由争议各方按照有利于征收管理的原则协商解决；不能协商一致的，报请共同的上级税务机关决定。

二、纳税时间

《环境保护税法》第十六条至第二十条具体规定了环境保护税纳税时间。纳税义务发生时间为纳税人排放应税污染物的当日。纳税人应当向应税污染物排放地的税务机关申报缴纳环境保护税。

环境保护税按月计算，按季申报缴纳。不能按固定期限计算缴纳的，可以按次申报缴纳。纳税人申报缴纳时，应当向税务机关报送所排放应税污染物的种类、数量，大气污染物、水污染物的浓度值，以及税务机关根据实际需要要求纳税人报送的其他纳税资料。

纳税人按季申报缴纳的，应当自季度终了之日起 15 日内，向税务机关办理纳税申报并缴纳税款。纳税人按次申报缴纳的，应当自纳税义务发生之日起 15 日内，向税务机关办理纳税申报并缴纳税款。

【课堂思考】

1. 环境保护税纳税地点有何规定？
2. 环境保护税纳税期限有哪些要求？

复习思考题

1. 如何识别环境保护税的纳税人？
2. 开征环境保护税有哪些作用？
3. 环境保护税应税污染物包括哪些类别？
4. 大气污染物、水污染物、固体废物分别如何计算应纳税额？

第十一章 房产税和契税

第一节 房产税

问题导入

2019 年 4 月，某集团企业重组，母公司吸收合并其某一子公司，被吸收企业在重组后解散。税务清算时，发现在 2017 年生产经营期间，被吸收企业对某车间进行过扩大空间的改造工程。改造后的房产比原房产金额增值部分在财务核算时未增加房产原值，申报时也未将增加部分的房产价值计税。企业税务清算过程中是否存在风险?

思考：我国房产税从价计征的房产价值如何确定?

一、房产税的概念

房产税是以房产为征税对象，按照房产的计税余值或出租房产取得的租金收入，向产权所有人征收的一种财产税。

新中国成立后，政务院在 1950 年颁布的《全国税政实施要则》中规定开征房产税，1951 年将房产税与地产税合并为城市房地产税。1973 年将对国营企业、集体企业征收的城市房地产税并入工商税后，城市房地产税仅对房产管理部门和个人的房产以及外商投资企业、外国企业的房产征收。

1984 年工商税制改革时，重新将国营企业、集体企业纳入该税征收范围。同时，将对内资纳税人征收的城市房地产税分为房产税和城镇土地使用税两个税种，并于 1986 年 9

月 15 日颁布了《中华人民共和国房产税暂行条例》（以下简称《房产税暂行条例》），同年 10 月 1 日起正式实施。城市房地产税仍保留，继续对外商投资企业、外国企业、外籍个人征收。

2008 年 12 月 31 日颁布中华人民共和国国务院令，1951 年城市房地产税暂行条例自 2009 年 1 月 1 日起废止，外商投资企业、外国企业和组织以及外籍个人于 2009 年 1 月 1 日起依照《中华人民共和国房产税暂行条例》缴纳房产税。自 2011 年 1 月 28 日起，上海市、重庆市开始对部分个人住房征收房产税。

房产税属于财产税，是一个古老而又普遍征收的税种，我国周代征收的廛布、唐代征收的间架税就具有房产税的性质。世界上许多国家和地区都开征了房产税（或房地产税、不动产税）。房产税税源稳定，税负不易转嫁，税基较易管控。由于房产不能移动、税基固定，比较适合作为地方税。我国及大多数国家、地区都将房产税作为地方税。

二、房产税的纳税人、征税对象和税率

（一）纳税人

《房产税暂行条例》第二条规定，房产税纳税人为房屋的产权所有人。具体是指：产权属于国家所有的，经营管理的单位或个人为纳税人；产权出典的，承典人为纳税人；产权所有人、承典人不在房产所在地的，或者产权未确定及租典纠纷未解决的，房产代管人或者使用人为纳税人。

（二）征税对象

房产税征税对象是房产，即有屋面和围护结构（有墙或两边有柱），能够遮风避雨，可供人民在其中生产、学习、工作、娱乐、居住或储藏物资的场所。

房产税的征税范围是指开征房产税的地理区域，《房产税暂行条例》第一条规定，房产税在城市、县城、建制镇和工矿区征收。坐落在农村的房产暂不征税。

（三）税率

房产税的计税依据是房产的计税价值或房产的租金收入。

按房产计税价值征收的，为从价计征。房产税从价计征以房产余值为计税依据，房产余值是指房产原值减除 10%—30% 后的余值，具体减除幅度由省、自治区、直辖市人民政府考虑房屋的自然损耗和增值因素等影响后，自行决定。

按房产租金收入计征的，为从租计征。租金收入是指房屋产权所有人出租房产使用权所得的报酬，包括货币收入和实物收入。

依据两类计税依据，房产税相应采用两种比例税率：

1. 按房产原值一次减除 10%—30% 后的余值计征的，税率为 1.2%。

2. 按房屋出租的租金收入计征的，税率为 12%。

自 2001 年 1 月 1 日起，对个人按市场价格出租的居民住房，房产税暂减按 4% 的税率征收。从 2008 年 3 月 1 日起，对个人出租住房，不区分用途，按 4% 的税率征收。

三、房产税的应纳税额计算

房产税的两类计税依据和税率，对应两种应纳税额的计算。

1. 从价计征应纳税额计算：

应纳税额 = 应税房产原值 ×（1 - 扣除率）×1.2%

【例 11 -1 计算题】某企业固定资产账面房产原值为 200 万元，所在省政府规定按原值减除 30% 后的余值纳税，每半年缴纳一次。计算该企业上半年的应纳税额。

【解析】应纳税额 = 200 ×（1 - 30%）×1.2% ×50% = 0.84（万元）。

2. 从租计征应纳税额计算：

应纳税款额 = 房产租金收入 ×12%（或 4%）

【例 11 -2 计算题】某城市居民 2018 年出租商铺 5 间，年租金收入为 20000 元，适用税率为 12%。计算该居民年应纳房产税税额。

【解析】应纳税额 = 20000 ×12% = 2400（元）。

四、房产税的税收优惠

《房产税暂行条例》第五、六条规定，以下房产免征房产税：

1. 国家机关、人民团体、军队自用的房产。

2. 由国家财政部门拨付事业经费的单位自用的房产。

3. 宗教寺庙、公园、名胜古迹自用的房产。

4. 个人所有非营业用的房产。

5. 经财政部批准免税的其他房产。

另外，纳税人纳税确有困难的，可由省、自治区、直辖市人民政府确定，定期减征或者免征房产税。

五、房产税的税款报缴

房产税的征收管理，依照《中华人民共和国税收征收管理法》的规定办理。房产税按年征收、分期缴纳。纳税期限由省、自治区、直辖市人民政府规定。房产税在房产所在地缴纳，房产不在同一地方的纳税人应按房产的坐落地点分别向房产所在地的税务机关纳税。

【课堂思考】

1. 我国现行房产税的征税对象是什么？现行房产税存在哪些问题？

2. 掌握我国现行房产税应纳税款的两种计税方法。

第二节　契税

【问题导入】

某置业公司 2016 年取得一块土地使用权，2018 年 1 月份置业公司股东将持有 60% 股权转让给两家公司，剩下 40% 股权；2018 年 8 月份该企业又进行更名，更名为房地产开发企业，并将土地证进行了更名过户，是否涉及交纳契税问题？

思考：你知道目前我国哪些情况下需要缴纳契税吗？

一、契税的概念

契税是在土地、房屋权属转移时向权属承受人征收的一种财产税。1950 年政务院颁布实施了《契税暂行条例》，当时开征契税的一个很重要的目的是保障土地、房屋所有人的合法权益。

改革开放以来，房地产交易市场得到快速发展，原《契税暂行条例》中的一些条款和规定出现了与实际情况不相适应的状况，一是原条例规定对土地所有权转移征收契税，与《宪法》规定不得买卖土地的条款相抵触；二是契税只对一部分个人以及外商投资企业等征税，对公有制单位免税，不符合税收公平的原则。为此，国务院根据社会经济和房地产市场的发展变化，对原《契税暂行条例》作了较大的修改，于 1997 年 7 月 7 日发布了《中华人民共和国契税暂行条例》（以下简称《契税暂行条例》），从当年 10 月 1 日起实施。该契税暂行条例对土地使用权转移征税，不再具有保障土地、房屋权属的作用；统一了各种经济成分的税收政策，对典当行为取消了契税，缩小了减免税范围，下调了税率，修订了计税依据。此后，为适应市场经济发展和支持国有企业改组改制，国家又相继出台了相关契税优惠政策。

2020 年 8 月 11 日，十三届全国人大常委会第二十一次会议通过了《中华人民共和国契税法》（以下简称《契税法》），由中华人民共和国主席令第五十二号公布，自 2021 年 9 月 1 日起施行，国务院发布的现行《中华人民共和国契税暂行条例》同时废止。

与 1997 年契税暂行条例相比，契税法主要改进之处：一是提高了具体税率确定的审批和备案层级；二是将税收优惠政策“升格”为法律，如婚姻关系存续期间夫妻之间变更土地、房屋权属，并增加了非营利性学校、医疗机构和社会福利机构的免税规定；三是简化了办税流程，将目前规定的纳税申报、缴纳税款两个环节合并为申报缴纳一个环节。此外，契税法还增加了相关部门在契税征管方面的协税义务和保护纳税人涉税信息的规定，这有利于契税的征管和维护纳税人的合法权益①。

二、契税的纳税人、征税对象和税率

（一）纳税人

《中华人民共和国契税法》规定，在中华人民共和国境内转移土地、房屋权属，承受的单位和个人为契税的纳税人。纳税人的范围不区分所有制，也不按国籍划分，只要在中华人民共和国境内发生上述应税行为，对所有单位和个人均统一对待。

（二）征税对象

契税的征税对象，是在我国境内发生的土地、房屋权属转移行为。同时，以作价投资（入股）、偿还债务、划转、奖励等方式转移土地、房屋权属的，也属于契税的征税对象。具体包括以下内容：

1. 国有土地使用权出让。国有土地使用权出让，是指土地使用者向国家交付土地使用权出让费用，国家将国有土地使用权在一定年限内转让给土地使用者的行为。

2. 土地使用权的转让。土地使用权转让，是指土地使用者以出售、赠与、交换或者其他方式将土地使用权转移给其他单位和个人的行为。土地使用权的转让不包括土地承包经营权和土地经营权的转移。

3. 房屋买卖。房屋买卖是指房屋所有者将其房屋出售，由承受者交付货币、实物、无形资产或者其他经济利益的行为。以下三种情况视为房屋买卖：

（1）以房屋抵债或者以实物交换房屋。

（2）以房产作投资、入股。

（3）买房拆料或翻建新房，应照章征收契税。

4. 房屋赠与。房屋赠与，是指房屋所有者将其房屋无偿转让给受赠者的行为。

5. 房屋交换。房屋互换，是指房屋所有者之间相互交换房屋的行为。

6. 承受国有土地使用权支付的土地出让金。对承受国有土地使用权所应支付的土地出让金，要计征契税，不得因减免土地出让金而减免契税。

以下述方式转移土地、房屋权属，视同土地使用权转让、房屋买卖或者房屋赠与征税：

（1）以土地、房屋权属作价投资、入股。

（2）以土地、房屋权属抵债。

（3）以获奖方式承受土地、房屋权属。

（4）以预约方式或者预付集资建房款方式承受土地、房屋权属。

---

① 刘佐：《契税立法回顾与改革展望》，《21世纪经济报道》，https：//m. 21jingji. com/article/20200815/1149f48f8a87a3d9ce440bf414d7c0a0. html.

(三) 计税依据

(1) 土地使用权出让、出售，房屋买卖，为土地、房屋权属转移合同确定的成交价格，包括应交付的货币以及实物、其他经济利益对应的价款；

(2) 土地使用权互换、房屋互换，为所互换的土地使用权、房屋价格差额；

(3) 土地使用权赠与、房屋赠与以及其他没有价格的转移土地、房屋权属行为，为税务机关参照土地使用权出售、房屋买卖的市场价格依法核定的价格。

纳税人申报的成交价格、互换价格差额明显偏低且无正当理由的，由税务机关依照《中华人民共和国税收征收管理法》的规定核定。

(四) 税率

契税实行3%—5%的幅度比例税率。契税的具体适用税率，由省、自治区、直辖市人民政府在3%—5%的税率幅度内提出，报同级人民代表大会常务委员会决定，并报全国人民代表大会常务委员会和国务院备案。

三、契税的应纳税款计算

契税采用3%—5%的比例税率，应纳税额计算公式如下：

应纳税额 = 计税依据 × 适用税率

【例11－3计算题】 X企业卖给B单位一套房屋，契约上的成交价格为160万元。契约征收机关经过核实，确定该房屋计税价格为160万元。假设当地规定的契税税率为5%。计算B单位的应纳税额。

【解析】 B单位应纳税额 = 160 × 5% = 9（万元）。

四、契税的税收优惠

按照《中华人民共和国契税法》规定，以下情形免征契税：

(1) 国家机关、事业单位、社会团体、军事单位承受土地、房屋权属用于办公、教学、医疗、科研、军事设施；

(2) 非营利性的学校、医疗机构、社会福利机构承受土地、房屋权属用于办公、教学、医疗、科研、养老、救助；

(3) 承受荒山、荒地、荒滩土地使用权用于农、林、牧、渔业生产；

(4) 婚姻关系存续期间夫妻之间变更土地、房屋权属；

(5) 法定继承人通过继承承受土地、房屋权属；

(6) 依照法律规定应当予以免税的外国驻华使馆、领事馆和国际组织驻华代表机构承受土地、房屋权属。

经批准减征、免征契税的纳税人改变有关土地、房屋的用途，不再属于前述减征、免征契税范围的，应当补缴已经减征、免征的税款。

根据国民经济和社会发展的需要，国务院对居民住房需求保障、企业改制重组、灾后重建等情形可以规定免征或者减征契税，报全国人民代表大会常务委员会备案。以下两种情形可由省、自治区、直辖市决定免征或者减征契税：因土地、房屋被县级以上人民政府征收、征用，或因不可抗力灭失住房，重新承受土地、房屋权属的。

五、契税的税款报缴

契税的纳税义务发生时间，为纳税人签订土地、房屋权属转移合同的当日，或者纳税人取得其他具有土地、房屋权属转移合同性质凭证的当日。

纳税人应当自纳税义务发生之日起 1 日内，向土地、房屋所在地的契税征收机关办理纳税申报，并在契税征收机关核定的期限内缴纳税款。

复习思考题

1. 为何要开征房产税？开征契税的目的是什么？
2. 如何识别房产税、契税的纳税人？
3. 简述我国房产税的征税对象和适用税率。
4. 简述我国契税法规定的征税对象和适用税率。
5. 简述我国房产税改革基本情况及未来趋势。

第十二章 车辆购置税和车船税

问题导入

小胡是一名普通工人，他非常希望能买一辆自己喜欢的大众牌轿车，他看上的这辆车含增值税的价格为68800元。因此，小胡为了能实现这个愿望，一直在存钱。终于有一天，小胡存满了购车款68800元，他开开心心地准备去买他喜欢的车，但是正准备付钱的时候却发现，买车不仅需要支付一笔增值税，还需要支付一笔车辆购置税。此外，小胡每年还要缴纳一笔车船税，虽然只有几百元，可是多年下来也是一笔不小的开销。

为什么买车要支付车辆购置税呢？购买时已经缴纳了车辆购置税，为什么每年还要缴纳车船税？这算不算重复课税？两者究竟有何区别？

第一节　车辆购置税

一、车辆购置税概述

（一）车辆购置税的概念

车辆购置税是以在中国境内购置规定的车辆为课税对象、在特定环节向车辆购置者征收的一种税。就其性质而言，属于直接税的范畴。

我国于2001年1月1日起实施《车辆购置税暂行条例》，这是一个新的税种，是在原交通部门收取的车辆购置附加费的基础上，通过“费改税”方式演变而来的。车辆购置税基本保留了车辆购置附加费的特点。2018 年 12 月 29 日，第十三届全国人民代表大会常务委员会第七次会议通过《中华人民共和国车辆购置税法》，并于 2019 年 7 月 1 日正式实施，《中华人民共和国车辆购置税暂行条例》同时废止。

（二）车辆购置税的特点

车辆购置税作为一种特殊税，除具有税收的共同特点外，还有其自身特点：

1. 征收范围单一。车辆购置税以购置的特定车辆为课税对象。

2. 征收环节单一。车辆购置税实行一次性课征制，是在消费领域的特定环节一次性征收，购置已征车辆购置税的车辆，不再征收车辆购置税。

3. 征税具有特定目的。车辆购置税为中央税，它取之于应税车辆，用之于交通建设，其收入具有专门用途，可作为中央财政经常性预算科目，由中央财政根据国家交通建设投资计划，统筹安排。

4. 价外征收，税负不具转嫁性。征收车辆购置税的商品价格中不含车辆购置税额，车辆购置税是附加在价格之外的，且税收的缴纳者即为最终的税收负担者，税负没有转嫁性。

【课堂思考】

车辆购置税在税种性质上有何特点？

二、纳税人

在中华人民共和国境内购置汽车、有轨电车、汽车挂车、排气量超过 150 毫升的摩托车（统称应税车辆）的单位和个人，为车辆购置税的纳税人。

（一）车辆购置税应税行为

车辆购置税的应税行为是指在中华人民共和国境内购置应税车辆的行为，具体来讲，包括以下几种情况：

1. 购买自用行为。包括购买使用国产应税车辆和购买自用进口应税车辆。当纳税人购置应税车辆时，就发生了应税行为，就要依法纳税。

2. 进口自用行为。指直接进口或委托代理进口的自用应税车辆的行为。不包括境内购买的进口车辆。

3. 受赠使用行为。受赠是指接受他人馈赠。对馈赠人而言，在发生财产所有权转移后，应税行为一同转移，不再是纳税人；而作为受赠人在接受自用（包括接受免税车辆）后，就发生了应税行为，就要承担纳税义务。

4. 自产自用行为。自产自用是指纳税人将自己生产的应税车辆作为最终消费品用于自己的消费使用，其消费行为已构成应税行为。

5. 获奖自用行为。包括从各种奖励形式中取得并自用应税车辆的行为。

6. 其他自用行为。指除上述以外其他方式取得并自用应税车辆的行为，如拍卖、抵

债、走私、罚没等方式取得并自用的应税车辆。

【例 12－1 多选题】 下列行为中应缴纳车辆购置税的是（　　）。

A. 外国公民在境内购置汽车

B. 汽车生产厂家的销售部门领用汽车自用

C. 购买已税二手车

D. 参加比赛获得汽车奖品

【答案】 ABD

【解析】 选项 A，外国公民在境内购置汽车应缴纳车辆购置税；选项 B 属于自产自用行为；选项 C，已经缴纳车辆购置税的不再缴纳；选项 D，以获奖方式取得并自用的汽车需缴纳车辆购置税。

（二）车辆购置税征税区域

征税区域是指一个国家全面实施统一的税收法规的境域。我国车辆购置税的适用区域是中华人民共和国境内，只要在中华人民共和国境内发生了车辆购置税的应税行为，都要征收车辆购置税。在中华人民共和国境内是指应税车辆的购置或使用地在中华人民共和国境内，应税车辆的购置地与应税行为的发生地是一致的。

（三）车辆购置税纳税义务人的具体范围

车辆购置税纳税人的范围包括单位和个人，具体为：

1. 单位。指国有企业、集体企业、私营企业、股份制企业、外商投资企业、外国企业和其他企业和事业单位、社会团体、国家机关、部队以及其他单位。

2. 个人。指个体工商户及其他个人。泛指具有民事权利能力，依法享有民事权利，承担民事义务的自然人，包括中华人民共和国公民和外国公民。

【课堂思考】

车辆购置税应税行为规定具有哪些一般性特点？

三、征税对象和征税范围

应税车辆是车辆购置税的征税对象，征税范围包括汽车、有轨电车、汽车挂车、排气量超过 150 毫升的摩托车。具体范围如下：

1. 汽车：包括各类汽车。

2. 电车：

（1）有轨电车：以电能为动力，由专用输电电缆线供电的轮式公共车辆。

（2）有轨电车：以电能为动力，在轨道上行驶的公共车辆。

3. 挂车：

（1）半挂车：无动力设备，独立承载，由牵引车辆牵引行驶的车辆。

（2）全挂车：无动力设备，与牵引车辆共同承载，由牵引车辆牵引行驶的车辆。

4. 摩托车：排气量超过150毫升的各类摩托车。

地铁、轻轨等城市轨道交通车辆，装载机、平地机、挖掘机、推土机等轮式专用机械车，以及起重机（吊车）、叉车、电动摩托车，不属于应税车辆。

车辆购置税征税范围的调整，需经法定程序，其他任何部门、单位和个人只能认真执行政策规定，无权擅自扩大或缩小车辆购置税的征税范围。

【例12－2 多选题】 下列车辆中，属于车辆购置税征税范畴，应缴纳车辆购置税的有（　　）

A. 电动摩托车　　B. 无轨电车

C. 半挂车　　D. 三轮农用运输车

【答案】 BC

【解析】 电动摩托车、三轮农用运输车不属于征税范围。

四、税率和计税依据

（一）车辆购置税的税率

我国车辆购置税实行统一比例税率，税率为10%。

（二）车辆购置税的计税依据

车辆购置税以应税车辆为征税对象，实行从价定率、价外征收的方法计算应纳税额，应税车辆的价格（不含税）即计税价格就成为车辆购置税的计税依据。但是，由于应税车辆购置的来源不同，应税行为的发生不同，车辆购置税计税依据的构成也有所不同。

1. 购买自用应税车辆计税依据的确定。纳税人购买自用的应税车辆，计税价格为纳税人购买应税车辆而支付给销售者的全部价款，不包含增值税税款。

在确定车辆购置税计税依据时，应将未扣除增值税税款的或价款与增值税税款合并收取的发票价格换算为不含增值税的销售价格。

（1）购买国产车和进口车需要并入计税价格的项目：

①购买者随购买车辆支付的工具件和零部件价款；

②支付的车辆装饰费；

③销售单位开展优质销售活动所开票收取的相关费用。

（2）购买国产车和进口车不需要并入计税价格的项目：

①支付的控购费；

②销售单位开给购买者的各种发票金额中包含的增值税税款。

在确定计税价格时，还应注意以下费用的计税规定：

①代收款项应区别征税。凡使用代收单位（受托方）票据收取的款项，应视作代收单位价外费用，应并入计税价格中一并征税；凡使用委托方票据收取，受托方只履行代收义务和收取代收手续费的款项，不并入计税价格。

②销售单位开展优质销售活动所开票收取的有关费用，应属于经营性收入，企业在代理过程中按规定支付给有关部门的费用，企业已作经营性支出列支核算，其收取的各项费用开具在一张发票上难以划分的，应作为计税价格计算征收。

【例 12－3 多选题】 某机关 2020 年 4 月购车一辆，随车支付的下列款项中，应并入计税依据征收车辆购置税的有（　　）。

A. 控购费　　B. 增值税税款

C. 零部件价款　　D. 车辆装饰费

【答案】 CD

【解析】 车辆购置税的计税依据不含增值税税款和购买者支付的控购费。

2. 进口自用应税车辆计税依据的确定。 纳税人进口自用的应税车辆以组成计税价格为计税依据。计税价格的计算公式为：

计税价格＝关税完税价格＋关税＋消费税

或计税价格＝（关税完税价格＋关税）÷（1－消费税税率）

【例 12－4 单选题】 某 4S 店 2019 年 11 月进口 9 辆商务车，海关核定的关税计税价格为 40 万元/辆，当月销售 4 辆，2 辆作为样车放置在展厅待售，1 辆公司自用。该 4S 店应缴纳车辆购置税（　　）。（商务车关税税率为 25%，消费税税率为 12%）

A. 5.48 万元　　B. 5.6 万元

C. 5.68 万元　　D. 17.04 万元

【答案】 C

【解析】 进口销售、待售的不缴纳车辆购置税，进口自用的需要缴纳车辆购置税。该 4S 店应缴纳的车辆购置税＝40×（1＋25%）÷（1－12%）×10%＝5.68（万元）。

3. 其他自用应税车辆计税依据的确定。

（1）纳税人自产自用应税车辆，按同类应税车辆的销售价格确认。无同类应税车辆销售价格的，按照组成计税价格确定应税车辆的计税价格，计算公式如下：

组成计税价格＝成本×（1＋成本利润率）

属于应征消费税的应税车辆，其组成计税价格中应加计消费税税额。

上述公式中的成本利润率，由国家税务总局各省、自治区、直辖市和计划单列市税务局确定。

（2）纳税人以受赠、获奖或者其他方式取得并自用的应税车辆的计税价格，按购置应税车辆时相关凭证载明的价格确定，无法提供相关凭证的，参照同类应税车辆市场平均交易价格确定其计税价格。

（3）纳税人申报的应税车辆计税价格明显偏低，又无正当理由的，由税务机关依照《中华人民共和国税收征收管理法》的规定核定其应纳税额。

（4）下列车辆的计税价格为纳税人提供的有效价格证明注明的价格。纳税人无法提供有效价格证明的，主管税务机关有权核定应税车辆的计税价格：

①进口旧车；

②因不可抗力因素导致车辆受损；

③库存超过三年的车辆；

④行驶 8 万千米以上的试验车辆；

⑤其他按规定需要核定的车辆。

（5）已经办理免税、减税手续的车辆因转让、改变用途等原因不再属于免税、减税范围的，纳税人应当在办理车辆转移登记或者变更登记前缴纳车辆购置税。发生转让行为的，受让人为车辆购置税纳税人；未发生转让行为的，车辆所有人为车辆购置税纳税人。计税价格以免税、减税车辆初次办理纳税申报时确定的计税价格为基准，使用年限的计算，自纳税人初次办理纳税申报之日起，至不再属于免税、减税范围的情形发生之日止，每满一年扣减百分之十；未满 1 年的，计税价格为免税车辆的原计税价格；使用年限 10 年（含）以上的，计税价格为 0。应纳税额计算公式如下：

应纳税额 = 初次办理纳税申报时确定的计税价格 ×（1 − 使用年限 ×10%）×10% − 已纳税额

应纳税额不得为负数。

4. 车辆购置税计税依据使用统一货币单位计算。车辆购置谁的计税依据和应纳税款应以人民币核算。纳税人以外汇结算应税车辆价款的，按照申报纳税之日的人民币汇率中间价折合成人民币计算缴纳税款。

【例 12 −5 单选题】 某企业 2019 年 8 月进口载货汽车 1 辆；9 月在国内市场购置载货汽车 2 辆，支付全部价款和价外费用 75 万元（不含增值税），另支付车辆购置税 7.5 万元，代办保险费 2 万元；5 月受赠小汽车 1 辆。上述车辆全部为企业自用。下列关于该企业计缴车辆购置税依据的表述中，正确的是（　　）。

A. 国内购置载货汽车的计税依据为 84.5 万元计税价格；

B. 进口载货汽车的计税依据为关税完税价格加关税

C. 受赠小汽车的计税依据为同类小汽车的市场价格加增值税

D. 国内购置载货汽车的计税依据为 77 万元

【答案】 B

【解析】选项A，车辆购置税的计税依据不包括代收的保险费、车辆牌照费和车辆购置税，所以计税依据是75万元；选项C，受赠小汽车的计税依据是购置价格；选项D，国内购置载货汽75万元车的计税依据是75万元。

【例12-6计算题】某企业2016年8月购买一辆免税车辆，不含税购买价为10万元，2019年12月改变用途，不再属于免税范围，求该企业应纳车辆购置税。

【解析】该车辆的使用年限为3年，计税价格为10万元，则：

应纳税额=10×（1-3×10%）×10%=0.7（万元）

【课堂思考】

哪些情况下需要进行计税依据的核定？

五、应纳税额的计算

（一）购买自用应税车辆应纳税额的计算

纳税人购买自用应税车辆应纳税额的计算公式为：

应纳税额=计税价格×税率

【例12-7计算题】宋某2018年7月从某汽车有限公司购买一辆小汽车供自己使用，支付了含增值税税款在内的款项232000元，另支付代收临时牌照费500元、代收保险费1000元，支付购买工具件和零配件价款3000元，车辆装饰费1300元。所支付的款项均由该汽车有限公司开具“机动车销售统一发票”和有关票据。请计算宋某应纳车辆购置税。

【解析】

（1）计税依据=（23000+500+1000+3000+1300）÷（1+16%）=205000（元）

（2）应纳税额=205000×10%=20500（元）

（二）进口自用应税车辆应纳税额的计算

纳税人进口自用的应税车辆应纳税额的计算公式为：

应纳税额=（关税完税价格+关税+消费税）×税率

【例12-8计算题】某外贸进出口公司2019年8月，从国外进口10辆某公司生产的某型号小轿车。该公司保管进口这批小轿车时，经报关地海关对有关报关资料的审查，确定关税完税价格为每辆185000元人民币，海关按关税政策规定每辆征收了关税46200元，并按消费税、增值税有关规定分别代征了每辆小轿车的进口消费税25600元和增值税41000元。由于联系业务需要，该公司将一辆小轿车留在本单位使用。根据以上资料，计算应纳车辆购置税。

【解析】

（1）计税依据=185000+46200+25600=256800（元）

（2）应纳税额=256800×10%=25680（元）

（三）其他自用应税车辆应纳税额计算

1. 自产自用。应纳税额=销售价格（或组成计税价格）×税率

2. 受赠使用、获奖使用和以其他方式。应纳税额=购置价格×税率

【例12-9计算题】某客车制造厂将自产的一辆某型号的客车，用于本厂后勤服务，该厂在办理车辆上牌落籍前，出具该车的发票，注明金额65000元，并按此金额向主管税务机关申报纳税。经审核，国家税务总局对该车同类型车辆核定的计税价格为80000元。

【解析】

应纳税额=80000×10%=8000（元）

六、税收优惠

（一）车辆购置税的减免税规定

1. 法定减免税，具体规定有：

（1）依照法律规定应当予以免税的外国驻华使馆、领事馆和国际组织驻华机构及其有关人员自用的车辆；

（2）中国人民解放军和中国人民武装警察部队列入装备订货计划的车辆；

（3）悬挂应急救援专用号牌的国家综合性消防救援车辆；

（4）设有固定装置的非运输专用作业车辆；

（5）城市公交企业购置的公共汽电车辆，具体指符合条件的公共汽车、有轨电车、无轨电车等；

（6）根据国民经济和社会发展的需要，国务院可以规定减征或者其他免征车辆购置税的情形，报全国人民代表大会常务委员会备案

2. 其他政策性减免，具体规定有：

（1）回国服务的在外留学人员用现汇购买1辆个人自用国产小汽车和长期来华定居专家进口1辆自用小汽车免征车辆购置税；

（2）防汛部门和森林消防部门用于指挥、检查、调度、报汛（警）、联络的由指定厂家生产的设有固定装置的指定型号的车辆免征车辆购置税；

（3）自2018年1月1日至2022年12月31日，对购置的新能源汽车免征车辆购置税。免征车辆购置税的新能源汽车是指纯电动汽车、插电式混合动力（含增程式）汽车、燃料电池汽车；

（4）自2018年7月1日至2021年6月30日，对购置挂车减半征收车辆购置税；

（5）中国妇女发展基金会"母亲健康快车"项目的流动医疗车免征车辆购置税；

（6）北京2022年冬奥会和冬残奥会组织委员会新购置车辆免征车辆购置税；

（7）原公安现役部队和原武警黄金、森林、水电部队改制后换发地方机动车牌证的车辆（公安消防、武警森林部队执行灭火救援任务的车辆除外），一次性免征车辆购置税。

【例12－10单选题】购买下列车辆，应计算缴纳车辆购置税的有（　　）。

A. 出租车

B. 救护车

C. 新能源汽车

D. 国际组织驻华机构自用车辆

【答案】A

（二）车辆购置税的退税规定

已缴纳车辆购置税的车辆，发生下列情形之一的，准予纳税人申请退税：

（1）车辆退回生产企业或者经销企业的；

（2）其他依据法律法规规定应予以退税的情形。

车辆退回生产企业或经销商的，纳税人申请退税时，需提供生产企业或者销售企业开具的退车证明和退车发票。办理退款时，主管税务机关自纳税人办理纳税申报之日起每满一年扣减10%计算退税额；未满1年的，按已缴纳税款全额退税。

应退税额＝已纳税额×（1－使用年限×10%）

应退税额不得为负数，使用年限的计算方法是自纳税人缴纳税款之日起，至申请退税之日止。

其他退税情形，纳税人申请退款时，主管税务机关依据有关规定计算退税额。

七、申报与缴纳

（一）纳税申报

车辆购置税实行一车一申报制度。

（二）纳税环节

车辆购置税是对应税车辆的购置行为课征，征税环节选择在使用环节（即最终消费环节）。具体而言，纳税人应当在向公安机关交通管理部门办理车辆注册登记前，缴纳车辆购置税。

车辆购置税选择单一环节，实行一次课征制度，购置已征车辆购置税的车辆不再征收车辆购置税。免税、减税车辆因转让、改变用途等原因不再属于免税、减税范围的，纳税人应当在办理车辆转移登记或者变更登记前缴纳车辆购置税。

（三）纳税地点

1. 需要办理车辆登记注册手续的。纳税人向车辆登记注册地的主管税务机关办理纳税申报。车辆登记注册地是指车辆的上牌落籍地或落户地。

2. 不需要办理车辆登记注册手续的。纳税人向纳税人所在地的主管税务机关办理纳税申报。

（四）纳税期限

车辆购置税的纳税义务发生时间为纳税人购置应税车辆的当日。纳税人应当自纳税义务发生之日起60日内申报缴纳车辆购置税（见表12－1）。

表12－1　　车辆购置税的纳税期限规定

应税行为	申报纳税期限
购买自用的应税车辆	自购买之日（即车辆相关价格凭证的开具日期）起60日内申报纳税
进口自用车辆	自进口之日（即《海关进口增值税专用缴款书》或者其他有效凭证的开具日期）起60日内申报纳税
自产、受赠、获奖和以其他方式取得并自用的应税车辆	自取得之日（即合同、法律文书或者其他有效凭证的生效或者开具日期）起60日内申报纳税
免税车辆因转让、改变用途等原因，其免税条件消失的	自免税条件消失之日起60日内重新申报纳税
免税车辆发生转让，但仍属于免税范围的	受让方应当自购买或取得车辆之日起60日内重新申报免税

（五）缴税管理

车辆购置税缴款方法的选择如下：

（1）自报核销；

（2）集中征收缴纳；

（3）代征、代扣、代收。

第二节　车船税

一、车船税概述

（一）车船税的概念

车船税是对在中华人民共和国境内属于《中华人民共和国车船税法》（以下简称《车船税法》）所附《车船税税目税额表》规定的车辆、船舶（以下简称车船）的所有人或者管理人征收的一种税。

《车船税法》是国家制定的用以调整车船税征收与缴纳权利及义务关系的法律规范。2006 年 12 月 29 日，国务院颁布了第 482 号令，公布了《中华人民共和国车船税暂行条例》，从 2007 年 1 月 1 日起，内外资企业和个人的车船实行统一的车船税。2011 年 2 月 25 日第十一届全国人民代表大会常务委员会第十九次会议通过了《中华人民共和国车船税法》，自 2012 年 1 月 1 日起施行；2019 年 4 月 23 日第十三届全国人民代表大会常务委员会第十次会议修正。

（二）车船税的立法原则

1. 筹集地方财政资金，支持交通运输事业发展。

2. 加强对车船使用的管理，促进车船的合理配置。

3. 调节财富分配，体现社会公平。

（三）车船税的特点

1. 车船税税源分散、流动性强、涉及面广。

2. 对拥有、管理或使用车船的单位和个人课税，属于一种静态特殊财产税。

3. 车船税税负较低，并且难以转嫁。

4. 车船税涉及面广，征管难度相对较大。

二、纳税人、征税对象和税率

（一）纳税义务人

车船税的纳税义务人是指在中华人民共和国境内属于《车船税法》所附《车船税税目税额表》规定的车辆、船舶的所有人或者管理人。

管理人是指对车船具有管理权或者使用权，不具有所有权的单位和个人。

（二）征税对象及范围

车船税的应税车辆、船舶包括：

1. 依法应当在车船管理部门登记的机动车辆和船舶。

2. 依法不需要在车船管理部门登记、在单位内部场所行驶或者作业的机动车辆和船舶。

单位，是指依照中国法律、行政法规规定，在中国境内成立的行政机关、企业、事业单位、社会团体以及其他组织。

船舶，包括机动船舶和非机动船舶。机动船舶，指依靠燃料等能源作为动力运行的船舶，如客轮、货船、气垫船等；非机动船舶，指依靠人力或者其他力量运行的船舶，如木船、帆船、舢板等。

【例12－11 多选题】 根据车船税的规定，下列说法错误的有（　　）。

A. 车船税属于财产税

B. 企业内部行驶的车船不属于征税范围

C. 车船税纳税地点为车船的登记地或者扣缴义务人所在地

D. 车船税具有调节财富分配的作用

E. 车船税具有行为税和财产税的性质

【答案】 BE

【解析】 依法不需要在车船登记管理部门登记的机场、港口以及其他企业内部行驶或者作业的车船，属于车船税征税范围；车船税属于单项特殊财产税。

【课堂思考】

比较车船税中的车辆课税与车辆购置税的课税范围

（三）税目、税率

车船税实行定额税率、从量征收。车船税的适用税额，依照《车船税税目税额表》执行，税目适用范围由财政部、国家税务总局参照国家相关标准确定，在规定的税目范围和税额幅度内，划分子税目，并明确车辆的子税目税额幅度和船舶的具体适用税额。车辆的具体适用税额由省、自治区、直辖市人民政府依照车船税法所附《车船税税目税额表》规定的税额幅度和国务院的规定确定。

车船税确定税额的总体原则是：

1. 非机动车船的税负轻于机动车船。

2. 人力车的税负轻于畜力车。

3. 小吨位船舶的税负轻于大船舶。

由于车辆与船舶的行驶情况不同，车船税的税额也有所不同（见表12－2）。

表 12－2 **车船税税目税额表**

税目		计税单位	年基准税额	备注
乘用车按发动机气缸容量（排气量分档）	1.0 升（含）以下的	每辆	60—360	核定载客人数 9 人（含）以下
	1.0 升以上至 1.6 升（含）的		300—540	
	1.6 升以上至 2.0 升（含）的		360—660	
	2.0 升以上至 2.5 升（含）的		660—1200	
	2.5 升以上至 3.0 升（含）的		1200—2400	
	3.0 升以上至 4.0 升（含）的		2400—3600	
	4.0 升以上的		3600—5400	
商用车	客车	每辆	480—1440	核定载客人数 9 人（包括电车）以上
	货车	整备质量每吨	16—120	1. 包括半挂牵引车、挂车、客货两用汽车、三轮汽车和低速载货汽车等。 2. 挂车按照货车税额的 50% 计算
其他车辆	专用作业车	整备质量每吨	16—120	不包括拖拉机
	轮式专用机械车	整备质量每吨	16—120	
摩托车		每辆	36—180	
船舶	机动船舶	净吨位每吨	3—6	拖船、非机动驳船分别按照机动船舶税额的 50% 计算；游艇的税额另行规定
	游艇	艇身长度每米	600—2000	

在税率税额适用上，存在如下规定：

（1）车船税法和实施条例所涉及的排气量、整备质量、核定载客人数、净吨位、功率（千瓦或马力）、艇身长度，以车船登记管理部门核发的车船登记证书或者行驶证相应项目所载数据为准。

依法不需要办理登记、依法应当登记而未办理登记或者不能提供车船登记证书、行驶证的，以车船出厂合格证明或者进口凭证相应项目标注的技术参数、所载数据为准；不能提供车船出厂合格证明或者进口凭证的，由主管税务机关参照国家相关标准核定，没有国家相关标准的参照同类车船核定。

（2）乘用车以车辆登记管理部门核发的机动车登记证书或者行驶证书所载的排气量毫升数确定税额区间。

（3）车船税法及其实施条例涉及的整备质量、净吨位、艇身长度等计税单位，有尾数的一律按照含尾数的计税单位据实计算车船税应纳税额。计算得出的应纳税额小数点后超过两位的可四舍五入保留两位小数。

【例 12－12 多选题】下列车船中，应以“辆”作为车船税计税单位的有（　　）。

A. 电车　　B. 摩托车

C. 微型客车　　D. 半挂牵引车

E. 货车

【答案】ABC

【解析】半挂牵引车、货车按整备质量每吨作为计税单位。

【课堂思考】

车船税的税率规定有何特点？

三、应纳税额的计算与代收代缴

（一）应纳税额的计算

1. 购置新车船的税额计算。购置的新车船，购置当年的应纳税额自纳税义务发生的当月起按月计算。计算公式为：

应纳税额 =（年应纳税额 ÷ 12）× 应纳税月份数

应纳税月份数 = 12 － 纳税义务发生时间（取月份）+ 1

2. 被盗抢、报废、灭失的车船的税额计算。

（1）在一个纳税年度内，已完税的车船被盗抢、报废、灭失的，纳税人可以凭有关管理机关出具的证明和完税证明，向纳税所在地的主管税务机关申请退还自被盗抢、报废灭失月份起至该纳税年度终了期间的税款。

（2）已办理退税的被盗抢车船，失而复得的，纳税人应当从公安机关出具相关证明的当月起计算缴纳车船税。

3. 已缴纳车船税的车船在同一纳税年度内办理转让过户的，不另纳税，也不退税。

4. 在一个纳税年度内，纳税人在非车辆登记地由保险机构代收代缴机动车车船税，且能够提供合法有效完税证明的，纳税人不再向车辆登记地的地方税务机关缴纳车辆车船税。

【例 12－13 单选题】某运输企业 2019 年初拥有小轿车 5 辆，2019 年 3 月外购货车 12 辆（整备质量为 10 吨），并于当月办理登记手续，假设货车年税额为整备质量每吨 50 元，小轿车年税额为每辆 500 元，该企业 2019 年应缴纳车船税（　　）元。

A. 2500　　B. 8500

C. 7500　　D. 7000

【答案】A

【解析】应缴纳车船税 = 5 × 500 + 12 × 10 × 50 × 10/12 = 7500（元）

【课堂思考】

根据车船税应纳税额的确定，车船税是否属于真正意义上的财产税？

(二) 保险机构代收代缴

1. 关于代收代缴人。从事机动车第三者责任强制保险（即“交强险”）业务的保险机构为机动车车船税的扣缴义务人，应当在收取保险费时依法代收车船税，并出具代收税款凭证。

2. 关于代收税款凭证。保险机构在代收车船税时，应当在机动车交通事故责任强制保险的保险单以及保费发票上注明已收税款的信息和减免税信息，作为代收税款凭证。

3. 关于代收代缴滞纳金。纳税人在应当购买交通事故责任强制保险截止日期以后购买的，或以前年度没有缴纳车辆车船税的，保险机构在代收代缴税款的同时，还应代收代缴欠缴税款的滞纳金。

【例 12－14 单选题】 车船税的扣缴义务人是（　　）。

A. 国家税务总局

B. 主管税务机关

C. 从事机动车第三者责任强制保险业务的保险机构

D. 购买车船的消费者

【答案】 C

【解析】 从事机动车第三者责任强制保险业务的保险机构为机动车车船税的扣缴义务人，应当在收取保险费时依法代收车船税，并出具代收税款凭证。

(三) 委托交通运输部门海事管理机构代为征收船舶车船税

1. 关于代征机构。在交通运输部直属海事管理机构（以下简称海事管理机构）登记的应税船舶，其车船税由船籍港所在地的税务机关委托当地海事管理机构代征。

2. 关于欠缴税款代征。对于以前年度未依照车船税法及其实施条例的规定缴纳船舶车船税的，海事管理机构应代征欠缴税款，并按规定代加收滞纳金。

3. 海事管理机构代征船舶车船税的计算方法。

（1）船舶按一个年度计算车船税。计算公式为：

年应纳税额＝计税单位×年基准税额

（2）购置的新船舶，购置当年的应纳税额自纳税义务发生时间起至该年度终了按月计算。计算公式为：

应纳税额＝年应纳税额×应纳税月份数/12

应纳税月份数＝12－纳税义务发生时间（取月份）＋1

其中，纳税义务发生时间为纳税人取得船舶所有权或管理权的当月，以购买船舶的发票或者其他证明文件所载日期的当月为准。

四、税收优惠

（一）法定减免与特定减免

车船税的法定减免与特定减免规定汇总如下（见表12－3）。

表12－3 车船税的法定减免与特定减免规定

优惠政策级次	具体规定
法定减免	(1) 捕捞、养殖渔船，是指在渔业船舶登记管理部门登记为捕捞船或者养殖船的船舶。 (2) 军队、武装警察部队专用的车船，是指按照规定在军队、武装警察部队车船管理部门登记，并领取军队、武警牌照的车船。 (3) 警用车船，是指公安机关、国家安全机关、监狱、劳动教养管理机关和人民法院、人民检察院领取警用牌照的车辆和执行警务的专用船舶。 (4) 依照法律规定应当予以免税的外国驻华使领馆、国际组织驻华代表机构及其有关人员的车船。 (5) 对节能汽车，减半征收车船税；对新能源车船，免征车船税。减半征收车船税的节能乘用车和商用车、免征车船税的新能源汽车和船舶，均应符合规定的标准。 (6) 省、自治区、直辖市人民政府根据当地实际情况，可以对公共交通车船、农村居民拥有并主要在农村地区使用的摩托车、三轮汽车和低速载货汽车定期减征或者免征车船税。 (7) 国家综合性消防救援车辆由部队号牌改挂应急救援专用号牌的，一次性免征改挂当年车船税。
特定减免	(1) 经批准临时入境的外国车船和香港特别行政区、澳门特别行政区、台湾地区的车船不征收车船税。 (2) 按照规定缴纳船舶吨税的机动船舶，自《车船税法》实施之日起5年内免征车船税。 (3) 机场、港口内部行驶或作业的车船，自《车船税法》实施之日起5年内免征车船税。

（二）节能、新能源车船减免

1. 对节能汽车，减半征收车船税。减半征收车船税的节能乘用车应同时符合以下标准：(1) 获得许可在中国境内销售的排量为1.6升以下（含1.6升）的燃用汽油、柴油的乘用车（含非插电式混合动力、双燃料和两用燃料乘用车）；(2) 综合工况燃料消耗量应符合相关标准。

减半征收车船税的节能商用车应同时符合以下标准：(1) 获得许可在中国境内销售的燃用天然气、汽油、柴油的轻型和重型商用车（含非插电式混合动力、双燃料和两用燃料轻型和重型商用车）；(2) 燃用汽油、柴油的轻型和重型商用车综合工况燃料消耗量应符合相关标准。

2. 对新能源车船，免征车船税。免征车船税的新能源汽车是指纯电动商用车、插电式（含增程式）混合动力汽车、燃料电池商用车。纯电动乘用车和燃料电池乘用车不属于车船税征税范围，对其不征车船税。

【易混易错】节能、新能源汽车的车船税优惠政策与车辆购置税优惠政策非常容易混

淆，挂车车船税的税额减半与车辆购置税优惠政策也容易混淆，特列表区分如下（见表 12－4）。

表 12－4　　车船税优惠政策与车辆购置税相关优惠政策的比较

<table>
<tr><th colspan="2">车辆性质</th><th>车船税政策</th><th>车辆购置税政策</th></tr>
<tr><td rowspan="2">新能源汽车</td><td>乘用车</td><td>纯电动乘用车和燃料电池乘用车不属于车船税征税范围，不征收车船税</td><td rowspan="2">免征车辆购置税</td></tr>
<tr><td>商用车</td><td>纯电动商用车、插电式（含增程式）混合动力汽车、燃料电池商用车免征车船税</td></tr>
<tr><td rowspan="2">节能汽车</td><td>乘用车</td><td>同时满足：（1）获得许可在中国境内销售的排量为 1.6 升以下（含 1.6 升）的燃用汽油、柴油的乘用车（含非插电式混合动力、双燃料和两用燃料乘用车）；（2）综合工况燃料消耗量应符合标准。减半征收车船税</td><td rowspan="2">2018 年起照章征收车辆购置税</td></tr>
<tr><td>商用车</td><td>同时满足：（1）获得许可在中国境内销售的燃用天气、汽油、柴油的轻型和重型商川车（含非插电式混合动力、双燃料和两用燃料轻型和重型商用车）；（2）燃用汽油、柴油的轻型和重型商用车综合工况燃料消耗量应符合标准。减半征收车船税</td></tr>
<tr><td colspan="2">挂车即由汽车牵引才能正常使用且用于载运货物的无动力车辆</td><td>挂车按照货车税额的 50% 计算车船税</td><td>自 2018 年 7 月 1 日至 2021 年 6 月 30 日，对购置车减半征收车辆购置税</td></tr>
</table>

【例 12－15 多选题】下列车船免征车船税的有（　　）。

A. 符合规定标准的纯电动商用车

B. 警用车辆

C. 捕捞、养殖渔船

D. 救护车

E. 财政拨款事业单位的办公用车

【答案】ABC

【解析】选项 D、E，不免征车船税。

【课堂思考】

比较车船税与车辆购置税的税收优惠规定。

五、税款报缴

（一）税纳期限

车船税纳税义务发生时间为取得车船所有权或者管理权的当月。以购买车船的发票或其他证明文件所载日期的当月为准。

对于在国内购买的机动车，购买日期以《机动车销售统一发票》所载日期为准；对于进口机动车，购买日期以《海关关税专用缴款书》所载日期为准；对于购买的船舶，以购买船舶的发票或者其他证明文件所载日期的当月为准。

（二）纳税地点

车船税的纳税地点为车船的登记地或者车船税扣缴义务人所在地。依法不需要办理登记的车船，车船税的纳税地点为车船的所有人或者管理人所在地。

1. 纳税人自行申报缴纳车船税的，纳税地点为车船登记地的主管税务机关所在地。

2. 扣缴义务人代收代缴车船税的，纳税地点为扣缴义务人所在地。

3. 依法不需要办理登记的车船，纳税地点为车船的所有人或者管理人主管税务机关所在地。

（三）纳税申报

车船税按年申报，分月计算，一次性缴纳。纳税年度为公历 1 月 1 日至 12 月 31 日。具体申报纳税期限由省、自治区、直辖市人民政府规定。

1. 代收代缴。扣缴义务人已代收代缴车船税的，纳税人不再向车辆登记地的主管税务机关申报缴纳车船税。没有扣缴义务人的，纳税人应当向主管税务机关自行申报缴纳车船税。

2. 纳税办理。税务机关可以在车船管理部门、车船检验机构的办公场所集中办理车船税征收事宜。

3. 申报缴纳。对于依法不需要购买机动车交通事故责任强制保险的车辆，纳税人应当向主管税务机关申报缴纳车船税。

4. 资料提供。纳税人在首次购买机动车交通事故责任强制保险时缴纳车船税或者自行申报缴纳车船税的，应当提供购车发票及反映排气量、整备质量、核定载客人数等与纳税相关的信息及其相应凭证。

（四）税款征收

1. 征收机构。车船税由税务机关负责征收。

2. 扣缴义务人。从事机动车第三者责任强制保险业务的保险机构为机动车车船税的扣缴义务人，当在收取保险费时依法代收车船税，并出具代收税款凭证。

【课堂思考】

车船税的纳税期限与纳税地点是如何规定的？

复习思考题

1. 车辆购置税有哪些特点？

2. 车辆购置税的课税范围包括哪些？

3. 车辆购置税的计税依据如何确定？

4. 征收车船税的作用与意义？

5. 2020 年 2 月，甲企业从某拍卖公司通过拍卖取得一辆未上牌照的排气量为 2.0 升的新商务车并自用，不含税成交价 60000 元；接受某工业企业用于抵偿 50000 元货款的旧轿车一辆（已使用 5 年，能提供完税凭证）。计算甲企业应缴纳的车辆购置税。

6. 2019 年 1 月某客运公司购进客车 20 辆，购买当月即投入使用，并取得了购货发票，缴纳了全年车船税，5 月 3 辆客车因质量问题退回厂家，6 月取得退货发票，当地政府规定该型号客车的车船税年税额为 1200 元/辆。2019 该客运公司退货应获得车船税退税多少元。

第十三章 印花税

问题导入

公元1624年，荷兰政府发生经济危机，财政困难。当时执掌政权的统治者摩里斯（Maurs）为了解决财政上的需要问题，拟提出要用增加税收的办法来解决支出的困难，但又怕人民反对，便要求政府的大臣们出谋献策。众大臣议来议去，就是想不出两全其美的妙法来。于是，荷兰的统治阶级就采用公开招标办法，以重赏来寻求新税设计方案，谋求敛财之妙策。印花税，就是从千万个应征者设计的方案中精选出来的"杰作"。人们通常有一个心理，认为凭证单据上由政府盖个印，就成为合法凭证，在诉讼时可以有法律保障，因而乐于接受交纳印花税。从此，印花税成为世界上普遍采用的一个税种，在国际上盛行。你在生活中感觉到印花税的存在吗？你与你的朋友之间立过借据吗？是否也要缴纳印花税呢？

第一节　印花税概述

一、概念

印花税是以经济活动和经济交往中书立、领受应税凭证的行为为征税对象征收的一种税。印花税因其采用在应税凭证上粘贴印花税票的方法缴纳税款而得名。

印花税法是指国家制定的用以调整印花税征收与缴纳权利及义务关系的法律规范。

1988年8月6日中华人民共和国国务院11号令发布《中华人民共和国印花税暂行条例》，规定同年10月1日，正式恢复征收印花税，即全国统一开征印花税。

二、印花税的特点

1. 兼有凭证税和行为税性质。

2. 征税范围广泛。

3. 税率低、税负轻。我国印花税最高税率为1‰，最低税率为0.05‰。

4. 由纳税人自行完成纳税义务。印花税实行自行计算税额、自行购买印花税票、自行粘贴并划销或注销的征收管理办法。

三、印花税的立法原则

1. 广集财政收入。

2. 促进我国经济法制化建设。

3. 培养公民依法纳税观念。

4. 维护我国涉外经济权益。

5. 加强对其他税种的监督管理。

【课堂思考】

为什么各国会普遍实施印花税？

第二节　印花税的纳税人、征税对象和税率

一、印花税的纳税人

凡在我国境内书立、领受、使用属于征税范围内所列凭证的单位和个人，都是印花税的纳税人。

1. 关于所列举凭证。是指在中国境内具有法律效力，受中国法律保护的凭证。上述凭证无论在中国境内或者境外书立，均应依照条例规定贴花。

2. 关于单位和个人。是指国内各类企业、事业、机关、团体、部队以及中外合资企业、合作企业、外资企业、外国公司企业和其他经济组织及其在华机构等单位和个人。

具体纳税人分为立合同人、立据人、立账簿人、领受人和使用人、电子凭证签订人等共六种（见表13－1）。

表 13－1　　印花税的纳税人规定

<table>
<tr><th>纳税人</th><th>具体情况</th><th>注意问题</th></tr>
<tr><td>立合同人</td><td>1. 指各类合同的当事人，即对凭证有直接权利义务关系的单位和个人，但不包括合同的担保人、证人、鉴定人。
2. 当事人的代理人有代理纳税的义务，与纳税人负有同等的税收法律义务和责任</td><td rowspan="6">凡由两方或两方以上当事人共同书立的应税凭证，其当事人各方都是印花税的纳税人，应各就其所持凭证的计税金额履行纳税义务</td></tr>
<tr><td>立据人</td><td>订立产权转移书据的单位和个人</td></tr>
<tr><td>立账簿人</td><td>设立并使用营业账簿的单位和个人</td></tr>
<tr><td>领受人</td><td>领取或接受并持有权利、许可证照的单位和个人</td></tr>
<tr><td>使用人</td><td>在国外书立、领受，在国内使用应税凭证的单位和个人</td></tr>
<tr><td>电子凭证签订人</td><td>纳税人以电子形式签订法各类应税凭证按规定征收</td></tr>
</table>

【课堂思考】

为什么书立应税凭证的当事人各方都要缴纳印花税？

二、征税对象及范围

我国经济活动中发生的经济凭证种类繁多、数量巨大，现行印花税只对《印花税暂行条例》中列举的凭证征收，没有列举的凭证不征税。列举的凭证分为五类，即经济合同、产权转移书据、营业账簿、权利、许可证照和经财政部门确认的其他凭证。

（一）经济合同

以经济业务活动作为内容的合同，通常称为经济合同。我国印花税只对依法订立的经济合同征收，共 10 大类合同。

1. 购销合同。包括供应、预购、采购、购销结合及协作、调剂、补偿、易货等合同；还包括各出版单位与发行单位（不包括订阅单位和个人）之图书、报刊、音像征订凭证。

工业、商业、物资、外贸等部门经销和调拨商品物资使用的调拨单（或其他名称的单、卡、书、表等），应区分性质和用途确定是否贴花。凡属于明确双方供需关系，据以供货和结算，具有合同性质的凭证，应按规定贴花，缴纳印花税。

对纳税人以电子形式签订的各类应税凭证按规定征收印花税。

对发电厂与电网之间、电网与电网之间（国家电网公司系统、南方电网公司系统内部各级电网互供电量除外）签订的购售电合同按购销合同征收印花税。电网与用户之间签订的供用电合同不属于印花税列举征税的凭证，不征收印花税。

2. 加工承揽合同。包括加工、定做、修缮、修理、印刷、广告、测绘、测试等合同。

3. 建设工程勘察设计合同。包括勘察、设计合同的总包合同、分包合同和转包合同。

4. 建筑安装工程承包合同。包括建筑、安装工程承包合同的总包合同、分包合同和转包合同。

5. 财产租赁合同。包括租赁房屋、船舶、飞机、机动车辆、机械、器具、设备等合

同；还包括企业、个人出租门店、柜台等所签订的合同。企业与主管部门等签订的租赁承包经营合同，不属于财产租赁合同，不贴印花。

6. 货物运输合同。包括民用航空运输、铁路运输、海上运输、内河运输、公路运输和联运合同。

7. 仓储保管合同。包括仓储、保管合同或作为合同使用的仓单、栈单（或称人库单）。对某些使用不规范的凭证不便计税的，可就其结算单据作为计税贴花的凭证。

8. 借款合同。包括银行及其他金融组织和借款人（不包括银行同业拆借）所签订的借款合同。

所说的"银行同业拆借"，是指按国家信贷制度规定，银行、非银行金融机构之间相互融通短期资金的行为。同业拆借合同不属于列举征税的凭证，不贴印花。

9. 财产保险合同。包括财产、责任、保证、信用等保险合同。

10. 技术合同。包括技术开发、转让、咨询、服务等合同。

技术转让合同包括：专利权转让、专利申请权转让、专利实施许可和非专利技术转让。其中，专利申请权转让，非专利技术转让所书立的合同，适用"技术合同"税目；专利权转让、专利实施许可所书立的合同、书据，适用"产权转移书据"税目。

技术咨询合同是当事人就有关项目的分析、论证、评价、预测和调查订立的技术合同。至于一般的法律、法规、会计、审计等方面的咨询不属于技术咨询，其所立合同不贴印花。

技术服务合同的征税范围包括：技术服务合同、技术培训合同和技术中介合同。

此外，在确定应税经济合同的范围时，特别需要注意以下四个问题：

1. 关于所说的合同。不仅包括正规合同，即根据《中华人民共和国经济合同法》《中华人民共和国涉外经济合同法》和其他有关合同法规订立的合同。还包括具有合同性质的凭证，是指具有合同效力的协议、契约、合约、单据、确认书及其他各种名称的凭证。

对于企业集团内具有平等法律地位的主体之间自愿订立、明确双方购销关系、据以供货和结算具有合同性质的凭证，应按规定征收印花税。对于企业集团内部执行计划使用的、不具有合同性质的凭证，不征收印花税。

2. 未按期兑现合同亦应贴花。印花税既是凭证税，又具有行为税性质。纳税人签订应税合同就发生了应税经济行为，必须依法贴花履行完税手续。所以，不论合同是否兑现或能否按期兑都应当缴纳印花税。

3. 同时书立合同和开立单据的贴花方法。办理一项业务（如货物运输、仓储保管财产保险银行借款等），如果既书立合同，又开立单据，只就合同贴花；凡不书立合同，只开立单据，以单据作为合同适用的，其使用的单据应按规定贴花。

（二）产权转移书据

产权转移书据，是指单位和个人产权的买卖、继承、赠与、交换、分割等所立的书据。

产权转移书据包括财产所有权（含股份制企业向社会公开发行的股票）、版权、商标专用权、专利权（含专利实施许可）、专有技术使用权共 5 项产权的转移书据。

土地使用权出让合同、土地使用权转让合同、商品房销售合同按照产权转移书据征收印花税。

【**特别提示**】要注意产权转移书据与技术合同的区分（见表13－2）。

表13－2　产权转移书据与技术合同的辨别区分

类别	行为	适用税目
专利类	转让专利权、专利实施许可	产权转移书据
	专利申请权转让	技术合同
非专利类	转让专有技术使用权	产权转移书据
	非专利技术转让	技术合同

【**例13－1 单选题**】下列合同，应按照“技术合同”缴纳印花税的是（　　）。

A. 设备测试合同

B. 专利申请转让合同

C. 专利实施许可合同

D. 专利权转让合同

【**答案**】B

【**解析**】技术合同包括技术开发、转让、咨询、服务等合同，其中技术转让合同包括专利申请转让、非专利技术转让所书立的合同，但不包括专利权转让、专利实施许可所书立的合同。后者适用于“产权转移书据”合同。

【**课堂思考**】

如何区分产权转让合同与技术转让合同？

（三）营业账簿

营业账簿，是指单位或者个人记载生产经营活动的财务会计核算账簿。按照营业账簿反映的内容不同，在税目中分为记载资金的账簿（简称资金账簿）和其他营业账簿两类，以便于分别采用按金额计税和按件计税两种计税方法。

1. 记载资金的账簿。是指载有固定资产原值和自有流动资金的总分类账簿，或者专门设置的记载固定资产原值和自有流动资金的账簿。

2. 其他账簿。是指除上述账簿以外的账簿，包括日记账簿和各明细分类账簿。

另外，“营业账簿”征免范围应明确的若干个问题，具体见表13－3所示。

表 13－3 营业账簿征免范围辨析

核算形式	一级核算形式的单位	财会部门设置的账簿贴花
	分级核算形式的单位	财会部门和设置在其他部门和车间的明细分类账均贴
事业单位	实行差额预算管理	记载经营业务的账簿，按其他账簿定额贴花，不记载经营业务的账簿不贴花
	经费来源自收自支单位，	营业账簿就记载资金的账簿和其他账簿分别按规定贴花
跨地区经营的分支机构（分支机构所在地缴纳）	上级单位核拨资金的	记载资金账簿按核拨的账面资金数额贴花
	上级单位不核拨资金的	只就其他账簿按定额贴花
增量贴花的几种情形（凡原已贴花的部分可不再贴花，未贴花的部分和以后新增加的资金按规定贴花）	实行公司制改造并经县以上政府和有关部门批准的企业在改制过程中成立的新企业（重新办理法人登记的），其新启用的资金账簿记载的资金或因企业建立资本纽带关系而增加的资金	
	以合并或分立方式成立的新企业	
	企业债权转股权新增加的	
	企业改制中经评估增加的资金	
	企业其他会计科目记载的资金转为实收资本或资本公积的资金	
其他	车间、门市部、仓库设置的不属于会计核算范围或虽属会计核算范围，但不记载金额的登记簿、统计簿、台账等，不贴	
	对会计核算采用单页表式记载资金活动情况，以表代账的，在未形成账簿（账册）前，暂不贴花，待装订成册时，按册贴	

（四）权利、许可证照

权利、许可证照是政府授予单位、个人某种法定权利和准予从事特定经济活动的各种证照的统称。包括政府部门发给的房屋产权证、工商营业执照、商标注册证、专利证、土地使用证等。

（五）经财政部门确认的其他凭证

除了税法列举的以上五大类应税经济凭证之外，在确定经济凭证的征免税范围时，需要注意以下三点：

一是各类凭证不论以何种形式或名称书立，只要其性质属于条例中列举征税范围内的凭证，均应照章纳税。

二是应税凭证均是指在中国境内具有法律效力，受中国法律保护的凭证。

三是适用于中国境内，并在中国境内具备法律效力的应税凭证，无论在中国境内或者境外书立，均应依照印花税的规定贴花。

【课堂思考】

印花税的应税凭证有哪些种类？

三、税率

纳税人根据应纳税凭证的性质，分别按比例税率或者按件定额计算应纳税额。具体税率、税额的确定，依照《印花税税目、税率表》执行，简化整理如下（见表13-4）。

表13-4 印花税税率表

税率档次		应税凭证
比例税率（四档）	0.05‰	借款合同
	0.3‰	购销合同、建筑安装工程承包合同、技术合同
	0.5‰	加工承揽合同、建设工程勘察设计合同、货物运输合同、产权转移书据、营业账簿中记载资金的账簿
	1‰	财产租赁合同、仓储保管合同、财产保险合同
定额税率	每件5元	权利、许可证照和营业账簿中的其他账簿

【课堂思考】

印花税税率有哪些特点？

第三节　计税依据与应纳税额的计算

一、计税依据

印花税根据不同征税项目，分别实行从价计征和从量计征两种征收方法。

（一）从价计税情况下计税依据的确定

1. 各类经济合同，以合同上所记载的金额、收入或费用为计税依据。

（1）购销合同，计税依据为购销金额，不得作任何扣除，特别是调剂合同和易货合同应包括调剂、易货的全额。

商品购销活动中，采用以货换货方式进行商品交易签订的合同，是反映既购又销双重经济行为的合同。对此，应按合同所载的购、销合计金额计税贴花。合同未列明金额的，应按合同所载购、销数量依照国家牌价或市场价格计算应纳税金额。

（2）加工承揽合同，计税依据是加工或承揽收入的金额。计税依据的判定，应区分受

托方提供原材料与委托方提供主要材料或原料、受托方只提供辅助材料的两种不同情形，具体见表 13－5。

表 13－5　　不同加工合同形式的计税规则

<table>
<tr><th colspan="2">情　形</th><th>计税规定</th></tr>
<tr><td rowspan="3">受托方提供原材料</td><td rowspan="2">在合同中分别记载加工费金额和原材料金额</td><td>加工费金额按加工承揽合同 0.5‰计税</td></tr>
<tr><td>原材料金额按购销合同 0.3‰计税</td></tr>
<tr><td>合同中未分别记载</td><td>就全部金额依照加工承揽合同 0.5‰计税</td></tr>
<tr><td rowspan="2">委托方提供主要材料或原料</td><td colspan="2">对委托方提供的主要材料或原料金额不计税贴花</td></tr>
<tr><td colspan="2">无论加工费和辅助材料金额是否分别记载，均以辅助材料与加工费的合计数，依照加工承揽合同 0.5‰计税</td></tr>
</table>

【例 13－2 计算题】 某公司作为受托方签订甲、乙两份加工承揽合同，甲合同约定：由委托方提供主要材料（金额 300 万元），受托方只提供辅助材料（金额 20 万元），受托方另收取加工费 50 万元；乙合同约定：由受托方提供主要材料（金额 200 万元）并收取加工费 40 万元。该公司应缴纳的印花税多少元？

【解析】

应缴纳的印花税 $=[(50+20)\times0.5‰+200\times0.3‰+40\times0.5‰]\times10000=1150$(元)

【课堂思考】

如何区分购销合同与委托加工合同？

（3）建设工程勘察设计合同，计税依据为勘察设计收取的费用（即堪察设计收入）。

（4）建筑安装工程承包合同，计税依据为承包金额不得剔除任何费用。如果施工单将自己承包的建设项目再分包或转包给其他施工单位，其所签订的分包或转包合同，仍应按所载金额另行贴花。

（5）财产租赁合同，计税依据为租赁金额（即租金收入）。

（6）货物运输合同，计税依据为取得的运输费金额（即运费收入），不包括所运货物的金额、装卸费和保险费等。

①国内货物联运：

起运地统一结算全程运费，应以全程运费作为计税金额，由起运地运费结算双方缴纳印花税；

分程结算运费的，应以分程的运费作为计税金额，分别由办理运费结算的各方缴纳印花税。

②国际货运：

我国运输企业运输的，运输企业以本程运费计算应纳税额；托运方所持的运费结算凭证，按全程运费计算应纳税额。

外国运输企业运输进出口货物的，运输企业所持的运费结算凭证免纳印花税，托运方所持的运费结算凭证，应以运费金额为依据计算缴纳印花税。

（7）仓储保管合同，计税依据为仓储保管的费用（即保管费收入）。

（8）借款合同，借款合同的计税依据为借款金额，针对实际借贷活动中的不同借贷形式，税法规定了不同的计税方法，见表13－6所示。

表13－6　不同借款合同形式的计税规则

具体形式	计税方法
一项信贷业务既签订借款合同，又一次或分次填开借据的	以借款合同所载金额为依据计税贴花
一项信贷业务只填开借据作为合同使用的	以借据所载金额为依据计税贴花
流动资金周转性借款合同，一般按年（期）签订，规定最高限额，借款人在规定期限和最高限额内随借随还	以其规定的最高限额为依据，在签订时贴花一次；在规定期限及限额内随借随还不签订新含同的，不再另贴印花
借款方以财产作抵押，取得一定数量抵押贷款的合同	按借款合同贴花
借款方因无力偿还借款而将抵押财产转移给贷款方时	就双方签订的产权转移书据，按产权转移书据的规定计税贴花
银行及其他金融组织的融资租赁业务签的融资租赁合同	按合同所载租金总额，暂按借款合同计税贴花
银团贷款	各方分别在所执合同正本上，按各自的借贷金额计税贴花
基建贷款按年度用款计划分年签订借款合同，最后一年签订包含分合同的借款金额的总借款合同	按分合同分别贴花，最后签订的总合同只就借款总额扣除分合同借款金额后的余额计税贴花

（9）财产保险合同，计税依据为支付（收取）的保险费金额，不包括所保财产的金额。

（10）技术合同，计税依据为合同所载的价款、报酬或使用费。

为了鼓励技术研究开发，对技术开发合同，只就合同所载的报酬金额计税，研究开发经费不作为计税依据。合同约定按研究开发经费一定比例作为报酬的，应按所约定比例的报酬金额贴花。

2. 产权转移书据，计税依据为书据中所载的金额。

3. 记载资金的营业账簿，以实收资本和资本公积两项合计金额为计税依据。

跨地区经营的分支机构的营业账簿在计税贴花时，上级单位记载资金的账簿，按扣除拨给下属单位机构资金数额后的其余部分计算贴花。

根据《印花税暂行条例》第二条的规定，外国银行分行记载由其境外总行拨付的“营运资金”账簿，应按核拨的账面资金数额计税贴花。

企业启用新账簿后，实收资本和资本公积两项的合计金额大于原已贴花资金的，就增加的部分补贴印花。凡“资金账簿”在次年度的实收资本和资本公积未增加的，对其不再计算贴花（见表13－7）。

表 13－7　　营业账簿的计税依据

营业账簿		计税依据
记载资金的账簿	新账簿	实收资本＋资本公积（合计数）
	老账簿	实收资本＋资本公积（增加数）
其他营业账簿		应税凭证件数

【特别提示】

有些合同在签订时无法确定计税金额，如技术转让合同中的转让收入，是按销售收入的一定比例收取或是按实现利润分成的；财产租赁合同只是规定了月（天）租金标准而无期限的。对于这类合同，可在签订时先按定额 5 元贴花，以后结算时再按实际金额计税，补贴印花。

【课堂思考】

什么情况下先定额贴花后定率补贴花?

（二）从量计税情况下计税依据的确定

其他营业账簿和权利、许可证照，以计税数量为计税依据。

二、应纳税额的计算

（一）按比例税率计算应纳税额的方法

应纳税额＝计税金额×适用税率

（二）按定额税率计算应纳税额的方法

应纳税额＝凭证数量×单位税额

【特别提示】

1. 自 2018 年 5 月 1 日起，对按万分之五税率贴花的资金账簿减半征收印花税，对按件贴花 5 元的其他账簿免征印花税。

2. 计税依据及税率的一般规定汇总如下（见表 13－8）。

表 13－8　　制度调整后计税依据与税率汇总表

合同或凭证	计税依据	税率
购销合同	购销金额	0.3‰
加工承揽合同	按受托方或委托方提供原材料区分	0.5‰、0.3‰
建设工程勘察设计合同	收取的费用	0.5‰
建筑安装工程承包合同	承包金额	0.3‰
财产租赁合同	租赁金额，如果经计算，税额超过 1 角不足 1 元的，按 1 元贴花	1‰

续表

合同或凭证	计税依据	税率
货物运输合同	运输费金额，但不包括所运货物的金额、装装卸费用和保险费用等	0.5‰
仓储保管合同	收取的仓储保管费用	1‰
借款合同	借款金额，有具体规定	0.05‰
财产保险合同	保险费金额，不包括所保财产的金额	1‰
技术合同	合同所载的价款、报酬或使用费	0.3‰
产权转移书据	所载金额	0.5‰
营业账簿	记载资金的账簿的计税依据为“实收资本”与“资本公积”两项合计金额	0.5‰
	其他账簿按件计税	每件5元
权利、许可证照	按件计税	每件5元

（三）应纳税额的计算应当注意的问题

按金额比例贴花的应税凭证，未标明金额的，按凭证所载数量及市场价格计算金额，依适用税率贴足印花。

应税凭证所载金额为外国货币的，按凭证书立当日的国家外汇管理局公布的外汇牌价折合人民币，计算应纳税额。

同一凭证因载有两个或两个以上经济事项而适用不同税率，如分别载有金额的，应分别计算应纳税额，相加后按合计税额贴花；如未分别记载金额的，从高计税贴花。

已贴花的凭证，修改后所载金额增加的，其增加部分应当补贴花。

按比例税率计算纳税而应纳税额又不足1角的，免纳印花税；应纳税额在1角以上的，其税额尾数不满5分的不计，满5分的按1角计算贴花。对财产租赁合同的应纳税额超过1角但不足1元的，按1元贴花。

【例13－3多选题】 根据印花税相关规定，下列说法正确的有（　　）。

A. 资金账簿按实收资本和资本公积合计金额减半征收印花税

B. 印刷合同按加工承揽合同征收印花税

C. 纳税人以电子形式签订的合同应征收印花税

D. 在中国境外签订的，适用于中国境内并在境内有法律效力的合同应征收印花税

E. 出版单位与发行单位之间订立的图书订购单不征收印花税

【答案】 ABCD

【解析】 选项E，应按照购销合同征收印花税。自2018年5月1日起，对按万分之五税率贴花的资金账簿减半征收印花税，对按件贴花五元的其他账簿免征印花税。

【课堂思考】

印花税应纳税额有哪些计算方法？

第四节 税收优惠

一、基本优惠

（1）已纳印花税的凭证的副本或抄本。所说的已缴纳印花税的凭证的副本或者抄本免纳印花税，是指凭证的正式签署本已按规定缴纳了印花税，其副本或者抄本对外不发生权利义务关系，仅备存查的免贴印花。但以副本或抄本作为正本使用的，另贴印花。

（2）财产所有人将财产赠给政府、社会福利单位、学校所立的书据。所说的社会福利单位，是指抚养孤老伤残的社会福利单位。

（3）国家指定的收购部门与村民委员会、农民个人书立的农业产品收购合同。

（4）无息、贴息贷款合同。

（5）外国政府或者国际金融组织向我国政府及国家金融机构提供优惠贷款所书立的合同。

二、其他优惠

（1）对房地产管理部门与个人订立的租房合同，凡用于生活居住的，暂免贴印花。

（2）军事物资运输、抢险救灾物资运输，以及新建铁路临管线运输等的特殊货运凭证，免征印花税。

（3）对公租房经营管理单位免征建设、管理公租房涉及的印花税。在其他住房项目中配套建设公租房，按公租房建筑面积占总建筑面积的比例免征建设、管理公租房涉及的印花税。

（4）对公租房经营管理单位购买住房作为公租房，免征契税、印花税；对公租房租赁双方免征签订租赁协议涉及的印花税。

（5）对改造安置住房经营管理单位、开发商与改造安置住房相关的印花税以及购买安置住房的个人涉及的印花税予以免征。

在商品住房等开发项目中配套建造安置住房的，依据政府部门出具的相关材料、房屋征收（拆迁）补偿协议或棚户区改造合同（协议），按改造安置住房建筑面积占总建筑面积的比例免征城镇土地使用税、印花税。

（6）对廉租住房、经济适用住房经营管理单位与廉租住房、经济适用住房相关的印花税以及廉租住房承租人、经济适用住房购买人涉及的印花税予以免征。

开发商在经济适用住房、商品住房项目中配套建造廉租住房，在商品住房项目中配套建造经济适用住房，如能提供政府部门出具的相关材料，可按廉租住房、经济适用住房建筑面积占总建筑面积的比例免征开发商应缴纳的印花税。

（7）对个人出租、承租住房签订的租赁合同，免征印花税。

（8）对与高校学生签订的高校学生公寓租赁合同，免征印花税。

（9）对经国务院和省级人民政府决定或批准进行的国有（含国有控股）企业改组改制而发生的上市公司国有股权无偿转让行为，暂不征收证券（股票）交易印花税。对不属于上述情况的上市公司国有股权无偿转让行为，仍应收证券（股票）交易印花税。

（10）经县级以上人民政府及企业主管部门批准改制的企业改制前签订但尚未履行完的各类应税合同，改制后需要变更执行主体的，对仅改变执行主体，其余条款未作变动且改制前已贴花的，不再贴花。

（11）经县级以上人民政府及企业主管部门批准改制的企业因改制签订的产权转移书据免予贴花。

（12）投资者买卖封闭式证券投资基金免征印花税。

（13）证券投资者保护基金有限责任公司发生的凭证和产权转移书据享受印花税的优惠政策。

（14）对社保基金会、社保基金投资管理人管理的社保基金转让非上市公司股权，免征社保基金会、社保基金投资管理人应缴纳的印花税。

（15）自2018年1月1日至2020年12月31日，对金融机构与小型企业、微型企业签订的借款合同免征印花税。

（16）对国家石油储备第一期项目建设过程中涉及的印花税予以免征。

（17）对商品储备管理公司及其直属库资金账簿免征印花税；对其承担商品储备业务过程中书立的购销合同免征印花税，对合同其他各方当事人应缴纳的印花税照章征收。

（18）对开展融资租赁业务签订的融资租赁合同（含融资性售后回租），统一按照其所载明的租金总额依照“借款合同”税目，按万分之零点五的税率计税贴花。在融资性售后回租业务中，对承租人、出租人因出售租赁资产及购回租赁资产所签订的合同，不征收印花税。

（19）由省、自治区、直辖市人民政府根据本地区实际情况，以及宏观调控需要确定，对增值税小规模纳税人可以在50%的税额幅度内减征资源税、城市维护建设税、房产税、城镇土地使用税、印花税（不含证券交易印花税）、耕地占用税和教育费附加、地方教育附加。

（20）易地扶贫搬迁实施主体取得安置住房土地免征印花税；易地扶贫搬迁安置住房建设和分配过程中免征印花税。

（21）自2019年1月1日至2020年12月31日，对饮水工程运营管理单位为建设饮水工程取得土地使用权而签订的产权转移书据，以及与施工单位签订的建设工程承包合同，免征印花税。

第五节 税款报缴

一、缴纳方法

根据税额大小、贴花次数以及税收征收管理的需要，印花税的缴纳办法分为三种：自行贴花办法、汇贴或汇缴办法、委托代征办法。

1. 自行贴花办法。这种办法一般适用于应税凭证较少或者贴花次数较少的纳税人。纳税人书立、领受或者使用印花税法列举的应税凭证的同时，纳税义务即已产生，应当根据应纳税凭证的性质和适用的税目税率自行计算应纳税额，自行购买印花税票，自行一次贴足印花税票并加以注销或划销，纳税义务才算全部履行完毕，这也就是通常所说的“三自”纳税办法。

已贴花的凭证，修改后所载金额增加的，其增加部分应当补贴印花税票。凡多贴印花税票者，不得申请退税或者抵用。

2. 汇贴或汇缴办法。这种办法，一般适用于应纳税额较大或者贴花次数频繁的纳税人。

一份凭证应纳税额超过500元的，应向当地税务机关申请填写缴款书或者完税证，将其中一联粘贴在凭证上或者由税务机关在凭证上加注完税标记代替贴花。这就是通常所说的“汇贴”办法。

同一种类应纳税凭证，需频繁贴花的，纳税人可以根据实际情况自行决定是否采用按期汇总缴纳印花税的方式，汇总缴纳的期限为1个月。采用按期汇总缴纳方式的纳税人应事先告知主管税务机关。缴纳方式一经选定，1年内不得改变。

3. 委托代征办法。这一办法主要是受税务机关的委托，经由发放或者办理应纳税凭证的单位代为征收印花税税款。税务机关应与代征单位签订代征委托书。

印花税法规定，发放或者办理应纳税凭证的单位，负有监督纳税人依法纳税的义务。

二、纳税环节

印花税应当在书立或领受时贴花。具体是指，在合同签订时、账簿启用时和证照领受时贴花。如果合同是在国外签订，并且不便在国外贴花的，应在将合同带入境时办理贴花纳税手续。

三、纳税地点

印花税一般实行就地纳税。

对于全国性商品物资订货会（包括展销会、交易会等）上所签订合同应纳的印花税，由纳税人回其所在地后及时办理贴花完税手续；对地方主办、不涉及省际关系的订货会、展销会上所签合同的印花税，其纳税地点由各省、自治区、直辖市人民政府自行确定。

四、违章处理

（1）在应纳税凭证上未贴或者少贴印花税票的或者已粘贴在应税凭证上的印花税票未注销或者未画销的，由税务机关追缴其不缴或者少缴的税款、滞纳金，并处不缴或者少缴的税款50%以上5倍以下的罚款。

（2）已贴用的印花税票揭下重用造成未缴或少缴印花税的，由税务机关追缴其不缴或者少缴的税款、滞纳金，并处不缴或者少缴的税款50%以上5倍以下的罚款；构成犯罪的，依法追究刑事责任。

（3）伪造印花税票的，由税务机关责令改正，处以2000元以上1万元以下的罚款；情节严重的，处以1万元以上5万元以下的罚款；构成犯罪的，依法追究刑事责任。

（4）按期汇总缴纳印花税的纳税人，超过税务机关核定的纳税期限，未缴或少缴印花税，由税务机关追缴其不缴或者少缴的税款、滞纳金，并处不缴或者少缴的税款50%以上五倍以下的罚款；情节严重的，同时撤销其汇缴许可证。

（5）纳税人违反以下规定的，由税务机关责令限期改正，可处以2000元以下的罚款；情节严重的，处以2000元以上1万元以下的罚款：

凡汇总缴纳印花税的凭证，应加注税务机关指定的汇缴戳记、编号并装订成册，将已贴印花或者缴款书的一联粘附册后，盖章注销，保存备查。

纳税人对纳税凭证应妥善保存。凭证的保存期限，凡国家已有明确规定的，按规定办；没有明确规定的其余凭证均应在履行完毕后保存一年。

【课堂思考】

印花税纳税方法与其他税种相比有什么特点？

复习思考题

1. 征收印花税的作用与特点？
2. 印花税的纳税人如何确定？
3. 印花税的课税范围包括哪几大类？
4. 加工承揽合同的印花税如何计算？
5. 某公司作为承包方签订建筑安装工程承包合同一份，承包金额300万元，公司随后

又将其中的100万元业务分包给另一单位，并签订相关合同。计算该公司应缴纳的印花税。

6. 甲企业签订钢材采购合同一份，采购金额8000万元；签订以货换货合同一份，用库存的3000万元A型钢材换取对方相同金额的B型钢材；签订销售合同一份，销售金额15000万元。计算甲企业应缴纳的印花税。

第十四章 企业所得税

问题导入

小李大学毕业后自主创业，在湖南省吉首市设立了一家小型公司。小李听说国家进一步支持小微企业发展，扩大了小型微利企业税收优惠范围，加大了小型微利企业税收优惠力度，想咨询：小型微利企业可以享受哪些企业所得税优惠政策？享受小型微利企业优惠政策需要符合哪些条件？小型微利企业所得税优惠政策能否与西部地区税率优惠政策叠加享受？小型微利企业如何预缴所得税？小型微利企业优惠政策如何办理？通过本章的学习，大家能够回答小李咨询的问题。

第一节 企业所得税概述

一、企业所得税的概念

企业所得税是对法人的各类应税所得项目就其所得额征收的一种税。应税所得项目包括经营所得、持有财产所得、转让财产所得、转移所得和清算所得。企业所得税在国外也叫法人所得税或公司所得税，个人独资企业和合伙企业不征收企业所得税。2019 年我国企业所得税 37300 亿元，占全国税收收入的比例为 23.6%，占 GDP 的比例为 3.76%，是我国第二大税种，属于主体税。

二、企业所得税的特点

现行企业所得税具有如下特点：

1. 征税对象为企业所得，属于所得税、对人税、直接税，税负难以转嫁。

2. 纳税人分为居民企业和非居民企业，但不包括个人独资企业和合伙企业，属于法人所得税性质。

3. 我国行使居民、地域双重征税权，对居民企业的境内所得和境外所得征税、对非居民企业的境内所得征税。

4. 采用从价定率计税方法，属于从价税。

5. 实行差别比例税率，税率为 25%、20%、15%和 10%等。

6. 税基为应纳税所得额，应纳税所得额只含企业所得税，不含其他税费，属于价内税。

7. 实行按年计算，分月或分季预缴，年终汇算清缴办法。采用自行申报、源泉扣缴纳税方式。

8. 属于中央与地方共享税。

三、企业所得税的基本规范

现行企业所得税的基本规范包括：

（1）《中华人民共和国企业所得税法》（以下简称《企业所得税法》）（2007 年 3 月 16 日第十届全国人民代表大会第五次会议通过，自 2008 年 1 月 1 日起施行；2018 年 12 月 29 日第十三届全国人民代表大会常务委员会第七次会议第二次修正，自 2018 年 12 月 29 日起施行）。

（2）《中华人民共和国企业所得税法实施条例》（2007 年 12 月 6 日国务院令第 512 号公布，自 2008 年 1 月 1 日起施行；2019 年 4 月 23 日国务院令第 714 号修改，自 2019 年 4 月 23 日起施行）。

第二节　企业所得税的纳税人、征税对象

一、企业所得税的纳税人

在中国境内，企业和其他取得收入的组织为企业所得税的纳税人。企业所得税的纳税人不包括个人独资企业和合伙企业。

【课堂思考】

公司、个人独资企业、合伙企业缴纳所得税有何区别？

企业所得税的纳税人分为居民企业和非居民企业，划分标准有注册标准和实际管理机构标准。

（一）居民企业

居民企业，是指依法在境内成立，或者依照外国（地区）法律成立但实际管理机构在境内的企业。

依法在境内成立的企业，包括依照中国法律、行政法规在境内成立的企业、事业单位、社会团体以及其他取得收入的组织。

（二）非居民企业

非居民企业，是指依照外国（地区）法律成立且实际管理机构不在境内，但在境内设立机构、场所的，或者在境内未设立机构、场所，但有来源于境内所得的企业。

二、扣缴义务人

非居民企业在境内未设立机构、场所的，或者虽设立机构、场所但取得的所得与其所设机构、场所没有实际联系的所得，应缴纳的所得税，实行源泉扣缴，以支付人为扣缴义务人。

三、征税对象

企业所得税的征税对象为各类应税所得项目，具体包括销售货物所得、提供劳务所得、股息红利等权益性投资所得、利息所得、租金所得、特许权使用费所得、转让财产所得、接受捐赠所得、其他所得和清算所得。

四、征税权

1. 中国行使双重征税权：地域征税权和居民征税权，如表 14 -1 所示。

表 14 -1　　中国征税权

中国征税权范围	境内所得	境外所得
居民	中国独占征税	中国后征税（在境外已缴税额可以在中国抵扣）
非居民	中国先征税（独占或降低税率）	中国不征税

居民企业应当就其来源于中国境内、境外的所得缴纳企业所得税。

非居民企业在境内设立机构、场所的，应当就其所设机构、场所取得的来源于境内的所得，以及发生在境外但与其所设机构、场所有实际联系的所得，缴纳企业所得税。

非居民企业在境内未设立机构、场所的，或者虽设立机构、场所但取得的所得与其所设机构、场所没有实际联系的，应当就其来源于境内的所得缴纳企业所得税。

2. 来源于境内、境外的所得，按照以下原则确定：

（1）销售货物所得，按照交易活动发生地确定；

（2）提供劳务所得，按照劳务发生地确定；

（3）转让财产所得，不动产转让所得按照不动产所在地确定，动产转让所得按照转让动产的企业或者机构、场所所在地确定，权益性投资资产转让所得按照被投资企业所在地确定；

（4）股息、红利等权益性投资所得，按照分配所得的企业所在地确定；

（5）利息所得、租金所得、特许权使用费所得，按照负担、支付所得的企业或者机构、场所所在地确定，或者按照负担、支付所得的个人的住所地确定；

（6）其他所得，由国务院财政、税务主管部门确定。

第三节 计税方法和税率

一、计税方法

企业所得税采用从价定率计税方法，属于从价税。采用不分项计税方法，属于综合所得税。

（一）应纳税额的计算

1. 境内所得与境外所得汇总计税方法。税法采用境内所得与境外所得汇总计税方法。企业的应纳税所得额乘以适用税率，减除依照企业所得税法关于税收优惠的规定减免和抵免的税额后的余额，为应纳税额。应纳税额的计算公式为：

应纳税额 = 应纳税所得额 × 适用税率 − 减免税额 − 抵免税额

2. 境内所得与境外所得分别计税方法。笔者采用境内所得与境外所得分别计税方法。境内所得应交税额与境外所得应补税额按所得来源地分别计算，应交所得税的计算公式为：

应交企业所得税 = 境内所得应交企业所得税 + 境外所得应补企业所得税

境内所得应交企业所得税 = 境内应纳税所得额 × 税率 − 税额减免

境外所得应补企业所得税 = 境外应纳税所得额 × 税率 − 税额抵扣

【课堂思考】

境内所得与境外所得汇总计税方法、境内所得与境外所得分别计税方法，这两种计税方法计算结果相等吗?

3. 货币计量。企业所得税，以人民币计算。所得以人民币以外的货币计算的，应当折合成人民币计算并缴纳税款。

（二）应纳税所得额的计算

企业所得税的税基是应纳税所得额。在据实方式下，应纳税所得额计算公式有三种。

1. 税法公式。企业每一纳税年度的收入总额，减除不征税收入、免税收入、各项扣除以及允许弥补的以前年度亏损后的余额，为应纳税所得额。

应纳税所得额 = 收入总额 - 不征税收入 - 免税收入 - 各项扣除 - 允许弥补的以前年度亏损

企业应纳税所得额的计算，以权责发生制为原则，属于当期的收入和费用，不论款项是否收付，均作为当期的收入和费用；不属于当期的收入和费用，即使款项已经在当期收付，均不作为当期的收入和费用。条例和国务院财政、税务主管部门另有规定的除外。

2. 理论公式。

应纳税所得额 = 应税收入 - 税收扣除

应税收入 = 收入总额 - 不征税收入 - 免税收入 - 减计收入

税收扣除 = 当期各项扣除 + 允许弥补的以前年度亏损

3. 实践公式。

应纳税所得额 = 利润总额 + 纳税调整

利润总额 = 会计收益 - 费用损失

【课堂思考】

为什么纳税人计算应纳税所得额，以理论公式为指导，具体操作中采用实践公式?

4. 会计调整。利润总额是指企业依照国家统一会计制度的规定计算的年度会计利润。

如果利润总额不符合会计规定，应当先进行会计调整，以确保利润总额的真实性和完整性。会计调整是将不符合会计规定的利润总额调整为符合会计规定的利润总额的过程。会计调整要调账。

5. 纳税调整。企业在计算应纳税所得额及应纳所得税时，企业财务、会计处理办法与税法规定不一致的，应当按照税法规定计算。税法规定不明确的，在没有明确规定之前，暂按企业财务、会计规定计算。

纳税调整是将符合会计规定的利润总额调整为符合税法规定的应纳税所得额的过程。纳税调整在纳税申报表中进行调整，无须调账。税法规定与会计规定一致的事项或交易，即不存在税会差异，无须纳税调整；税法规定与会计规定不一致的事项或交易，即存在税

会差异，才须纳税调整。税会差异金额即为纳税调整金额。

纳税调整 = 应纳税所得额 - 利润总额

= （应税收入 - 税收扣除） - （会计收益 - 费用损失）

= （应税收入 - 会计收益） + （费用损失 - 税收扣除）

纳税调整项目可分为永久性纳税调整、暂时性纳税调整和亏损性纳税调整。

纳税调整按方向可分为纳税调增和纳税调减，纳税调整金额为正数表示调增，纳税调整金额为负数表示调减。

【课堂思考】

会计调整与纳税调整有何区别？

【例 14 - 1 计算题】某小汽车生产企业 2020 年设立在某县城，为增值税一般纳税人。2020 年度自行核算的相关数据为：全年取得产品销售收入总额 68000 万元，应扣除的产品销售成本 45800 万元，应扣除的税金及附加 9250 万元，应扣除的销售费用 3600 万元、管理费用 2900 万元、财务费用 870 万元，投资收益 550 万元。另外取得营业外收入 320 万元，发生营业外支出 1050 万元。全年实现利润总额 5400 万元。

2021 年 2 月经聘请的税务师事务所对 2020 年度的经营情况进行审核，发现以下相关问题：

12 月 20 日收到代销公司代销 5 辆小汽车的代销清单及货款 163.8 万元（小汽车每辆成本价 20 万元，与代销公司不含税结算价 28 万元）。企业会计分录为：

借：银行存款——代销汽车款　　1638000

　贷：预收账款——代销汽车款　　1638000

该企业生产的小汽车适用消费税税率为 9%、城市维护建设税税率为 5%、教育费附加征收率为 3%、地方教育附加征收率 2%。假设该公司 2020 年永久性纳税调整金额为 -100万元，暂时性纳税调整金额为 +200 万元，企业所得税税率为 25%，计算 2020 年度应纳企业所得税。

【解析】收到代销公司代销 5 辆小汽车的代销清单及货款应作销售处理，并结转成本，计提税金及附加。会计调整计算如下（见表 14 - 2）：

调增营业收入 = 28 × 5 = 140（万元）

调增营业成本 = 20 × 5 = 100（万元）

调增税金及附加 = 5 × 28 × 13% × （5% + 3% + 2%） + 5 × 28 × 9% × （1 + 5% + 3% + 2%） = 15.68（万元）

调增营业利润 = 140 - 100 - 15.68 = 24.32（万元）

调增利润总额 = 24.32（万元）

会计调整后利润总额 = 5400 + 24.32 = 5424.32（万元）

表 14－2　　会计调整明细表　　货币单位：万元

项目	调整前金额	会计调整	调整后金额
一、营业收入	68000.00	140.00	68140.00
减：营业成本	45800.00	100.00	45900.00
税金及附加	9250.00	15.68	9265.68
销售费用	3600.00		3600.00
管理费用	2900.00		2900.00
研发费用			
财务费用	870.00		870.00
加：其他收益			
投资收益	550.00		550.00
净敞口套期收益			
公允价值变动收益			0.00
信用减值损失			
资产减值损失			0.00
资产处置收益			
二、营业利润	6130.00	24.32	6154.32
加：营业外收入	320.00		320.00
减：营业外支出	1050.00		1050.00
三、利润总额	5400.00	24.32	5424.32

应纳税所得额＝5424.32－100＋200＝5524.32（万元）

应纳企业所得税＝5524.32×25%＝1381.08（万元）

【课堂思考】

该案例如何计算所得税费用和净利润？

二、税率

（一）居民企业税率

（1）居民企业基本税率为25%。

（2）自2019年1月1日至2021年12月31日，对小型微利企业年应纳税所得额不超过100万元的部分，减按25%计入应纳税所得额，按20%的税率缴纳企业所得税；对年应纳税所得额超过100万元但不超过300万元的部分，减按50%计入应纳税所得额，按20%的税率缴纳企业所得税。

所称小型微利企业是指从事国家非限制和禁止行业，且同时符合年度应纳税所得额不超过 300 万元、从业人数不超过 300 人、资产总额不超过 5000 万元等三个条件的企业。

【课堂思考】

小型微利企业所得税优惠政策，能否与其他税率优惠政策、所得减半优惠政策叠加享受？

【例 14－2 计算题】 A 公司为工业企业（非禁止和限制行业），2020 年从业人数 200 人，资产总额 3000 万元，应纳税所得额为 300 万元。B 公司为服务企业（非禁止和限制行业），2020 年从业人数 280 人，资产总额 4000 万元，应纳税所得额为 301 万元。计算 A 公司与 B 公司 2020 年分别应交企业所得税。

【解析】 A 公司符合小型微利企业条件。

应交企业所得税 = 100/4 × 20% + （300 − 100）/2 × 20% = 25（万元）

B 公司应纳税所得额为 301 万元，不符合小型微利企业条件。

应交企业所得税 = 301 × 25% = 75.25（万元）

（3）国家需要重点扶持的高新技术企业，减按 15% 的税率征收企业所得税。

（4）国家鼓励的重点集成电路设计企业和软件企业，自获利年度起，第一年至第五年免征企业所得税，接续年度减按 10% 的税率征收企业所得税。

（5）自 2011 年 1 月 1 日起，集成电路线宽小于 0.25 微米或投资额超过 80 亿元的集成电路生产企业，经认定后，减按 15% 的税率征收企业所得税。

（6）自 2017 年 1 月 1 日起，对经认定的技术先进型服务企业，减按 15% 的税率征收企业所得税。自 2018 年 1 月 1 日起，对经认定的技术先进型服务企业（服务贸易类），减按 15% 的税率征收企业所得税。

（7）自 2019 年 1 月 1 日起至 2021 年 12 月 31 日止，对符合条件的从事污染防治的第三方企业减按 15% 的税率征收企业所得税。

（8）自 2021 年 1 月 1 日至 2030 年 12 月 31 日，对设在西部地区的鼓励类产业企业减按 15% 的税率征收企业所得税。

所称西部地区包括内蒙古自治区、广西壮族自治区、重庆市、四川省、贵州省、云南省、西藏自治区、陕西省、甘肃省、青海省、宁夏回族自治区、新疆维吾尔自治区和新疆生产建设兵团。湖南省湘西土家族苗族自治州、湖北省恩施土家族苗族自治州、吉林省延边朝鲜族自治州和江西省赣州市，可以比照西部地区的企业所得税政策执行。

（9）自 2014 年 1 月 1 日起至 2020 年 12 月 31 日止，对设在广东横琴新区、福建平潭综合实验区和深圳前海深港现代服务业合作区的鼓励类产业企业减按 15% 的税率征收企业所得税。

（10）自 2020 年 1 月 1 日起至 2024 年 12 月 31 日止，对注册在海南自由贸易港并实质

性运营的鼓励类产业企业，减按15%的税率征收企业所得税。

（11）自2020年1月1日起，中国（上海）自由贸易试验区临港新片区内从事集成电路、人工智能、生物医药、民用航空等关键领域核心环节相关产品（技术）业务，并开展实质性生产或研发活动的符合条件的法人企业，自设立之日起5年内减按15%的税率征收企业所得税。

（二）非居民企业税率

（1）非居民企业在境内设立机构、场所，取得的来源于境内的所得，税率为25%。

（2）非居民企业在境内未设立机构、场所的，或者虽设立机构、场所但取得的所得与其所设机构、场所没有实际联系的，取得的来源于境内的所得，适用税率为20%，减按10%的税率征收企业所得税。

（3）税收协定规定的税率低于企业所得税法及其实施条例等相关法律法规规定的税率，依照协定的规定办理。

【课堂思考】

非居民企业如何分类？税收待遇有何不同？

第四节　应税收入

一、收入总额

企业以货币形式和非货币形式从各种来源取得的收入，为收入总额。

（一）销售货物收入

销售货物收入是指企业销售商品、产品、原材料、包装物、低值易耗品以及其他存货取得的收入。

（二）提供劳务收入

提供劳务收入是指企业从事建筑安装、修理修配、交通运输、仓储租赁、金融保险、邮电通信、咨询经纪、文化体育、科学研究、技术服务、教育培训、餐饮住宿、中介代理、卫生保健、社区服务、旅游、娱乐、加工以及其他劳务服务活动取得的收入。

(三) 股息、红利等权益性投资收益

股息、红利等权益性投资收益是指企业因权益性投资从被投资方取得的收入。

(四) 利息收入

利息收入是指企业将资金提供他人使用但不构成权益性投资，或者因他人占用本企业资金取得的收入，包括存款利息、贷款利息、债券利息、欠款利息等收入。

(五) 租金收入

租金收入是指企业提供固定资产、包装物或者其他有形资产的使用权取得的收入。

(六) 特许权使用费收入

特许权使用费收入是指企业提供专利权、非专利技术、商标权、著作权以及其他特许权的使用权取得的收入。

(七) 转让财产收入

转让财产收入是指企业转让固定资产、生物资产、无形资产、股权、债权等财产取得的收入。

(八) 接受捐赠收入

接受捐赠收入是指企业接受的来自其他企业、组织或者个人无偿给予的货币性资产、非货币性资产。

(九) 其他收入

其他收入是指企业取得的除上述第（一）项至第（八）项规定的收入外的其他收入，包括企业资产溢余收入、逾期未退包装物押金收入、确实无法偿付的应付款项、已作坏账损失处理后又收回的应收款项、债务重组收入、补贴收入、违约金收入、汇兑收益等。

【课堂思考】

税法和会计对收入分类有何差异?

(十) 内部处置资产与视同销售

1. 企业发生下列情形的处置资产，除将资产转移至境外以外，由于资产所有权属在形式和实质上均不发生改变，可作为内部处置资产，不视同销售确认收入，相关资产的计税基础延续计算。

（1）将资产用于生产、制造、加工另一产品；

（2）改变资产形状、结构或性能；

(3) 改变资产用途（如，自建商品房转为自用或经营）;

(4) 将资产在总机构及其分支机构之间转移;

(5) 上述两种或两种以上情形的混合;

(6) 其他不改变资产所有权属的用途。

2. 企业将资产移送他人的下列情形，因资产所有权属已发生改变而不属于内部处置资产，应按规定视同销售确定收入。

(1) 非货币性资产交换;

(2) 用于市场推广或销售;

(3) 用于交际应酬;

(4) 用于职工奖励或福利;

(5) 用于股息分配;

(6) 用于对外捐赠;

(7) 用于对外投资;

(8) 用于偿债;

(9) 其他改变资产所有权属的用途。

自2016年度起，企业发生视同销售情形的，除另有规定外，应按照被移送资产的公允价值确定销售收入。

【课堂讨论】

增值税视同销售与企业所得税视同销售有何不同？企业所得税中规定视同销售能增加税收吗？

二、不征税收入

(一) 财政拨款

财政拨款是指各级人民政府对纳入预算管理的事业单位、社会团体等组织拨付的财政资金，但国务院和国务院财政、税务主管部门另有规定的除外。

(二) 依法收取并纳入财政管理的行政事业性收费、政府性基金

行政事业性收费是指依照法律法规等有关规定，按照国务院规定程序批准，在实施社会公共管理，以及在向公民、法人或者其他组织提供特定公共服务过程中，向特定对象收取并纳入财政管理的费用。政府性基金，是指企业依照法律、行政法规等有关规定，代政府收取的具有专项用途的财政资金。

(三) 国务院规定的其他不征税收入

国务院规定的其他不征税收入是指企业取得的，由国务院财政、税务主管部门规定专项用途并经国务院批准的财政性资金。

【课堂思考】

企业取得的政府补助，作为不征税收入，能减少企业所得税吗？

三、免税收入

（一）国债和地方政府债券利息收入

（1）企业取得的国债利息收入，免征企业所得税。国债利息收入，是指企业持有国务院财政部门发行的国债取得的利息收入。

（2）对企业取得的2009年及以后年度发行的地方政府债券利息收入，免征企业所得税。

【例14－3计算题】 某公司2020年2月1日从二级市场购入五年期可交易国债1万份，每份面值100元，票面年利率5%，分年付息，到期还本，每份购买全价99.5元。该公司2020年7月1日转让该国债，持有151天，每份转让全价为103元。计算该公司纳税调整金额。

【解析】 国债利息收入永久性纳税调整＝0－100×5%/365×151＝－2.07（万元）

（二）符合条件的股息、红利等权益性投资收益

（1）符合条件的居民企业之间的股息、红利等权益性投资收益，是指居民企业直接投资于其他居民企业取得的投资收益，免征企业所得税。

（2）在境内设立机构、场所的非居民企业从居民企业取得与该机构、场所有实际联系的股息、红利等权益性投资收益，免征企业所得税。

第（1）项和第（2）项所称所称股息、红利等权益性投资收益，不包括连续持有居民企业公开发行并上市流通的股票不足12个月取得的投资收益。

（三）符合条件的非营利组织的收入

非营利组织的下列收入为免税收入：

（1）接受其他单位或者个人捐赠的收入；

（2）除财政拨款以外的其他政府补助收入，但不包括因政府购买服务取得的收入；

（3）按照省级以上民政、财政部门规定收取的会费；

（4）不征税收入和免税收入孳生的银行存款利息收入；

（5）财政部、国家税务总局规定的其他收入。

【课堂思考】

不征税收入与免税收入有何区别?

四、减计收入

(一) 综合利用资源收入

企业综合利用资源，生产符合国家产业政策规定的产品所取得的收入，可以在计算应纳税所得额时减计收入。

减计收入，是指企业以《资源综合利用企业所得税优惠目录》规定的资源作为主要原材料，生产国家非限制和禁止并符合国家和行业相关标准的产品取得的收入，减按90%计入收入总额。

(二) 涉农利息收入和保费收入

(1) 自2017年1月1日至2023年12月31日，对金融机构农户小额贷款的利息收入，在计算应纳税所得额时，按90%计入收入总额。

(2) 自2017年1月1日至2023年12月31日，对经省级金融管理部门(金融办、局等)批准成立的小额贷款公司取得的农户小额贷款利息收入，在计算应纳税所得额时，按90%计入收入总额。

(3) 自2017年1月1日至2023年12月31日，对保险公司为种植业、养殖业提供保险业务取得的保费收入，在计算应纳税所得额时，按90%计入收入总额。

(三) 提供社区养老、托育、家政服务取得的收入

自2019年6月1日起执行至2025年12月31日，为社区提供养老、托育、家政等服务的机构，提供社区养老、托育、家政服务取得的收入，在计算应纳税所得额时，减按90%计入收入总额。

(四) 铁路债券利息收入

对企业投资者持有2011—2023年发行的铁路债券取得的利息收入，减半征收企业所得税。铁路债券是指以中国铁路总公司为发行和偿还主体的债券，包括中国铁路建设债券、中期票据、短期融资券等债务融资工具。

【例14-4计算题】 某公司在天津市注册，2020年综合利用资源，生产符合国家产业政策规定的产品，取得收入50万元；持有中国铁路建设债券，取得利息收入20万元。计算该公司2020年纳税调整金额。

【解析】 综合利用资源收入纳税调整 $=50\times90\%-50=-5$ (万元)

中国铁路建设债券利息收入纳税调整 $=20\times50\%-20=-10$ (万元)

永久性纳税调整合计 = -5 - 10 = -15（万元）

第五节　税收扣除

一、一般规定

（一）扣除范围

企业实际发生的与取得收入有关的、合理的支出，包括成本、费用、税金、损失和其他支出，准予在计算应纳税所得额时扣除。

企业的不征税收入用于支出所形成的费用或者财产，不得扣除或者计算对应的折旧、摊销扣除。

企业取得的各项免税收入所对应的各项成本费用，除另有规定者外，可以在计算企业应纳税所得额时扣除。

除企业所得税法和条例另有规定外，企业实际发生的成本、费用、税金、损失和其他支出，不得重复扣除。

1. 成本。是指企业在生产经营活动中发生的销售成本、销货成本、业务支出以及其他耗费。

2. 费用。是指企业在生产经营活动中发生的销售费用、管理费用和财务费用，已经计入成本的有关费用除外。

3. 税金。是指企业发生的除企业所得税和允许抵扣的增值税以外的各项税金及其附加。

【课堂思考】

应纳税所得额含企业所得税吗？含增值税吗？含其他税费吗？

4. 损失。是指企业在生产经营活动中发生的固定资产和存货的盘亏、毁损、报废损失，转让财产损失，呆账损失，坏账损失，自然灾害等不可抗力因素造成的损失以及其他损失。企业发生的损失，减除责任人赔偿和保险赔款后的余额，依照国务院财政、税务主管部门的规定扣除。企业已经作为损失处理的资产，在以后纳税年度又全部收回或者部分收回时，应当计入当期收入。

5. 其他支出。是指除成本、费用、税金、损失外，企业在生产经营活动中发生的与生产经营活动有关的、合理的支出。

【课堂思考】

税法和会计对费用、损失的分类有何区别?

对企业依据财务会计制度规定，并实际在财务会计处理上已确认的支出，凡没有超过《企业所得税法》和有关税收法规规定的税前扣除范围和标准的，可按企业实际会计处理确认的支出，在企业所得税前扣除，计算其应纳税所得额。

(二) 扣除凭证

1. 企业发生支出，应取得税前扣除凭证，作为计算企业所得税应纳税所得额时扣除相关支出的依据。

2. 企业应将与税前扣除凭证相关的资料，包括合同协议、支出依据、付款凭证等留存备查，以证实税前扣除凭证的真实性。

3. 税前扣除凭证按照来源分为内部凭证和外部凭证。

内部凭证是指企业自制用于成本、费用、损失和其他支出核算的会计原始凭证。内部凭证的填制和使用应当符合国家会计法律、法规等相关规定。

外部凭证是指企业发生经营活动和其他事项时，从其他单位、个人取得的用于证明其支出发生的凭证，包括但不限于发票（包括纸质发票和电子发票）、财政票据、完税凭证、收款凭证、分割单等。收款凭证应载明收款单位名称、个人姓名及身份证号、支出项目、收款金额等相关信息。

【课堂思考】

企业所得税扣除凭证只有发票吗?

二、具体规定

(一) 工资薪金支出

1. 企业发生的合理的工资薪金支出，准予扣除。工资薪金支出，是指企业每一纳税年度支付给在本企业任职或者受雇的员工的所有现金形式或者非现金形式的劳动报酬，包括基本工资、奖金、津贴、补贴、年终加薪、加班工资，以及与员工任职或者受雇有关的其他支出。

2. 属于国有性质的企业，其工资薪金，不得超过政府有关部门给予的限定数额；超过部分，不得计入企业工资薪金总额，也不得在计算企业应纳税所得额时扣除。

3. 安置残疾人员及国家鼓励安置的其他就业人员所支付的工资，可以在计算应纳税所得额时加计扣除。

企业安置残疾人员所支付的工资的加计扣除，是指企业安置残疾人员的，在按照支付给残疾职工工资据实扣除的基础上，按照支付给残疾职工工资的100%加计扣除。残疾人员的范围适用《中华人民共和国残疾人保障法》的有关规定。

【例 14-5 计算题】某公司在重庆市注册，安置残疾人员 10 人，2020 年支付每人工资 3 万元。计算该公司纳税调整金额。

【解析】永久性纳税调整 =3×10-3×10×2=-30（万元）

（二）职工福利费

企业发生的职工福利费支出，不超过工资薪金总额 14% 的部分，准予扣除。

（三）工会经费

企业拨缴的工会经费，不超过工资薪金总额 2% 的部分，准予扣除。

【例 14-6 计算题】某国有企业 2020 年工资薪金支出 120 万元（假定政府有关部门限定数额为 100 万元），职工福利费支出 16 万元，拨缴工会经费 1.5 万元。

2021 年工资薪金支出 90 万元（政府有关部门限定数额为 100 万元），职工福利费支出 11 万元，拨缴工会经费 3 万元。

计算该国有企业纳税调整金额。

【解析】2020 年度纳税调整金额计算如下：

工资薪金支出纳税调整 =120-min（120，100）=120-100=+20（万元）

职工福利支出纳税调整 =16-min（16，100×14%）=16-14=+2（万元）

拨缴工会经费纳税调整 =1.5-min（1.5，100×2%）=1.5-1.5=0（万元）

2020 年永久性纳税调整合计 =20+2+0=+22（万元）

2021 年纳税调整金额计算如下：

工资薪金支出纳税调整 =90-min（90，100）=90-90=0（万元）

职工福利支出纳税调整 =11-min（11，90×14%）=11-11=0（万元）

工会经费纳税调整 =3-min（3，90×2%）=3-1.8=+1.2（万元）

2021 年永久性纳税调整合计 =0+0+1.2=+1.2（万元）

（四）教育经费

自 2018 年 1 月 1 日起，企业发生的职工教育经费支出，不超过工资薪金总额 8% 的部分，准予在计算企业所得税应纳税所得额时扣除；超过部分，准予在以后纳税年度结转扣除。

【例 14-7 计算题】某中外合资公司 2020 年在广州注册，企业所得税税率为 25%。2020 年工资薪金支出 1000 万元（合理），教育经费支出 100 万元。

2021年工资薪金支出2000万元（合理），教育经费支出120万元。

计算该公司教育经费支出纳税调整金额。

【解析】 2020年暂时性纳税调整 = 100 − min（100，1000 × 8%） = 100 − 80 = +20（万元）

2021年暂时性纳税调整 = 120 − min（20 + 120，2000 × 8%） = 120 − 140 = −20（万元）

【课堂思考】

职工福利费、工会经费、教育经费税前扣除有何区别？纳税调整有何不同？

（五）党组织工作经费

企业党组织工作经费纳入企业管理费列支，不超过职工年度工资薪金总额1%的部分，可以据实在企业所得税前扣除。

（六）劳动保护支出

企业发生的合理的劳动保护支出，准予扣除。

（七）保险费

1. 基本社会保险费和住房公积金。 企业依照国务院有关主管部门或者省级人民政府规定的范围和标准为职工缴纳的基本养老保险费、基本医疗保险费、失业保险费、工伤保险费、生育保险费等基本社会保险费和住房公积金，准予扣除。

2. 补充社会保险费。 企业根据国家有关政策规定，为在本企业任职或者受雇的全体员工支付的补充养老保险费、补充医疗保险费，分别在不超过职工工资总额5%标准内的部分，在计算应纳税所得额时准予扣除；超过的部分，不予扣除。

3. 其他的职工保险费。 除企业依照国家有关规定为特殊工种职工支付的人身安全保险费和国务院财政、税务主管部门规定可以扣除的其他商业保险费外，企业为投资者或者职工支付的商业保险费，不得扣除。

4. 企业参加财产保险，按照规定缴纳的保险费，准予扣除。

【例14－8 计算题】 在长沙注册的某内资公司，2020年工资薪金总额1000万元，分别按工资薪金总额的16%、8.7%、0.7%、0.8%、12%（符合当地政府规定）为职工缴纳基本养老保险费160万元、基本医疗（生育）保险费87万元、失业保险费7万元、工伤保险费8万元、住房公积金120万元。为职工缴纳补充养老保险费70万元、补充医疗保险费60万元。为职工支付商业保险费20万元。为公司支付财产保险费30万元。计算该公司纳税调整金额。

【解析】 支付的补充养老保险费、补充医疗保险费纳税调整

=70 - min（70，1000 ×5%） +60 - min（60，1000 ×5%） = +30（万元）

为职工支付商业保险费纳税调整 =20 -0 = +20（万元）

永久性纳税调整合计 =30 +20 = +50（万元）

（八）利息支出

1. 企业在生产经营活动中发生的下列利息支出，准予扣除：

（1）非金融企业向金融企业借款的利息支出、金融企业的各项存款利息支出和同业拆借利息支出、企业经批准发行债券的利息支出；

（2）非金融企业向非金融企业借款的利息支出，不超过按照金融企业同期同类贷款利率计算的数额的部分。

2. 企业向与企业无关联关系的内部职工或其他人员借款的利息支出，其借款情况同时符合以下条件的，其利息支出在不超过按照金融企业同期同类贷款利率计算的数额的部分，根据上述规定，准予扣除。

（1）企业与个人之间的借贷是真实、合法、有效的，并且不具有非法集资目的或其他违反法律、法规的行为；

（2）企业与个人之间签订了借款合同。

【例 14 -9 计算题】 某商业企业为补充流动资金，2020 年 1 月 1 日发生三笔借款业务：向银行借款 300 万元，期限 1 年，利率 6%；向另一公司借款 500 万元，期限 1 年，利率 9%；向内部职工集资 100 万元，期限 1 年，利率 10%，签订了借款合同。计算该企业纳税调整金额。

【解析】 向非金融企业借款的利息支出纳税调整 =500 ×9% ×1 -500 ×6% ×1 = +15（万元）

向内部职工集资的利息支出纳税调整 =100 ×10% ×1 -100 ×6% ×1 = +4（万元）

永久性纳税调整合计 =15 +4 = +19（万元）

（九）借款费用

1. 企业在生产经营活动中发生的合理的不需要资本化的借款费用，准予扣除。

2. 企业为购置、建造固定资产、无形资产和经过 12 个月以上的建造才能达到预定可销售状态的存货发生借款的，在有关资产购置、建造期间发生的合理的借款费用，应当作为资本性支出计入有关资产的成本，并依照条例的规定扣除。

3. 企业通过发行债券、取得贷款、吸收保户储金等方式融资而发生的合理的费用支出，符合资本化条件的，应计入相关资产成本；不符合资本化条件的，应作为财务费用，准予在企业所得税前据实扣除。

(十) 租赁费

企业根据生产经营活动的需要租入固定资产支付的租赁费，按照以下方法扣除：

1. 以经营租赁方式租入固定资产发生的租赁费支出，按照租赁期限均匀扣除。

2. 以融资租赁方式租入固定资产发生的租赁费支出，按照规定构成融资租入固定资产价值的部分应当提取折旧费用，分期扣除。

(十一) 汇兑损失

企业在货币交易中，以及纳税年度终了时将人民币以外的货币性资产、负债按照期末即期人民币汇率中间价折算为人民币时产生的汇兑损失，除已经计入有关资产成本以及与向所有者进行利润分配相关的部分外，准予扣除。

(十二) 业务招待费

1. 企业发生的与生产经营活动有关的业务招待费支出，按照发生额的60%扣除，但最高不得超过当年销售（营业）收入的5‰。

对从事股权投资业务的企业（包括集团公司总部、创业投资企业等），其从被投资企业所分配的股息、红利以及股权转让收入，可以按规定的比例计算业务招待费扣除限额。

企业在计算业务招待费扣除限额时，其销售（营业）收入额应包括视同销售（营业）收入额。

2. 企业在筹建期间，发生的与筹办活动有关的业务招待费支出，可按实际发生额的60%计入企业筹办费，并按有关规定在税前扣除。

【例14－10计算题】 在武汉注册的某外资公司，2020年主营业务收入2000万元，其他业务收入800万元，业务招待费25万元。

2021年主营业务收入3000万元，其他业务收入1200万元，业务招待费30万元。

计算该公司业务招待费纳税调整金额。

【解析】 2020年永久性纳税调整 $=25-\min[25\times60\%,(2000+800)\times0.5\%]=25-14=+11$（万元）

2021年永久性纳税调整 $=30-\min[30\times60\%,(3000+1200)\times0.5\%]=30-18=+12$（万元）

(十三) 广告费和业务宣传费

1. 企业发生的符合条件的广告费和业务宣传费支出，除国务院财政、税务主管部门另有规定外，不超过当年销售（营业）收入15%的部分，准予扣除；超过部分，准予在以后纳税年度结转扣除。

企业在计算广告费和业务宣传费等费用扣除限额时，其销售（营业）收入额应包括视同销售（营业）收入额。

2. 企业在筹建期间，发生的广告费和业务宣传费，可按实际发生额计入企业筹办费，并按有关规定在税前扣除。

3. 自2016年1月1日起至2020年12月31日止，部分行业广告费和业务宣传费支出税前扣除政策如下：

（1）对化妆品制造与销售、医药制造和饮料制造（不含酒类制造，下同）企业发生的广告费和业务宣传费支出，不超过当年销售（营业）收入30%的部分，准予扣除；超过部分，准予在以后纳税年度结转扣除。

（2）对签订广告费和业务宣传费分摊协议（以下简称分摊协议）的关联企业，其中一方发生的不超过当年销售（营业）收入税前扣除限额比例内的广告费和业务宣传费支出可以在本企业扣除，也可以将其中的部分或全部按照分摊协议归集至另一方扣除。另一方在计算本企业广告费和业务宣传费支出企业所得税税前扣除限额时，可将按照上述办法归集至本企业的广告费和业务宣传费不计算在内。

（3）烟草企业的烟草广告费和业务宣传费支出，一律不得在计算应纳税所得额时扣除。

【例14－11计算题】某化妆品制造公司2018年设立，企业所得税税率为25%。

2018年营业收入5000万元，广告费和业务宣传费1600万元。

2019年营业收入6000万元，广告费和业务宣传费1760万元。

2020年营业收入7000万元，广告费和业务宣传费2000万元。

计算该公司纳税调整金额。

【解析】

2018年暂时性纳税调整 $=1600-\min(1600, 5000\times30\%)=1600-1500=+100$（万元）

2019年暂时性纳税调整 $=1760-\min(1760+100, 6000\times30\%)=1760-1800=-40$（万元）

2020年暂时性纳税调整 $=2000-\min(2000+60, 7000\times30\%)=2000-2060=-60$（万元）

【课堂思考】

业务招待费、广告费和业务宣传费扣除有何区别？纳税调整有何区别？

（十四）公益性捐赠支出

1. 自2016年9月1日起，企业发生的公益性捐赠支出，在年度利润总额12%以内的部分，准予在计算应纳税所得额时扣除；超过年度利润总额12%的部分，准予结转以后三年内在计算应纳税所得额时扣除。

2. 所称公益性捐赠，是指企业通过公益性社会组织或者县级以上人民政府及其部门，

用于符合法律规定的慈善活动、公益事业的捐赠。

所称公益性社会组织，应当依法取得公益性捐赠税前扣除资格。

所称年度利润总额，是指企业依照国家统一会计制度的规定计算的大于零的数额。

企业当年发生及以前年度结转的公益性捐赠支出，准予在当年税前扣除的部分，不能超过企业当年年度利润总额的12%。

企业发生的公益性捐赠支出未在当年税前扣除的部分，准予向以后年度结转扣除，但结转年限自捐赠发生年度的次年起计算最长不得超过三年。

企业在对公益性捐赠支出计算扣除时，应先扣除以前年度结转的捐赠支出，再扣除当年发生的捐赠支出。

【例14－12计算题】 某居民公司2020年通过公益性社会团体向教育事业捐赠150万元，另直接向灾区捐赠50万元，该公司2020年利润总额1000万元。该公司2021年通过公益性社会团体向灾区捐赠130万元，该公司2021年利润总额1200万元。计算该公司纳税调整金额。

【解析】 2020年纳税调整计算如下：

2020年公益性捐赠扣除限额＝1000×12%＝120（万元）

公益性捐赠暂时性纳税调整＝150－120＝＋30（万元）

2020年未扣除完的公益性捐赠支出30万元，可结转2021年至2023年扣除。

直接捐赠永久性纳税调整＝50－0＝＋50（万元）

2021年纳税调整计算如下：

2021年公益性捐赠扣除限额＝1200×12%＝144（万元）

先扣除以前年度的30万元，再扣除2021年的114万元，2021年未扣除完的16万元，可结转2022年至2024年扣除。

公益性捐赠暂时性纳税调整＝130－144＝－14（万元）

（十五）研究开发费用

1. 开发新技术、新产品、新工艺发生的研究开发费用，可以在计算应纳税所得额时加计扣除。

企业开展研发活动中实际发生的研发费用，未形成无形资产计入当期损益的，在按规定据实扣除的基础上，在2018年1月1日至2020年12月31日期间，再按照实际发生额的75%在税前加计扣除；形成无形资产的，在上述期间按照无形资产成本的175%在税前摊销。

2. 研发费用归集范围。

（1）人员人工费用。指直接从事研发活动人员的工资薪金、基本养老保险费、基本医疗保险费、失业保险费、工伤保险费、生育保险费和住房公积金，以及外聘研发人员的劳务费用。

（2）直接投入费用。指研发活动直接消耗的材料、燃料和动力费用；用于中间试验和

产品试制的模具、工艺装备开发及制造费，不构成固定资产的样品、样机及一般测试手段购置费，试制产品的检验费；用于研发活动的仪器、设备的运行维护、调整、检验、维修等费用，以及通过经营租赁方式租入的用于研发活动的仪器、设备租赁费。

（3）折旧费用。指用于研发活动的仪器、设备的折旧费。

（4）无形资产摊销费用。指用于研发活动的软件、专利权、非专利技术（包括许可证、专有技术、设计和计算方法等）的摊销费用。

（5）新产品设计费、新工艺规程制定费、新药研制的临床试验费、勘探开发技术的现场试验费。指企业在新产品设计、新工艺规程制定、新药研制的临床试验、勘探开发技术的现场试验过程中发生的与开展该项活动有关的各类费用。

（6）其他相关费用。指与研发活动直接相关的其他费用，如技术图书资料费、资料翻译费、专家咨询费、高新科技研发保险费，研发成果的检索、分析、评议、论证、鉴定、评审、评估、验收费用，知识产权的申请费、注册费、代理费，差旅费、会议费，职工福利费、补充养老保险费、补充医疗保险费。

此类费用总额不得超过可加计扣除研发费用总额的10%。

其他相关费用限额＝允许加计扣除的研发费用中的第（1）项至第（5）项的费用之和÷（1－10%）×10%

3. 其他事项。

（1）企业取得作为不征税收入处理的财政性资金用于研发活动所形成的费用或无形资产，不得计算加计扣除或摊销。

（2）企业取得的政府补助，会计处理时采用直接冲减研发费用方法且税务处理时未将其确认为应税收入的，应按冲减后的余额计算加计扣除金额。

【课堂思考】

企业取得政府补助用于研发活动，作为不征税收入与作为应税收入，哪种方法对企业更有利?

（3）企业委托外部机构或个人进行研发活动所发生的费用，按照费用实际发生额的80%计入委托方研发费用并计算加计扣除，受托方不得再进行加计扣除。委托外部研究开发费用实际发生额应按照独立交易原则确定。

（4）委托境外进行研发活动所发生的费用，按照费用实际发生额的80%计入委托方的委托境外研发费用。委托境外研发费用不超过境内符合条件的研发费用三分之二的部分，可以按规定在企业所得税前加计扣除。

所称委托境外进行研发活动不包括委托境外个人进行的研发活动。

（5）企业共同合作开发的项目，由合作各方就自身实际承担的研发费用分别计算加计扣除。

（6）企业集团根据生产经营和科技开发的实际情况，对技术要求高、投资数额大，需要集中研发的项目，其实际发生的研发费用，可以按照权利和义务相一致、费用支出和收益分享相配比的原则，合理确定研发费用的分摊方法，在受益成员企业间进行分摊，由相关成员企业分别计算加计扣除。

【例 14－13 计算题】 某公司系外国公司在深圳设立的子公司，该子公司 2020 年研究支出 100 万元，计入当年管理费用；开发支出 200 万元，计入无形资产成本，会计处理按直线法摊销，从 2020 年 7 月份开始摊销，摊销期限为 10 年。计算该子公司纳税调整金额。

【解析】 费用化研发支出纳税调整＝100－100×175%＝－100×75%＝－75（万元）

资本化研发支出纳税调整＝200/10/2×（1－175%）＝－10×75%＝－7.5（万元）

永久性纳税调整合计＝－75－7.5＝－82.5（万元）

（十六）创业投资

1. 基本规定。创业投资企业采取股权投资方式投资于未上市的中小高新技术企业 2 年以上的，可以按照其投资额的 70% 在股权持有满 2 年的当年抵扣该创业投资企业的应纳税所得额；当年不足抵扣的，可以在以后纳税年度结转抵扣。

【例 14－14 计算题】 某创业投资公司企业所得税税率为 25%，2016 年 10 月采取股权投资方式投资未上市的中小高新技术企业 100 万元，2020 年 5 月以 200 万元转让该项股权。该创业投资公司 2018—2020 年度利润总额分别 50 万元、80 万元、150 万元，无其他纳税调整项目。计算该创业投资公司 2018—2020 年纳税调整金额及应纳企业所得税。

【解析】

2018 年创业投资满 2 年，可扣除额＝100×70%＝70（万元）

2018 年永久性纳税调整＝0－min（50，70）＝－50（万元）

2019 年永久性纳税调整＝0－min（80，70－50）＝－20（万元）

2020 年转让该项股权，无须纳税调整。

2. 其他规定。（1）2015 年 10 月 1 日起，有限合伙制创业投资企业采取股权投资方式投资于未上市的中小高新技术企业满 2 年（24 个月，下同）的，其法人合伙人可按照对未上市中小高新技术企业投资额的 70% 抵扣该法人合伙人从该有限合伙制创业投资企业分得的应纳税所得额，当年不足抵扣的，可以在以后纳税年度结转抵扣。

（2）自 2018 年 1 月 1 日起，公司制创业投资企业采取股权投资方式直接投资于种子期、初创期科技型企业（以下简称初创科技型企业）满 2 年（24 个月，下同）的，可以按照投资额的 70% 在股权持有满 2 年的当年抵扣该公司制创业投资企业的应纳税所得额；当年不足抵扣的，可以在以后纳税年度结转抵扣。

（3）自 2018 年 1 月 1 日起，有限合伙制创业投资企业（以下简称合伙创投企业）采取股权投资方式直接投资于初创科技型企业满 2 年的，法人合伙人可以按照对初创科技型企业投资额的 70% 抵扣法人合伙人从合伙创投企业分得的所得；当年不足抵扣的，可以在

以后纳税年度结转抵扣。

(十七) 专项资金

企业依照法律、行政法规有关规定提取的用于环境保护、生态恢复等方面的专项资金，准予扣除。上述专项资金提取后改变用途的，不得扣除。

(十八) 分摊总机构费用

非居民企业在境内设立的机构、场所，就其境外总机构发生的与该机构、场所生产经营有关的费用，能够提供总机构出具的费用汇集范围、定额、分配依据和方法等证明文件，并合理分摊的，准予扣除。

(十九) 手续费及佣金支出

(1) 自2019年1月1日起，保险企业发生与其经营活动有关的手续费及佣金支出，不超过当年全部保费收入扣除退保金等后余额的18%(含本数)的部分，在计算应纳税所得额时准予扣除；超过部分，允许结转以后年度扣除。

(2) 其他企业发生与生产经营有关的手续费及佣金支出，不超过按与具有合法经营资格中介服务机构或个人（不含交易双方及其雇员、代理人和代表人等）所签订服务协议或合同确认的收入金额的5%的部分，准予扣除；超过部分，不得扣除。

(3) 电信企业在发展客户、拓展业务等过程中因委托销售电话入网卡、电话充值卡，需向经纪人、代办商支付手续费及佣金的，其实际发生的相关手续费及佣金支出，不超过企业当年收入总额5%的部分，准予在企业所得税前据实扣除。

(4) 中国境内从事房地产开发经营业务的企业委托境外机构销售开发产品的，其支付境外机构的销售费用（含佣金或手续费）不超过委托销售收入10%的部分，准予据实扣除。

三、不得扣除

在计算应纳税所得额时，下列支出不得扣除：

1. 向投资者支付的股息、红利等权益性投资收益款项。

2. 企业所得税税款。

3. 税收滞纳金。

4. 罚金、罚款和被没收财物的损失。

5. 超过规定标准的捐赠支出。

6. 赞助支出。是指企业发生的与生产经营活动无关的各种非广告性质支出。

7. 未经核定的准备金支出。是指不符合国务院财政、税务主管部门规定的各项资产减值准备、风险准备等准备金支出。

8. 企业之间支付的管理费、企业内营业机构之间支付的租金和特许权使用费，以及非银行企业内营业机构之间支付的利息，不得扣除。

9. 与取得收入无关的其他支出。

【例 14－15 计算题】 某外国总公司在中国设立分公司，该分公司 2020 年因合同违约支付违约金 6 万元，因拖欠银行贷款支付罚息 3 万元，因拖欠税款支付税收滞纳金 2 万元，因违反环保法支付行政罚款 10 万元，向总公司支付利息 20 万元计入财务费用，向总公司支付专利权使用费 30 万元计入管理费用，分摊总机构费用 10 万元记入管理费用（能够提供总机构出具的费用汇集范围、定额、分配依据和方法等证明文件，并合理分摊）。该分公司 2020 年利润总额 300 万元，无其他纳税调整项目。计算该分公司 2020 年度应纳企业所得税。

【解析】 税收滞纳金纳税调整＝2－0＝＋2（万元）

行政罚款纳税调整＝10－0＝＋10（万元）

利息支出纳税调整＝20－0＝＋20（万元）

专利权使用费纳税调整＝30－0＝＋30（万元）

永久性纳税调整合计＝2＋10＋20＋30＝＋62（万元）

应纳税所得额＝300＋62＝362（万元）

应纳企业所得税＝362×25%＝90.5（万元）

四、亏损弥补

我国实行分国不分项亏损弥补，境内应税项目与免税项目相互弥补亏损。

1. 亏损，是指企业依照企业所得税法及其实施条例的规定将每一纳税年度的收入总额减除不征税收入、免税收入和各项扣除后小于零的数额。

2. 企业纳税年度发生的亏损，准予向以后年度结转，用以后年度的所得弥补，但结转年限最长不得超过五年。

自 2018 年 1 月 1 日起，当年具备高新技术企业或科技型中小企业资格（以下统称资格）的企业，其具备资格年度之前 5 个年度发生的尚未弥补完的亏损，准予结转以后年度弥补，最长结转年限由 5 年延长至 10 年。

3. 企业在汇总计算缴纳企业所得税时，其境外营业机构的亏损不得抵减境内营业机构的盈利。

【课堂思考】

母子公司能否相互弥补亏损？总分公司均在境内能否相互弥补亏损？总分公司分别在境内、境外能否相互弥补亏损？

【例 14－16 计算题】 某居民公司 2013—2020 年境内盈亏情况如表 14－3 所示。

表 14－3　某居民公司 2013—2020 年补亏前所得　货币单位：万元

年份	2013	2014	2015	2016	2017	2018	2019	2020	合计
补亏前所得	－60	－100	10	20	30	40	50	80	70

计算该公司 2013—2020 年度应纳企业所得税。

【解析】2013 年亏损 60 万元，可用 2014—2018 年税前所得弥补，实际上，2015 年弥补 10 万元、2016 年弥补 20 万元、2017 年弥补 30 万元，全部弥补完毕。2014 年亏损 100 万元，可用 2015—2019 年税前所得弥补，实际上，2018 年弥补 40 万元，2019 年弥补 50 万元，还有 10 万元亏损超过年限，不得在税前弥补。

各年亏损性纳税调整及企业所得税计算如 14－4 表所示。

表 14－4　亏损性纳税调整及企业所得税计算表　货币单位：万元

年份	2013	2014	2015	2016	2017	2018	2019	2020	合计
补亏前所得	－60	－100	10	20	30	40	50	80	70
亏损性纳税调整	＋60	＋100	－10	－20	－30	－40	－50	0	10
应纳税所得额	0	0	0	0	0	0	0	80	80
税率	25%	25%	25%	25%	25%	25%	25%	25%	*
应纳企业所得税	0	0	0	0	0	0	0	20	20

五、资产的税务处理

企业的各项资产，包括固定资产、生物资产、无形资产、长期待摊费用、投资资产、存货等，以历史成本为计税基础。历史成本，是指企业取得该项资产时实际发生的支出。企业持有各项资产期间资产增值或者减值，除国务院财政、税务主管部门规定可以确认损益外，不得调整该资产的计税基础。

企业转让资产，该项资产的净值，准予在计算应纳税所得额时扣除。资产的净值，是指有关的计税基础减除已经按照规定扣除的折旧、折耗、摊销、准备金等后的余额。

企业按照规定计算的固定资产折旧、生产性生物资产折旧、无形资产摊销费用、长期待摊费用的摊销，准予扣除。

（一）固定资产

固定资产，是指企业为生产产品、提供劳务、出租或者经营管理而持有的、使用时间超过 12 个月的非货币性资产，包括房屋、建筑物、机器、机械、运输工具以及其他与生产经营活动有关的设备、器具、工具等。

1. 固定资产的计税基础。固定资产按照以下方法确定计税基础：

（1）外购的固定资产，以购买价款和支付的相关税费以及直接归属于使该资产达到预定用途发生的其他支出为计税基础；

（2）自行建造的固定资产，以竣工结算前发生的支出为计税基础；

（3）融资租入的固定资产，以租赁合同约定的付款总额和承租人在签订租赁合同过程中发生的相关费用为计税基础，租赁合同未约定付款总额的，以该资产的公允价值和承租人在签订租赁合同过程中发生的相关费用为计税基础；

（4）盘盈的固定资产，以同类固定资产的重置完全价值为计税基础；

（5）通过捐赠、投资、非货币性资产交换、债务重组等方式取得的固定资产，以该资产的公允价值和支付的相关税费为计税基础；

（6）改建的固定资产，除以经营租赁方式租入的固定资产和已足额提取折旧仍继续使用的固定资产外，以改建过程中发生的改建支出增加计税基础。

（7）自2010年10月1日起，融资性售后回租业务中，承租人出售资产的行为，不确认为销售收入，对融资性租赁的资产，仍按承租人出售前原账面价值作为计税基础计提折旧。租赁期间，承租人支付的属于融资利息的部分，作为企业财务费用在税前扣除。

企业按会计规定提取的固定资产减值准备，不得税前扣除，其折旧仍按税法确定的固定资产计税基础计算扣除。

2. 固定资产折旧的范围。**下列固定资产不得计算折旧扣除：**

（1）房屋、建筑物以外未投入使用的固定资产；

（2）以经营租赁方式租入的固定资产；

（3）以融资租赁方式租出的固定资产；

（4）已足额提取折旧仍继续使用的固定资产；

（5）与经营活动无关的固定资产；

（6）单独估价作为固定资产入账的土地；

（7）其他不得计算折旧扣除的固定资产。

3. 固定资产折旧的方法。

（1）固定资产按照直线法计算的折旧，准予扣除。

（2）企业应当根据固定资产的性质和使用情况，合理确定固定资产的预计净残值。固定资产的预计净残值一经确定，不得变更。

4. 固定资产折旧的年限。企业应当自固定资产投入使用月份的次月起计算折旧；停止使用的固定资产，应当自停止使用月份的次月起停止计算折旧。

除国务院财政、税务主管部门另有规定外，固定资产计算折旧的最低年限如下：

（1）房屋、建筑物，为20年；

（2）飞机、火车、轮船、机器、机械和其他生产设备，为10年；

（3）与生产经营活动有关的器具、工具、家具等，为5年；

（4）飞机、火车、轮船以外的运输工具，为4年；

（5）电子设备，为3年。

5. 固定资产一次性扣除。企业在2018年1月1日至2020年12月31日期间新购进的设备、器具，单位价值不超过500万元的，允许一次性计入当期成本费用在计算应纳税所得额时扣除，不再分年度计算折旧。

所称设备、器具，是指除房屋、建筑物以外的固定资产（以下简称固定资产）；所称购进，包括以货币形式购进或自行建造，其中以货币形式购进的固定资产包括购进的使用过的固定资产；以货币形式购进的固定资产，以购买价款和支付的相关税费以及直接归属于使该资产达到预定用途发生的其他支出确定单位价值，自行建造的固定资产，以竣工结算前发生的支出确定单位价值。

6. 固定资产加速折旧。

（1）企业的固定资产由于技术进步等原因，确需加速折旧的，可以缩短折旧年限或者采取加速折旧的方法。可以采取缩短折旧年限或者采取加速折旧的方法的固定资产，包括：

①由于技术进步，产品更新换代较快的固定资产；

②常年处于强震动、高腐蚀状态的固定资产。

（2）自2011年1月1日起，企业外购的软件，凡符合固定资产或无形资产确认条件的，可以按照固定资产或无形资产进行核算，其折旧或摊销年限可以适当缩短，最短可为2年（含）。

（3）自2011年1月1日起，集成电路生产企业的生产设备，其折旧年限可以适当缩短，最短可为3年（含）。

（4）对所有行业企业2014年1月1日后新购进的专门用于研发的仪器、设备，可缩短折旧年限或采取加速折旧的方法。

（5）对信息传输、软件和信息技术服务业的企业2014年1月1日后新购进的固定资产，可缩短折旧年限或采取加速折旧的方法。

（6）自2019年1月1日起，全部制造业领域新购进的固定资产，可由企业选择缩短折旧年限或采取加速折旧的方法。

制造业按照国家统计局《国民经济行业分类与代码（GB/4754－2017）》确定。今后国家有关部门更新国民经济行业分类与代码，从其规定。

（7）企业按上述规定缩短折旧年限的，最低折旧年限不得低于第4条规定折旧年限的60%；采取加速折旧方法的，可采取双倍余额递减法或者年数总和法。

企业按税法规定实行加速折旧的，其按加速折旧办法计算的折旧额可全额在税前扣除。

按照企业所得税法及其实施条例有关规定，企业根据自身生产经营需要，也可选择不实行加速折旧政策。

【课堂讨论】

企业符合加速折旧条件，在什么情况下选择不实行加速折旧政策？

【例14－17计算题】 某居民公司企业所得税税率为25%。2016年1月开始计提折旧的一项固定资产，成本2000万元，使用年限为5年，净残值为100万元，会计处理按双倍余额递减法计提折旧，税法规定按直线法计提折旧。假定税法规定的使用年限及净残值与会计规定相同。计算2016—2020年纳税调整金额。

【解析】折旧费用纳税调整计算如下（见表14－5）。

表14－5　折旧费用纳税调整计算表　货币单位：万元

年份		2016	2017	2018	2019	2020	合计
会计确认	折旧费用	800	480	288	166	166	1900
税法确认	折旧费用	380	380	380	380	380	1900
暂时性纳税调整		+420	+100	－92	－214	－214	0

（二）生产性生物资产

生产性生物资产，是指企业为生产农产品、提供劳务或者出租等而持有的生物资产，包括经济林、薪炭林、产畜和役畜等。

1. 生产性生物资产的计税基础。

（1）外购的生产性生物资产，以购买价款和支付的相关税费为计税基础；

（2）通过捐赠、投资、非货币性资产交换、债务重组等方式取得的生产性生物资产，以该资产的公允价值和支付的相关税费为计税基础。

2. 生产性生物资产折旧方法。生产性生物资产按照直线法计算的折旧，准予扣除。

企业应当根据生产性生物资产的性质和使用情况，合理确定生产性生物资产的预计净残值。生产性生物资产的预计净残值一经确定，不得变更。

3. 生产性生物资产折旧年限。企业应当自生产性生物资产投入使用月份的次月起计算折旧；停止使用的生产性生物资产，应当自停止使用月份的次月起停止计算折旧。

生产性生物资产计算折旧的最低年限如下：

（1）林木类生产性生物资产，为10年；

（2）畜类生产性生物资产，为3年。

（三）无形资产

无形资产是指企业为生产产品、提供劳务、出租或者经营管理而持有的、没有实物形态的非货币性长期资产，包括专利权、商标权、著作权、土地使用权、非专利技术、商誉等。

1. 无形资产的计税基础。无形资产按照以下方法确定计税基础：

（1）外购的无形资产，以购买价款和支付的相关税费以及直接归属于使该资产达到预定用途发生的其他支出为计税基础；

（2）自行开发的无形资产，以开发过程中该资产符合资本化条件后至达到预定用途前发生的支出为计税基础；

（3）通过捐赠、投资、非货币性资产交换、债务重组等方式取得的无形资产，以该资产的公允价值和支付的相关税费为计税基础。

2. 无形资产摊销的范围。下列无形资产不得计算摊销费用扣除：

（1）自行开发的支出已在计算应纳税所得额时扣除的无形资产；

（2）自创商誉；

（3）与经营活动无关的无形资产；

（4）其他不得计算摊销费用扣除的无形资产。

3. 无形资产摊销方法。无形资产按照直线法计算的摊销费用，准予扣除。外购商誉的支出，在企业整体转让或者清算时，准予扣除。

4. 无形资产摊销年限。无形资产的摊销年限不得低于10年。作为投资或者受让的无形资产，有关法律规定或者合同约定了使用年限的，可以按照规定或者约定的使用年限分期摊销。

（四）长期待摊费用

在计算应纳税所得额时，企业发生的下列支出作为长期待摊费用，按照规定摊销的，准予扣除：

1. 已足额提取折旧的固定资产的改建支出，按照固定资产预计尚可使用年限分期摊销。

2. 租入固定资产的改建支出，按照合同约定的剩余租赁期限分期摊销。

固定资产的改建支出，是指改变房屋或者建筑物结构、延长使用年限等发生的支出。改建的固定资产延长使用年限的，除上述2项规定外，应当适当延长折旧年限。

3. 固定资产的大修理支出，按照固定资产尚可使用年限分期摊销。

固定资产的大修理支出，是指同时符合下列条件的支出：修理支出达到取得固定资产时的计税基础50%以上；修理后固定资产的使用年限延长2年以上。

4. 其他应当作为长期待摊费用的支出，自支出发生月份的次月起，分期摊销，摊销年限不得低于3年。

5. 开（筹）办费，企业可以在开始经营之日的当年一次性扣除，也可以按照有关长期待摊费用的处理规定处理，但一经选定，不得改变。

（五）投资资产

投资资产是指企业对外进行权益性投资和债权性投资形成的资产。

1. 投资资产的计税基础。投资资产按照以下方法确定成本：

（1）通过支付现金方式取得的投资资产，以购买价款为成本；

（2）通过支付现金以外的方式取得的投资资产，以该资产的公允价值和支付的相关税费为成本。

2. 投资资产的扣除。

（1）企业对外投资期间，投资资产的成本在计算应纳税所得额时不得扣除。企业在转让或者处置投资资产时，投资资产的成本，准予扣除。

（2）自2010年1月1日起，企业对外进行权益性（以下简称股权）投资所发生的损失，在经确认的损失发生年度，作为企业损失在计算企业应纳税所得额时一次性扣除。

（3）投资企业从被投资企业撤回或减少投资，其取得的资产中，相当于初始出资的部分，应确认为投资收回；相当于被投资企业累计未分配利润和累计盈余公积按减少实收资本比例计算的部分，应确认为股息所得；其余部分确认为投资资产转让所得。

被投资企业发生的经营亏损，由被投资企业按规定结转弥补；投资企业不得调整减低其投资成本，也不得将其确认为投资损失。

（六）存货

存货是指企业持有以备出售的产品或者商品、处在生产过程中的在产品、在生产或者提供劳务过程中耗用的材料和物料等。

1. 存货的计税基础。存货按照以下方法确定成本：

（1）通过支付现金方式取得的存货，以购买价款和支付的相关税费为成本；

（2）通过支付现金以外的方式取得的存货，以该存货的公允价值和支付的相关税费为成本；

（3）生产性生物资产收获的农产品，以产出或者采收过程中发生的材料费、人工费和分摊的间接费用等必要支出为成本。

2. 存货的扣除。企业使用或者销售存货，按照规定计算的存货成本，准予在计算应纳税所得额时扣除。企业使用或者销售的存货的成本计算方法，可以在先进先出法、加权平均法、个别计价法中选用一种。计价方法一经选用，不得随意变更。

第六节　应纳税所得额

一、税基减免

企业同时从事适用不同企业所得税待遇的项目的，其优惠项目应当单独计算所得，并合理分摊企业的期间费用；没有单独计算的，不得享受企业所得税优惠。

（一）从事农、林、牧、渔业项目的所得

1. 企业从事下列项目的所得，免征企业所得税：

（1）蔬菜、谷物、薯类、油料、豆类、棉花、麻类、糖料、水果、坚果的种植；

（2）农作物新品种的选育；

（3）中药材的种植；

（4）林木的培育和种植；

（5）牲畜、家禽的饲养；

（6）林产品的采集；

（7）灌溉、农产品初加工、兽医、农技推广、农机作业和维修等农、林、牧、渔服务

业项目；

（8）远洋捕捞。

2. 企业从事下列项目的所得，减半征收企业所得税：

（1）花卉、茶以及其他饮料作物和香料作物的种植；

（2）海水养殖、内陆养殖。

企业从事国家限制和禁止发展的项目，不得享受上述规定的企业所得税优惠。

（二）从事国家重点扶持的公共基础设施项目投资经营的所得

国家重点扶持的公共基础设施项目，是指《公共基础设施项目企业所得税优惠目录》规定的港口码头、机场、铁路、公路、城市公共交通、电力、水利等项目。

企业从事上述规定的国家重点扶持的公共基础设施项目的投资经营的所得，自项目取得第一笔生产经营收入所属纳税年度起，第一年至第三年免征企业所得税，第四年至第六年减半征收企业所得税。

【课堂思考】

高新技术企业，从事上述规定的国家重点扶持的公共基础设施项目的投资经营的所得，第四年至第六年减半征收企业所得税，是按15%的税率减半还是按25%的税率减半？

企业承包经营、承包建设和内部自建自用上述规定的项目，不得享受上述规定的企业所得税优惠。

企业同时从事不在《公共基础设施项目企业所得税优惠目录》范围内的项目取得的所得，应与享受优惠的公共基础设施项目所得分开核算，并合理分摊期间费用，没有分开核算的，不得享受上述企业所得税优惠政策。

依照上述规定享受减免税优惠的项目，在减免税期限内转让的，受让方自受让之日起，可以在剩余期限内享受规定的减免税优惠；减免税期限届满后转让的，受让方不得就该项目重复享受减免税优惠。

（三）从事符合条件的环境保护、节能节水项目的所得

符合条件的环境保护、节能节水项目，包括公共污水处理、公共垃圾处理、沼气综合开发利用、节能减排技术改造、海水淡化等。项目的具体条件和范围由国务院财政、税务主管部门商国务院有关部门制订，报国务院批准后公布施行。

企业从事上述规定的符合条件的环境保护、节能节水项目的所得，自项目取得第一笔生产经营收入所属纳税年度起，第一年至第三年免征企业所得税，第四年至第六年减半征收企业所得税。

依照上述规定享受减免税优惠的项目，在减免税期限内转让的，受让方自受让之日起，可以在剩余期限内享受规定的减免税优惠；减免税期限届满后转让的，受让方不得就该项目重复享受减免税优惠。

（四）符合条件的技术转让所得

1. 一个纳税年度内，居民企业技术转让所得不超过500万元的部分，免征企业所得税；超过500万元的部分，减半征收企业所得税。

技术转让的范围，包括居民企业转让专利技术、计算机软件著作权、集成电路布图设计权、植物新品种、生物医药新品种，以及财政部和国家税务总局确定的其他技术。

其中：专利技术，是指法律授予独占权的发明、实用新型和非简单改变产品图案的外观设计。

所称技术转让，是指居民企业转让其拥有符合上述规定技术的所有权或5年以上（含5年）全球独占许可使用权的行为。

符合条件的技术转让所得应按以下方法计算：

技术转让所得＝技术转让收入－技术转让成本－相关税费－应分摊期间费用

技术转让收入是指当事人履行技术转让合同后获得的价款，不包括销售或转让设备、仪器、零部件、原材料等非技术性收入。不属于与技术转让项目密不可分的技术咨询、技术服务、技术培训等收入，不得计入技术转让收入。

技术转让成本是指转让的无形资产的净值，即该无形资产的计税基础减除在资产使用期间按照规定计算的摊销扣除额后的余额。

相关税费是指技术转让过程中实际发生的有关税费，包括除企业所得税和允许抵扣的增值税以外的各项税金及其附加、合同签订费用、律师费等相关费用及其他支出。

享受技术转让所得减免企业所得税优惠的企业，应单独计算技术转让所得，并合理分摊企业的期间费用；没有单独计算的，不得享受技术转让所得企业所得税优惠。

2. 自2015年10月1日起，全国范围内的居民企业转让5年（含，下同）以上非独占许可使用权取得的技术转让所得，纳入享受企业所得税优惠的技术转让所得范围。居民企业的年度技术转让所得不超过500万元的部分，免征企业所得税；超过500万元的部分，减半征收企业所得税。

所称技术包括专利（含国防专利）、计算机软件著作权、集成电路布图设计专有权、植物新品种权、生物医药新品种，以及财政部和国家税务总局确定的其他技术。其中，专利是指法律授予独占权的发明、实用新型以及非简单改变产品图案和形状的外观设计。

符合条件的5年以上非独占许可使用权技术转让所得应按以下方法计算：

技术转让所得＝技术转让收入－无形资产摊销费用－相关税费－应分摊期间费用

技术转让收入是指转让方履行技术转让合同后获得的价款，不包括销售或转让设备、仪器、零部件、原材料等非技术性收入。不属于与技术转让项目密不可分的技术咨询、服务、培训等收入，不得计入技术转让收入。技术许可使用权转让收入，应按转让协议约定的许可使用权人应付许可使用权使用费的日期确认收入的实现。

无形资产摊销费用是指该无形资产按税法规定当年计算摊销的费用。涉及自用和对外许可使用的，应按照受益原则合理划分。

相关税费是指技术转让过程中实际发生的有关税费，包括除企业所得税和允许抵扣的增值税以外的各项税金及其附加、合同签订费用、律师费等相关费用。

应分摊期间费用（不含无形资产摊销费用和相关税费）是指技术转让按照当年销售收入占比分摊的期间费用。

【例14－18计算题】某居民公司2020年被认定为高新技术企业，当年转让5年非独占许可使用权，技术转让收入800万元，无形资产摊销费用200万元，相关费用10万元。当年销售收入8000万元，销售费用、管理费用、财务费用合计510万元（含无形资产摊销费用和相关税费），利润总额1500万元，无其他纳税调整事项。计算该公司2020年度应纳企业所得税。

【解析】技术转让所得＝800－200－10－（510－200－10）×800/8000＝560（万元）

计算方法1，分项计算：

技术转让所得应纳企业所得税＝（560－500）/2×25%＝7.5（万元）

其他所得应纳企业所得税＝（1500－560）×（25%－10%）＝141（万元）

应纳企业所得税合计＝7.5＋141＝148.5（万元）

计算方法2，不分项计算：

转术转让所得永久性纳税调整＝（560－500）/2－560＝－530（万元）

应纳税所得额＝1500－530＝970（万元）

应纳企业所得税＝970×25%－（970×10%－（560－530）×10%）＝148.5（万元）

【课堂思考】

企业所得税年度纳税申报表是分项计算还是不分项计算？不分项计算为什么还要减项目所得额按法定税率减半征收企业所得税叠加享受减免税优惠？

（六）非居民企业所得

1. 外国政府向中国政府提供贷款取得的利息所得，免征企业所得税。

2. 国际金融组织向中国政府和居民企业提供优惠贷款取得的利息所得，免征企业所得税。

国际金融组织，包括国际货币基金组织、世界银行、亚洲开发银行、国际开发协会、国际农业发展基金、欧洲投资银行以及财政部和国家税务总局确定的其他国际金融组织；所称优惠贷款，是指低于金融企业同期同类贷款利率水平的贷款。

二、特别纳税调整

（一）转让定价

企业与其关联方之间的业务往来，不符合独立交易原则而减少企业或者其关联方应纳税收入或者所得额的，税务机关有权按照合理方法调整。

1. 关联方，是指与企业有下列关联关系之一的企业、其他组织或者个人：

（1）在资金、经营、购销等方面存在直接或者间接的控制关系；

（2）直接或者间接地同为第三者控制；

（3）在利益上具有相关联的其他关系。

2. 独立交易原则，是指没有关联关系的交易各方，按照公平成交价格和营业常规进行业务往来遵循的原则。

3. 合理方法，包括：

（1）可比非受控价格法，是指按照没有关联关系的交易各方进行相同或者类似业务往来的价格进行定价的方法。

（2）再销售价格法，是指按照从关联方购进商品再销售给没有关联关系的交易方的价格，减除相同或者类似业务的销售毛利进行定价的方法。

再销售价格法以关联方购进商品再销售给非关联方的价格减去可比非关联交易毛利后的金额作为关联方购进商品的公平成交价格。其计算公式如下：

公平成交价格 = 再销售给非关联方的价格 ×（1 - 可比非关联交易毛利率）

可比非关联交易毛利率 = 可比非关联交易毛利/可比非关联交易收入净额 ×100%

（3）成本加成法，是指按照成本加合理的费用和利润进行定价的方法。

成本加成法以关联交易发生的合理成本加上可比非关联交易毛利后的金额作为关联交易的公平成交价格。其计算公式如下：

公平成交价格 = 关联交易发生的合理成本 ×（1 + 可比非关联交易成本加成率）可比非关联交易成本加成率 = 可比非关联交易毛利/可比非关联交易成本 ×100%

（4）交易净利润法，是指按照没有关联关系的交易各方进行相同或者类似业务往来取得的净利润水平确定利润的方法。

交易净利润法以可比非关联交易的利润指标确定关联交易的利润。利润指标包括息税前利润率、完全成本加成率、资产收益率、贝里比率等。具体计算公式如下：

①息税前利润率 = 息税前利润/营业收入 ×100%

②完全成本加成率 = 息税前利润/完全成本 ×100%

③资产收益率 = 息税前利润/［（年初资产总额 + 年末资产总额）/2］×100%

④贝里比率 = 毛利/（营业费用 + 管理费用）×100%

（5）利润分割法，是指将企业与其关联方的合并利润或者亏损在各方之间采用合理标准进行分配的方法。

利润分割法根据企业与其关联方对关联交易合并利润（实际或者预计）的贡献计算各自应当分配的利润额。利润分割法主要包括一般利润分割法和剩余利润分割法。

（6）其他符合独立交易原则的方法。其他符合独立交易原则的方法包括成本法、市场法和收益法等资产评估方法，以及其他能够反映利润与经济活动发生地和价值创造地相匹配原则的方法。

4. 预约定价安排。企业可以向税务机关提出与其关联方之间业务往来的定价原则和计算方法，税务机关与企业协商、确认后，达成预约定价安排。

预约定价安排，是指企业就其未来年度关联交易的定价原则和计算方法，向税务机关

提出申请，与税务机关按照独立交易原则协商、确认后达成的协议。

【例 14－19 计算题】某母、子公司，母公司设在江西省南昌市，子公司为设在江西省赣州市的鼓励类产业的内资企业。2020 年母公司销售 1 万件 A 产品给子公司作原材料，每件价格 100 元，母公司销售 A 产品给其他公司，每件 120 元。母公司销售 B 产品 1 万件给子公司作原材料，每件 220 元，该产品合理成本 200 元，可比非关联交易成本加成率为 25%。母公司从子公司购进 1 万件 C 产品，每件价格 280 元，母公司再以每件 300 元销售给其他公司，该产品可比非关联交易毛利率为 20%。2020 年母公司利润总额为 500 万元，子公司利润总额为 800 万元，无其他纳税调整事项。

母公司自行申报缴纳企业所得税＝500×25%＝125（万元）

子公司自行申报缴纳企业所得税＝800×15%＝120（万元）

税务机关如何对母公司进行特别纳税调整并补征税款？子公司申请相应调整，税务机关如何处理？

【解析】税务机关对母公司特别纳税调整并补征税款：

销售 A 产品特别纳税调整＝120－100＝＋20（万元）

销售 B 产品特别纳税调整＝200×（1＋25%）－220＝250－220＝＋30（万元）

购买 C 产品特别纳税调整＝280－300×（1－20%）＝280－240＝＋40（万元）

母公司特别纳税调整合计＝20＋30＋40＝＋90（万元）

母公司应补企业所得税＝90×25%＝22.5（万元）

税务机关对子公司进行相应调整及退税：

子公司相应调整＝－90（万元）

子公司应退企业所得税＝90×15%＝13.5（万元）

（二）成本分摊

企业与其关联方共同开发、受让无形资产，或者共同提供、接受劳务发生的成本，在计算应纳税所得额时应当按照独立交易原则进行分摊。

企业可以依照上述规定，按照独立交易原则与其关联方分摊共同发生的成本，达成成本分摊协议。

企业与其关联方分摊成本时，应当按照成本与预期收益相配比的原则进行分摊，并在税务机关规定的期限内，按照税务机关的要求报送有关资料。

企业与其关联方分摊成本时违反上述规定的，其自行分摊的成本不得在计算应纳税所得额时扣除。

（三）受控外国企业

1. 由居民企业，或者由居民企业和中国居民控制的设立在实际税负明显低于 25% 税率水平的国家（地区）的企业，并非由于合理的经营需要而对利润不作分配或者减少分配

的，上述利润中应归属于该居民企业的部分，应当计入该居民企业的当期收入。

中国居民，是指根据《中华人民共和国个人所得税法》的规定，就其从境内、境外取得的所得在中国缴纳个人所得税的个人。

实际税负明显低于25%税率水平，是指低于企业所得税法25%税率的50%。

2. 中国居民企业股东能够提供资料证明其控制的外国企业满足以下条件之一的，可免于将外国企业不作分配或减少分配的利润视同股息分配额，计入中国居民企业股东的当期所得：

（1）设立在国家税务总局指定的非低税率国家（地区）；

（2）主要取得积极经营活动所得；

（3）年度利润总额低于500万元人民币。

【例14-20计算题】 某中国母公司在国际避税地设立子公司，母公司持有子公司80%股权。2020年度子公司利润总额1000万元（主要为消极所得），无其他纳税调整事项，当地企业所得税税率10%，子公司在当地缴纳企业所得税100万元，子公司税后利润900万元不作分配。2020年度母公司利润总额5000万元，无其他纳税调整事项。

母公司在中国自行申报缴纳企业所得税 = 5000 × 25% = 1250（万元）

税务机关如何对母公司进行特别纳税调整并补征税款？

【解析】 税务机关对母公司进行特别纳税调整并补征税款计算如下：

境外所得特别纳税调整 = 900 × 80% / （1 - 10%） - 0 = 800 - 0 = +800（万元）

境外所得应纳企业所得税 = 800 × 25% = 200（万元）

境外所得税额抵扣 = min（200，800 × 10%） = 80（万元）

境外所得应补企业所得税 = 200 - 80 = 120（万元）

（四）资本弱化

1. 企业从其关联方接受的债权性投资与权益性投资的比例超过规定标准而发生的利息支出，不得在计算应纳税所得额时扣除。

企业实际支付给关联方的利息支出，其接受关联方债权性投资与其权益性投资比例为：

（1）金融企业，为5:1；

（2）其他企业，为2:1。

2. 债权性投资，是指企业直接或者间接从关联方获得的，需要偿还本金和支付利息或者需要以其他具有支付利息性质的方式予以补偿的融资。

企业间接从关联方获得的债权性投资，包括：

（1）关联方通过无关联第三方提供的债权性投资；

（2）无关联第三方提供的、由关联方担保且负有连带责任的债权性投资；

（3）其他间接从关联方获得的具有负债实质的债权性投资。

3. 权益性投资，是指企业接受的不需要偿还本金和支付利息，投资人对企业净资产拥有所有权的投资。

4. 不得在计算应纳税所得额时扣除的利息支出应按以下公式计算：

不得扣除利息支出 = 年度实际支付的全部关联方利息 ×（1 - 标准比例 ÷ 关联债资比例）

关联债资比例 = 年度各月平均关联债权投资之和 ÷ 年度各月平均权益投资之和

各月平均关联债权投资 =（关联债权投资月初账面余额 + 月末账面余额）÷2

各月平均权益投资 =（权益投资月初账面余额 + 月末账面余额）÷2

权益投资为企业资产负债表所列示的所有者权益金额。如果所有者权益小于实收资本（股本）与资本公积之和，则权益投资为实收资本（股本）与资本公积之和；如果实收资本（股本）与资本公积之和小于实收资本（股本）金额，则权益投资为实收资本（股本）金额。

【例 14 - 21 计算题】某母公司 2020 年投资设立子公司（非金融企业），母公司对子公司的债权性投资与权益性投资分别为 1500 万元与 500 万元，即关联债资比例为 3:1。债权性投资的年利率为 6%，与银行同期同类贷款利率相等。2020 年度母公司利润总额 500 万元，子公司利润总额 300 万元，无其他纳税调整事项。母公司被认定为高新技术企业。

子公司自行申报缴纳企业所得税 = 300 × 25% = 75（万元）

母公司自行申报缴纳企业所得税 = 500 × 15% = 75（万元）

税务机关如何对子公司进行特别纳税调整并补征税款？母公司申请相应调整，税务机关如何处理？

【解析】税务机关对子公司进行特别纳税调整并补征税款计算如下：

子公司特别纳税调整 = 1500 × 6% ×（1 - 2/3）= +30（万元）

或 =（1500 × 6% - 500 × 2 × 6%）= +30（万元）

子公司应补企业所得税 = 30 × 25% = 7.5（万元）

税务机关对母公司进行相应调整并退税：

母公司相应调整 = -30（万元）

母公司应退企业所得税 = 30 × 15% = 4.5（万元）

（五）一般反避税

企业实施其他不具有合理商业目的的安排而减少其应纳税收入或者所得额的，税务机关有权按照合理方法调整。不具有合理商业目的，是指以减少、免除或者推迟缴纳税款为主要目的。

1. 税务机关对存在以下避税安排的企业，启动一般反避税调查：

（1）滥用税收优惠；

（2）滥用税收协定；

（3）滥用公司组织形式；

（4）利用避税港避税；

（5）其他不具有合理商业目的的安排。

2. 一般反避税调查及调整须层报国家税务总局批准。

3. 关联交易一方被实施转让定价调查调整的，应允许另一方做相应调整，以消除双重征税。相应调整涉及税收协定国家（地区）关联方的，经企业申请，国家税务总局与税收协定缔约对方税务主管当局根据税收协定有关相互协商程序的规定开展磋商谈判。

（六）加收利息

税务机关依照规定作出纳税调整，需要补征税款的，应当补征税款，并按照国务院规定加收利息。

税务机关根据税收法律、行政法规的规定，对企业作出特别纳税调整的，应当对补征的税款，自税款所属纳税年度的次年6月1日起至补缴税款之日止的期间，按日加收利息。

前款规定加收的利息，不得在计算应纳税所得额时扣除。

利息，应当按照税款所属纳税年度中国人民银行公布的与补税期间同期的人民币贷款基准利率加5个百分点计算。

企业依照企业所得税法规定提供有关资料的，可以只按前款规定的人民币贷款基准利率计算利息。

企业与其关联方之间的业务往来，不符合独立交易原则，或者企业实施其他不具有合理商业目的的安排的，税务机关有权在该业务发生的纳税年度起10年内，进行纳税调整。

【课堂思考】

企业逃税与避税如何界定？法律责任有何区别？

第七节　税额抵扣和税额减免

一、税额抵扣

（一）抵扣规定

1. 企业取得的下列所得已在境外缴纳的所得税税额，可以从其当期应纳税额中抵免，抵免限额为该项所得依照企业所得税法规定计算的应纳税额；超过抵免限额的部分，可以

在以后五个年度内，用每年度抵免限额抵免当年应抵税额后的余额进行抵补：

（1）居民企业来源于境外的应纳税所得额；

（2）非居民企业在境内设立机构、场所，取得发生在境外但与该机构、场所有实际联系的应纳税所得额。

2. 关于已在境外缴纳的所得税税额。是指企业来源于境外的所得依照境外税收法律以及相关规定应当缴纳并已经实际缴纳的企业所得税性质的税款。

3. 关于抵免限额。是指企业来源于境外的所得，依照企业所得税法和条例的规定计算的应纳税额。自 2017 年 1 月 1 日起，企业可以选择按国（地区）别分别计算（即“分国（地区）不分项”），或者不按国（地区）别汇总计算（即“不分国（地区）不分项”）其来源于境外的应纳税所得额，并按照规定的税率，分别计算其可抵免境外所得税税额和抵免限额。上述方式一经选择，5 年内不得改变。抵免限额计算公式如下：

抵免限额 = 境内、境外所得依照企业所得税法和条例的规定计算的应纳税总额 × 来源于某国（地区）或者境外的应纳税所得额 ÷ 境内、境外应纳税所得总额

4. 关于 5 个年度规定。是指从企业取得的来源于境外的所得，已经在境外缴纳的企业所得税性质的税额超过抵免限额的当年的次年起连续 5 个纳税年度。

5. 居民企业从其直接或者间接控制的外国企业分得的来源于境外的股息、红利等权益性投资收益，外国企业在境外实际缴纳的所得税税额中属于该项所得负担的部分，可以作为该居民企业的可抵免境外所得税税额，在上述规定的抵免限额内抵免。

直接控制，是指居民企业直接持有外国企业 20% 以上股份。间接控制，是指居民企业以间接持股方式持有外国企业 20% 以上股份，具体认定办法由国务院财政、税务主管部门另行制定。

6. 企业抵免企业所得税税额时，应当提供境外税务机关出具的税款所属年度的有关纳税凭证。

（二）抵扣公式

企业取得境外应纳税所得额，已在境外缴纳的所得税，可以选择分国不分项限额抵扣法或者不分国不分项限额抵扣法，计算公式为：

税额抵扣 = min（境外实交所得税，境外应纳税所得额 × 税率）

境外所得应补企业所得税 = 境外应纳税所得额 × 税率 − 税额抵扣

【例 14－22 计算题】某居民公司 2020 年境内应纳税所得额为 800 万元。在 A 国的分公司应纳税所得额为 200 万元，已在 A 国缴纳了所得税款 70 万元；在 B 国的分公司应纳税所得额为 100 万元，已在 B 国缴纳了所得税款 10 万元。计算该居民公司 2020 年度在中国应交企业所得税。

【解析】如果选择分国抵扣法：

（1）境内所得应交企业所得税 = 800 × 25% = 200（万元）

（2）来源于 A 国所得计算如下：

A 国所得应纳企业所得税 = 200 × 25% = 50（万元）

A 国所得税额抵扣 = min（70，50） = 50（万元）

A 国所得应补企业所得税 = 50 − 50 = 0

超过抵扣限额的 20 万元不能在本年度抵扣，但可在以后 5 个纳税年度的 A 国不足限额中补抵。

（3）来源于 B 国所得计算如下：

B 国所得应纳企业所得税 = 100 × 25% = 25（万元）

B 国所得税额抵扣 = min（10，25） = 10（万元）

B 国所得应补企业所得税 = 25 − 10 = 15（万元）

（4）该居民公司应交企业所得税 = 200 + 0 + 15 = 215（万元）

如果选择不分国抵扣法：

（1）境内所得应交企业所得税 = 800 × 25% = 200（万元）

（2）来源于境外所得计算如下：

境外所得应纳企业所得税 = （200 + 100） × 25% = 75（万元）

境外所得税额抵扣 = min（70 + 10，75） = 75（万元）

境外所得应补企业所得税 = 75 − 75 = 0

超过抵扣限额的 5 万元不能在本年度抵扣，但可在以后 5 个纳税年度的境外不足限额中补抵。

（3）该居民公司应交企业所得税 = 200 + 0 = 200（万元）

【课堂思考】

分国不分项限额抵扣法与不分国不分项限额抵扣法，企业选择哪种抵扣法更为有利？

（三）高新技术企业抵扣

自 2010 年 1 月 1 日起，以境内、境外全部生产经营活动有关的研究开发费用总额、总收入、销售收入总额、高新技术产品（服务）收入等指标申请并经认定的高新技术企业，其来源于境外的所得可以享受高新技术企业所得税优惠政策，即对其来源于境外所得可以按照 15% 的优惠税率缴纳企业所得税，在计算境外抵免限额时，可按照 15% 的优惠税率计算境内外应纳税总额。

二、税额减免

国家对重点扶持和鼓励发展的产业和项目，给予企业所得税优惠。税收优惠方式包括：税率优惠（减按 20%、15%、10% 的税率），收入优惠（免税收入、减计收入），扣除优惠（加计扣除、一次性扣除、缩短折旧年限、加速折旧方法），税基优惠（所得免征、所得减半、递延纳税、分期纳税），税额优惠（购置专用设备减税、定期减免、减征免征）。企业享受优惠事项采取“自行判别、申报享受、相关资料留存备查”的办理方

式。税率优惠、收入优惠、扣除优惠、税基优惠前面已经阐述，此处阐述税额优惠即税额减免。

(一) 购置专用设备

企业购置用于环境保护、节能节水、安全生产等专用设备的投资额，可以按一定比例实行税额抵免。

税额抵免，是指企业购置并实际使用《环境保护专用设备企业所得税优惠目录》、《节能节水专用设备企业所得税优惠目录》和《安全生产专用设备企业所得税优惠目录》规定的环境保护、节能节水、安全生产等专用设备的，该专用设备的投资额的10%可以从企业当年的应纳税额中抵免；当年不足抵免的，可以在以后5个纳税年度结转抵免。

享受前款规定的企业所得税优惠的企业，应当实际购置并自身实际投入使用前款规定的专用设备；企业购置上述专用设备在5年内转让、出租的，应当停止享受企业所得税优惠，并补缴已经抵免的企业所得税税款。

自2009年1月1日起，增值税一般纳税人购进固定资产发生的进项税额可从其销项税额中抵扣。如增值税进项税额允许抵扣，其专用设备投资额不再包括增值税进项税额；如增值税进项税额不允许抵扣，其专用设备投资额应为增值税专用发票上注明的价税合计金额。企业购买专用设备取得普通发票的，其专用设备投资额为普通发票上注明的金额。

【例14－23计算题】 某居民公司为一般纳税人，企业所得税税率为25%。2020年购置用于节能节水专用设备，取得增值税专用发票，注明金额200万元，税额26万元；购置用于安全生产专用设备，取得增值税普通发票，金额50万元，税额6.5万元。该公司2020年度利润总额65万元，纳税调整为－5万元；2021年度利润总额100万元，纳税调整为＋20万元。计算2020年和2021年应交企业所得税。

【解析】 购置专用设备税额减免＝200×10%＋（50＋6.5）×10%＝25.65（万元）

2020年应纳企业所得税＝（65－5）×25%＝15（万元）

2020年应交企业所得税＝15－min（15，25.65）＝15－15＝0（万元）

2021年应纳企业所得税＝（100＋20）×25%＝30（万元）

2021年应交企业所得税＝30－min（30，25.65－15）＝30－10.65＝19.35（万元）

(二) 民族自治地方

民族自治地方的自治机关对本民族自治地方的企业应缴纳的企业所得税中属于地方分享的部分，可以决定减征或者免征。自治州、自治县决定减征或者免征的，须报省、自治区、直辖市人民政府批准。

民族自治地方，是指依照《中华人民共和国民族区域自治法》的规定，实行民族区域自治的自治区、自治州、自治县。

对民族自治地方内国家限制和禁止行业的企业，不得减征或者免征企业所得税。

【例14－24计算题】 某居民公司于2019年设立。2019年营业收入1000万元，广告费160万元，工资薪金支出100万元（合理），教育经费9万元，补亏前所得为－50万元。2019年末应收账款余额100万元，该公司按应收账款余额5%计提坏账准备。

该公司2020年经营业务如下：

（1）营业收入2000万元，营业成本800万元，税金及附加100万元。

（2）销售费用320万元，其中广告费292万元。

（3）管理费用200万元，其中业务招待费20万元，研发费用60万元。

（4）财务费用50万元，营业外收入91万元。

（5）资产减值损失1万元，年末应收账款余额120万元。

（6）公允价值变动收益20万元，本年购买交易性金融资产，成本100万元，年末账面价值120万元。

（7）投资收益30万元，其中国债利息收入6万元，取得其他居民公司股息红利收益8万元。

（8）营业外支出120万元，其中通过公益性社会团体向灾区捐赠现金80万元，税收罚款5万元。

（9）计入成本、费用中的工资薪金支出200万元（合理），职工福利费支出30万元，工会经费5万元，教育经费12万元。

（10）购置节能节水专用设备，取得专用发票注明金额200万元，税额26万元（增值税允许抵扣）。

要求：计算该公司2020年度应交企业所得税。

【解析】（1）利润总额＝2000－800－100－320－200－50＋91－1＋20＋30－120＝550（万元）

（2）永久性纳税调整项目。

业务招待费纳税调整＝20－min（20×60%，2000×0.5%）＝20－10＝＋10（万元）

研发费用纳税调整＝60－60×175%＝－45（万元）

国债利息收入纳税调整＝0－6＝－6（万元）

股息红利收益纳税调整＝0－8＝－8（万元）

税收罚款纳税调整＝5－0＝＋5（万元）

职工福利费纳税调整＝30－200×14%＝＋2（万元）

工会经费纳税调整＝5－200×2%＝＋1（万元）

永久性纳税调整合计＝10－45－6－8＋5＋2＋1＝－41（万元）

（3）暂时性纳税调整项目。

资产减值损失纳税调整＝1－0＝＋1（万元）

公允价值变动收益纳税调整＝0－20＝－20（万元）

广告费纳税调整＝292－min（10＋292，2000×15%）＝292－300＝－8（万元）

公益性捐赠支出纳税调整 = 80 − 550 × 12% = +14（万元）

教育经费纳税调整 = 12 − min（1 + 12，200 × 8%）= 12 − 13 = −1（万元）

暂时性纳税调整合计 = 1 − 20 − 8 + 14 − 1 = −14（万元）

（4）补亏前所得 = 550 − 41 − 14 = 495（万元）

（5）亏损性纳税调整 = −50（万元）

（6）应纳税所得额 = 495 − 50 = 445（万元）

（7）应纳企业所得税 = 445 × 25% = 111.25（万元）

（8）税额减免 = 200 × 10% = 20（万元）

（9）应交企业所得税 = 111.25 − 20 = 91.25（万元）

【课堂思考】

该案例如何计算所得税费用和净利润？

第八节　税款报缴

企业所得税的征收管理，依照《中华人民共和国企业所得税法》和《中华人民共和国税收征收管理法》的规定执行。

一、纳税时间

1. 企业所得税按纳税年度计算。纳税年度自公历1月1日起至12月31日止。企业在一个纳税年度中间开业，或者终止经营活动，使该纳税年度的实际经营期不足十二个月的，应当以其实际经营期为一个纳税年度。企业依法清算时，应当以清算期间作为一个纳税年度。

自2008年1月1日起，外国企业一律以公历年度为纳税年度，按照《中华人民共和国企业所得税法》规定的税率计算缴纳企业所得税。

2. 企业所得税分月或者分季预缴，由税务机关具体核定。小型微利企业所得税统一实行按季度预缴。企业根据规定分月或者分季预缴企业所得税时，应当按照月度或者季度的实际利润额预缴；按照月度或者季度的实际利润额预缴有困难的，可以按照上一纳税年度应纳税所得额的月度或者季度平均额预缴，或者按照经税务机关认可的其他方法预缴。预缴方法一经确定，该纳税年度内不得随意变更。

企业应当自月份或者季度终了之日起十五日内，向税务机关报送预缴企业所得税纳税申报表，预缴税款。

3. 企业应当自年度终了之日起五个月内，向税务机关报送年度企业所得税纳税申报

表，并汇算清缴，结清应缴应退税款。

企业在年度中间终止经营活动的，应当自实际经营终止之日起六十日内，向税务机关办理当期企业所得税汇算清缴。

企业应当在办理注销登记前，就其清算所得向税务机关申报并依法缴纳企业所得税。

【课堂思考】

企业分月预缴所得税，是否需要预缴第12月份所得税？企业分季预缴所得税，是否需要预缴第四季度所得税？

【例14－25计算题】某居民企业产品处于成长阶段，利润快速上升，2019年度应纳税所得额为600万元，2020年度实现利润总额800万元，每个季度实现利润总额200万元，2020年纳税调整为+100万元。该企业分季预缴企业所得税，有两种预缴方法：按照季度的实际利润额预缴，按照上一纳税年度应纳税所得额的季度平均额预缴。分别计算该企业2020年预缴、应纳和应补（退）企业所得税。

【解析】（1）如果按照季度的实际利润额预缴：

2020年每个季度终了之日起15日内预缴所得税＝200×25%＝50（万元）

2020年度应纳企业所得税＝（800＋100）×25%＝225（万元）

2020年度终了之日起五个月内汇算清缴应补所得税＝225－50×4＝25（万元）

（2）如果按照上一纳税年度应纳税所得额的季度平均额预缴：

2020年每个季度终了之日起15日内预缴所得税＝600/4×25%＝37.5（万元）

2020年度应纳企业所得税＝（800＋100）×25%＝225（万元）

2020年度终了之日起五个月内汇算清缴应补所得税＝225－37.5×4＝75（万元）

【课堂思考】

企业选择哪种预缴方法更有利？

二、纳税地点

1. 除税收法律、行政法规另有规定外，居民企业以企业登记注册地为纳税地点；但登记注册地在境外的，以实际管理机构所在地为纳税地点。

企业登记注册地，是指企业依照国家有关规定登记注册的住所地。

2. 居民企业在境内设立不具有法人资格的营业机构的，应当汇总计算并缴纳企业所得税。

3. 非居民企业在境内设立机构、场所的，应当就其所设机构、场所取得的来源于境内的所得，以及发生在境外但与其所设机构、场所有实际联系的所得，以机构、场所所在地为纳税地点。非居民企业在境内设立两个或者两个以上机构、场所，符合国务院税务主

管部门规定条件的，可以选择由其主要机构、场所汇总缴纳企业所得税。

4. 非居民企业在境内未设立机构、场所的，或者虽设立机构、场所但取得的所得与其所设机构、场所没有实际联系的所得，以扣缴义务人所在地为纳税地点。

5. 除国务院另有规定外，企业之间不得合并缴纳企业所得税。

三、税收归属和征税部门

(一) 税收归属

国有邮政企业（包括中国邮政集团公司及其控股公司和直属单位）、中国工商银行股份有限公司、中国农业银行股份有限公司、中国银行股份有限公司、国家开发银行股份有限公司、中国农业发展银行、中国进出口银行、中国投资有限责任公司、中国建设银行股份有限公司、中国建银投资有限责任公司、中国信达资产管理股份有限公司、中国石油天然气股份有限公司、中国石油化工股份有限公司、海洋石油天然气企业（包括中国海洋石油总公司、中海石油（中国）有限公司、中海油田服务股份有限公司、海洋石油工程股份有限公司）、中国长江电力股份有限公司等企业缴纳的企业所得税（包括滞纳金、罚款）为中央收入，全额上缴中央国库。

其余企业所得税由中央与地方政府按照60：40的比例实行分享。

(二) 征税部门

企业所得税由税务机关负责征收。

四、纳税申报

企业在纳税年度内无论盈利或者亏损，都应当依照规定的期限，向税务机关报送预缴企业所得税纳税申报表、年度企业所得税纳税申报表、财务会计报告和税务机关规定应当报送的其他有关资料。

【课堂思考】

企业利润总额为负数，可免于企业所得税纳税申报吗？

国家税务总局制定的企业所得税纳税申报表有：

(1)《中华人民共和国企业所得税年度纳税申报表（A类，2017年版）》。

(2)《中华人民共和国企业所得税月（季）度预缴纳税申报表（A类，2018年版）》。

(3)《中华人民共和国企业所得税月（季）度和年度纳税申报表（B类，2018年版）》。

(4)《中华人民共和国非居民企业所得税预缴申报表（2019年版）》。

(5)《中华人民共和国非居民企业所得税年度纳税申报表（2019年版）》。

(6)《中华人民共和国扣缴企业所得税报告表（2019年版）》。

(7)《中华人民共和国企业清算所得税申报表》。

上述表格均为 Word 表格，表格式样略。

复习思考题

1. 简述企业所得税的概念和特点？
2. 企业所得税应纳税额与应纳税所得额计税方法有哪些？
3. 企业所得税实际税率有哪些？
4. 企业所得税不征税收入与免税收入有何区别？
5. 企业所得税限制扣除的项目有哪些？
6. 企业所得税结转扣除的项目有哪些？
7. 企业所得税加计扣除的项目有哪些？
8. 企业取得境外所得，已在境外缴纳所得税，可以选择什么抵扣方法？

第十五章
个人所得税

问题导入

2020年，为了支持新型冠状病毒肺炎疫情防控，财政部、国家税务总局等部门出台了一系列税收优惠政策，请从税基式优惠、税率式优惠、税额式优惠以及其他优惠等角度阐述支持新型冠状病毒肺炎疫情防控的个人所得税优惠政策。

第一节　个人所得税概述

一、个人所得税的概念

个人所得税是主要以自然人（包括个人和自然人性质的企业）取得的各类应税所得为征税对象而征收的一种所得税，是政府利用税收对城乡居民间、地区间、行业间、不同所有制单位的职工间、高低收入群体间的收入差距进行调节的一种手段。

1980年9月10日，第五届全国人民代表大会第三次会议公布执行了《中华人民共和国个人所得税法》，开征个人所得税，适用于中国公民和在中国取得收入的外籍人员。

1993年10月31日，第八届全国人民代表大会常务委员会第四次会议公布执行了“三税合并”[①] 修改后的《中华人民共和国个人所得税法》（第一次修正），规定不分内、外，所有中国居民和有来源于中国所得的非居民，均应依法缴纳个人所得税，于1994年1月1日起执行。至此，中国的个人所得税制度才正式执行。其后，《中华人民共和国个人所得税法》（以下简称《个人所得税法》）分别于1999年8月30日、2005年10月27日、2007年6月29日、2007年12月29日、2011年6月30日历经第二次、第三次、第四次、第五次、第六次修正。

2018年8月31日，《关于修改〈中华人民共和国个人所得税法〉的决定》（第七次修正）经第十三届全国人民代表大会常务委员会第五次会议表决通过。新个人所得税法规定：居民个人的综合所得，以每一纳税年度的收入额减除费用6万元以及专项扣除、专项附加扣除和依法确定的其他扣除后的余额，为应纳税所得额。新个人所得税法于2019年1月1日起施行，2018年10月1日起施行最新费用扣除标准和税率。

二、个人所得税的分类

从世界范围内看，按照征收模式的不同，个人所得税共有分类所得税制、综合所得税制和混合所得税制等三种类型。

1. 分类所得税制。分类所得税制的个人所得税是将纳税人不同来源、性质的所得项目，分别规定不同的税基和税率，分别计算应纳税额。这种模式便于个人所得税税款源泉扣缴征收管理，体现税收的效率原则；但难以体现纳税人整体税收负担，容易导致实际税负的不公平。我国2019年之前的个人所得税征收就是采用此种模式。

2. 综合所得税制。综合所得税制的个人所得税是对纳税人全年的各项所得加以汇总，就其总额进行征税。这种模式下的个人所得税税款征收管理相对复杂，但有利于平衡纳税人税负，体现税收公平的原则；但不利于针对不同收入进行调节，对纳税人的纳税意识、税收遵从度以及税务机关的征税技术和效率要求较高。

3. 混合所得税制。混合所得税制的个人所得税是采用分类与综合相结合的征收模式，对纳税人不同来源、性质的所得先分别按照不同的税基和税率征税，然后将全年的各项所得进行汇总征税。自2019年起，我国个人所得税已初步建立分类与综合相结合的征收模式，即混合所得税制。

三、我国个人所得税的特征

个人所得税具有课税公平、量能负担、不易形成重复征税等特征。与其他国家相比，我国个人所得税具有“分类与综合相结合”“累进税率与比例税率并用”“费用扣除额范围较宽”“代扣代缴与自行申报相结合”等基本特征。

1. 分类与综合相结合。我国《个人所得税法》将居民个人取得的工资薪金所得、劳

① 三税合并，是指将原主要针对外籍人员征收的个人所得税、主要针对中国公民征收的个人收入调节税和个体工商业户所得税“三税”合并。

务报酬所得、稿酬所得、特许权使用费所得计入综合所得，按年征收、分月或分次预扣预缴个人所得税；对利息股息红利所得、财产租赁所得、财产转让所得、偶然所得等仍实行分类征税。由此体现我国个人所得税具有分类与综合相结合的特征。

2. 累进税率与比例税率并用。累进税率是根据征税对象数量或金额的多少，分等规定递增的多级税率，可以合理调节收入分配，体现公平；比例税率是指不论征税对象数量或金额的多少，统一按一个百分比征税，计算简便，便于源泉扣缴。我国《个人所得税法》根据各类个人所得的不同性质和特征，将两种形式的税率综合运用于个人所得税税制中。其中，对综合所得和经营所得，采用累进税率，实行量能负担；对利息股息红利所得、财产租赁所得、财产转让所得、偶然所得等，采用比例税率，实行等比负担。

3. 费用扣除额范围较宽。我国《个人所得税法》本着费用扣除额从宽、从简的原则，采用费用定额扣除和定率扣除等多种方法。自 2019 年 1 月 1 日起，对综合所得按年扣除 6 万元；对财产租赁所得，每次收入不超过 4000 元的减除费用 800 元，每次收入 4000 元以上的减除费用 20% 。

4. 代扣代缴与自行申报相结合。《中华人民共和国个人所得税法》规定，对纳税人的应纳税额分别采取由支付单位源泉扣缴和纳税人自行申报两种方法相结合的模式。对凡是可以在应税所得的支付环节扣缴个人所得税的，均由扣缴义务人履行代扣代缴义务。取得综合所得需要办理汇算清缴的、取得应税所得没有扣缴义务人的、扣缴义务人未扣缴个人所得税的、从中国境外取得境外应税所得的、因移居境外而注销中国户籍的、非居民个人在中国境内从两处或两处以上取得工资薪金所得的，由纳税人自行申报纳税。

第二节 个人所得税的纳税人、征税对象和税率

一、个人所得税的纳税人

个人所得税的纳税人不仅包括个人还包括具有自然人性质的企业，具体包括中国公民、个体工商户、个人独资企业、合伙企业的个人投资者以及在中国境内取得所得的外籍人员（包括无国籍人员）和港、澳、台同胞。现行税法中关于“中国境内”的概念，是指中国大陆地区，目前还不包括中国香港、澳门和台湾地区。

个人所得税的纳税人按照国际通用的做法，依据住所和居住时间两个标准，区分为居民个人和非居民个人，分别承担不同的纳税义务。

1. 居民个人。居民个人是指在中国境内有住所或者是无住所而一个纳税年度内在中国境内居住累计满 183 天的个人。居民个人的判定标准是以下两条只要具备其中一条即可：

①住所标准：在中国境内有住所，即因户籍、家庭、经济利益关系而在中国境内习惯

性居住。其中，“习惯性居住”是指个人因学习、工作、探亲等原因消除之后，没有理由在其他地方继续居留时所要回到的地方，而不是指实际居住或在某一个特定时期内的居住地。

②居住时间标准：在一个纳税年度（公历1月1日起至12月31日止）内，在中国境内居住累计满183天。

自2019年1月1日起，无住所个人一个纳税年度内在中国境内累计居住天数，按照个人在中国境内累计停留的天数计算。在中国境内停留的当天满24小时的，计入中国境内居住天数，在中国境内停留的当天不足24小时的，不计入中国境内居住天数。

居民个人负有无限纳税义务，其所取得的应纳税所得，无论是来源于中国境内还是中国境外任何地方，都要在中国缴纳个人所得税。

2. 非居民个人。非居民个人是指在中国境内无住所又不居住或者无住所而一个纳税年度内在中国境内居住累计不满183天的个人。非居民个人的判定标准是以下两条必须同时具备：

①住所标准：在我国无住所又不居住。

②居住时间标准：无住所而一个纳税年度内在中国境内居住累计不满183天。

非居民个人承担有限纳税义务，只就其来源于中国境内的所得，向中国缴纳个人所得税。

居民个人与非居民个人在所承担纳税义务与判定标准方面的区别，具体如表15－1所示。

表15－1　居民个人与非居民个人的对比

纳税人类别	承担的纳税义务	判定标准
居民个人	无限纳税 （中国境内、境外所得均纳税）	住所标准和居住时间标准只要满足一个就成为居民个人 ①住所标准：是指因户籍、家庭、经济利益关系而在中国境内习惯性居住 ②居住时间标准：在中国境内居住累计满183天 ③“中国境内”是指中国大陆地区，目前还不包括中国香港、澳门和台湾地区
非居民个人	有限纳税 （仅来源中国境内所得纳税）	非居民个人的判定： ①在我国无住所又不居住 ②无住所而一个纳税年度内在中国境内居住累计不满183天

二、个人所得税的征税对象

个人所得税的征税对象包括9类应税所得，具体为：（1）工资、薪金所得；（2）劳务报酬所得；（3）稿酬所得；（4）特许权使用费所得；（5）经营所得；（6）利息、股息、红利所得；（7）财产租赁所得；（8）财产转让所得；（9）偶然所得。

由于我国个人所得税采用分类与综合相结合的混合征收模式，纳税人在取得上述9类应税所得时计算个人所得税的方式会因纳税人身份、应税所得类型的不同而有所差异。具

体表现为：居民个人取得上述第 1 项至第 4 项所得（统称为“综合所得”），按纳税年度合并计算个人所得税；非居民个人（无“综合所得”概念）取得上述第 1 项至第 4 项所得，按月或者按次分项计算个人所得税；纳税人（同时包括居民个人和非居民个人）取得上述第 5 项至第 9 项所得，分别计算个人所得税。

（一）9 项所得

1. 工资、薪金所得。

（1）基本内涵。工资、薪金所得，是指个人因任职或者受雇而取得的工资（包括加班工资、岗位工资、工龄补贴等）、薪金、奖金、年终加薪、劳动分红、津贴、补贴以及与任职或者受雇有关的其他所得。工资、薪金所得建立在取得收入者与支付单位之间存在雇佣关系上，属于非独立个人劳动所得，强调个人所从事的是由他人指定、安排并接受管理的劳动、工作，或服务于公司、工厂、行政、事业单位（私营企业主除外）；个人独立劳动所得（非雇佣关系）按上述第 2 项“劳务报酬所得”项目征税，并不划归“工资、薪金所得”范畴。

（2）特殊情况征税规定。

①不予征税项目。属于工资、薪金性质的补贴，但不予征税的项目有 5 项，具体包括：独生子女补贴；执行公务员工资制度未纳入基本工资总额的补贴、津贴差额和家属成员的副食品补贴；托儿补助费；差旅费津贴、误餐补助[①]；外国来华留学生，领取的生活津贴费、奖学金。

②军队干部取得的补贴、津贴征税规定。按照政策规定，军队干部取得的补贴、津贴中有 8 项不计入工资、薪金所得项目征税，另有 5 项暂不征税，具体如表 15 – 2 所示。

表 15 – 2　　军队干部取得的补贴、津贴征税规定

不计入工资、薪金所得项目	暂不征税的项目
（1）政府特殊津贴 （2）福利补助 （3）夫妻分居补助费 （4）随军家属无工作生活困难补助 （5）独生子女保健费 （6）子女保教补助费 （7）机关在职军以上干部公勤费（保姆费） （8）军粮差价补贴	（1）军人职业津贴 （2）军队设立的艰苦地区补助 （3）专业性补助 （4）基层军官岗位津贴（营连排长岗位津贴） （5）伙食补贴

③出租车驾驶员所得征税规定。出租车驾驶员所得征税分两种不同情形：若出租车属于出租汽车经营单位，出租汽车经营单位对驾驶员采取单车承包、承租的，驾驶员从事客货营运取得的收入按“工资、薪金所得”征税；若出租车驾驶员从事个体出租车运营，或出租车属个人所有，但挂靠出租汽车经营单位或企事业单位，驾驶员向挂靠单位缴纳管理

① 误餐补助是指按照财政部规定，个人因公在城区、郊区工作，不能在工作单位或返回就餐，根据实际误餐顿数，按规定的标准领取的误餐费。单位以误餐补助名义发给职工的补助、津贴不包括在内。

费的，或出租汽车经营单位将出租车所有权转移给驾驶员的，按上述第5项“经营所得”项目征税。

【例15－1多选题】 下列各项中，应当按照工资、薪金所得项目征收个人所得税的有（　　）。

A. 劳动分红　　　　　　　　B. 独生子女补贴

C. 差旅费津贴　　　　　　　D. 超过规定标准的误餐费

【答案】 AD

2. 劳务报酬所得。

（1）基本内涵。劳务报酬所得，是指个人独立从事各种非雇用的劳务取得的所得。包括设计、装潢、安装、制图、化验、测试、医疗、法律、会计、咨询、讲学、翻译、审稿、书画、雕刻、影视、录音、录像、演出、表演、广告、展览、技术服务、介绍服务、经纪服务、代办服务以及其他劳务。

（2）特殊情况征税规定。

①兼职收入：个人兼职取得的收入应按照“劳务报酬所得”项目缴纳个人所得税。

②董事费收入：个人由于担任公司董事、监事职务但不在公司任职、受雇的（即外部董事），所取得的董事费收入，按照“劳务报酬所得”项目征收个人所得税；个人在公司（包括关联公司）任职、受雇，同时兼任董事、监事的（即内部董事），应将董事费、监事费与个人工资收入合并，统一按“工资、薪金所得”项目缴纳个人所得税。

③非货币性营销业绩奖励：企业和单位对其营销业绩突出的非雇员以培训班、研讨会、工作考察等名义组织旅游活动，通过免收差旅费、旅游费对个人实行的营销业绩奖励（包括实物、有价证券等），应根据所发生费用的全额作为该营销人员当期的劳务收入，按照“劳务报酬所得”项目征收个人所得税，并由提供上述费用的企业和单位代扣代缴；而对于雇员取得上述待遇则按照“工资、薪金所得”计税。

④律师以个人名义再聘请其他人员为其工作而支付的报酬，由该律师按“劳务报酬所得”应税项目负责代扣代缴个人所得税。

⑤证券经纪人从证券公司取得的佣金收入，按照“劳务报酬所得”项目征收个人所得税。

【例15－2多选题】 下列各项中，按“劳务报酬所得”项目缴纳个人所得税的有（　　）。

A. 外部董事的董事费收入

B. 个人业余兼职收入

C. 某高校在职教师为某企业讲课取得的收入

D. 个人举办盆景展取得的收入

【答案】ABCD

3. 稿酬所得。

（1）基本内涵。稿酬所得，是指个人因其作品以图书、报刊形式出版、发表而取得的所得。此处的作品，是指包括文学作品、书画作品、摄影作品、中外文字图片、乐谱，以及其他作品等能以图书、报刊方式出版、发表的作品；个人作品，包括本人的著作、翻译的作品等。

（2）特殊情况征税规定。

①作者去世后，财产继承人取得的遗作稿酬，应按“稿酬所得”项目征收个人所得税。

②稿酬一定强调以图书、报刊形式出版、发表。不以图书、报刊形式出版、发表的翻译、审稿、书画所得按“劳务报酬所得”计税。

③任职于报纸、杂志等单位的记者、编辑等专业人员，因在本单位的报纸、杂志上发表作品而取得的所得，按“工资、薪金所得”征收个人所得税。

【例 15－3 单选题】 下列属于稿酬所得的项目是（　　）。

A. 记者在本单位刊物发表文章取得的报酬

B. 提供著作权的使用权而取得的报酬

C. 将国外的作品翻译出版取得的报酬

D. 书画家出席笔会现场书写作画的出场费收入

【答案】C

4. 特许权使用费所得。

（1）基本内涵。特许权使用费所得，是指个人提供专利权、商标权、著作权（不包括“稿酬所得”）、非专利技术以及其他特许权的使用权取得的所得。

（2）特殊情况征税规定。

①对于作者将自己的文字作品手稿原件或复印件公开拍卖（竞价）取得的所得，属于提供著作权的使用权所得，按照“特许权使用费所得”项目缴纳个人所得税；将他人的文字作品手稿原件或复印件拍卖取得的所得，按照上述第 8 项“财产转让所得”项目缴纳个人所得税。

②个人取得特许权的经济赔偿收入，应按“特许权使用费所得”项目缴纳个人所得税。

③编剧从电视剧的制作单位取得的剧本使用费，统一按“特许权使用费所得”（而非“稿酬所得”）项目征收个人所得税，不论剧本使用方是否为其任职单位。

【例 15－4 多选题】下列项目中，应按照“劳务报酬所得”项目计征个人所得税的有（　）。

A. 高校教授担任公司外部独立董事取得的董事费

B. 提供著作权的使用权而取得的报酬

C. 将国外的作品翻译出版取得的报酬

D. 高校教师受出版社委托进行审稿取得的报酬

【答案】AD

5. 经营所得。

（1）基本内涵。经营所得，是指以下 4 种情形：

①个体工商户从事生产、经营活动取得的所得，个人独资企业投资人、合伙企业的个人合伙人来源于境内注册的个人独资企业、合伙企业生产、经营的所得。其中，个体工商户以业主为个人所得税纳税义务人。

②个人依法从事办学、医疗、咨询以及其他有偿服务活动取得的所得。

③个人对企业、事业单位承包经营、承租经营以及转包、转租取得的所得。

④个人从事其他生产、经营活动取得的所得。

（2）特殊情况征税规定。

①个人从事彩票代销业务而取得的所得，按“经营所得”项目计算征税。

②个人独资企业、合伙企业的个人投资者以企业资金为本人、家庭成员及其相关人员支付与企业生产经营无关的消费性支出及购买汽车、住房等财产性支出，视为企业对个人投资者利润分配，并入投资者个人的生产经营所得，依照“经营所得”项目计征个人所得税。

除个人独资企业、合伙企业以外的其他企业的个人投资者，以企业资金为本人、家庭成员及其相关人员支付与企业生产经营无关的消费性支出及购买汽车、住房等财产性支出，视为企业对个人投资者的红利分配，依照上述第 6 项“利息、股息、红利所得”项目计征个人所得税。

所有企业的从业人员，用企业资金发生的财产性支出，按“工资、薪金所得”征税。兼职人员取得类似支出，属于“劳务报酬所得”。

③个体工商户和从事生产、经营的个人，取得与生产、经营活动无关的其他各项应税所得，应分别按照其他应税项目的有关规定，计算征收个人所得税。

④承包、承租人对企业经营成果不拥有所有权，仅按合同（协议）规定取得一定所得的，其所得按“工资、薪金所得”项目征税；承包、承租人按合同（协议）的规定只向发包、出租方缴纳一定费用后，企业经营成果归其所有的，承包、承租人取得的所得，按“经营所得”项目征税。

【例 15 - 5 多选题】下列各项中，应按“经营所得”项目征收个人所得税的有（　　）。

A. 个人因从事彩票代销业务而取得的所得

B. 股份制企业的个人投资者以企业资金为本人购买的汽车

C. 个人独资企业的个人投资者以企业资金为本人购买的住房

D. 出租汽车经营单位对出租车驾驶员采取单车承包或承租方式运营，出租车驾驶员从事客货营运取得的所得

【答案】AC

6. 利息、股息、红利所得。

（1）基本内涵。利息、股息、红利所得，是指个人拥有债权、股权等而取得的利息、股息、红利所得。

（2）特殊情况征税规定。

①个人取得国债利息、国家发行的金融债券利息、储蓄存款利息免征个人所得税。

②外籍个人从外商投资企业取得的股息、红利所得免征个人所得税。

③除个人独资企业、合伙企业以外的其他企业的个人投资者，以企业资金为本人、家庭成员及其相关人员支付与企业生产经营无关的消费性支出及购买汽车、住房等财产性支出，视为企业对个人投资者的红利分配，依照“利息、股息、红利所得”项目计征个人所得税，并且上述支出不允许在企业所得税税前扣除。

④纳税年度内个人投资者从其投资企业（个人独资企业、合伙企业除外）借款，在该纳税年度终了后既不归还又未用于企业生产经营的，其未归还的借款可视为企业对个人投资者的红利分配，依照“利息、股息、红利所得”项目计征个人所得税。

【例 15 - 6 多选题】以下应按照利息、股息、红利所得项目征收个人所得税的有（　　）。

A. 个人购买上市公司股票分得的股利分红

B. 合伙企业的个人投资者以企业资金为本人购买住房

C. 股份有限公司的个人投资者以企业资金为本人购买汽车

D. 单位经批准向个人集资支付的集资利息

【答案】ACD

7. 财产租赁所得。

（1）基本内涵。财产租赁所得，是指个人出租建筑物、土地使用权、机器设备、车船以及其他财产取得的所得。

（2）特殊情况征税规定。

①个人取得的财产转租收入，属于“财产租赁所得”范围，由财产转租人缴纳个人所得税。

②产权所有人死亡，在未办理产权继承手续期间，该财产出租且有租金收入的，以领取租金的个人为纳税义务人。

8. 财产转让所得。

（1）基本内涵。财产转让所得，是指个人转让有价证券、股权、合伙企业中的财产份额、不动产、机器设备、车船以及其他财产取得的所得。

（2）特殊情况征税规定。

①股票转让所得：境内上市公司股票转让所得，暂免征收个人所得税；境外股票转让所得正常征税。

具体政策：内地个人投资者通过沪港通、深港通投资香港联交所上市股票取得的转让差价所得，自2019年12月5日起至2022年12月31日止，暂免征收个人所得税；对香港市场投资者（包括企业和个人）投资上交所上市A股、深交所上市A股取得的转让差价所得，暂免征收所得税。

②企业改组改制过程中个人取得量化资产征税规定：集体所有制企业在改制为股份合作制企业时，对个人在形式上取得企业量化资产（取得的仅作为分红依据，不拥有所有权的企业量化资产），不征个人所得税；对职工个人在实质上取得企业量化资产（以股份形式取得的拥有所有权的企业量化资产），暂缓征收个人所得税；个人将股份转让时，就其转让收入额，减除个人取得该股份时实际支付的费用支出和合理转让费用后的余额，按“财产转让所得”征税；个人取得量化资产的分红（以股份形式取得企业量化资产参与企业分配而获得的股息、红利），按“利息、股息、红利所得”项目征收个人所得税。

【例15－7 多选题】某国有企业职工王某，在企业改制为股份制企业过程中以23000元的成本取得了价值30000元拥有所有权的量化股份。3个月后，获得了企业分配的股息3000元。此后，王某以40000元的价格将股份转让。假如不考虑转让过程中的税费，以下有关王某个人所得税计征的表述中，正确的有（　　）。

A. 王某取得量化股份时暂缓计征个人所得税

B. 对王某取得的3000元股息，应按“利息、股息、红利所得”计征个人所得税

C. 对王某转让量化股份取得的收入应以17000元为计税依据，按“财产转让所得”计征个人所得税

D. 对王某取得的量化股份价值与支付成本的差额7000元，应在取得当月与当月工资薪金合并，按“工资、薪金所得”计征个人所得税

【答案】ABC

9. 偶然所得。

（1）基本内涵。偶然所得，是指个人得奖、中奖、中彩以及其他偶然性质的所得。

（2）特殊情况征税规定。

①企业对累积消费达到一定额度的顾客，给予额外抽奖机会，个人的获奖所得，应按“偶然所得”项目计征个人所得税。偶然所得应缴纳的个人所得税税款，一律由发奖单位或机构代扣代缴。

②个人取得的企业向个人支付的不竞争款项，应按照“偶然所得”计算缴纳个人所得税。

③偶然所得还包括：个人为单位或他人提供担保获得收入；房屋产权所有人将房屋产权无偿赠与他人的，受赠人因无偿受赠房屋取得的受赠收入；企业在业务宣传、广告等活动中，随机向本单位以外的个人赠送礼品（包括网络红包），以及企业在年会、座谈会、庆典以及其他活动中向本单位以外的个人赠送礼品，个人取得的礼品收入。

（二）所得来源地的确定

由于个人所得税纳税人划分为居民个人和非居民个人，居民个人负有无限纳税义务（对其境内、境外所得均要征税），非居民个人负有有限纳税义务（仅就其境内所得征税），因此必须明确所得来源地是境内还是境外。此外，所得的来源地和所得的支付地不是一个概念，来源于中国境内的所得，其支付地可能在境内，也可能在境外；来源于中国境外的所得，其支付地可能在境外，也可能在境内。

除另有规定外，下列所得，不论支付地点是否在中国境内，均为来源于中国境内的所得，具体如表 15 – 3 所示。

表 15 – 3　　中国境内所得的判定规则

项目类别	具体说明
工资、劳务	1. 因任职、受雇、履约等而在中国境内提供劳务取得的所得（劳动地）
财产	2. 将财产出租给承租人在中国境内使用而取得的所得（使用地）
	3. 转让中国境内的不动产或者在中国境内转让其他财产取得的所得（转让地）
	4. 许可各种特许权在中国境内使用而取得的所得（使用地）
	5. 从中国境内的企业、事业单位、其他组织以及居民个人取得的利息、股息、红利所得（来源地）

三、税率

我国个人所得税税率主要采用两种形式，即超额累进税率和比例税率，具体适用税率情况如下。

1. 综合所得：七级超额累进税率。针对居民个人的综合所得，适用 3%—45% 的 7 级超额累进税率，具体如表 15 – 4 所示。

表 15－4　居民个人取得综合所得个人所得税税率表（又称年度税率表）①

级数	全年应纳税所得额	税率（%）	速算扣除数（元）
1	不超过 36000 元的	3	0
2	超过 36000 元至 144000 元的部分	10	2520
3	超过 144000 元至 300000 元的部分	20	16920
4	超过 300000 元至 420000 元的部分	25	31920
5	超过 420000 元至 660000 元的部分	30	52920
6	超过 660000 元至 960000 元的部分	35	85920
7	超过 960000 元的部分	45	181920

在表 15－4 中，居民个人每一纳税年度内取得综合所得包括：工资薪金所得、劳务报酬所得、稿酬所得、特许权使用费所得。并且本表所称全年应纳税所得额是指依照税法的规定，居民个人取得综合所得以每一纳税年度收入额减除费用 6 万元以及专项扣除、专项附加扣除和依法确定的其他扣除后的余额。此外，居民个人取得工资薪金所得预扣预缴个人所得税，也依该年度税率表计算缴纳个人所得税。

若非居民个人（无综合所得概念）取得工资薪金所得、劳务报酬所得、稿酬所得和特许权使用费所得等四项所得，依照表 15－4 按月换算后计算应纳税额，具体如表 15－5 所示。

表 15－5　月度税率表②

级数	应纳税所得额	税率（%）	速算扣除数（元）
1	不超过 3000 元的	3	0
2	超过 3000 元至 12000 元的部分	10	210
3	超过 12000 元至 25000 元的部分	20	1410
4	超过 25000 元至 35000 元的部分	25	2660
5	超过 35000 元至 55000 元的部分	30	4410
6	超过 55000 元至 80000 元的部分	35	7160
7	超过 80000 元的部分	45	15160

2. 经营所得：五级超额累进税率。针对经营所得，适用 5%—35% 的 5 级超额累进税率，具体如表 15－6 所示。

① 适用年度税率表情形：居民个人取得综合所得、解除劳动关系的一次性补偿、提前退休的一次性补贴、股权激励的行权、年金按年领取或因特殊原因一次性领取以及工资薪金所得预扣预缴个人所得税，依年度税率表计算缴纳个人所得税。

② 适用月度税率表情形：居民个人年终奖单独计算、企事业单位向职工低价售房、内退一次性补贴、年金按月或按季领取或除特殊原因外一次性领取；非居民个人取得的工资、薪金所得，劳务报酬所得，稿酬所得，特许权使用费所得，依年度税率表按月换算后的月度税率表计算缴纳个人所得税。

表 15 －6　　经营所得个人所得税税率表

级数	全年应纳税所得额	税率（%）	速算扣除数（元）
1	不超过 30000 元的	5	0
2	超过 30000 元至 90000 元的部分	10	1500
3	超过 90000 元至 300000 元的部分	20	10500
4	超过 300000 元至 500000 元的部分	30	40500
5	超过 500000 元的部分	35	65500

在表 15 －6 中，全年应纳税所得额是指依照税法规定，以每一纳税年度的收入总额减除成本、费用以及损失后的余额。

3. 其他所得：20% 比例税率。利息、股息、红利所得，财产租赁所得，财产转让所得和偶然所得，适用比例税率，税率为 20%。其中，在财产租赁所得中，个人出租住房取得的所得减按 10% 的税率征税。

4. 居民个人和非居民个人适用税率总结。居民个人取得上述 9 项应税所得计算缴纳个人所得税的适用税率具体总结如表 15 －7 所示。

表 15 －7　　居民个人适用税率表总结

应税所得项目		适用税率	
综合所得（居民个人适用）	包括 1—4 项	预扣预缴时	年终汇算清缴时
	1. 工资、薪金所得	按月，7 级预扣预缴税率（年度税率表）	7 级超额累进税率 3%—45%（年度税率表）
	2. 劳务报酬所得	按次，预扣率：20%、30%、40%（加成征收）	
	3. 特许权使用费所得	按次，预扣率：20%	
	4. 稿酬所得	按次，预扣率：20%	
5. 经营所得		按年，5 级超额累进税率	
6. 利息、股息、红利所得		按次，税率：20%	
7. 财产租赁所得		按次，税率：20%（个人出租住房 10%）	
8. 财产转让所得		按次，税率：20%	
9. 偶然所得		按次，税率：20%	

非居民个人取得上述 9 项应税所得计算缴纳个人所得税的适用税率具体总结如表 15 －8 所示。

表 15－8 非居民个人适用税率表总结

计算方式	应税所得项目	适用税率
按月计算	1. 工资、薪金所得	按月，七级累进税率（月度税率表）
按次分项计算	2. 劳务报酬所得	按次，七级累进税率（月度税率表）
	3. 稿酬所得	
	4. 特许权使用费所得	
按年计算	5. 经营所得	按年，五级累进税率
按次分项计算	6. 利息、股息、红利所得	按次，比例税率
	7. 财产租赁所得	
	8. 财产转让所得	
	9. 偶然所得	

第三节 应纳税额的计算

一、应纳税所得额的确定规定

（一）一般规定

由于个人所得税的应税项目不同，并且取得某项所得所需费用也不相同，因此，计算个人应纳税所得额，需按不同应税项目分项计算。以某项应税项目的收入额减去税法规定的该项目费用减除标准后的余额，为该应税项目应纳税所得额，具体如下：

应纳税所得额＝应税项目收入额－税法规定该项目费用减除标准

两个以上的个人共同取得同一项目收入的，应当对每个人取得的收入分别按照个人所得税法的规定计算纳税。

1. 征税方法。我国个人所得税法对纳税义务人的征税方法有按年计征、按月计征、按次计征等三种，具体如表 15－9 所示。

表 15－9 个人所得税征税方法

征税方法	适用应税所得项目	预扣预缴或缴纳规定	年终汇算清缴规定
按年计征	居民个人取得的综合所得	（1）工资薪金所得按月预扣预缴 （2）劳务报酬所得、稿酬所得、特许权使用费所得按月或按次预扣预缴	次年 3 月 1 日至 6 月 30 日内办理汇算清缴
	经营所得	按月或按季预缴	次年 3 月 31 日前办理汇算清缴

续表

征税方法	适用应税所得项目	预扣预缴或缴纳规定	年终汇算清缴规定
按月计征	非居民个人取得的工资、薪金所得	按月计算缴纳	不需要年终汇算清缴
按次计征	利息、股息、红利所得，财产租赁所得，财产转让所得，偶然所得	按次计算缴纳	
	非居民个人取得的劳务报酬所得，稿酬所得，特许权使用费所得		

（1）按年计征，例如：经营所得；居民个人取得的综合所得；

（2）按月计征，例如：非居民个人取得的工资、薪金所得；

（3）按次计征，例如：利息、股息、红利所得；财产租赁所得；偶然所得；财产转让所得；非居民个人取得的劳务报酬所得、稿酬所得、特许权使用费所得等。

2. 每次收入的确定。

（1）居民个人取得劳务报酬所得、稿酬所得、特许权使用费所得，不同所得项目的“次”的规定。

1）劳务报酬所得。根据不同劳务项目的特点，分别规定为：

①完成一次劳务后取得收入就是属于只有一次性的收入，应以每次提供劳务取得的收入为一次。

②如果一次性劳务报酬收入以分月支付方式取得的，就适用同一事项连续取得收入，以 1 个月内取得的收入为一次的规定。

2）稿酬所得。

①同一作品再版取得的所得，应视为另一次稿酬所得计征个人所得税。

②同一作品先在报刊上连载，然后再出版，或者先出版，再在报刊上连载的，应视为两次稿酬所得征税，即连载作为一次，出版作为另一次；同一作品在报刊上连载取得收入的，以连载完成后取得的所有收入合并为一次，计征个人所得税。

③同一作品在出版和发表时，以预付稿酬或分次支付稿酬等形式取得的收入，应合并计算为一次。

④同一作品出版、发表后，因添加印数而追加稿酬的，应与以前出版、发表时取得的稿酬合并计算为一次，计征个人所得税。

3）特许权使用费所得。以每一项使用权的每次转让所取得的收入为一次。如果该次转让取得的收入是分笔支付的，将各笔收入相加为一次的收入，计征个人所得税。

（2）非居民个人取得劳务报酬所得、稿酬所得、特许权使用费所得，属于一次性收入的，以取得该项收入为一次；属于同一项目连续性收入的，以一个月内取得的收入为一次。

（3）财产租赁所得，以一个月内取得的收入为一次。

（4）利息、股息、红利所得，以支付时取得的收入为一次。

（5）偶然所得，以每次收入为一次。

【例 15 -8 单选题】某作家的一部长篇小说从 2020 年 3 月 1 日起在某报纸副刊上连载，每日刊出一期，到 5 月 31 日结束，共刊出 92 期，每期稿酬 500 元。2 月 10 日该作家取得该社预付稿酬 3000 元，开始连载后报社每周支付一次稿酬，至 5 月 31 日已结清全部稿酬。下列关于报社代扣代缴稿酬个人所得税表述正确的是（　　）。

A. 应以每周支付稿酬作为一次稿酬据以代扣代缴个人所得税

B. 应以每月实际支付稿酬作为一次稿酬据以代扣代缴个人所得税

C. 应以实际支付的全部稿酬作为一次稿酬据以代扣代缴个人所得税

D. 应以预付稿酬作为一次稿酬据以代扣代缴个人所得税

【答案】C

3. 应纳税所得额和费用减除标准。

（1）居民个人综合所得。

1）居民个人综合所得按年汇算清缴时。

居民个人取得综合所得以每一纳税年度的收入额减去基本减除费用 6 万元以及专项扣除、专项附加扣除和依法确定的其他扣除后的余额，为应纳税所得额。

居民个人年度综合所得应纳税所得额 =（年度工资薪金收入额 + 年度劳务报酬收入额 + 年度稿酬收入额 + 年度特许权使用费收入额）- 基本减除费用 6 万元 - 专项扣除 - 专项附加扣除 - 其他扣除

居民个人年度综合所得应纳税所得额的具体计算步骤如下。

第一步：确定年度收入额

①工资薪金所得：全部，即收入的 100%。

②劳务报酬所得、特许权使用费所得：以收入减除 20% 的费用后的余额为收入额，即收入的 80%。

③稿酬所得：以收入减除 20% 的费用后的余额，再减按 70% 计算，即收入的 56%。

第二步：确定年度各项扣除

①固定的“费用扣除标准”（又称生计费或免征额）：全年减除 6 万元。

②专项扣除：包括居民个人按照国家规定的范围和标准缴纳的基本养老保险、基本医疗保险、失业保险等社会保险费和住房公积金等（简称“三险一金”）。

③专项附加扣除（6 项），包括子女教育、继续教育、大病医疗、住房贷款利息或者住房租金、赡养老人等支出，具体范围、标准和实施步骤由国务院确定，并报全国人民代表大会常务委员会备案。

A. 子女教育专项附加扣除。所称子女，是指婚生子女、非婚生子女、继子女、养子女。父母之外的其他人担任未成年人的监护人的，比照执行。扣除标准为每个子女每月 1000 元定额扣除。具体如表 15 - 10 所示。

表 15-10　　子女教育专项附加扣除规定

项目	说明	
扣除主体	法定监护人（包括生父母/继父母/其他法定监护人）	
学前教育	具体指子女年满3周岁当月至小学入学前一月	每个子女每月1000元（全年12000元）
学历教育	子女接受全日制学历教育入学的当月至全日制学历教育结束的当月，具体包括境内外全日制义务教育（小学、初中教育）、高中阶段教育（普通高中、中等职业、技工教育）、高等教育（大学专科、大学本科、硕士研究生、博士研究生教育）	
扣除方式	父母可选择由其中一方按扣除标准的100%扣除，也可分别按扣除标准的50%扣除；具体扣除方式在一个纳税年度内不得变更	
不得扣除	不满3周岁的子女的教育；子女境内外非学历教育；在职研究生教育；进入博士后工作站期间	
留存资料	纳税人子女在境外接受教育的，应留存境外学校录取通知书、留学签证等相关教育的证明资料备查	

B. 继续教育专项附加扣除。继续教育专项附加扣除标准具体如表15-11所示。

表 15-11　　继续教育专项附加扣除规定

项目	说明
扣除主体	I类可选择由其父母扣除，也可本人扣除；II类由本人扣除
I. 中国境内本科及以下学历（学位）继续教育的支出	①学历（学位）教育期间按照每月400元（每年4800元）定额扣除；同一学历（学位）继续教育扣除期限不得超过48个月 ②职业资格继续教育、专业技术人员职业资格继续教育扣除标准：在取得相关证书的当年，按照3600元定额扣除
II. 技能人员职业资格继续教育、专业技术人员职业资格继续教育支出、境内在职研究生教育（具体由人社部发布）	
扣除方式	本人接受本科及以下学历（学位）继续教育支出，可以选择由其父母扣除，也可以选择由本人扣除，但不得同时扣除；II类由本人扣除
不得扣除	境外各类继续教育；超过48个月；同一纳税人，在同一纳税年度可以同时享受一个学历（学位）继续教育和一个职业资格继续教育，不能同时享受多个学历（学位）继续教育或多个职业资格继续教育
留存资料	纳税人接受技能人员职业资格继续教育、专业技术人员职业资格继续教育的，应当留存相关证书等资料备查

C. 大病医疗专项附加扣除。大病医疗专项附加扣除标准：在一个纳税年度内，纳税人发生的与基本医保相关的医药费用支出，扣除医保报销后个人负担（指医保目录范围内的自付部分）累计超过15000元的部分，由纳税人在办理年度汇算清缴时，在80000元限额内据实扣除。纳税人发生的医药费用支出可以选择由本人或者其配偶扣除。未成年子女发生的医药费用支出可以选择由其父母一方扣除。纳税人及其配偶、未成年子女发生的医药费用支出，按规定分别计算扣除额。具体如表15-12所示。

表 15－12　大病医疗专项附加扣除规定

项目	说明
扣除对象	纳税人本人、配偶、未成年子女分别在一个纳税年度内，发生的与基本医保相关的医药费用支出，扣除医保报销后个人负担（医保目录范围内的自付部分）累计超过 15000 元的部分，在 80000 元限额内据实扣除
扣除时点	由纳税人在办理年度汇算清缴时
扣除主体	可以选择本人扣或者配偶扣除，未成年子女发生的医药费用支出可以选择由其父母一方扣除
不得扣除	医保范围以外的医药费支出 医保范围以内的未超过起扣线 15000 元的部分 纳税人父母的医药费支出
留存资料	纳税人应当留存医疗服务收费及医保报销相关票据原件（或复印件）等资料备查；医保部门应提供查询服务

D. 住房贷款利息专项附加扣除。纳税人本人或者配偶单独或者共同使用商业银行或者住房公积金个人住房贷款为本人或者其配偶购买中国境内住房，发生的首套住房贷款利息支出，在实际发生贷款利息的年度，按照每月 1000 元的标准定额扣除，扣除期限最长不超过 240 个月。具体如表 15－13 所示。

表 15－13　住房贷款利息专项附加扣除规定

项目	说明
扣除对象	纳税人本人或配偶单独或共同使用商业银行或住房公积金个人住房贷款为本人或其配偶购买中国境内住房，发生的首套住房贷款利息支出（购买住房时享受首套住房贷款利率的住房）
扣除时间	扣除期限最长不得超过 240 个月
扣除主体	经夫妻双方约定，可以选择由其中一方扣除，具体扣除方式在一个纳税年度内不得变更
扣除标准	按照每月 1000 元（每年 12000 元）
特殊情况	夫妻双方婚前分别购买住房发生的首套住房贷款，其贷款利息支出，婚后可以选择其中一套购买的住房，由购买方按扣除标准的 100% 扣除，也可以双方对各自购买的住房分别按扣除标准的 50% 扣除，具体扣除方式在一个纳税年度内不得变更
不得扣除	非首套住房；境外住房；商铺；商业银行或住房公积金之外的贷款购房；与首套房利率不符；贷款购房当年已享受住房租金专项附加扣除
留存资料	纳税人应当留存住房贷款合同、贷款还款支出凭证备查

E. 住房租金专项附加扣除。纳税人在主要工作城市没有自有住房而发生的住房租金支出，可以按照以下标准定额扣除：直辖市、省会（首府）城市、计划单列市以及国务院确定的其他城市，扣除标准为每月 1500 元；除前述所列城市以外，市辖区户籍人口超过 100 万的城市，扣除标准为每月 1100 元；市辖区户籍人口不超过 100 万的城市，扣除标准为每月 800 元。

夫妻双方主要工作城市相同的，只能由一方扣除住房租金支出。纳税人及其配偶在一个纳税年度内不能同时分别享受住房贷款利息和住房租金专项附加扣除。

住房租金专项附加扣除标准具体如表 15 - 14 所示。

表 15 - 14　住房租金专项附加扣除规定

<table>
<tr><th>项目</th><th colspan="2">说明</th></tr>
<tr><td>扣除对象</td><td colspan="2">纳税人在主要工作城市没有自有住房而发生的住房租金支出，可以按照标准定额扣除
纳税人的配偶在纳税人的主要工作城市有自有住房的，视同纳税人在主要工作城市有自有住房
纳税人无任职受雇单位的，主要工作城市为受理其综合所得汇算清缴的税务机关所在城市</td></tr>
<tr><td>扣除主体</td><td colspan="2">夫妻双方主要工作城市相同的，只能由一方扣除住房租金支出
住房租金支出由签订租赁住房合同的承租人扣除</td></tr>
<tr><td>不可扣除</td><td colspan="2">不得同时分别享受住房贷款利息专项附加扣除和住房租金专项附加扣除
主要工作城市已有自有住房/享受过住房贷款利息专项扣除的/不付租金的职工宿舍或借住房</td></tr>
<tr><td rowspan="3">扣除标准</td><td>承租的住房位于直辖市、省会（首府）城市、计划单列市以及国务院确定的其他城市</td><td>每月 1500 元
（18000 元/年）</td></tr>
<tr><td>承租的住房位于其他城市的，市辖区户籍人口超过 100 万的</td><td>每月 1100 元
（13200 元/年）</td></tr>
<tr><td>承租的住房位于其他城市的，市辖区户籍人口不超过 100 万（含）的</td><td>每月 800 元
（9600 元/年）</td></tr>
<tr><td>留存资料</td><td colspan="2">纳税人应当留存住房租赁合同、协议等有关资料备查</td></tr>
</table>

F. 赡养老人专项附加扣除。纳税人赡养一位及以上被赡养人的赡养支出，统一按照以下标准定额扣除：纳税人为独生子女的，按照每月 2000 元的标准定额扣除；纳税人为非独生子女的，由其与兄弟姐妹分摊每月 2000 元的扣除额度，每人分摊的额度不能超过每月 1000 元。可以由赡养人均摊或者约定分摊，也可以由被赡养人指定分摊。约定或者指定分摊的须签订书面分摊协议，指定分摊优先于约定分摊。具体分摊方式和额度在一个纳税年度内不得变更。

所称被赡养人是指年满 60 岁的父母，以及子女均已去世的年满 60 岁的祖父母、外祖父母。所称父母，是指生父母、继父母、养父母。计算时间为被赡养人年满 60 周岁的当月至赡养义务终止的年末。纳税人同时赡养多位符合条件的老人，每月最多也只能扣除 2000 元，即本项不得累加。

赡养老人专项附加扣除具体如表 15 - 15 所示。

表 15 - 15　赡养老人专项附加扣除规定

项目	说明
扣除对象	被赡养人指：①年满 60 岁的父母；②子女均已去世的年满 60 岁的祖父母、外祖父母
扣除时间	纳税人赡养一位及以上被赡养人的支出，可以按照标准定额扣除 扣除时间为被赡养人年满 60 周岁的当月至赡养义务终止的年末
扣除主体	负有赡养义务的所有子女；子女均已去世的年满 60 岁的祖父母、外祖父母，负有赡养义务的所有孙子女/外孙子女
不得扣除	岳父母、公婆

续表

<table>
<tr><th>项目</th><th colspan="2">说明</th></tr>
<tr><td rowspan="2">扣除标准</td><td>纳税人为独生子女的</td><td>每月 2000 元（每年 24000 元）</td></tr>
<tr><td>纳税人为非独生子女的</td><td>与其兄弟姐妹分摊每月 2000 元（每年 24000 元）的扣除额度，每人分摊的额度不得超过每月 1000 元（每年 12000 元）
分摊方式：赡养人均摊或约定分摊、被赡养人指定分摊约定或指定分摊的须签订书面分摊协议
具体分摊方式在一个纳税年度内不得变更</td></tr>
</table>

④依法确定的其他扣除，包括个人缴付符合国家规定的企业年金、职业年金，个人购买符合国家规定的商业健康保险（200 元/月，2400 元/年）、税收递延型商业养老保险的支出，以及国务院规定可以扣除的其他项目。

专项扣除、专项附加扣除和依法确定的其他扣除，以居民个人一个纳税年度的应纳税所得额为限额；一个纳税年度扣除不完的，不结转以后年度扣除。

2）居民个人综合所得按月/按次预缴时。

①工资薪金所得——按月预缴时：以累计收入额减除累计的基本减除费用（5000 元/月，即 6 万元/年）、专项扣除、专项附加扣除（包括子女教育、继续教育、住房贷款利息或者住房租金、赡养老人等 5 项，不包括大病医疗）、依法确定的其他扣除等后的余额，为每月预缴的应纳税所得额。具体公式为：

累计预扣预缴应纳税所得额 = 累计收入 - 累计免税收入 - 累计基本减除费用 - 累计专项扣除 - 累计专项附加扣除 - 累计依法确定的其他扣除

②劳务报酬所得、特许权使用费所得——按次预缴时：以每次收入减除费用 800 元或 20%，为每次预缴的应纳税所得额。具体如表 15 - 16 所示。

表 15 - 16　劳务报酬所得、特许权使用费所得预缴个人所得税时应纳税所得额的确定

收入	费用	应纳税所得额
每次收入≤4000	800	每次收入 - 800
每次收入 >4000	20%	每次收入 ×（1 - 20%）

③稿酬所得——按次预缴时：以每次收入减除费用 800 元或 20%，再减按 70% 为每次预缴的应纳税所得额。具体如表 15 - 17 所示。

表 15 - 17　稿酬所得预缴个人所得税时应纳税所得额的确定

收入	费用	应纳税所得额
每次收入≤4000	800	（每次收入 - 800）×70%
每次收入 >4000	20%	每次收入 ×（1 - 20%）×70%

（2）非居民个人的四项所得。非居民个人取得工资薪金所得、劳务报酬所得、稿酬所得和特许权使用费所得等四项所得，依旧分类分项计税，不实行综合征收。

非居民个人的工资薪金所得，以每月收入额减去基本减除费用 5000 元后的余额为应纳税所得额；劳务报酬所得、稿酬所得、特许权使用费所得，以每次收入减除一定费用后

的余额为应纳税所得额。具体如表 15－18 所示。

表 15－18　　非居民个人取得 4 项所得时应纳税所得额的确定

各项所得	计征方式	应纳税所得额	适用税率
工资薪金所得	按月	每月收入额－5000 元	月度税率表
劳务报酬所得	按次	收入额×（1－20%）	
稿酬所得	按次	收入额×（1－20%）×70%	
特许权使用费所得	按次	收入额×（1－20%）	

（3）经营所得。经营所得，以每一纳税年度的收入总额减除成本、费用以及损失后的余额，为应纳税所得额。

经营所得年应纳税所得额＝全年收入总额－成本、费用及损失

①成本、费用：生产、经营活动中发生的各项直接支出和分配计入成本的间接费用以及销售费用、管理费用、财务费用；损失：生产、经营活动中发生的固定资产和存货的盘亏、毁损、报废损失，转让财产损失，坏账损失，自然灾害等不可抗力因素造成的损失以及其他损失。

②取得经营所得的个人（个体工商户业主、个人独资企业和合伙企业的自然人投资者本人），没有综合所得的，计算其每一纳税年度的应纳税所得额时，应当减除基本减除费用 6 万元、专项扣除、专项附加扣除以及依法确定的其他扣除。

③对企事业单位的承包经营、承租经营所得，以每一纳税年度的收入总额，减除必要费用后的余额，为应纳税所得额。每一纳税年度的收入总额，是指纳税义务人按照承包经营、承租经营合同规定分得的经营利润和工资、薪金性质的所得；所说的减除必要费用，指按年减除 6 万元。

④在个人税收递延型商业养老保险试点区域内（上海、福建、苏州工业园区），取得个体工商户生产经营所得、对企事业单位的承包承租经营所得的个体工商户业主、个人独资企业投资者、合伙企业自然人合伙人和承包承租经营者，其缴纳的税收递延型商业养老保险保费准予在申报扣除当年计算应纳税所得额时予以限额据实扣除，扣除限额按照不超过当年应税收入的 6% 和 12000 元孰低办法确定。

（4）财产租赁所得。个人出租财产取得的财产租赁收入，在计算缴纳个人所得税时，应依次扣除以下费用：

①财产租赁过程中缴纳的税金和国家能源交通重点建设基金、国家预算调节基金、教育费附加。

②由纳税人负担的该出租财产实际开支的修缮费用：每次 800 元为限，一次扣不完的，可无限期在以后期扣除。

③税法规定的费用扣除标准。每次收入不超过 4000 元的，减除费用 800 元；每次收入 4000 元以上的，减除 20% 的费用。

由此，财产租赁所得个人所得税应纳税所得额的确定规则如下：

①每次收入不超 4000 元的：应纳税所得额＝收入－准予扣除项目－修缮费用（800 为限）－800（费用额）

②每次收入超过4000元的：应纳税所得额＝［收入－准予扣除项目－修缮费用（800为限）］×（1－20%）

（5）财产转让所得。财产转让所得，以转让财产的收入额减除财产原值和合理费用后的余额，为应纳税所得额。

财产原值，按照下列方法确定：

①有价证券，为买入价以及买入时按照规定缴纳的有关费用；

②建筑物，为建造费或者购进价格以及其他有关费用；

③土地使用权，为取得土地使用权所支付的金额、开发土地的费用以及其他有关费用；

④机器设备、车船，为购进价格、运输费、安装费以及其他有关费用。

纳税人未提供完整、准确的财产原值凭证，不能正确计算财产原值的，由主管税务机关核定财产原值。合理费用，是指卖出财产时按照规定支付的有关税费。

（6）利息、股息、红利所得和偶然所得。利息、股息、红利所得和偶然所得，以每次收入额为应纳税所得额。

（二）特殊规定

1. 捐赠的扣除。

（1）限额扣除。

①个人将其所得对教育、扶贫、济困等公益慈善事业进行捐赠，捐赠额未超过纳税人申报的应纳税所得额30%的部分（此处应纳税所得额，是指计算扣除捐赠额之前的应纳税所得额），可以从其应纳税所得额中扣除，超过部分不得扣除。

其中，个人将其所得对教育、扶贫、济困等公益慈善事业进行捐赠，是指个人将其所得通过中国境内的公益性社会组织、国家机关向教育、扶贫、济困等公益慈善事业的捐赠。

②个人捐赠住房作为公租房，符合规定的，对其公益性捐赠支出未超过其申报的应纳税所得额30%的部分，准予从其应纳税所得额中扣除。

（2）全额扣除。国务院规定对公益慈善事业捐赠实行全额税前扣除的，从其规定。例如：新冠肺炎疫情捐赠；个人捐赠北京2022年冬奥会、冬残奥会、测试赛的资金和物资支出等。

【例15－9 单选题】2019年12月，李某取得财产租赁收入80000元，从中拿出20000元通过国家机关捐赠给受灾地区。李某12月份应纳个人所得税（　　）元。

A. 6160　　B. 6272

C. 8400　　D. 8960

【答案】D

2. 非货币所得的确定。个人所得的形式，包括现金、实物、有价证券和其他形式的经济利益；所得为实物的，应当按照取得的凭证上所注明的价格计算应纳税所得额，无凭证的实物或者凭证上所注明的价格明显偏低的，参照市场价格核定应纳税所得额；所得为有价证券的，根据票面价格和市场价格核定应纳税所得额；所得为其他形式的经济利益的，参照市场价格核定应纳税所得额。

3. 中介费的扣除。对个人从事技术转让、提供劳务等过程中所支付的中介费，如能提供有效、合法凭证的，允许从其所得中扣除。

二、应纳税额的计算规定

（一）居民个人综合所得应纳税额的计算

1. 居民个人综合所得按月/按次预缴时。

居民个人取得工资薪金所得、劳务报酬所得、特许权使用费所得和稿酬所得等四项所得，预扣预缴的税务处理规则具体如表 15－19 所示。

表 15－19　居民个人取得综合所得个人所得税预扣预缴规则

所得项目	个人所得税预扣预缴规则
1. 工资薪金所得	扣缴义务人支付时，按“累计预扣法”计算预扣税款，并按月办理扣缴申报
2. 劳务报酬所得	扣缴义务人支付时，按以下方法按次预扣预缴税款： （1）每次收入不超过 4000 元的，预扣预缴税额＝（收入－800）×预扣率 20% （2）每次收入 4000 元以上的，预扣预缴税额＝收入×（1－20%）×预扣率（3 档：20%、30%、40%）
3. 稿酬所得	扣缴义务人支付时，按以下方法按次预扣预缴税款： （1）每次收入不超过 4000 元的，预扣预缴税额＝（收入－800）×70%×20% （2）每次收入 4000 元以上的，预扣预缴税额＝收入×（1－20%）×70%×20%
4. 特许权使用费所得	扣缴义务人支付时，按以下方法按次预扣预缴税款： （1）每次收入不超过 4000 元的，预扣预缴税额＝（收入－800）×20% （2）每次收入 4000 元以上的，预扣预缴税额＝收入×（1－20%）×20%

（1）工资薪金所得——按月预缴时。居民个人取得工资薪金所得，按“累计预扣法”计算预扣税款，并按月办理扣缴申报。

本期应预扣预缴税额＝（累计预扣预缴应纳税所得额×预扣率－速算扣除数）－累计减免税额－累计已预扣预缴税额

累计预扣预缴应纳税所得额＝累计收入－累计免税收入－累计基本减除费用－累计专项扣除－累计专项附加扣除－累计依法确定的其他扣除

其中：

①累计基本减除费用＝5000 元/月×当年截至本月在本单位的任职受雇月份

②居民个人取得工资薪金所得个人所得税的预扣率，具体如表 15－20 所示。

表 15－20　居民个人工资薪金所得个人所得税预扣率表

级数	累计预扣预缴应纳税所得额	预扣率（%）	速算扣除数（元）
1	不超过 36000 元的	3	0
2	超过 36000 元至 144000 元的部分	10	2520
3	超过 144000 元至 300000 元的部分	20	16920
4	超过 300000 元至 420000 元的部分	25	31920
5	超过 420000 元至 660000 元的部分	30	52920
6	超过 660000 元至 960000 元的部分	35	85920
7	超过 960000 元的部分	45	181920

②专项扣除、专项附加扣除、依法确定的其他扣除同前文所述。除大病医疗以外，子女教育、赡养老人、住房贷款利息、住房租金、继续教育等扣除项目，纳税人可以选择在单位发放工资薪金时，按月享受专项附加扣除政策。

③一个纳税年度内，如果没有及时将扣除信息报送任职受雇单位，以致在单位预扣预缴工资、薪金所得税未享受扣除或未足额享受扣除的，可以在当年剩余月份内向单位申请补充扣除，也可以在次年 3 月 1 日至 6 月 30 日内，向汇缴地主管税务机关进行汇算清缴申报时办理扣除。

【例 15－10 计算题】居民个人张三 2016 年入职，2020 年每月应发工资均为 30000 元，每月基本减除费用 5000 元，“三险一金”等专项扣除为 4500 元，享受专项附加扣除共计 2000 元，没有减免收入及减免税额等情况，请计算张三前 3 个月各月应预扣预缴税额和全年预扣预缴税额。

【解析】

1 月份预扣预缴税额：（30000－5000－4500－2000）×3%＝555（元）

2 月份预扣预缴税额：（30000×2－5000×2－4500×2－2000×2）×10%－2520－555＝625（元）

3 月份预扣预缴税额：（30000×3－5000×3－4500×3－2000×3）×10%－2520－555－625＝1850（元）

全年累计预扣预缴税额＝（30000×12－5000×12－4500×12－2000×12）×20%－16920＝27480（元）

（2）劳务报酬所得——按次预缴时。居民个人取得劳务报酬所得，按以下方法按次预扣预缴税款：

①每次收入不超过 4000 元的，预扣预缴税额＝（收入－800）×预扣率 20%

②每次收入 4000 元以上的，预扣预缴税额＝收入×（1－20%）×预扣率（20%、30%或 40%）

其中，居民个人取得劳务报酬所得个人所得税的预扣率，具体如表 15－21 所示。

表 15－21　　居民个人劳务报酬所得个人所得税预扣率表

级数	预扣预缴应纳税所得额	预扣率	速算扣除数
1	不超过 20000 元	20%	0
2	超过 20000 元至 50000 元的部分	30%	2000
3	超过 50000 元的部分	40%	7000

【例 15－11 计算题】（接【例 15－10】）假如张三 2020 年 6 月取得劳务报酬所得 20000 元，计算其应预扣预缴税额。

【解析】

预扣预缴应纳税所得额＝收入×（1－20%）＝20000×（1－20%）＝16000（元）

应预扣预缴税额＝16000×20%＝3200（元）

（3）稿酬所得——按次预缴时。居民个人取得稿酬所得，按以下方法按次预扣预缴税款：

①每次收入不超过 4000 元的，预扣预缴税额＝（收入－800）×70%×预扣率 20%

②每次收入 4000 元以上的，预扣预缴税额＝收入×（1－20%）×70%×预扣率 20%

【例 15－12 计算题】（接【例 15－10】、【例 15－11】）假如张三 2020 年 7 月取得稿酬所得 20000 元，计算其应预扣预缴税额。

【解析】

预扣预缴应纳税所得额＝收入×（1－20%）×70%＝20000×（1－20%）×70%＝11200（元）

应预扣预缴税额＝11200×20%＝2240（元）

（4）特许权使用费所得——按次预缴时。居民个人取得特许权使用费所得，按以下方法按次预扣预缴税款：

①每次收入不超过 4000 元的，预扣预缴税额＝（收入－800）×预扣率 20%

②每次收入 4000 元以上的，预扣预缴税额＝收入×（1－20%）×预扣率 20%

2. 居民个人综合所得按年汇算清缴时。

（1）居民个人办理年度综合所得汇算清缴时，应当依法计算工资薪金所得、劳务报酬所得、稿酬所得、特许权使用费所得的收入额，并入年度综合所得计算应纳税款，税款多退少补。

（2）居民个人综合所得汇算清缴税额计算：

应纳税额 = 居民个人年度综合所得应纳税所得额 × 适用税率 - 速算扣除数

居民个人年度综合所得应纳税所得额 =（年度工资薪金收入额 + 年度劳务报酬收入额 + 年度稿酬收入额 + 年度特许权使用费收入额）- 基本减除费用 6 万元 - 专项扣除 - 专项附加扣除 - 其他扣除

其中：年度工资薪金收入额、年度劳务报酬收入额、年度稿酬收入额、年度特许权使用费收入额的确定同前文所述。

（3）综合所得应补应退税额 = 综合所得年度应纳税额—累计预扣预缴税额

【例 15 - 13 计算题】（接【例 15 - 10】、【例 15 - 11】、【例 15 - 12】）假定张三 2020 年收入情况如下：全年工资薪金收入 36 万元，“三险一金”等专项扣除为 4500 元/月，全年享受专项附加扣除共计 2.4 万元，全年取得劳务报酬收入 2 万元，稿酬收入 2 万元。不考虑其他因素，请计算张三汇算清缴多退少补的个人所得税税额。

【解析】

（1）全年收入额 = 36 + 2 × 80% + 2 × 56% = 38.72（万元）

（2）全年基本减除费用 = 6（万元）

全年专项扣除 = 0.45 × 12 = 5.4（万元）

全年专项附加扣除 = 2.4（万元）

全年扣除项合计 = 6 + 5.4 + 2.4 = 13.8（万元）

（3）应纳税所得额 = 38.72 - 13.8 = 24.92（万元）= 249200（元）

（4）全年应纳个人所得税额 = 249200 × 20% - 16920 = 32920（元）

（5）汇算清缴应补交税额 = 32920 - 27480 - 3200 - 2240 = 0（元）

（二）非居民个人四项所得应纳税额的计算

（1）非居民个人取得工资薪金所得，按以下方法计算缴纳个人所得税：

工资薪金所得应纳税额 = 应纳税所得额 × 税率 - 速算扣除数 =（每月收入额 - 5000 元/月）× 税率 - 速算扣除数

（2）非居民个人取得劳务报酬所得，按以下方法计算缴纳个人所得税：

劳务报酬所得应纳税额 = 应纳税所得额 × 税率 - 速算扣除数 = 收入 ×（1 - 20%）× 税率 - 速算扣除数

（3）非居民个人取得稿酬所得，按以下方法计算缴纳个人所得税：

稿酬所得应纳税额 = 应纳税所得额 × 税率 - 速算扣除数 = 收入 ×（1 - 20%）× 70% × 税率 - 速算扣除数

（4）非居民个人取得特许权使用费所得，按以下方法计算缴纳个人所得税：

特许权使用费所得应纳税额 = 应纳税所得额 × 税率 - 速算扣除数 = 收入 ×（1 - 20%）× 税率 - 速算扣除数

【例 15－14 计算题】假定某外商投资企业中工作的美国专家汤姆（假设为非居民纳税人），2020 年 2 月取得由该企业发放的含税工资收入 10400 元人民币，此外还从别处取得劳务报酬 5000 元人民币，请计算当月汤姆应纳个人所得税税额。

【解析】

非居民个人取得工资薪金所得、劳务报酬所得、稿酬所得、特许权使用费所得等四项所得按前述月度税率表计算缴纳个人所得税。

由下列两项所得的支付单位分别为汤姆代扣代缴个人所得税：

（1）汤姆当月工资、薪金所得应纳税额＝（10400－5000）×10%－210＝330（元）

（2）汤姆当月劳务报酬所得应纳税额＝5000×（1－20%）×10%－210＝190（元）

（三）经营所得应纳税额的计算

经营所得应纳税额＝全年应纳税所得额×适用税率－速算扣除数＝（全年收入总额－成本、费用以及损失）×适用税率－速算扣除数

其中：经营所得适用前述 5 级超额累进税率表计算缴纳个人所得税。

取得经营所得的个人，没有综合所得的，计算其每一纳税年度的应纳税所得额时，应当减除费用 6 万元、专项扣除、专项附加扣除以及依法确定的其他扣除。其中，专项附加扣除在办理汇算清缴时减除。

个体工商户和从事生产、经营的个人，取得与生产、经营活动无关的各项所得，应按规定分别计算征收个人所得税。

1. 对企事业单位的承包经营、承租经营所得应纳税额的计算。

应纳税额＝应纳税所得额×适用税率－速算扣除数

其中：应纳税所得额＝经营利润＋工资薪金性质的所得－上交的承包费－必要费用（6 万元/年）

【例 15－15 计算题】2020 年 2 月，李四承包了 A 企业的招待所，按照合同规定，招待所的年经营利润（不含工资）全部归李四所有，但是其每年应该上缴承包费 20000 元。李四每月可从经营收入中支取工资 4000 元。当年招待所实现经营利润 85000 元。

【解析】

李四个人所得税应纳税所得额＝85000＋4000×11－20000－5000×11＝54000（元）

李四应纳个人所得税＝54000×10%－1500＝3900（元）

2. 个体工商户应纳税额的计算。

（1）计税基本规定。

应纳税额＝应纳税所得额×适用税率－速算扣除数

应纳税所得额 = 收入总额 - 成本 - 费用 - 损失 - 税金 - 其他支出 - 允许弥补的以前年度亏损

其中：

1）收入总额：与企业所得税一般收入的 9 类项目相比少了股息、红利等权益性投资收益和特许权使用费收入。

2）个体工商户下列支出不得扣除：①个人所得税税款；②税收滞纳金；③罚金、罚款和被没收财物的损失；④不符合扣除规定的捐赠支出；⑤赞助支出；⑥用于个人和家庭的支出；⑦与取得生产经营收入无关的其他支出；⑧国家税务总局规定不准扣除的支出。

3）个体工商户生产经营活动中，应当分别核算生产经营费用和个人、家庭费用。对于生产经营与个人、家庭生活混用难以分清的费用，其 40% 视为与生产经营有关费用，准予扣除。

4）个体工商户纳税年度发生的亏损，准予向以后年度结转，用以后年度的生产经营所得弥补，但结转年限最长不得超过 5 年。

5）个体工商户与企业联营而分得的利润，按“利息、股息、红利所得”项目征税。

6）个体工商户和从事生产、经营的个人，取得与生产、经营活动无关的各项所得，应按规定分别计算征收个人所得税。

（2）扣除项目及标准。

1）应付职工薪酬等相关费用的扣除项目及标准，具体如表 15 - 22 所示。

表 15 - 22　　职工薪酬等相关费用的扣除项目及标准

扣除项目	从业人员	业主
工资薪金支出	实际支付可以据实扣除	不得税前扣除 （费用扣除标准 6 万元/年）
五险一金	规定的范围和标准缴纳的可扣	
补充养老保险费和补充医疗保险费	分别在不超过从业人员工资总额 5% 标准内的部分据实扣除；超过部分，不得扣除	以当地（地级市）上年度社会平均工资的 3 倍为计算基数，分别在不超过该计算基数 5% 标准内的部分据实扣除；超过部分，不得扣除
商业保险	按规定为特殊工种从业人员支付的人身安全保险费和按规定可以扣除的其他商业保险费外，业主本人或为从业人员支付的商业保险费不得扣除	
工会经费、职工福利费和职工教育经费支出	工资薪金总额的 2%、14% 和 2.5% 的标准内据实扣除	

【例 15 - 16 多选题】 对个体工商户的生产经营所得在计算个人所得税时，允许对一些支出项目按一定标准予以税前扣除。下列关于税前扣除项目和标准的表述中，正确的有（　　）。

A. 个体工商户业主的工资薪金可以据实扣除

B. 实际支付给从业人员合理的工资薪金和缴纳的“五险一金”可以税前扣除

C. 在经营过程中发生的业务招待费可据实扣除

D. 以经营租赁方式租入固定资产发生的租赁费支出，按照租赁期限均匀扣除

【答案】 BD

2）其他扣除规定。

①个体工商户按照规定缴纳的摊位费、行政性收费、协会会费等，按实际发生数额扣除。

②个体工商户自申请营业执照之日起至开始生产经营之日止所发生符合规定的费用，除为取得固定资产、无形资产的支出，以及应计入资产价值的汇兑损益、利息支出外，作为开办费，个体工商户可以选择在开始生产经营的当年一次性扣除，也可自生产经营月份起在不短于3年期限内摊销扣除，但一经选定，不得改变。

③个体工商户通过公益性社会团体或者县级以上人民政府及其部门，用于规定的公益事业的捐赠，捐赠额不超过其应纳税所得额30%的部分可以据实扣除。规定可以全额在税前扣除的捐赠支出项目按有关规定执行。此外，个体工商户直接对受益人的捐赠不得扣除。

④个体工商户研究开发新产品、新技术、新工艺所发生的开发费用，以及研究开发新产品、新技术而购置单台价值在10万元以下的测试仪器和试验性装置的购置费准予直接扣除；单台价值在10万元以上（含10万元）的测试仪器和试验性装置，按固定资产管理，不得在当期直接扣除。

【例15－17 单选题】 根据个人所得税的相关规定，下列关于个体工商户税前扣除的说法，正确的是（　　）。

A. 个体工商户为业主本人支付的商业保险金，可以在税前扣除

B. 个体工商户被税务机关加收的税收滞纳金，可以在税前扣除

C. 个体工商户按照规定缴纳的行政性收费，按实际发生额在税前扣除

D. 个体工商户发生的经营费用与生活费用划分不清的，可全额在税前扣除

【答案】 C

3. 个人独资企业和合伙企业应纳税额的计算。

应纳税额＝应纳税所得额×适用税率－速算扣除数

其中：个人独资企业的投资者以全部生产经营所得为应纳税所得额；合伙企业的投资者按照合伙企业的全部生产经营所得和合伙协议约定的分配比例，确定应纳税所得额。

（1）查账征税。

1）投资者工资不得在税前扣除。个人独资企业和合伙企业投资者的生产经营所得依法计征个人所得税时，个人独资企业和合伙企业投资者本人的费用扣除标准统一确定为6

万元/年，即5000元/月。投资者兴办两个或两个以上企业的，根据规定准予扣除的个人费用，由投资者选择在其中一个企业的生产经营所得中扣除。

2）投资者及其家庭发生的生活费用不允许在税前扣除。投资者及其家庭发生的生活费用与企业生产经营费用混合在一起，并且难以划分的，全部视为生活费用，不允许税前扣除。

3）企业生产经营和投资者及其家庭生活共用的固定资产，难以划分的，由主管税务机关根据企业的生产经营类型、规模等具体情况，核定准予在税前扣除的折旧费用的数额或比例。

4）投资者兴办两个或两个以上企业，并且企业性质全部是独资的，年度终了后，汇算清缴时，应纳税款的计算按以下方法进行：汇总其投资兴办的所有企业的经营所得作为应纳税所得额，以此确定适用税率，计算出全年经营所得的应纳税额，再根据每个企业的经营所得占所有企业经营所得的比例，分别计算出每个企业的应纳税额和应补缴税额。计算公式如下：

①应纳税所得额 = $\sum$ 各个企业的经营所得（汇总确定税率）

②应纳税额 = 应纳税所得额 × 税率 − 速算扣除数

③本企业应纳税额 = 应纳税额 × 本企业的经营所得 ÷ $\sum$ 各个企业的经营所得

④本企业应补缴的税额 = 本企业应纳税额 − 本企业预缴的税额

5）企业的年度亏损，允许用本企业下一年度的生产经营所得弥补，下一年度所得不足弥补的，允许逐年延续弥补，但最长不得超过5年。投资者兴办两个或两个以上企业的，企业的年度经营亏损不能跨企业弥补。

（2）核定征收。

1）核定征收，包括定额征收、定率征收和其他合理方法。有下列情形之一的，主管税务机关应采取核定征收方式征收个人所得税：

①企业依照国家有关规定应当设置但未设置账簿的。

②企业虽设置账簿，但账目混乱或者成本资料、收入凭证、费用凭证残缺不全，难以查账的。

③纳税人发生纳税义务，未按照规定的期限办理纳税申报，经税务机关责令限期申报，逾期仍不申报的。

2）核定应税所得率征收方式的计算公式：

①应纳税额 = 应纳税所得额 × 适用税率

②应纳税所得额 = 收入总额 × 应税所得率或 = 成本费用支出额/（1 − 应税所得率）× 应税所得率

企业经营多业的，无论其经营项目是否单独核算，均应根据其主营项目确定其适用的应税所得率。

3）实行核定征税的投资者不得享受个人所得税的优惠政策。

4）查账征税改为核定征税后，查账征税认定的年度经营亏损未弥补完的部分不得再继续弥补。

无论查账征收的，还是核定征收的投资分回的利息或者股息、红利单独按“利息、股

息、红利所得”项目纳税。

残疾人员投资兴办或参与投资兴办个人独资企业和合伙企业的，残疾人员取得的经营所得，符合各省、自治区、直辖市人民政府规定的减征个人所得税条件的，经本人申请、主管税务机关审核批准，可按各省、自治区、直辖市人民政府规定减征的范围和幅度，减征个人所得税。

【例15-18 单选题】 下列关于个人独资企业计算个人所得税时有关扣除项目的表述，正确的是（ ）。

A. 企业发生的工会经费、职工福利费扣除比例分别是14%、2.5%

B. 投资者及职工工资不得在税前扣除

C. 企业年度内发生的业务招待费超出当年销售收入5‰的部分，可在以后纳税年度内扣除

D. 企业计提的各种准备金不得在税前扣除

【答案】 D

（四）财产租赁所得应纳税额的计算

应纳税额＝应纳税所得额×税率（20%/10%）

其中，对个人按市场价格出租的居民住房取得的所得，自2001年1月1日起暂减按10%的税率征收个人所得税。

【例15-19 计算题】 中国公民王五于2020年1月1日起将其位于市区的一套住房按市价出租，每月收取不含税租金3800元。1月因卫生间漏水发生修缮费用1200元，已取得合法有效的支出凭证。请计算王五2020年1月和2月的个人所得税。

【解析】

王五应纳个人所得税＝（3800－800－800）×10%＋（3800－400－800）×10%＝480（元）

个人将承租房屋转租取得的租金收入，属于个人所得税应税所得，应按“财产租赁所得”项目计算缴纳个人所得税。税前扣除税费的次序为：

（1）财产租赁过程中缴纳的税费。

（2）向出租方支付的租金，凭房屋租赁合同和合法支付凭据允许在计算个人所得税时，从该项转租收入中扣除。

（3）由纳税人负担的租赁财产实际开支的修缮费用。

（4）税法规定的费用扣除标准。

【例 15－20 计算题】中国公民赵六 2020 年 3 月将原来承租的房屋（每月支付租金 2000 元，能提供合法凭据）转租，每月取得转租收入 4500 元（不含增值税），并按规定缴纳了除增值税外的各项税费 35 元，当月另外发生房屋修缮费用 1800 元，取得装修公司正式发票。

请计算赵六 3 月转租房屋应纳个人所得税。

【解析】

赵六 3 月转租房屋应纳个人所得税 =（4500－35－2000－800－800）×10% =86.5（元）。

此外，由于每月可扣除修缮费最多为 800 元，余下 1000 元结转至下月扣除。10 月可扣除 800 元，11 月可扣除 200 元。

（五）财产转让所得应纳税额的计算

1. 一般情况下财产转让所得应纳税额的计算。

应纳税额 = 应纳税所得额 × 适用的税率 =（财产转让收入－财产原值－合理税费）×20%

其中：

（1）财产原值，包括以下几类：①有价证券，买入价以及买入时按照规定缴纳的有关费用；②建筑物，建造费或者购进价格以及其他有关费用；③土地使用权，取得土地使用权所支付的金额、开发土地的费用以及其他有关费用；④机器设备、车船，购进价格、运输费、安装费以及其他有关费用；⑤其他财产，参照以上方法确定。

（2）纳税义务人未提供完整、准确的财产原值凭证，不能正确计算财产原值的，由主管税务机关核定其财产原值。

【例 15－21 计算题】某个人钱某建房一幢，造价 360000 元，支付其他费用 50000 元。钱某建成后将房屋出售，售价 600000 元，在售房过程中按规定支付交易费等相关税费 35000 元，计算应缴纳的个人所得税。

【解析】

（1）应纳税所得额 = 财产转让收入－财产原值－合理费用 = 600000－（360000 + 50000）－35000 = 155000（元）

（2）应纳税额 = 155000 × 20% = 31000（元）

2. 个人住房转让所得应纳税额的计算。

（1）以实际成交价格为转让收入。纳税人申报的住房成交价格明显低于市场价格且无正当理由的，征收机关依法有权根据有关信息核定其转让收入。

（2）纳税人可凭原购房合同、发票等有效凭证，经税务机关审核后，允许从其转让收入中减除房屋原值、转让住房过程中缴纳的税金及有关合理费用。

（3）转让住房过程中缴纳的税金是指纳税人在转让住房时实际缴纳的城市维护建设税、教育费附加、土地增值税、印花税等税金。

（4）合理费用是指纳税人按照规定实际支付的住房装修费用、住房贷款利息、手续费、公证费等费用。其中住房装修费用，纳税人能提供实际支付装修费用的税务统一发票且符合相关规定的，可在以下规定比例内扣除：公有住房、经济适用房，最高扣除限额为房屋原值的15%；商品房及其他住房，最高扣除限额为房屋原值的10%；原购房为装修房，即合同注明房价款中含有装修费的，不得再重复扣除装修费用。

【例15-22计算题】 我国公民孙某出国定居，于2019年8月转让购买的三居室房屋一套，不含增值税售价350万元，转让过程中支付的可以税前扣除的相关税费15万元。该套房屋的购进价为120万元（不含增值税），购房过程中支付的不包括增值税的相关税费为3万元。所有税费支出均取得合法凭证。请计算转让房屋所得应缴纳的个人所得税。

【解析】

转让房屋所得应缴纳的个人所得税＝（350－120－15－3）×20%＝42.4（万元）

3. 个人转让股权应纳税额的计算：

应纳税额＝应纳税所得额×20%＝（股权转让收入－股权原值－合理费用）×20%

其中：

（1）本规定只适用于普通企业或组织的个人股东转让股权（各类形式如投资、抵债、回购等，股权发生了实质性转移均视为股权转让），不适用于个人独资企业、合伙企业。

（2）股权转让收入包括违约金、补偿金以及其他名目的款项、资产、权益等。纳税人按照合同约定，在满足约定条件后取得的后续收入，应当作为股权转让收入。

（3）按“财产转让所得”缴纳个人所得税，以股权转让方为纳税人，以受让方为扣缴义务人，于股权转让相关协议签订后5个工作日内报主管税务机关。

（4）个人转让股权的原值依照以下方法确认，具体如表15-23所示。

表15-23　个人转让股权的原值确认方法

取得股权方式	股权原值确认方法
现金出资	实际支付的价款与取得股权直接相关的合理税费之和
非货币性资产出资	税务机关认可或核定的投资入股时非货币性资产价格与取得股权直接相关的合理税费之和
无偿让渡	取得股权发生的合理税费与原持有人的股权原值之和
以资本公积、盈余公积、未分配利润转增股本	个人股东已依法缴纳个人所得税的，转增额和相关税费之和

续表

取得股权方式	股权原值确认方法
除以上情形外	由主管税务机关按照避免重复征收个人所得税的原则合理确认

（5）主管税务机关可以核定股权转让收入的情形：

①申报的股权转让收入明显偏低且无正当理由的；

②未按照规定期限办理纳税申报，经税务机关责令限期申报，逾期仍不申报的；

③转让方无法提供或拒不提供股权转让收入的有关资料；

④其他应核定股权转让收入的情形。

【例 15－23 多选题】 个人转让股权的下列情形中，税务机关可以核定股权转让收入的有（　　）。

A. 因遭遇火灾而无法提供股权转让收入的相关资料

B. 转让方拒不向税务机关提供股权转让收入的有关资料

C. 申报的股权转让收入明显偏低但有正当理由

D. 未按规定期限申报纳税且超过税务部门责令申报期限仍未申报

【答案】 ABD

（六）利息、股息、红利所得和偶然所得应纳税额的计算

应纳税额＝应纳税所得额×适用税率＝每次收入额×20%

【例 15－24 计算题】 杨某 2019 年 3 月购买境内某上市公司的股票 10000 股，于 2019 年年底转让，并分得股息 3000 元。请计算上市公司股息分配应扣缴杨某的个人所得税。

【解析】

取得境内上市公司或全国中小企业股份转让系统挂牌公司的股息、红利所得，执行差别化征税政策。

上市公司应扣缴杨某的个人所得税＝3000×50%×20%＝300（元）

三、个人所得税计算的特殊问题

（一）关于"全年一次性奖金"的征税问题

1. 全年一次性奖金的具体范围。 全年一次性奖金包括年终加薪、实行年薪制和绩效工资办法的单位根据考核情况兑现的年薪和绩效工资。

2. 居民个人全年一次性奖金个人所得税的计算。

（1）在2021年12月31日前，可选择两种方法计税：

方法一：不并入当年综合所得，按以下计税办法，由扣缴义务人发放时代扣代缴：

将全年一次性奖金，除以12个月，按其商数依照按月换算后的综合所得税率表（即前述月度税率表）确定适用税率和速算扣除数。

在一个纳税年度内，对每一个纳税人，该计税办法只允许采用一次。实行年薪制和绩效工资的单位，居民个人取得年终兑现的年薪和绩效工资按上述方法执行。

方法二：居民个人取得全年一次性奖金，可以选择并入当年综合所得计算纳税。

居民个人取得除全年一次性奖金以外的其他各种名目奖金，如半年奖、季度奖、加班奖、先进奖、考勤奖等，一律与当月工资、薪金合并，按税法规定缴纳个人所得税。

（2）自2022年1月1日起，居民个人取得全年一次性奖金，应并入当年综合所得计算缴纳个人所得税。

（3）中央企业负责人取得年度绩效薪金延期兑现收入和任期奖励的规定。

下列人员，在2021年12月31日前，中央企业负责人任期结束后取得的绩效薪金40%部分和任期奖励，参照上述居民个人取得全年一次性奖金的计税规定执行；2022年1月1日之后的政策另行明确。

①国有独资企业和未设董事会的国有独资公司的总经理（总裁）、副总经理（副总裁）、总会计师。

②设董事会的国有独资公司（国资委确定的董事会试点企业除外）的董事长、副董事长、董事、总经理（总裁）、副总经理（副总裁）、总会计师。

③国有控股公司国有股权代表出任的董事长、副董事长、董事、总经理（总裁），列入国资委党委管理的副总经理（副总裁）、总会计师。

④国有独资企业、国有独资公司和国有控股公司党委（党组）书记、副书记、常委（党组成员）、纪委书记（纪检组长）。

▶▶▶（二）关于“解除劳动关系获得的经济补偿金”的征税问题

1. 免税补偿金：企业依照国家有关法律规定宣告破产，企业职工从该破产企业取得的一次性安置费收入，免征个人所得税。

2. 超标计税的补偿金：个人因与用人单位解除劳动关系而取得的一次性补偿收入，其收入在当地上年职工平均工资3倍数额以内的部分，免征个人所得税；超过3倍数额的部分，不并入当年综合所得，单独适用综合所得税率表计算纳税。

3. 个人在解除劳动合同后又再次任职、受雇的，已纳税的一次性补偿收入不再与再次任职、受雇的工资薪金所得合并计算补缴个人所得税。

4. 个人领取一次性补偿收入时按照国家和地方政府规定的比例实际缴纳的三险一金可以在计征个人所得税时予以扣除。

▶▶▶（三）关于“个人提前退休取得的补贴收入、内部退养取得的一次性补贴”的征税问题

1. 个人提前退休取得的补贴收入。自2019年1月1日起，个人办理提前退休手续而取得的一次性补贴收入，应按照办理提前退休手续至法定离退休年龄之间实际年度数平均分摊，确定适用税率和速算扣除数，单独适用综合所得税率表计算纳税。

计算公式：应纳税额＝｛［（一次性补贴收入÷办理提前退休手续至法定退休年龄的实际年度数）－费用扣除标准］×适用税率－速算扣除数｝×办理提前退休手续至法定退休年龄的实际年度数

2. 内部退养取得的一次性补贴。

（1）个人办理内部退养取得一次性补贴的个人所得税计算缴纳规定具体如表15－24所示。

表15－24　内部退养取得的一次性补贴的征税规定

项目	具体规定
税率的确定	以（内部退养费收入/办理内部退养手续后至法定离退休年龄之间的所属月份＋当月工资、薪金收入－月费用扣除标准）计算出的余额为基数确定适用税率和速算扣除数
应纳税所得额	当月工资、薪金收入＋内部退养费收入－月费用扣除标准
应纳税额	应纳税所得额×适用税率－速算扣除数

（2）个人在办理内部退养手续后至法定离退休年龄之间重新就业取得的“工资、薪金”所得，应与其从原任职单位取得的同一月份的“工资、薪金”所得合并，并依法自行向主管税务机关申报缴纳个人所得税。

（3）注意内部退养费与法定离退休工资税收政策的差别：法定离退休工资免税，内部退养费与工资合并计税。

（四）关于“境外所得的税额扣除”的征税问题

为避免重复征税，对居民个人从中国境外取得的所得，准予其在应纳税额中扣除已在境外缴纳的个人所得税税额。但扣除额不得超过该纳税义务人境外所得依照我国税法规定计算的应纳税额，具体如表15－25所示。

表15－25　境外所得的税额扣除

项目	具体内容
扣除方法	限额扣除
抵免限额	居民个人抵免已在境外缴纳的综合所得、经营所得以及其他所得的所得税税额的限额，即境外的综合所得、经营所得以及其他所得按照我国税法规定计算的应该在我国缴纳的个人所得税
已纳税款扣除	纳税人在中国境外一个国家或地区实际已纳个人所得税税额低于抵免限额的，应在中国补缴差额部分的税款；超过抵免限额的，其超过部分不得在本纳税年度的应纳税额中扣除，但可在以后纳税年度的该国家或地区抵免限额的余额中补扣，补扣期最长不得超过5年
扣除凭证	境外税务机关出具的税款所属年度的有关纳税凭证

第四节　税收优惠

一、免征个人所得税的优惠

（1）省级人民政府、国务院部委和中国人民解放军军以上单位，以及外国组织颁发的科学、教育、技术、文化、卫生、体育、环境保护等方面的奖金。

（2）国债、地方政府债券利息和国家发行的金融债券利息。

（3）按国家统一规定发给的补贴、津贴。

（4）福利费（生活补助费）、抚恤金、救济金（生活困难补助费）。

（5）保险赔款。

（6）军人的转业费、复员费。

（7）按国家统一规定发给干部、职工的安家费、退职费、离退休工资、离休生活补助费。

（8）对达到离休、退休年龄，但确因工作需要，适当延长离休、退休年龄的高级专家，其在延长离休、退休期间的工资、薪金所得，视同退休工资、离休工资免征个人所得税。

（9）符合条件的见义勇为者的奖金或奖品，经主管税务机关核准，免征个人所得税。

（10）个人举报、协查各种违法、犯罪行为而获得的奖金。

（11）对居民储蓄存款利息以及证券市场个人投资者取得的证券交易结算资金利息所得，暂免征收个人所得税。

（12）储蓄机构内从事代扣代缴工作的办税人员取得的扣缴利息税手续费所得，个人办理代扣代缴税款手续，按规定取得的扣缴手续费，免征个人所得税。

（13）企业和个人按照省级以上人民政府规定的比例缴付的住房公积金、医疗保险金、基本养老保险金、失业保险金，允许在个人应纳税所得额中扣除；个人领取原提存的住房公积金、医疗保险金、基本养老保险金时，免征个人所得税。

（14）生育妇女按照县级以上人民政府根据国家有关规定制定的生育保险办法，取得的生育津贴、生育医疗费或其他属于生育保险性质的津贴、补贴。

（15）对工伤职工及其近亲属按照《工伤保险条例》规定取得的工伤保险待遇。

（16）对个体工商户或个人，以及个人独资企业和合伙企业从事种植业、养殖业、饲养业和捕捞业（以下简称“四业”），取得的“四业”所得暂不征收个人所得税。

（17）个人转让自用达 5 年以上并且是唯一的家庭居住用房取得的所得。

（18）对个人投资者从投保基金公司取得的行政和解金。

（19）股权分置改革中非流通股股东通过对价方式向流通股股东支付的股份、现金等收入。

（20）对个人转让上市公司股票、征收全国中小企业股份转让系统挂牌公司非原始股（2018.11.1）取得的所得暂免征收个人所得税。

（21）股息红利差别化个人所得税政策：个人从上市公司、全国中小企业股份转让系统挂牌公司处取得的股息红利的征税规定，具体见表15－26所示。

表15－26　股息红利差别化个人所得税政策

类型	应纳税所得额的确定
持股期限≤1个月	股息红利所得全额计入应纳税所得额
1个月<持股期限≤1年	暂减按50%计入应纳税所得额
持股期限>1年	暂免个人所得税

（22）个人取得的下列中奖所得，暂免征收个人所得税：

①单张有奖发票奖金所得不超过800元（含800元）的，暂免征收个人所得税；个人取得单张有奖发票奖金所得超过800元的，应全额按照个人所得税法规定的“偶然所得”项目征收个人所得税。

②购买社会福利有奖募捐奖券、体育彩票一次中奖收入不超过10000元的暂免征收个人所得税，对一次中奖收入超过10000元的，应按税法规定全额征税。

（23）对被拆迁人按规定的标准取得的拆迁补偿款（含因棚户区改造而取得的拆迁补偿款），免征个人所得税。

（24）乡镇企业的职工和农民取得的青苗补偿费，暂不征收个人所得税。

（25）自2018年1月1日至2020年12月31日，对易地扶贫搬迁贫困人口按规定取得的住房建设补助资金、拆旧复垦奖励资金等与易地扶贫搬迁相关的货币化补偿和易地扶贫搬迁安置住房，免征个人所得税。

（26）对个人按《廉租住房保障办法》规定取得的廉租住房货币补贴，免征个人所得税；对于所在单位以廉租住房名义发放的不符合规定的补贴，应征收个人所得税。

（27）自2019年1月1日至2020年12月31日，符合地方政府规定条件的城镇住房保障家庭从地方政府领取的住房租赁补贴，免征个人所得税。

（28）中国政府参加的国际公约、签订的协议中规定免税的所得。

（29）对由亚洲开发银行支付给我国公民或国民（包括为亚行执行任务的专家）的薪金和津贴，凡经亚洲开发银行确认这些人员为亚洲开发银行雇员或执行项目专家的，其取得的符合我国税法规定的有关薪金和津贴等报酬，免征个人所得税。

（30）外籍个人从外商投资企业取得的股息、红利所得。

（31）凡符合下列条件之一的外籍专家取得的工资、薪金所得可免征个人所得税：

①根据世界银行专项贷款协议由世界银行直接派往我国工作的外国专家。

②联合国组织直接派往我国工作的专家。

③为联合国援助项目来华工作的专家。

④援助国派往我国专为该国无偿援助项目工作的专家，除工资、薪金外，其取得的生活津贴也免税。

⑤根据两国政府签订文化交流项目来华工作2年以内的文教专家，其工资、薪金所得

由该国负担的。此外，外国来华文教专家，在我国服务期间，由我方发工资、薪金，并对其住房、使用汽车、医疗实行免费“三包”，可只就工资、薪金所得按照税法规定征收个人所得税；对我方免费提供的住房、使用汽车、医疗，可免予计算纳税。

⑥根据我国大专院校国际交流项目来华工作 2 年以内的文教专家，其工资、薪金所得由该国负担的。

⑦通过民间科研协定来华工作的专家，其工资、薪金所得由该国政府机构负担的。

（32）依照有关法律规定应予免税的各国驻华使馆、领事馆的外交代表、领事官员和其他人员的所得。

（33）自原油期货对外开放之日起，对境外个人投资者投资中国境内原油期货取得的所得，三年内暂免征收个人所得税。

（34）对受北京冬奥组委邀请的，在北京 2022 年冬奥会、冬残奥会、测试赛期间临时来华，从事奥运相关工作的外籍顾问以及裁判员等外籍技术官员取得的由北京冬奥组委、测试赛赛事组委会支付的劳务报酬免征个人所得税。

（35）外籍个人可以享受免税的外籍个人津贴：

①外籍个人以非现金形式或实报实销形式取得的住房补贴、伙食补贴、搬迁费、洗衣费；

②外籍个人按合理标准取得的境内、外出差补贴；

③外籍个人取得符合相关规定的探亲费、语言训练费、子女教育费等，经当地税务机关审核批准为合理的部分。

2019 年 1 月 1 日至 2021 年 12 月 31 日期间，外籍个人符合居民个人条件的，可以选择享受个人所得税专项附加扣除，也可选择按照规定，享受住房补贴、语言训练费、子女教育费等津补贴免税优惠政策，但不得同时享受。外籍个人一经选择，在一个纳税年度内不得变更。

自 2022 年 1 月 1 日起，外籍个人不再享受住房补贴、语言训练费、子女教育费津补贴免税优惠政策，应按规定享受专项附加扣除。

（36）特殊人员就业创业个人所得税优惠。

①关于重点群体创业就业有关个人所得税的规定。自 2019 年 1 月 1 日至 2021 年 12 月 31 日，对建档立卡贫困人口、持《就业创业证》或《就业失业登记证》的人员从事个体经营的，在 3 年（36 个月，下同）内按每户每年 12000 元为限额依次扣减其当年实际应缴纳的增值税、城市维护建设税、教育费附加、地方教育附加和个人所得税。限额标准最高可上浮 20%，各省、自治区、直辖市人民政府可根据本地区实际情况在此幅度内确定具体限额标准。

②关于自主择业的军队转业干部和随军家属就业，以及自主就业退役士兵创业就业有关个人所得税的规定。

对从事个体经营的军队转业干部和随军家属，自领取税务登记证之日起，3 年内免征个人所得税。

2019 年 1 月 1 日至 2021 年 12 月 31 日，对自主就业退役士兵从事个体经营的，自办理个体工商户登记当月起，在 3 年（36 个月，下同）内按每户每年 12000 元为限额依次扣减其当年实际应缴纳的增值税、城市维护建设税、教育费附加、地方教育附加和个人所得税。限额标准最高可上浮20%，各省、自治区、直辖市人民政府可根据本地区实际情况在此幅度内确定具体限额标准。

二、减征个人所得税的优惠

（1）个人投资者持有2019—2023年发行的铁路债券取得的利息收入，减按50%计入应纳税所得额计算征收个人所得税。

铁路债券是指以中国铁路总公司为发行和偿还主体的债券，包括中国铁路建设债券、中期票据、短期融资券等债务融资工具。

（2）自2019年1月1日起至2023年12月31日，一个纳税年度内在船航行时间累计满183天的远洋船员，其取得的工资薪金收入减按50%计入应纳税所得额，依法缴纳个人所得税。

远洋船员是指在海事管理部门依法登记注册的国际航行船舶船员和在渔业管理部门依法登记注册的远洋渔业船员。在船航行时间是指远洋船员在国际航行或作业船舶和远洋渔业船舶上的工作天数。

一个纳税年度内的在船航行时间为一个纳税年度内在船航行时间的累计天数。远洋船员可选择在当年预扣预缴税款或者次年个人所得税汇算清缴时享受上述减征优惠政策。

（3）有下列情形之一的，可以减征个人所得税，具体幅度和期限，由省、自治区、直辖市人民政府规定，并报同级人民代表大会常务委员会备案：

①残疾、孤老人员和烈属的所得。

②因严重自然灾害造成重大损失的。

③国务院可以规定其他减税情形，报全国人民代表大会常务委员会备案。

第五节　税款报缴

一、自行申报纳税

纳税人符合以下条件，应当依法办理纳税申报，具体如表15－27所示。

表15－27　自行申报纳税的情形和时限

情形	自行申报的时限	申报地点
1. 取得综合所得需要办理汇算清缴	次年3月1日至6月30日	（1）任职、受雇地税务机关办理纳税申报 （2）纳税人有两处以上任职、受雇单位的，选择向其中一处任职、受雇单位所在地主管税务机关办理纳税申报 （3）纳税人没有任职、受雇单位的，向户籍所在地或经常居住地主管税务机关办理纳税申报

续表

情形	自行申报的时限	申报地点
2. 取得应税所得没有扣缴义务人	经营所得，月度或季度终了后15日内预缴；次年3月31日前汇算清缴	（1）经营地税务机关办理年度汇总申报 （2）从两处以上取得经营所得的，选择向其中一处经营管理所在地主管税务机关办理年度汇总申报
3. 取得应税所得，扣缴义务人未扣缴税款（居民个人综合所得除外）	取得所得的次年6月30日前或离境前	（1）向扣缴义务人所在地主管税务机关办理纳税申报 （2）两个以上扣缴义务人均未扣缴税款的，选择向其中一处扣缴义务人所在地主管税务机关办理纳税申报 （3）取得利息、股息、红利所得，财产租赁所得按照相关规定缴纳
4. 取得境外所得	应当在取得所得的次年3月1日至6月30日内申报纳税	（1）任职、受雇地税务机关办理纳税申报 （2）纳税人没有任职、受雇单位的，向户籍所在地或经常居住地主管税务机关办理纳税申报 （3）户籍所在地与中国境内经常居住地不一致的，选择其中一地主管税务机关办理纳税申报 （4）在中国境内没有户籍的，向中国境内经常居住地主管税务机关办理纳税申报
5. 因移居境外注销中国户籍	应当在申请注销中国户籍前办理税款清算	户籍地主管税务机关办理纳税申报
6. 非居民个人在中国境内从两处以上取得工资、薪金所得	应当在取得所得的次月15日内申报	选择任职、受雇单位所在地主管税务机关办理纳税申报（其中一处）
7. 国务院规定的其他情形	—	—

二、全员全额扣缴申报纳税

扣缴义务人向个人支付应税款项时，应当依照个人所得税法规定预扣或者代扣税款，按时缴库，并专项记载备查。

全员全额扣缴申报，是指扣缴义务人应当在代扣税款的次月15日内，向主管税务机关报送其支付所得的所有个人的有关信息、支付所得数额、扣除事项和数额、扣缴税款的具体数额和总额以及其他相关涉税信息资料。

（一）扣缴义务人和代扣预扣税款的范围

（1）扣缴义务人，是指向个人支付所得的单位或者个人。

（2）实行个人所得税全员全额扣缴申报的应税所得包括：征税范围9项中除了“经营所得”外的其他8项。

（二）扣缴义务人的责任与义务

（1）支付工资、薪金所得的扣缴义务人应当于年度终了后 2 个月内，向纳税人提供其个人所得和已扣缴税款等信息。纳税人年度中间需要提供上述信息的，扣缴义务人应当提供。

纳税人取得除工资、薪金所得以外的其他所得，扣缴义务人应当在扣缴税款后，及时向纳税人提供其个人所得和已扣缴税款等信息。

（2）扣缴义务人应当按照纳税人提供的信息计算税款、办理扣缴申报，不得擅自更改纳税人提供的信息。

扣缴义务人发现纳税人提供的信息与实际情况不符的，可以要求纳税人修改。纳税人拒绝修改的，扣缴义务人应当报告税务机关，税务机关应当及时处理。

纳税人发现扣缴义务人提供或者扣缴申报的个人信息、支付所得、扣缴税款等信息与实际情况不符的，有权要求扣缴义务人修改。扣缴义务人拒绝修改的，纳税人应当报告税务机关，税务机关应当及时处理。

（3）对扣缴义务人按照规定扣缴的税款，按年付给 2% 的手续费。不包括税务机关、司法机关等查补或者责令补扣的税款。

（三）代扣代缴期限

扣缴义务人每月或者每次预扣、代扣的税款，应当在次月 15 日内缴入国库，并向税务机关报送《个人所得税扣缴申报表》。

复习思考题

1. 个人所得税三种征收模式分别具有哪些优劣势？
2. 我国个人所得税有哪些基本特征？
3. 居民个人和非居民个人之间的划分标准和具体区别是什么？
4. 我国个人所得税具体对哪些所得项目征税？
5. 如何计算和确定各个税目的应纳税所得额和应纳税额？
6. 我国现行个人所得税的优惠政策有哪些？

第十六章 社会保险费

问题导入

甲公司职工王某已参加职工基本养老保险，月工资15000元。已知甲公司所在地职工月平均工资为4000元，月最低工资标准为2000元。试计算甲公司每月应从王某工资中扣缴基本养老保险费为多少？

第一节　社会保险费概述

一、社会保险费的概念

社会保险费，是指国家依法建立的，由国家、用人单位和个人共同筹集资金、建立基金，使个人在年老（退休）、患病、工伤（因工伤残或者患职业病）、失业、生育等情况下获得物质帮助和补偿的一种社会保障制度。目前，我国社会保险费主要包括基本养老保险、基本医疗保险、生育保险、工伤保险、失业保险等。2019年3月6日，国务院办公厅印发了《关于全面推进生育保险和职工基本医疗保险合并实施的意见》（国办发〔2019〕10号），全面推进生育保险和职工基本医疗保险两项保险合并实施，参加职工基本医疗保险的职工同步参加生育保险，统一基金征缴和管理，生育保险基金并入职工基本医疗保险基金合并编制预算并建账核算。

社会保险费制度具有以下两项功能：一方面，社会保险费是对社会分配的参与，通过其分配机制的特有功能，缓解社会分配不公平所造成的影响，为社会成员提供基本生活保障；另一方面，社会保险费对稳定社会秩序发挥着重要作用，为社会成员在遭受各种风险时提供必要的生存保障，并具有激励自足的功能。

二、社会保险费的特征

1. 显著的国家干预性。社会保险费是国家为了社会稳定和谐，运用国家权力强制干预社会财富的分配和再分配的重要方式。社会保险费制度关系的产生、变更和消灭都必须依照社会保险费的相关规定。

2. 广泛的社会性。社会保险费制度调整的主体具有多元性，参加社会保险活动的主体包括管理人、监督人、保险人投保人、受益人、鉴定人、代办人、投资人、服务人等类型。社会保险费制度适用对象几乎涉及所有社会组织和个人。

3. 人道性。社会保险费的人道性体现在社会成员之间的互助共济。社会保险费制度通过风险共担的社会责任机制对社会成员中的老年人、未成年人、残疾人、疾病患者等弱势群体提供社会救助，国家总是对处于劣势的当事人一方予以特别的保护。

4. 实体法和程序法的统一性。社会保险费制度的调整对象是一个由社会保险领域中各种社会关系所构成的系统，社会保险费立法必须与各种社会保险关系的特定内容和运行环节相对应。

5. 立法技术的特定性。社会保险可持续发展和偿付能力的维持必须以数理计算为基础，遵循“大数法则”和“平均数法则"。这就要求社会保险费制度的制定不仅要广泛吸纳其他一般法律的手段以集合社会力量保障社会安全，而且还需要运用一定的数理技术将风险分散到最低限度，将费率降到最低限度。因此，社会保险立法体现出自身独特的技术性特征。

三、社会保险费的基本原则

1. 普遍保障性原则。普遍保障性原则是指对公民实行普遍的社会保障。社会保障应当尽力覆盖到每一个劳动者。社会保险权具有人权的性质。我国的社会保障制度是在逐步扩大职工劳动者社会保险及其他保障制度的实施范围和完善项目设置，并改革不合理内容的过程中发展起来的。

2. 基本保障原则。基本保障原则是指国家和社会给予公民的保障首先是满足基本生活需要和提供基本生存条件的保障。一方面可以防止超出现实可能的过高标准造成国家财政、用人单位和个人负担过重；另一方面就某些社会保险而言，如失业保险，可以避免有劳动能力的人过分依赖社会保险，而放弃以劳动为本的生存方式。

3. 合理性原则。合理性原则是指社会保险水平应当与经济社会发展水平相适应，这是对基本保障方针的具体化。宪法规定，国家建立健全同经济发展水平相适应的社会保障制度。经济社会发展是社会保险赖以存在的基础，社会保险不可能超越经济社会发展阶段。

4. 国家承担最终责任原则。国家承担最终责任原则是指国家不仅是社会保险制度的发起者和监督者，也是社会保险制度的资助者和保证者，是最终责任的承担者。国家建立基本养老保险、基本医疗保险、生育保险、工伤保险、失业保险等社会保险制度，保障公民在年老、疾病、生育、工伤、失业等情况下依法从国家和社会获得物质帮助的权利。

5. 多层次原则。社会保险的多层次表现在除了基本养老保险、基本医疗保险外，还有补充养老保险（企业年金和职业年金）、补充医疗保险，商业人寿、健康保险也是更大范围上的补充保险。

6. 社会化原则。社会化原则是指社会保险资金来源的社会化、社会保险管理的社会化和社会保险责任的社会化。国家多渠道筹集社会保险资金，它包括用人单位和个人的社会保险费、各级政府财政补助、投资收益、滞纳金和其他收入。作为战略储备的全国社会保障基金的筹资主渠道包括：中央财政预算拨款、国有股减持或转持划入资金或股权资产、经国务院批准的以其他方式筹集的资金投资收益等，体现了雇主、被保险人及政府三方负担的筹集方式。

第二节　基本养老保险

一、基本养老保险的内涵界定

基本养老保险制度，是指缴费达到法定期限并且个人达到法定退休年龄后，国家和社会提供物质帮助以保证因年老而退出劳动领域者稳定、可靠的生活来源的社会保险制度。基本养老保险是社会保险体系中最重要、实施最广泛的一项制度。

基本养老保险制度由职工基本养老保险制度、公务员和参公管理工作人员养老保险制度、新型农村社会养老保险制度、城镇居民社会养老保险制度等四个部分组成。2014 年，国务院通过发文将新型农村社会养老保险和城镇居民社会养老保险两项制度合并实施，在全国范围内建立了统一的城乡居民基本养老保险制度。

二、职工基本养老保险

（一）职工基本养老保险的缴费主体

职工基本养老保险缴费主体包括以下几类：

（1）各类企业及其职工。这类企业包括国有企业、城镇集体企业、外商投资企业、城镇私营企业等。

（2）事业单位及其工作人员。除了参照《公务员法》管理，履行公共管理职能的事业单位之外，实行企业化管理的事业单位和以科、教、文、卫为代表的公益性事业单位都参加职工基本养老保险。

（3）灵活就业人员。这类人员是指以非全日制、临时性、季节性、弹性工作等灵活多样的形式实现就业的人员，包括无雇工的个体工商户、非全日制从业人员以及律师、会计师、自由撰稿人、演员等自由职业者。

（4）中国境内就业的外国人。外国人在中国境内就业的，按照相关规定参加社会保险。

基本养老保险缴费主体规定，具体如表16－1所示。

表16－1　基本养老保险的缴费主体

种类	缴费主体
职工基本养老保险	包括：所有类型的企业及其职工（包括实行“企业化管理”的事业单位及其职工）
	不包括：公务员和参照公务员管理的工作人员，其养老办法由国务院规定
	注意：“灵活就业人员”可以参加“基本养老保险”和“基本医疗保险”，由个人缴纳保险费。灵活就业人员包括：无雇工的个体工商户、未在用人单位参加社保的非全日制从业人员等
城乡居民基本养老保险	年满16周岁的非在校学生；非公务员；非职工

由表16－1所知：（1）职工基本养老保险费的缴费主体包括国有企业、城镇集体企业、外商投资企业、城镇私营企业和其他城镇企业及其职工，实行企业化管理的事业单位及其职工。这是基本养老保险的主体部分。（2）年满16周岁（不含在校学生），非国家机关和事业单位工作人员及不属于职工基本养老保险制度覆盖范围的城乡居民，可以在户籍地参加城乡居民养老保险。（3）无雇工的个体工商户、未在用人单位参加基本养老保险的非全日制从业人员以及其他灵活就业人员可以参加基本养老保险，由个人缴纳基本养老保险费。（4）公务员和参照公务员管理的工作人员养老保险的办法由国务院规定。（5）在校学生无基本养老保险，但可通过学校缴纳基本医疗保险，属于城乡居民基本医疗保险的覆盖范围。

【例16－1 多选题】 根据社会保险法律制度的规定，参加职工基本养老保险的下列人员中，基本养老保险费全部由个人缴纳的有（　　）。

A. 城镇私营企业的职工

B. 无雇工的个体工商户

C. 未在用人单位参加基本养老保险的非全日制从业人员

D. 实行企业化管理的事业单位职工

【答案】 BC

（二）职工基本养老保险的组成和来源

1. 职工基本养老保险实行社会统筹与个人账户相结合。 职工基本养老保险由统筹养

老金和个人账户养老金组成。其中：社会统筹，是指统收养老保险缴费和统支养老金，确保收支平衡的公共财务系统；个人账户不得提前支取，记账利率不得低于银行定期存款利率，且免征利息个人所得税；参加职工基本养老保险的个人死亡后，其个人账户中的余额可以全部依法继承；个人跨统筹地区就业的，其基本养老保险关系随本人转移，缴费年限累计计算。个人达到法定退休年龄时，基本养老金分段计算、统一支付。

2. 职工基本养老保险基金由用人单位和个人缴费以及政府补贴等组成。用人单位应当按照国家规定的本单位职工工资总额的比例缴纳基本养老保险费，记入基本养老保险统筹基金。

职工按照国家规定的本人工资的比例缴纳基本养老保险费，记入个人账户。

基本养老保险基金出现支付不足时政府给予补贴。

无雇工的个体工商户、未在用人单位参加基本养老保险的非全日制从业人员以及其他灵活就业人员参加基本养老保险的，应当按照国家规定缴纳基本养老保险费，分别记入基本养老保险统筹基金和个人账户。

（三）职工基本养老保险的缴费基数和比例

1. 单位缴费。用人单位应当按照国家规定的本单位职工工资总额的比例缴纳基本养老保险费，记入基本养老保险统筹基金。自 2019 年 5 月 1 日起，降低城镇职工基本养老保险（包括企业和机关事业单位基本养老保险）单位缴费比例。各省、自治区、直辖市及新疆生产建设兵团养老保险单位缴费比例高于16%的，可降至16%；目前低于16%的，要研究提出过渡办法。

2. 个人缴费。职工个人按照本人月缴费工资的8%缴费，记入个人账户，即：

个人养老账户月存储额 = 本人月缴费工资 ×8%

其中：

（1）缴费工资（缴费工资基数）一般为职工本人上一年度月平均工资（有条件的地区也可以本人上月工资收入为个人缴费工资基数）。

（2）本人月平均工资低于当地职工月平均工资60%的，按当地职工月平均工资的60%作为缴费基数。本人月平均工资高于当地职工月平均工资300%的，按当地职工月平均工资的300%作为缴费基数，超过部分不计入缴费工资基数，也不计入计发养老金的基数。

各省应以本省城镇非私营单位就业人员平均工资和城镇私营单位就业人员平均工资加权计算的全口径城镇单位就业人员平均工资，核定社保个人缴费基数上下限。

（3）城镇个体工商户和灵活就业人员按照上述口径计算的本地全口径城镇单位就业人员平均工资核定社保个人缴费基数上下限，允许缴费人在60%至300%之间选择适当的缴费基数。缴费比例为20%，其中8%记入个人账户。

（4）月平均工资按照国家统计局规定列入工资总额统计的项目计算，包括工资、奖金、津贴、补贴等收入，不包括用人单位承担或者支付给员工的社会保险费、劳动保护费、福利费、用人单位与员工解除劳动关系时支付的一次性补偿以及计划生育费用等其他不属于工资的费用。

（5）新招职工（包括研究生、大学生、大中专毕业生等）以起薪当月工资收入作为缴费工资基数；从第二年起，按上一年实发工资的月平均工资作为缴费工资基数。

（6）个人缴费不计征个人所得税，在计算个人所得税的应税收入时，应当扣除个人缴纳的养老保险费。

【例 16-2 单选题】根据社会保险法律制度的规定，下列关于职工基本养老保险个人账户的表述中，不正确的是（　　）。

A. 个人账户记账利息计征利息税

B. 参保职工死亡后，其个人账户中的余额可以全部依法继承

C. 个人账户不得提前支取

D. 职工按照国家规定缴纳的基本养老保险费记入个人账户

【答案】A

（四）职工基本养老保险的享受条件与待遇

1. 享受条件。

（1）年龄条件：达到法定退休年龄。具体如表 16-2 所示。

表 16-2　　享受基本养老保险的年龄条件

<table>
<tr><td rowspan="3">正常</td><td>男</td><td colspan="2">60 岁</td></tr>
<tr><td rowspan="2">女</td><td>干部</td><td>55 岁</td></tr>
<tr><td>工人</td><td>50 岁</td></tr>
<tr><td rowspan="4">特殊</td><td rowspan="2">从事井下、高温、高空、特别繁重体力劳动或其他有害身体健康工作</td><td>男</td><td>55 岁</td></tr>
<tr><td>女</td><td>45 岁</td></tr>
<tr><td rowspan="2">因病或非因工致残，鉴定确认完全丧失劳动能力</td><td>男</td><td>50 岁</td></tr>
<tr><td>女</td><td>45 岁</td></tr>
</table>

（2）缴费年限条件：15 年。参加职工基本养老保险的个人，达到法定退休年龄时累计缴费满 15 年的，按月领取基本养老金。

2. 享受待遇。

（1）职工基本养老金。对符合基本养老保险享受条件的人员，国家按月支付基本养老金。

（2）丧葬补助金和遗属抚恤金。参加基本养老保险的个人，因病或者非因工死亡的，其遗属可以领取丧葬补助金和抚恤金，所需资金从基本养老保险基金中支付。

如果个人死亡同时符合领取基本养老保险丧葬补助金、工伤保险丧葬补助金和失业保险丧葬补助金条件的，其遗属只能选择领取其中的一项。

（3）病残津贴。参加基本养老保险的个人，在未达到法定退休年龄时因病或者非因工致残完全丧失劳动能力的，可以领取病残津贴，所需资金从基本养老保险基金中支付。

【例 16 - 3 多选题】据社会保险法律制度的规定，下列关于职工基本养老保险待遇的表述中，正确的有（　　）。

A. 参保职工未达到法定退休年龄时因病致残完全丧失劳动能力的，可以领取病残津贴

B. 参保职工死亡后，其个人账户中的余额可以全部依法继承

C. 参保职工达到法定退休年龄时累计缴费满 15 年，按月领取基本养老金

D. 参保职工死亡同时符合领取基本养老保险丧葬补助金、工伤保险丧葬补助金和失业保险丧葬补助金条件的，其遗属可以同时领取

【答案】ABC

二、公务员和参公管理工作人员养老保险

公务员和参照公务员管理工作人员养老保险的办法由国务院规定。

公务员和参照公务员管理工作人员养老保险适用对象如下：

（1）公务员，是指履行公职、纳入国家行政编制、由国家财政负担工资福利的工作人员。

（2）参照《中华人民共和国公务员法》（以下简称《公务员法》）管理的工作人员。这些管理单位及其工作人员应当符合以下基本条件：①法律法规授权的具有公共事务管理职能的事业单位；②除工勤人员（劳动者）以外的工作人员；③经批准参照《公务员法》进行管理、符合条件的事业单位，应由主管部门提交审批表等材料经当地组织部门或人事部门批准。

三、城乡居民社会养老保险

2014 年 2 月 21 日，国务院发布《国务院关于建立统一的城乡居民基本养老保险制度的意见》（国发〔2014〕8 号），将新型农村社会养老保险和城镇居民社会养老保险两项制度合并实施，在全国范围内建立统一的城乡居民基本养老保险制度。

（一）新型农村社会养老保险

1. 新型农村社会养老保险的基本内涵和参保主体。

（1）基本内涵。新型农村社会养老保险是以保障农村居民年老时的基本生活为目的，由政府组织实施的一项社会养老保险制度。实行社会统筹与个人账户相结合，与家庭养老、土地保障、社会救助等其他社会保障政策措施相配套。

（2）参保主体。年满 16 周岁（不含在校学生）、未参加城镇职工基本养老保险的农村居民，可以在户籍地自愿参加新型农村社会养老保险。

2. 新型农村社会养老保险的组成来源和缴费模式。新型农村社会养老保险实行个人缴费、集体补助和政府补贴相结合。

（1）个人缴费。参加新型农村社会养老保险的农村居民应当按规定缴纳养老保险费。缴费标准目前设为每年 100 元、200 元、300 元、400 元、500 元 5 个档次，地方可以根据实际情况增设缴费档次。参保人自主选择档次缴费，多缴多得。国家依据农村居民人均纯收入增长等情况适时调整缴费档次。

（2）集体补助。有条件的村集体应当对参保人缴费给予补助，补助标准由村民委员会召开村民会议民主确定。鼓励其他经济组织、社会公益组织、个人为参保人缴费提供资助。

（3）政府补贴。

①政府对符合领取条件的参保人全额支付新型农村社会养老保险基础养老金，其中中央财政对中西部地区按中央确定的基础养老金标准给予全额补助，对东部地区给予 50% 的补助。

②地方政府应当对参保人缴费给予补贴，补贴标准不低于每人每年 30 元；对选择较高档次标准缴费的，可给予适当鼓励，具体标准和办法由省、自治区、直辖市人民政府确定。

③对农村重度残疾人等缴费困难群体，地方政府为其代缴部分或全部最低标准的养老保险费。

3. 新型农村社会养老保险的享受条件和待遇。

（1）享受条件。年满 60 周岁、未享受城镇职工基本养老保险待遇的农村有户籍的老年人，可以按月领取养老金。

新型农村社会养老保险制度实施时：

①已年满 60 周岁、未享受城镇职工基本养老保险待遇的，不用缴费，可以按月领取基础养老金，但其符合参保条件的子女应当参保缴费；

②距领取年龄不足 15 年的，应按年缴费，也允许补缴，累计缴费不超过 15 年；

③距领取年龄超过 15 年的，应按年缴费，累计缴费不少于 15 年。

（2）享受待遇。

①新型农村社会养老保险待遇由基础养老金和个人账户养老金组成。参加新型农村社会养老保险的农村居民，符合国家规定条件的，按月领取新型农村社会养老保险待遇。

②中央确定的基础养老金标准为每人每月 55 元。地方政府可以根据实际情况提高基础养老金标准，对于长期缴费的农村居民，可适当加发基础养老金，提高和加发部分的资金由地方政府支出。

（二）城镇居民社会养老保险

1. 城镇居民社会养老保险的基本内涵和参保主体。城镇居民社会养老保险是指城镇户籍非从业人员的养老保险制度。

年满 16 周岁（不含在校学生）、不符合职工基本养老保险参保条件的城镇非从业居民，可以在户籍地自愿参加城镇居民养老保险。

2. 城镇居民社会养老保险的组成来源和缴费模式。城镇居民养老保险基金主要由个人缴费和政府补贴构成。

（1）个人缴费。参加城镇居民养老保险的城镇居民应当按规定缴纳养老保险费。缴费标准目前设为不同档次，地方人民政府可以根据实际情况增设缴费档次。参保人自主选择档次缴费，多缴多得。国家依据经济发展和城镇居民人均可支配收入增长等情况适时调整缴费档次。

（2）政府补贴。①政府对符合待遇领取条件的参保人全额支付城镇居民养老保险基础养老金。其中，中央财政对中西部地区按中央确定的基础养老金标准给予全额补助，对东部地区给予50%的补助。

②地方人民政府应对参保人员缴费给予补贴，补贴标准不低于每人每年30元；对选择较高档次标准缴费的，可给予适当鼓励，具体标准和办法由省（区、市）人民政府确定。对城镇重度残疾人等缴费困难群体，地方人民政府为其代缴部分或全部最低标准的养老保险费。

（3）其他资助。鼓励其他经济组织、社会组织和个人为参保人缴费提供资助。

3. 城镇居民社会养老保险的享受条件和待遇。

（1）享受条件。参加城镇居民养老保险的城镇居民，年满60周岁，可按月领取养老金。

城镇居民养老保险制度实施时：

①已年满60周岁，未享受职工基本养老保险待遇以及国家规定的其他养老待遇的，不用缴费，可按月领取基础养老金；

②距领取年龄不足15年的，应按年缴费，也允许补缴，累计缴费不超过15年；

③距领取年龄超过15年的，应按年缴费，累计缴费不少于15年。

（2）享受待遇。养老金待遇由基础养老金和个人账户养老金构成，支付终身。

中央确定的基础养老金标准为每人每月55元。地方人民政府可以根据实际情况提高基础养老金标准，对于长期缴费的城镇居民，可适当加发基础养老金，提高和加发部分的资金由地方人民政府支出。

参保人员死亡，个人账户中的资金余额，除政府补贴外，可以依法继承；政府补贴余额用于继续支付其他参保人的养老金。

第三节　基本医疗保险与生育保险

2019年3月6日，国务院办公厅印发《关于全面推进生育保险和职工基本医疗保险合并实施的意见》（国办发〔2019〕10号），推进生育保险和职工基本医疗保险两项保险合并实施，统一参保登记，即参加职工基本医疗保险的在职职工同步参加生育保险。统一基金征缴和管理，生育保险基金并入职工基本医疗保险基金，按照用人单位参加生育保险和职工基本医疗保险的缴费比例之和确定新的用人单位职工基本医疗保险费率，个人不缴纳生育保险费。两项保险合并实施后实行统一定点医疗服务管理，统一经办和信息服务。确保职工生育期间的生育保险待遇不变。

有鉴于此，本节将具体阐述我国基本医疗保险与生育保险的相关规定。

一、基本医疗保险

（一）基本医疗保险的内涵概述

基本医疗保险，是指按照国家规定缴纳一定比例的医疗保险费，参保人因患病和意外伤害而就医诊疗，由医疗保险基金支付其一定医疗费用的社会保险制度。具体包括职工基本医疗保险、新型农村合作医疗制度、城镇居民基本医疗保险等三种类型。2016 年 1 月 3 日，国务院印发《关于整合城乡居民基本医疗保险制度的意见》（国发〔2016〕3 号），整合城镇居民基本医疗保险和新型农村合作医疗两项制度，建立统一的城乡居民基本医疗保险。

（二）职工基本医疗保险

1. 职工基本医疗保险的缴费主体。职工应当参加职工基本医疗保险，由用人单位和职工按照国家规定共同缴纳基本医疗保险费。具体缴费主体包括：国有企业、城镇集体企业、外商投资企业、城镇私营企业和其他城镇企业及其职工，国家机关及其工作人员，事业单位及其职工，民办非企业单位及其职工，社会团体及其专职人员。

无雇工的个体工商户、未在用人单位参加基本医疗保险的非全日制从业人员以及其他灵活就业人员可以参加职工基本医疗保险，由个人按照国家规定缴纳基本医疗保险费。

2. 职工基本医疗保险的缴费基数、比例和年限。

（1）缴费基数和比例。职工基本医疗保险采用“统账结合”模式，即分别设立社会统筹基金和个人账户基金。

①单位缴费：单位缴费率一般为职工工资总额的 6% 左右；用人单位缴纳的基本医疗保险费分为两部分，一部分用于建立统筹基金，一部分划入个人账户；用人单位缴费部分划入个人账户的具体比例，一般为 30% 左右。

②个人缴费：个人缴费率一般为本人工资收入的 2% 。

（2）缴费年限。个人跨统筹地区就业的，其基本医疗保险关系随本人转移，缴费年限累计计算；参加职工基本医疗保险的个人，达到法定退休年龄时累计缴费达到国家规定年限的，退休后不再缴费，享受基本医疗保险待遇；未达到国家规定缴费年限的，可以缴费至国家规定年限；目前对最低缴费年限没有全国统一的规定，由各统筹地区根据本地情况确定。

3. 职工基本医疗保险费用的结算。

（1）基本规定。参保人员符合基本医疗保险药品目录、诊疗项目、医疗服务设施标准以及急诊、抢救的医疗费用，按照国家规定从基本医疗保险基金中支付。

（2）结算方式。参保人员医疗费用中应当由基本医疗保险基金支付的部分，由社会保

险经办机构与医疗机构、药品经营单位直接结算。

（3）享受待遇条件。

①参保人员必须到基本医疗保险的定点医疗机构就医、购药或到定点零售药店购买药品。

②参保人员在看病就医过程中所发生的医疗费用必须符合基本医疗保险药品目录、诊疗项目、医疗服务设施标准的范围和给付标准。

（4）结算标准。参保人员符合基本医疗保险支付范围的医疗费用中，在社会医疗统筹基金起付标准以上与最高支付限额以下的费用部分，由社会医疗统筹基金按一定比例支付。

①起付标准（起付线）：一般为当地职工年平均工资的10%左右。

②最高支付限额（封顶线）：一般为当地职工年平均工资的6倍左右。支付比例一般为90%。

③参保人员符合基本医疗保险支付范围的医疗费用中，在社会医疗统筹基金起付标准以下的费用部分，由个人账户资金支付或个人自付。

统筹基金起付线以上至封顶线以下的费用部分，个人也要承担一定比例的费用，一般为10%，可由个人账户支付也可自付。

参保人员在封顶线以上的医疗费用部分，可以通过单位补充医疗保险或参加商业保险等途径解决。

（5）不纳入基本医疗保险基金支付范围。

①应当从工伤保险基金中支付的。

②应当由第三人负担的（第三人不支付或者无法确定第三人的，由基本医疗保险基金先行支付，然后向第三人追偿）。

③应当由公共卫生负担的。

④在境外就医的。

（三）城乡居民基本医疗保险

1. 城乡居民基本医疗保险的缴费主体。城乡居民基本医疗保险包括新型农村合作医疗和城镇居民基本医疗保险两项制度，覆盖除职工基本医疗保险应参保人员以外的其他所有城乡居民，统一保障待遇。

2. 新型农村合作医疗。新型农村合作医疗制度是由政府组织、引导、支持，农民自愿参加，个人、集体和政府多方筹资，以大病统筹为主的农民医疗互助共济制度。所有农村居民都可以家庭为单位自愿参加。

新型农村合作医疗制度实行个人缴费、集体扶持和政府资助相结合的筹资机制。

新型农村合作医疗制度一般采取以县（市）为单位进行统筹。

3. 城镇居民基本医疗保险。城镇居民医疗保险是指以没有参加城镇职工医疗保险的城镇未成年人和没有工作的居民为主要参保对象的医疗保险制度。

（1）参保对象。不属于城镇职工基本医疗保险制度覆盖范围的中小学阶段的学生（包括职业高中、中专、技校学生）、少年儿童和其他非从业城镇居民都可自愿参加城镇居民基本医疗保险。

（2）缴费补助。

①城镇居民基本医疗保险实行个人缴费和政府补贴相结合。

②享受最低生活保障的人、丧失劳动能力的残疾人、低收入家庭60周岁以上的老年人和未成年人等所需个人缴费部分，由政府给予补贴。

二、生育保险

（一）生育保险的基本内涵和缴费主体

生育保险是指国家通过立法，在怀孕和分娩的妇女劳动者暂时中断劳动时，由国家和社会提供医疗服务、生育津贴和产假的一种社会保险制度，国家或社会对生育的职工给予必要的经济补偿和医疗保健的社会保险制度。

职工应当参加生育保险，由用人单位按照国家规定缴纳生育保险费，职工不缴纳生育保险费。

（二）生育保险的缴费基数和比例

生育保险根据“以支定收，收支基本平衡”的原则筹集资金，由企业按照其工资总额的一定比例向社会保险经办机构缴纳生育保险费，建立生育保险基金。

生育保险费的提取比例由当地人民政府根据计划内生育人数和生育津贴、生育医疗费等项费用确定，并可根据费用支出情况适时调整，但最高不得超过工资总额的1%。

企业缴纳的生育保险费作为期间费用处理，列入企业管理费用。

（三）生育保险的享受条件和待遇

1. 享受条件。

（1）申请主体是参加了生育保险的职工或职工的未就业配偶。用人单位已经缴纳生育保险费的，其职工享受生育保险待遇；职工未就业配偶按照国家规定享受生育医疗费用待遇。

（2）符合国家计划生育的规定。

（3）建立合法、有效的婚姻关系。

（4）符合生育保险的就医、药品、诊疗和医疗服务设施的规定。

2. 享受待遇。

（1）生育医疗费用。具体包括：生育的医疗费用；计划生育的医疗费用；法律、法规规定的其他项目费用。

（2）生育津贴。女职工生育享受产假；享受计划生育手术产假；法律法规规定的其他情形。

生育津贴按照职工所在用人单位上年度职工平均工资计发。

此外，女职工生育期间的特殊劳动保护和职业保障也应当被重视。

第四节 工伤保险

一、工伤保险的基本内涵

工伤保险，是指劳动者在职业工作中或规定的特殊情况下遭遇意外伤害或职业病，导致暂时或永久丧失劳动能力以及死亡时，劳动者或其遗属能够从国家和社会获得物质帮助的社会保险制度。

二、工伤保险的缴费主体、基数和比例

1. 缴费主体。中国境内的企业、事业单位、社会团体、民办非企业单位、基金会、律师事务所、会计师事务所等组织和有雇工的个体工商户（以下简称用人单位）应当依照《工伤保险条例》的规定参加工伤保险，为本单位全部职工或者雇工缴纳工伤保险费，职工不缴纳。

公务员和参照《公务员法》管理的事业单位、社会团体的工作人员因工作遭受事故伤害或者患职业病的，由所在单位支付费用，具体办法由国务院社会保险行政部门会同国务院财政部门规定。

【例 16 -4 多选题】 根据社会保险法律制度的规定，下列人员中，属于工伤保险覆盖范围的有（　　）

A. 国有企业职工　　B. 民办非企业单位职工

C. 个体工商户的雇工　　D. 事业单位职工

【答案】 ABCD

2. 缴费基数和比例。用人单位缴纳工伤保险费的数额为本单位职工工资总额乘以单位缴费费率之积，具体公式为：

工伤保险费 = 本单位职工工资总额 × 单位缴费费率。

难以按工资总额缴费的，其缴纳工伤保险费的具体方式，由国务院社会保险行政部门规定。

三、工伤保险的享受条件和待遇

1. 工伤医疗待遇。

（1）条件。职工因工作原因受到事故伤害或者患职业病，且经工伤认定的，享受工伤医疗待遇。

（2）内容：

①治疗工伤的医疗费用（诊疗费、药费、住院费）；

②住院伙食补助费、交通食宿费；

③康复性治疗费；

④停工留薪期工资福利待遇。

（3）停工留薪期：

①职工因工作遭受事故伤害或者患职业病需要暂停工作接受工伤医疗的，在停工留薪期内，职工的原工资福利待遇不变，由所在单位按月支付。

②停工留薪期一般不超过12个月；伤情严重或者情况特殊，经设区的市级劳动能力鉴定委员会确认，可以适当延长，但延长不得超过12个月。

③工伤职工评定伤残等级后，停止享受停工留薪期待遇，按照规定享受伤残待遇；工伤职工在停工留薪期满后仍需治疗的，继续享受工伤医疗待遇。

④生活不能自理的工伤职工在停工留薪期需要护理的，由所在单位负责。

⑤工伤职工治疗非工伤引发的疾病，不享受工伤医疗待遇，按照基本医疗保险办法处理。

2. 辅助器具装配费。

3. 伤残待遇。

（1）条件。经劳动能力鉴定委员会鉴定，评定伤残等级的工伤职工，享受伤残待遇。

（2）内容：

①生活护理费。工伤职工已经评定伤残等级并经劳动能力鉴定委员会确认需要生活护理的，从工伤保险基金按月支付生活护理费。

②一次性伤残补助金。职工因工致残被鉴定为一级至十级伤残的，从工伤保险基金按伤残等级支付一次性伤残补助金。

③伤残津贴、一次性工伤医疗补助金和一次性伤残就业补助金的支付，具体标准与内容如表16-3所示。

表16-3　工伤保险的伤残待遇

伤残等级	能否解除劳动合同	领取内容
1—4级	否	伤残津贴（工伤保险基金负担）
5—6级	本人提出：能	（1）一次性工伤医疗补助金（工伤保险基金负担） （2）一次性伤残就业补助金（用人单位负担）
	本人未提出：否	（1）能适当工作：工资 （2）难以安排工作：伤残津贴（用人单位负担）

续表

伤残等级	能否解除劳动合同	领取内容
7—10 级	劳动合同期满：能 本人提出：能	（1）一次性工伤医疗补助金（工伤保险基金负担） （2）一次性伤残就业补助金（用人单位负担）
	其他情形：否	正常工作、正常领取工资

4. 工亡待遇。

（1）条件及内容：

①职工因工死亡，或者伤残职工在停工留薪期内因工伤导致死亡的，其近亲属依法从工伤保险基金领取丧葬补助金、供养亲属抚恤金和一次性工亡补助金。

②1—4 级伤残职工在停工留薪期满后死亡的，其近亲属可以领取丧葬补助金和供养亲属抚恤金，不享受一次性工亡补助金待遇。

（2）标准：

①丧葬补助金，为 6 个月的统筹地区上年度职工月平均工资；

②供养亲属抚恤金，按照职工本人工资的一定比例发放给由因工死亡职工生前提供主要生活来源、无劳动能力的亲属；

③一次性工亡补助金，为上一年度全国城镇居民人均可支配收入的 20 倍。

5. 工伤职工有下列情形之一的，停止享受工伤保险待遇：

（1）丧失享受待遇条件的；

（2）拒不接受劳动能力鉴定的；

（3）拒绝治疗的。

第五节　失业保险

一、失业保险的基本内涵

失业保险是指国家通过立法强制实行的，由社会集中建立基金，保障因失业而暂时中断生活来源的劳动者的基本生活，并通过职业培训、职业介绍等措施促进其再就业的社会保险制度。

二、失业保险的缴费主体、基数和比例

1. 缴费主体。职工应当参加失业保险，由用人单位和职工按照国家规定共同缴纳失业保险费。

失业保险费的征缴范围：国有企业、城镇集体企业、外商投资企业、城镇私营企业和

其他城镇企业（统称城镇企业）及其职工，事业单位及其职工。

2. 缴费基数和比例。单位：工资总额的2%；职工：本人工资的1%。

为减轻企业负担，促进扩大就业，人力资源和社会保障部、财政部数次发文降低失业保险费率，将用人单位和职工失业保险缴费比例总和从3%阶段性降至1%，个人费率不得超过单位费率。实施失业保险总费率1%的省份，延长阶段性降低失业保险费率的期限至2020年4月30日。

职工跨统筹地区就业的，其失业保险关系随本人转移，缴费年限累计计算。

三、失业保险的享受条件和待遇

1. 失业保险待遇的享受条件。

（1）失业前用人单位和本人已经缴纳失业保险费满1年的。

（2）非因本人意愿中断就业的，包括以下情形：①终止劳动合同的；②被用人单位解除劳动合同的；③被用人单位开除、除名和辞退的；④用人单位以暴力、威胁或者非法限制人身自由的手段强迫劳动，劳动者解除劳动合同的；⑤用人单位未按照劳动合同约定支付劳动报酬或者提供劳动条件，劳动者解除劳动合同的；⑥法律、行政法规另有规定的。

（3）已经进行失业登记，并有求职要求的。

2. 失业保险金的领取期限。

（1）用人单位应当及时为失业人员出具终止或者解除劳动关系的证明，并将失业人员的名单自终止或者解除劳动关系之日起7日内报受理其失业保险业务的经办机构备案。

失业人员应当持本单位为其出具的终止或者解除劳动关系的证明，及时到指定的公共就业服务机构办理失业登记。

失业人员应在终止或者解除劳动合同之日起60日内到受理其单位失业保险业务的经办机构申领失业保证金。

（2）失业人员失业前用人单位和本人累计缴费满1年不足5年的，领取失业保险金的期限最长为12个月；累计缴费满5年不足10年的，领取失业保险金的期限最长为18个月；累计缴费10年以上的，领取失业保险金的期限最长为24个月。

3. 失业保险金的发放标准。失业保险金的标准，不得低于城市居民最低生活保障标准。一般也不高于当地最低工资标准，具体数额由省、自治区、直辖市人民政府确定。

4. 其他失业保险待遇。

（1）领取失业保险金期间享受基本医疗保险待遇。失业人员在领取失业保险金期间，参加职工基本医疗保险，享受基本医疗保险待遇。失业人员应当缴纳的基本医疗保险费从失业保险基金中支付，个人不缴纳基本医疗保险费。

（2）领取失业保险金期间的死亡补助。失业人员在领取失业保险金期间死亡的，参照当地对在职职工死亡的规定，向其遗属发给一次性丧葬补助金和抚恤金。所需资金从失业保险基金中支付。

个人死亡同时符合领取基本养老保险丧葬补助金、工伤保险丧葬补助金和失业保险丧葬补助金条件的，其遗属只能选择领取其中的一项。

（3）职业介绍与职业培训补贴。

（4）国务院规定或者批准的与失业保险有关的其他费用。

5. 停止享受失业保险待遇的情形。失业人员在领取失业保险金期间有下列情形之一的，停止领取失业保险金，并同时停止享受其他失业保险待遇：

（1）重新就业的；

（2）应征服兵役的；

（3）移居境外的；

（4）享受基本养老保险待遇的；

（5）被判刑收监执行的；

（6）无正当理由，拒不接受当地人民政府指定部门或者机构介绍的适当工作或者提供的培训的；

（7）有法律、行政法规规定的其他情形的。

【例 16 -5 多选题】 根据社会保险法律制度的规定，失业人员在领取失业保险金期间，出现法定情形时，应停止领取失业保险金，并同时停止享受其他失业保险待遇。下列各项中，属于该法定情形的有（　　）。

A. 应征服兵役的　　B. 移居境外的

C. 重新就业的　　D. 享受基本养老保险待遇的

【答案】 ABCD

第六节　缴费优惠

一、支持新冠肺炎疫情防控的社会保险费优惠政策

2020 年 2 月 20 日，为支持新冠肺炎疫情防控，纾解企业困难，推动企业有序复工复产，支持稳定和扩大就业，人力资源和社会保障部、财政部、国家税务总局三部门联合发布《关于阶段性减免企业社会保险费的通知》（人社部发〔2020〕11 号），主要的社会保险费优惠政策具体如下：

（1）自 2020 年 2 月起，各省、自治区、直辖市（除湖北省外）及新疆生产建设兵团（以下统称省）可根据受疫情影响情况和基金承受能力，免征中小微企业三项社会保险单位缴费部分，免征期限不超过 5 个月；对大型企业等其他参保单位（不含机关事业单位）三项社会保险单位缴费部分可减半征收，减征期限不超过 3 个月。

（2）自2020年2月起，湖北省可免征各类参保单位（不含机关事业单位）三项社会保险单位缴费部分，免征期限不超过5个月。

（3）受疫情影响生产经营出现严重困难的企业，可申请缓缴社会保险费，缓缴期限原则上不超过6个月，缓缴期间免收滞纳金。

2020年6月22日，为进一步帮助企业特别是中小微企业应对风险、渡过难关，减轻企业和低收入参保人员的缴费负担，人力资源和社会保障部、财政部、国家税务总局三部门联合发布《关于延长阶段性减免企业社会保险费政策实施期限等问题的通知》（人社部发〔2020〕49号），主要的社会保险费优惠政策具体如下：

（1）各省、自治区、直辖市及新疆生产建设兵团（以下统称省）对中小微企业三项社会保险单位缴费部分免征的政策，延长执行到2020年12月底。各省（除湖北省外）对大型企业等其他参保单位（不含机关事业单位，下同）三项社会保险单位缴费部分减半征收的政策，延长执行到2020年6月底。湖北省对大型企业等其他参保单位三项社会保险单位缴费部分免征的政策，继续执行到2020年6月底。

（2）受疫情影响生产经营出现严重困难的企业，可继续缓缴社会保险费至2020年12月底，缓缴期间免收滞纳金。

（3）各省2020年社会保险个人缴费基数下限可继续执行2019年个人缴费基数下限标准，个人缴费基数上限按规定正常调整。

（4）有雇工的个体工商户以单位方式参加三项社会保险的，继续参照企业办法享受单位缴费减免和缓缴政策。

（5）以个人身份参加企业职工基本养老保险的个体工商户和各类灵活就业人员，2020年缴纳基本养老保险费确有困难的，可自愿暂缓缴费。2021年可继续缴费，缴费年限累计计算；对2020年未缴费月度，可于2021年底前进行补缴，缴费基数在2021年当地个人缴费基数上下限范围内自主选择。

二、关于降低社会保险费率的综合方案

2019年4月1日，为减轻企业负担、优化营商环境、完善社会保险制度，国务院办公厅发布《降低社会保险费率综合方案》，以确保企业特别是小微企业社会保险缴费负担有实质性下降，确保职工各项社会保险待遇不受影响、按时足额支付。主要的社会保险费优惠政策具体如下：

1. 降低养老保险单位缴费比例。自2019年5月1日起，降低城镇职工基本养老保险（包括企业和机关事业单位基本养老保险，以下简称养老保险）单位缴费比例。各省、自治区、直辖市及新疆生产建设兵团（以下统称省）养老保险单位缴费比例高于16%的，可降至16%；目前低于16%的，要研究提出过渡办法。

2. 继续阶段性降低失业保险、工伤保险费率。自2019年5月1日起，实施失业保险总费率1%的省，延长阶段性降低失业保险费率的期限至2020年4月30日。自2019年5月1日起，延长阶段性降低工伤保险费率的期限至2020年4月30日，工伤保险基金累计结余可支付月数在18至23个月的统筹地区可以现行费率为基础下调20%，累计结余可支

付月数在 24 个月以上的统筹地区可以现行费率为基础下调 50%。

3. 调整社保缴费基数政策。调整就业人员平均工资计算口径。各省应以本省城镇非私营单位就业人员平均工资和城镇私营单位就业人员平均工资加权计算的全口径城镇单位就业人员平均工资，核定社保个人缴费基数上下限，合理降低部分参保人员和企业的社保缴费基数。调整就业人员平均工资计算口径后，各省要制定基本养老金计发办法的过渡措施，确保退休人员待遇水平平稳衔接。

完善个体工商户和灵活就业人员缴费基数政策。个体工商户和灵活就业人员参加企业职工基本养老保险，可以在本省全口径城镇单位就业人员平均工资的 60% 至 300% 之间选择适当的缴费基数。

4. 加快推进养老保险省级统筹。各省要结合降低养老保险单位缴费比例、调整社保缴费基数政策等措施，加快推进企业职工基本养老保险省级统筹，逐步统一养老保险参保缴费、单位及个人缴费基数核定办法等政策，2020 年底前实现企业职工基本养老保险基金省级统收统支。

5. 提高养老保险基金中央调剂比例。加大企业职工基本养老保险基金中央调剂力度，2019 年基金中央调剂比例提高至 3.5%，进一步均衡各省之间养老保险基金负担，确保企业离退休人员基本养老金按时足额发放。

第七节　社会保险费报缴

一、社会保险登记

1. 用人单位的社会保险登记。根据《社会保险费征缴暂行条例》的规定，企业在办理登记注册时，同步办理社会保险登记。

企业以外的缴费单位应当自成立之日起 30 日内，向当地社会保险经办机构申请办理社会保险登记。

2. 个人的社会保险登记。

（1）用人单位应当自用工之日起 30 日内为其职工向社会保险经办机构申请办理社会保险登记。

（2）自愿参加社会保险的无雇工的个体工商户、未在用人单位参加社会保险的非全日制从业人员以及其他灵活就业人员，应当向社会保险经办机构申请办理社会保险登记。

二、社会保险费缴纳

（1）用人单位应当自行申报、按时足额缴纳社会保险费，非因不可抗力等法定事由不得缓缴、减免。

（2）职工应当缴纳的社会保险费由用人单位代扣代缴，用人单位应当按月将缴纳社会保险费的明细情况告知本人。

（3）无雇工的个体工商户、未在用人单位参加社会保险的非全日制从业人员以及其他灵活就业人员，可以直接向社会保险费征收机构缴纳社会保险费。

（4）自2019年1月1日起由税务部门统一征收各项社会保险费和先行划转的非税收入。根据国务院办公厅2019年4月1日《关于印发降低社会保险费率综合方案的通知》的规定，企业职工基本养老保险和企业职工其他险种缴费，原则上暂按现行征收体制继续征收，稳定缴费方式，“成熟一省、移交一省”；机关事业单位社保费和城乡居民社保费征管职责如期划转。

三、社会保险基金管理

（1）除基本医疗保险基金与生育保险基金合并建账及核算外，其他各项社会保险基金按照社会保险险种分别建账，分账核算，执行国家统一的会计制度。

（2）社会保险基金专款专用，任何组织和个人不得侵占或者挪用。

（3）社会保险基金存入财政专户，按照统筹层次设立预算，通过预算实现收支平衡。除基本医疗保险基金与生育保险基金预算合并编制外，其他社会保险基金预算按照社会保变险项目分别编制。

（4）县级以上人民政府在社会保险基金出现支付不足时，给予补贴。

（5）社会保险经办机构应当定期向社会公布参加社会保险情况以及社会保险基金的收入、支出、结余和收益情况。

（6）社会保险基金在保证安全的前提下，按照国务院规定投资运营实现保值增值。不得违规投资运营，不得用于平衡其他政府预算，不得用于兴建、改建办公场所和支付人员经费、运行费用、管理费用，或者违反法律、行政法规规定挪作其他用途。

复习思考题

1. 我国社会保险费具体包括哪些险种?

2. 我国社会保险费有哪些基本特征?

3. 基本养老保险、基本医疗保险、生育保险、工伤保险、失业保险的缴费主体分别有哪些?

4. 如何确定基本养老保险、基本医疗保险、生育保险、工伤保险、失业保险的缴费基数和比例?

5. 基本养老保险、基本医疗保险、生育保险、工伤保险、失业保险的享受条件和待遇有哪些?

6. 我国社会保险费制度的未来改革趋势体现在哪些方面?